编委会

归原致远

归原致远理念下的办学探索

何军——主编

图书在版编目（CIP）数据

归原致远理念下的办学探索 / 何军主编. -- 成都 : 四川大学出版社, 2024. 10. -- ISBN 978-7-5690-7061-3

Ⅰ. G512.7

中国国家版本馆 CIP 数据核字第 2024QL6902 号

书　　名：归原致远理念下的办学探索
　　　　　Guiyuan Zhiyuan Linian xia de Banxue Tansuo
主　　编：何　军

选题策划：陈　纯　梁　胜
责任编辑：陈　纯
责任校对：王　锋
装帧设计：裴菊红
责任印制：李金兰

出版发行：四川大学出版社有限责任公司
　　　　　地址：成都市一环路南一段 24 号（610065）
　　　　　电话：(028) 85408311（发行部）、85400276（总编室）
　　　　　电子邮箱：scupress@vip.163.com
　　　　　网址：https://press.scu.edu.cn
印前制作：四川胜翔数码印务设计有限公司
印刷装订：成都市火炬印务有限公司

成品尺寸：170mm×240mm
印　　张：24.25
字　　数：453 千字

版　　次：2024 年 11 月 第 1 版
印　　次：2024 年 11 月 第 1 次印刷
定　　价：80.00 元

扫码获取数字资源

四川大学出版社
微信公众号

思“归原致远”的学校发展

（代序）

党的二十大提出中国式现代化社会发展方向，为教育强国建设指明了方向，中国式教育现代化成为基础教育学校发展的目标。针对重庆市九龙坡区第一实验小学集团如何实现《中国教育现代化 2035》的发展目标，同时依据高质量教育体系建设的要求，走中国式教育改革发展之路，我们提出归原致远的学校发展命题。

归原致远，有四层含义：

第一，归原中的“原”，可以理解为三个原：原本、原道、原为。原本指本源，指教育的初心，代表的是教育以人为本，以学生的发展为本，以学生的素质教育为本；原道指教育之道，指育人需要有教育的思想与方法，育人必须重视课程建设之道理；原为指无为而有为，是在不断地思考与践行中，实现自己对于教育的理解、探索与实践，获得教育的好为、有为、作为。

第二，归原中的“归”，可以理解为四归：一是归本，教育应有一定的根据或出自什么样的教育目的，教育是一种文化传承与创新，把教育理解为人类文化与文明的活动，就是一种归本。二是归心，中国式教育是讲归心的教育，也就是重视仁教、重视礼教、重视道教、重视师教等以人心为主导的教育思想。三是归美，人是美好的世界组成之一，教育本就是一种美好的事业，教育造就人生的美好。四是归真，客观世界与主观世界是合二为一的，是用真实的存在作为统一的基础，教育实现一体化、集团化，教育的三个面向，都是归真的教育所追求的目标。

第三，致远中的“致”，可以认为有三致：致教、致成、致良知。致教是教育需要有理想、有情怀、有担当、有责任，教师是“三传四引”的责任人与实践者；致成是拥有儒家思想的人皆能成为大成之人，学校要关注学生的成长，要把学生的发展作为教育的致成；致良知是王阳明心学的育人之道理，是自我认知，是社会认同与人人成人。

第四，致远中的“远”，也有四层意思：一是远的理想，二是远的坚守，三是远的思想，四是远的明天。理想是个人的志向与个人努力的方向，有理想的人是课程育人的首要目标，也是培养人的核心素养之首位要求；坚守是有一种砥砺前行精神，是深化改革，把党的二十大精神落到实处的四个自信；思想是人的精神世界，也是一种对于教育的理解与把握，教育的思想是教育的灵魂，教育的思想是教育行为的规范与效能保证；明天是一种社会现实，明天更是创新、创业、创富的世界美好，教育期待美好的明天。

学校实现归原致远的发展，必须走中国式教育现代化之路，是基于筑基每一个学生的美好未来的目标实现。归原致远的教育思想，有三个重要的思想之源：一是中国古代的本源思想或人文教育思想，重视对于做人的教育是教育的筑基要求。二是中国现代教育家陶行知的生活教育思想，把生活就是教育，学校就是社会，“教、学、做合一”三个重要的教育实践落实到学校育人的体系建构之中。三是美好人生教育的思想，读书造就美好人生，教育更是以课程育人，以美好人生为方向，为“立德、立功、立言”三立为责任的事业。

编写《归原致远理念下的办学探索》一书，其初心是为了学校的整体育人。一所好学校，需要有一个好校长。何为好校长？核心是校长必须有教育思想，有教育的文化修养，有教育的一种精神富有。归原致远代表的就是校长的一种教育思想、教育修养、教育精神。在本书编写过程中，笔者认为有三个重要的人力资源助力于本书：一是聘请了相关的专家，因为在教育的路上，永远需要有助力于学校办学的专家指导与参与。二是有全校教师的参与，合力最大，行能致远，教师始终是学校深化改革，走中国式教育现代化的中坚力量。三是关爱学校发展的社会人士和家长，学校高质量教育体系建设，不能没有社会力量的助力。

“为党育人，为国育才”是学校重要的教育责任，更是中国式基础教育“归原致远”的需要。学校集团化办学形成“归原致远”思想与实践，是“筑基”每一个学生的美好未来思想，也是明确学生终身发展的学习能力培养之道，更是教师专业化成长的“三课”建设系列行动。

“归原致远”的学校理论原理与方法。一是整体育人与五育融合的理论原理与方法。二是学校“五位一体”教育实践设计路线的检验。三是“归原致远”集团化办学的特色文化主题活动开展和学生发展的评价体系建构。

本书集中阐述了在“归原致远”的重庆市九龙坡区第一实验小学教育集团化办学过程中，校长与教师们共同思考、共同参与实践的成果内容。

笔者相信，以本书作为学校走中国式教育现代化之道的见证，是有所特色彰显，质量提升，全面发展的作用的。

何　军

2023 年 5 月 1 日劳动节

目　录

理论篇

实践篇

研究篇

论文与课例篇

理论篇

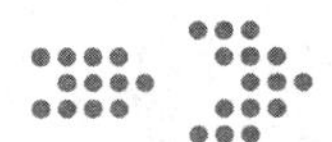

归原理论引领和指导归原教育实践，学生、学习、学会为原的教育就是归原教育。

第一章　中国式教育：归原致远教育哲学

“为党育人，为国育才”是学校重要的教育责任，更是中国式基础教育“归原致远”的目标和追求。重庆市九龙坡区第一实验小学提出中国式教育“归原致远”的教育思想与实践要求，明确把教育建立在学生终身发展的培养之道上，目的是“筑基”每一个学生的美好未来。学生就是教育之原，每一个孩子都是一个鲜活的生命，是宇宙间最宝贵最奇妙的存在，是天地之元气孕育的万物之灵长。

作为教师，要为党育人，为国育才，培养担当民族复兴大任的时代新人，这是初心，也是教育者的责任。有归原致远教育思想的老师，需要有理想信念、有道德情操、有扎实学识、有仁爱之心，成为坚定的唯物信仰者、先进文化的积极传播者、积极奋进的模范践行者，始终做到教书与育人、言传与身教、潜心问道与关注社会、学术自由与学术规范“四个相统一”，为中国式教育现代化“培根、筑基、赋能”。

一、中国式教育的“归原致远”思想源流

（一）本原观

哲学家亚里士多德认为本原就是万物从哪里来，毁灭之后又回到哪里去，万物生灭变化，唯独不变的东西。经过上千年的历史，本原终于确定为，如图1—1所示。

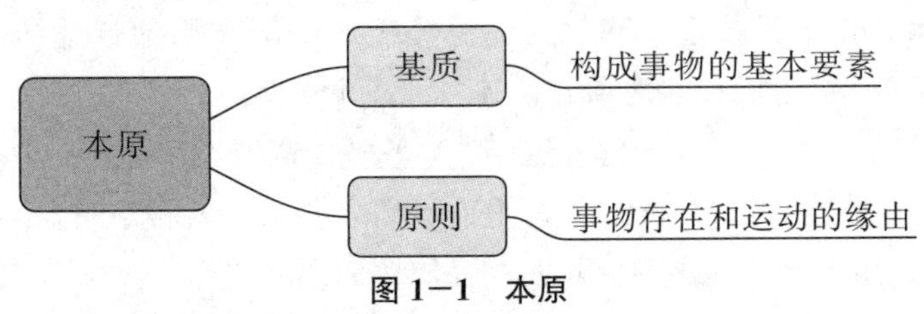

图1—1　本原

中国古代的道家认为本原就是“根本”“关系”“原则规律”等方方面面内容。哲学上探索本原的所有观点，集中为本体论的思想。本体论在中国古代哲学中称为“本根论”，意指探究天地万物产生、存在、发展变化根本原因和根本依据的学说。古希腊哲学家泰勒斯提出“水”是万物的本原，赫拉克利特提出“火”是万物的本原，毕达哥拉斯认为“数”是万物的本原，恩培多克勒则认为世界的本原不止一个，而是水、火、土、气四个元素，德谟克利特主张世界是由最基本的不可再分的“原子”组成。追究本原本体，是哲学的关键与根本，也是哲学追究终极，追寻真相的必然使命。革命导师恩格斯指出：“什么是本原的，这是精神，还是物质?”主张世界只有一种本原的称为一元论，认为世界本原是物质的，即是唯物主义一元论；而认为世界本原是精神的，即是唯心主义一元论；主张世界有物质和精神两种互不依赖、彼此独立的本原的称为二元论，主张世界存在多本原的就是多元论。

1. 教育本原

学校教育的反思，很多时候都没有找到反思的出发点或为什么需要。作为一种文化的认知，反思其实就是一种寻根的必要。归原中的“原”，字面上的意思是原来、本来，意味着原本和源头。归原之“归”就是要求教育归教育，教育需要回到原点，回归常识，回归初心，回归梦想。归原教育，育人育心。宏观层面上讲需要创新归原，务求根本；微观层面上，降维破解，回归到培养人的思维与语言能力上，实现思维归“原”。归原教育中的“教”，主要是上所施教者，核心是长其善而救失劳动者，内含在于教师或家长或社会影响人的成长者；归原教育中的“育”指的是受教育者，或者是成为被长善救失者。教字与育字合在一起，共同的含义就是凡是增进人们的知识和技能、影响人们的思想品德的活动都是教育。

2. 教育文化

学校文化建设有着“寻根、聚魂、布道”三大任务，其中的“寻根”就是通过听局内人的故事找到学校的“文脉”，了解学校的意义网络。“根”在汉语词典里有“事物的本源”的意思，可以理解为追本溯源。中国古代有“求木之长者，必固其根本；欲流之远者，必浚其泉源”的说法，中国文化历来推崇“收百世之阙文，采千载之遗韵”的优秀传统，中华文明的智慧结晶和精华所在，就是中华民族的根和魂之所在。事实上，修史可“上明三王之道，下辨人事之纪，别嫌疑，明是非，定犹豫，善善恶恶，贤贤贱不肖”；文学可以“观风俗的盛衰，考见得失”“经国之大业，不朽之盛事”；诗歌可以“言志”，兴、观、群、怨，事父事君；绘画可以“助名教而翼群伦”；音乐可以“善民心，其感人深，其移风易俗”。寻根问祖是人的一种本性、一个情结、一份真情，教育寻根问祖的过程，也是教育寻梦中国式现代化之旅程。

寻根教育文化，有四寻：一寻教育之始，教育是人的成长需要，是人类文化传承与创新的要求；二寻教育之道，教育是人道、天道、地道的有机融合，教育之道是育人之道，是根源于人的本真教育之道；三寻教育之目，教育讲促进人的发展，讲“致良知”的原理与方法，教育的归原之说就是寻找教育目标达成的教育原理与方法；四寻教育之术，技术改变教育，科学技术是最好的教育之术之一，互联网+教育是当代教育走向高质量体系的必然之路。

（二）教育归原

归原教育有四归：一归人的培养之初心，学校筑基每一个学生的美好未来，学生就是教育之原；二归人的培养之道法，道可道，非常道，教育有道法自然性、生成性、绿色生态性、资源共享性；三归人的素质之教育，素质可谓是人的本性，也可以是人的教育之果实，素质教育可教而不能所教，素质可以提升而不能从根本上加以调控。因此，素质教育之归，只能是归为可教而不能所教；四归学校办学的文化自信，中华民族讲文化的“人文化成”，讲“知行合一、经世致用”的文化论点，讲人人相亲、天下大同的社会理想；崇德尚义、正直忠信的道德情操；自强不息、刚健有为的奋发精神；厚德载物、谦逊有礼的人文品格；鞠躬尽瘁、死而后已的责任担当；精忠报国、舍生取义的爱国情怀；孝悌忠信、礼义廉耻的荣辱观念；天下兴亡、匹夫有责的忧患意识；淡泊明志、君子慎独的生活态度，等等，故而教育有文化兴邦之归。

1. 寻根归原

哲学上二者在质上是等同的。寻根是追寻自己的血缘和血脉，是探寻浸染于己身的文化渊源，达到更深的自我认识。归原是归根溯源，是立本求真，是返邪归正，从素质教育上讲，就是重视全面发展，重视个体差异，重视科学技术改变教育，重视立德树人根本任务完成的内容、形式、途径、方法，教师的作为等。寻根和归原，我们认为实质都是为了提示自己做人与做事，从事教育与教学，都要有根有据，都要讲本原，都必须立足于贯彻党的教育方针，办出人民满意的学校或教育。

2. 九九归一

中国文化中有“九九归一”，也就是万事万物最终都要有一个自己的归宿。教育有原，然九九归一，都将归为育人或提高育人质量。作为校长，需要有九九归原的育人之思，也更有育人之行。四个自信，决定教育质量的高低，影响一代人的成长。“九九归一”出自老子的《道德经》，所谓一生二，二生三，三生万物，万物变幻，九九八十一后又再循环归一。“九九归一”指“周而复始”或“归根到底”，但不是原地轮回，而是由起点到终点、由终点再到新的起点，循环往复，无穷无尽，螺旋式前进和发展的运动过程，它体现了人类对一切事物发展认识的辩证唯物论的哲学思想。教育同理是在不断地改变或深化，如课程改革的深化，从古到今，学校的课程在不断地变化，但九九归一，都要体现育人的功能，促进学生的全面发展。

二、中国式教育的“归原致远”原理与方法

（一）教育活动

教育是提高人民综合素质、促进人全面发展的重要途径，是民族振兴、社会进步的重要基石，是对中华民族伟大复兴具有决定性意义的事业。党的教育方针提出全面实施素质教育，落实立德树人根本任务。中国古代认为教育是三不朽的事业，《左传·襄公二十四年》中：“太上有立德，其次有立功，其次有立言，虽久不废，此之谓不朽。”《易经》主张：“天行健，君子以自强不息；地势坤，君子以厚德载物。”强调教育要培养人的“自强不息、厚德载物”之精神。

1. 立德树人

立德就是帮助他人，注重自己的厚德。立德是儒家追求的理想，是中华民族的优秀传统，是教育事业的重要使命。首先，中国人十分重视善待自己，善待他人，善待万物，让灵魂善良、丰富而高贵。其次，理解生命，尊重生命，促进生命的发展，提高生命的质量，提升生命的意义，是一种教育之德，也是教育之原点所在。树人，是把“智慧与知识、智慧与伦理、智慧与德行、智慧与悟性、智慧与境界”等密切结合，培养人的能力，解放人的大脑与双手。人民教育家陶行知提出树人要有六个解放：“解放孩子的头脑，使孩子敢想；解放孩子的双手，使孩子能干；解放孩子的眼睛，使孩子会观察；解放孩子的嘴巴，使孩子多说；解放孩子的空间，使孩子能到大自然中去学习，解放孩子的时间，使孩子能充分发挥自己的聪明才智。”

2. 人的认知

哲学家苏格拉底最早提出：人要认识你自己。人是什么？对于人的归原，回答有四：第一，人是一个最为复杂的生命体，人的生命有其生物科学性，人

的生命也有其不同的自然科学研究的着力点，比如说人体力学研究点、人体美学研究点等。第二，人是人类社会的历史存在体，不同历史时期的人的思想与情感，社会活动的内容和方式是不一样的。研究历史的人，有很多的历史选择性，比如从道德上讲人、从文学上讲人、从饮食文化上讲人、从人文地理上讲人等。第三，人是社会活动体，人的社会活动主要是劳动、学习、游戏三类活动，社会以人的活动为核心，社会问题根本的是人的问题，如果说人是天下第一宝贵的，人的语言表达，人的思维活动，是社会回答人的问题的关键所系。第四，人同时也是一个发展体，人的发展是指人身心发生的变化，人的变化在学校教育的影响下，人的正向发展或改变就意味着人的昨天、今天、明天会有所不同。

3. 人的归原

世界是物质的，是世界的本原，精神是物质的产物，唯物主义认为物质决定意识。人的归原在于人有世界的两重性：物质性和精神性。人的归原重要性是强调人对于自我的解答。人的自我是一种关心个人的表现，是人对于人的认识起点。人认识自我，可以有不同的认知水平，如有自我认识水平、自我体验水平和自我监控水平等。自我认识水平是主观自我对客观自我的认识与评价，是自己对自己身心特征的认识；自我体验是主体对自身的认识而引发的内心情感体验，是主观的我对客观的我所持有的一种态度，如自信自卑等自我体验等；自我监控是自己对自身行为与思想言语的控制，表现为发动作用和制止作用，也就是支配某一行为，抑制与该行为无关或有碍于该行为进行的行为。

（二）文化进化

进化论主张人是生命进化的产物，生物学家达尔文在《物种起源》中鲜明地提出了物种是从低级到高级不断进化的，并且明确地提出人类是由古猿进化而来的。无产阶级的革命领袖恩格斯非常推崇达尔文的“古猿进化学说”，并在此基础上提出了“劳动创造人类”的重要学说，劳动创造人的思想认为：人在劳动中学会了制造和使用工具，学会直立行走；人在劳动中身体器官开始有了改变，大脑得到高度的进化和发展，人类开始有了意识和语言，有了社会文化与文明的行为。教育本质上可以归为人类的文化传承与创新，是促进人进化的最有效的途径之一。一定程度上讲，教育就是要不断的影响或促进人的进化，人的本质是社会关系的总和，教育影响或促进人的进化方式就是在不断地改变人与自然、人与社会、人与人之间的关系。

1. 人性说

人性的归原是一个很有争议性的问题，人的一切知识都是后天得来的，都建立在经验的基础上。佛家说：人是五蕴和合而成的集合体，五蕴即色、受、想、行、识；道家说：人是自然法则运行中最完美的生命体，人性就是道性，人的道性是道可道，非常道。现代科学认为：人性首先是人有需要性，需要是人作为生命体在生理与心理的需求性，需要有其不同的层次，如生理需要、安全需要、学习需要、交往需要、自我实现需要等。人性其次是人有发展性，马克思理论认为，人的全面发展，是人的高级意识和人的高级情感的发展，是人劳动过程和受教育的过程中不断地发生改变的过程。人性最后是人的学习性，人的学习是一种习得性的行为，人的学习是获得与保存社会生活与生产劳动经验的过程，人的学习有着生命共同体的建构内含，也就是只有构建学习共同体才能提高学习质量。

2. 人贵说

这一观念在《尚书·泰誓上》中："惟人万物之灵。"儒家大师董仲舒认为：人是超然万物之上而最为天下贵的生命。更有研究者提出：人有气有生有知亦且有义，故最为天下贵也。总结中国对于人的贵重之学说，可以归原为人有五贵：贵在能直立行走，贵在能用工具劳动，贵在具有智能，贵在具有社会心理素质，贵在能用语言交流。从教育的人贵说思想上讲，教育必须讲人的"德气说、劳动说、直立说、群聚说、情感说、语言说、智慧说、道德说"，教育理论最终要归原于人贵论，要把人的发展和人的幸福生活作为教育的归原，更要用人贵论的思想理论，指导青少年学生的课程学习和人际交往学习，培养好形象思维、逻辑思维、直觉思维、创新思维等不同的思维能力。

3. 君子论

中国古代儒家思想代表人物之一孟子说：人人皆可以为尧舜，人只要愿意，都可以成为君子。人的君子论认为：君子是最有气质的人，人的气质主要表现为三个方面：一是高尚的人格。高尚的人有优良的道德品质、高尚的家国情怀、积极的文化担当，积极入世有为、自强不息、厚德载物、文质彬彬。二是有自知之明。中国古代道家始祖老子认为"知人者智，自知者明，胜人者有力，自胜者强"。而《吕氏春秋》则表达为："欲论人者，必先自论；欲知人者，必先自知；欲胜人者，必先自胜。"三是心存远大志向。君子有自己的风骨与气节，更有自己的远大志向，"先天下之忧而忧、后天下之乐而乐""人生自古谁无死、留取丹心照汗青"等，都是君子的远大志向。中国式教育现代化努力的目标之重点是为中华民族伟大复兴而教，是为实现中华民族的中国梦而教，它最需要归原的教育思想就是君子论的思想引领。

三、重庆市九龙坡区第一实验小学教育集团的“归原致远”思想与文化界说

（一）教育的本原思想

“为党育人、为国育才”是新时代的教育责任，而育人与育才，必须追根溯源，对于教育培养人的素质教育有一种自己的思考或选择。有研究者认为教育的本原在于以下两个主要的方面上。

1. 本真教育思想

本真的“本”是草木之根，是人的根本，也就是人的归原之归本。本真的“真”是人的真实与真诚。因此，人的本真之“本”，可以理解为是生命的本态或生命原始状态，也可以理解为是人生命活动的真实状态，也就是人生活动状态。本真教育是寻本问答式的素质教育，是对于学生的生命、生长、生活的三个主要方面的可持续发展的教育；本真教育追求的是立本求真，是要以学生的天性、生态、生活、生长为归本，有效地完成好立德树人根本任务，积极实施素质教育为教育之本真。

2. 创新教育思想

创新是引领教育发展的第一动力，归原教育思想的核心是归原创新，是要在教育理论创新、教育实践创新、教育制度创新、教育文化创新以及教育科技创新、教育人才创新等过程中实现全面的素质教育，落实好立德树人的根本任务。重庆市九龙坡区第一实验小学教育集团的创新发展，归原于教育创新的第一动力，归原为学校教育的四创：一创教育目的。认定教育目的在于培养有美好生活素质的五体之人，即具备“强健的体、灵巧的手、聪慧的脑、明亮的眼、温暖的心”的人；二创教育文化。主张教育有归原之道，教育之道是“人道、天道、地道”的有机融合，是根源于人的“本真、本知、本化”之道；三创教育之术。学校教育要以“互联网+教育”作为走向高质量教育体系的必然之根，重视技术改变教育，要求教师掌握网络化教育技术这一教育之术而提高教育质量；四创教育之果。教育之初心和使命，都是人的素质之提升，小学教育是“人文化成”，是“知行合一、经世致用”的基础教育，是“人人相亲、天下大同”的社会理想教育，是崇德尚义、正直忠信的道德情操教育，是自强不息、刚健有为的奋发精神教育，是厚德载物、谦逊有礼的人文品格教育。归

原教育总体是致远教育或理想引领的文化教育。

（二）教育的致远文化

文化是劳动创造的财富，也是社会文明与进步的沉积，优秀文化代表一个国家，一个民族，一个社会中最好的、最具传承与创新价值的文化。中华民族有着自己的优秀文化，中国梦就是最优秀的致远文化之一。研究者认为：中国梦表达了中国人对美好的物质生活和精神生活的双重追求，中国梦呈现了求中、择中、追梦的文化传统，“天下之中”便生成了“中国”这个概念，中国文化的核心文化是中国，中国是东南西北的汇聚之国，中国就是从中而来，为建立中国而立。中国是指天下之国，中国人有伟大的创造精神、伟大的奋斗精神、伟大的团结精神、伟大的梦想精神。重庆市九龙坡区第一实验小学教育集团的归原致远，是对中华太极文化与易学文化的传承和创新。

1. 太极文化

太极文化是中华民族独特的、传承中华优秀文化必须重视并需要积极创新的文化。国家关于中国人的科学素质标准《中国公民科学素质基准》中，将太极文化的“阴阳五行、天人合一、格物致知”纳入其中第二基准之中，认为是“知道用系统的方法分析问题、解决问题”的科学素质。太极文化可以总结为三个要点：一是太极是一种人和事物发展的状态，是“无极—太极—有极”三态之一；从心理学上讲太极，也就是心理活动过程，是人对于客观的认知活动，因此太极本身是中国人的思维方式所决定的认知方式。二是太极文化是唯物辩证的文化，中国古代中医文化、中国古代的建筑文化、中国古代的太极拳武术文化、中国古代的“心学”理论与实践等，都是太极文化的代表。三是太极文化的天下第一图《太极图》，是人和事物的所有演变的“道”之所系，其中的“道”有三道：圆周运动之道、球体运动之道、对立统一之道。

2. 易学文化

易学文化是中国传统文化体系中的重要组成部分，《易经》是易学文化的大成之作。《易经》中的“天行健，君子以自强不息，地势坤，君子以厚德载物”，代表了中华优秀文化的中华精神。有专家总结其不同时代的易经文化特色是：先秦卜筮，汉易象数，魏晋义理，宋儒理气，清代考据，近代科学。中华民族伟大复兴提出要有“道路自信、理论自信、制度自信、文化自信”，其中的文化自信就有《易经》文化的自信内容。

重庆市九龙坡区第一实验小学教育集团的归原致远，有基于《易经》文化而创新的选择。

（1）确信人的本性是性善，把“善”视为是人的一种美德。归原致远教育必须立足于人的“致善”教育，追求人的“最崇高的善”。教育教化于人，就是要使人向善。

（2）确立人的求真生活，把“真”作为对人的教育质量。归原致远教育高度重视学生的“真人、真情、真知、真用”素质提升，以培养全面发展的人为核心，努力实践教育培养人“人文底蕴、科学精神、学会学习、健康生活、责任担当、实践创新”六大素养。

（3）确定人的美好生命，把美好生命的状态看成是人的教育理想。教育家第斯多惠认为“教育及教养上的最高原理，是承认服务于真善美的自我活动这一原理”。归原致远的教育理想，是追求学生拥有质疑的自由、表达的自由、人格成长的自由；归原致远的教育，应该为学生的未来美好生命状态做准备：准备知识，准备智慧，准备休养，准备持续的自我发展能力。

第二章　中国式教育：归原致远教育理论

一个民族想要站在科学的最高峰，就一刻也不能没有理论思维。对于学校教育而言，有理论的指导和引领，是学校高质量教育体系建设的重要思想原理与方法，更是学校育人质量提高的实践活动所必须的条件。重庆市九龙坡区第一实验小学其归原致远教育思想离不开教育理论的表达，更离不开归原致远教育理论的指导与运用。理论代表本质、规律、实践检验有价值的经验，归原致远的教育理论，必须高度重视其理论自信的指导和引领作用的发挥。

一、中国式教育：归原致远教育的理论基础

（一）理论认知

理论是关于现象之间的联系，是关于行为，事件，结构和思想为何发生的解释。理论同样是人们从实践推演和抽象概括出来的关于自然、社会和人类思维的有关概念的定义、复杂问题分类、事物性质、逻辑推断、基本原则原理和规律性等的体系化认知体系。重视理论历来是学习和研究的要求，只有掌握了科学理论，学习和研究才能正确把握前进方向。

1. 理论结构

理论是人们识别以及分析问题的基础，理论的结构是关于问题的基本概念、范畴和推理，因此理论主要有概念、有基本的原理与方法，有可以运用的实践领域说明。学会理论学习，首要的就是必须重视把握理论的结构。可以指导人们对一个内容进行更好和更深刻的认识。研究者认为，理论有其历史发展过程，核心内容的概述，发展趋势和应用案例介绍的学习要求，更有其引领人的思想，导向其行为活动，汇总其实践经验上升为理性内涵的作用。

2. 理论基础

理论基础是指与理论概念、理论原理和方法有直接联系的基础理论，如教育的理论基础是指教育学原理与方法，是人的心理认知与发展的理论认识。理论基础是我们识别问题、分析问题的基础，是解释现象的规律性认知体系，它能够指导人们更好地认识、管理、预测和改变自己的思想与行为。人们开展科研活动，需要明确理论基础，理论基础重视客观现象之间的联系，强调因果关系的性质，识别事件发生的先后顺序和时间，理论基础说理立论，依理评论，引导科研活动。

（二）教育归原

教育需要归因于教育的理论原点和实践的终点，在理论上讲，教育有五归：归原生本、归原书本、归原教本、归原学本、归原美本。教育归教育，一是教者起到一个通道、传递者的作用，传递的是知识和文化，在教育实践上重视德育、美育和学生身心健康，使学生得到全面发展。二是学者需要有生理的、心理的、思想的、文化的素质结构系统，在教的促进下，实现学会做人、学会求知、学会劳动、学会创造、学会生活、学会健体、学会审美，成为品德高尚、身体健康、知识丰富、学有专长、思路宽广、实践能力强、有理想、有道德、有文化、有纪律的社会主义事业的建设者和接班人。

1. 素质教育

素质教育是针对学生成长，面向全体学生和学生素质发展的所有方面的教育，全面发展是素质教育的灵魂，更是党的教育方针的核心组成部分。

（1）素质教育要以马克思主义关于人的全面发展原理为理论基础，注重学生的全面成长，体现全人教育的思想与方法。

（2）素质教育更要以学生的终身发展为重点，针对素质形成与发展的基本规律，特别是儿童心理发展中的知、情、意、行发展规律，提出课程与教学的对策，培养其终身学习的能力。

（3）素质教育强调课程育人过程中，加强学生核心素养的培养学科实践，注重学生的创新精神、实践能力、社会责任感的发展，把立德树人作为教育的目标，体现立德树人的原理与方法。

2. 活的教育

活的教育是生活教育与行动教育，是以“做人，做中国人，做现代中国人”为目的的教育。近代儿童教育家陈鹤琴结合国内外教育理论与教育实践，把素质教育关于让学生亲自参与到大自然、社会中去，学会对自然、社会的观察、实际操作的教育称之为活的教育。活的教育对于学生全面发展提出的“做现代中国人”的标准是：健全的身体，建设的能力，创造的能力，能够合作的意识，服务社会的精神。培养现代的中国人，教育方法论的基本原则是“做中学，做中教，做中求进步”，凡是儿童自己能够想的，应当让他自己想，教育需要让儿童由学习中的被动接受者变为“自己活动”“自己思想”的主动创造者。

二、中国式教育：归原致远教育的理论原理与方法

（一）归原原理

党的二十大提出增强做中国人的志气、骨气、底气的教育要求，要从培养学生的“可信、可敬、可靠，乐为、敢为、有为”的不同教育原理与方法上全面实施好素质教育。教育的归原原理与方法：一是教育之本的问题发现原理。教育之本应是学生的生命、生长和生活质量的改变，是学生的全面发展，是筑基每一个学生的美好未来，所以教育有着聚焦人的发展，回归人的自我发现、自我引领的本体性。二是教育文化的认知方式。教育文化是对教育理念、教育思想、教育目标、教育风格、教育环境等各文化因素的综合认识，其核心是关于“为什么办教育”价值理念和“怎样办教育”的教育思想，“归原教育”是回归自然、回归本真、回归本我的教育理念和实践。三是教育之道的探究活动。中国式教育走的是中国之道路，中国式教育必须明确的道路是：在指导思想上坚持中国特色的社会主义的理论指导，教育改革坚持适合中国国情国力；在教育方针上坚持教育的社会主义方向，培养德、智、体、美、劳全面发展的建设者和接班人；在服务宗旨上，立足于社会主义现代化大局，主动为现代化建设服务，坚持面向大众，提高全民族整体素质，为人民群众的美好生活打下良好的基础。

1. 育人元素

育人元素是指在“为党育人和为国育才”过程中一切与此相关的要素或归因分析的因素。育人元素论认为：育人和育才不是简单的“流水线”作业，要及时了解新时代学生的特点，明白学生所思、所想、所求，引导学生增强中国特色社会主义道路自信、理论自信、制度自信、文化自信，厚植爱国主义情怀，把爱国情、强国志、报国行自觉融入自己的发展之中。具体落实到立德树人根本任务的育人元素上：一是政治元素，让学生讲信仰，善于从政治上看问

题，在大是大非面前保持政治清醒。二是情怀元素，学生要有家国情怀，心里装着国家和民族，关注时代、关注社会，吸取养分、丰富思想。三是思维元素，学生应学会辩证唯物主义和历史唯物主义，创新学习，深刻体验社会实践，树立正确的理想信念、学会正确的思维方法。四是知识元素，学生要有知识视野、国际视野、历史视野，通过生动、深入、具体的纵横比较，把一些道理讲明白、讲清楚。五是自律元素，学习必须做到课上课下一致、网上网下一致，自觉弘扬主旋律，积极传递正能量。六是人格元素，做人有人格，才有自我的发展力，亲其师信其道，成为别人喜爱的人。

2. 整体育人

整体育人是坚持育人的“四全”方略，也就是全员育人、全过程育人、全方位育人、全环境育人。整体育人的基本内涵是以马克思主义人的全面发展思想为理论指导，吸收系统管理理论的相关观点，遵循人的教育规律和学生成长规律，全面整合学校所直接拥有的、间接影响的育人资源与要素，促进全校育人系统的整体联动、耦合运行，切实提升育人效能，不断追求全员全过程全方位全环境育人的最优状态。概括地说整体育人的根本目的是育人，核心是德育为先、全面发展，基本要求是以人为本、又红又专，根本方法是全局谋划、整合资源、协同推进、创新实施。

3. 创新育人

创新育人是为育创新之人的教育目的而提出的教育创新方式，主要从教师育人方式创新、教育环境的美化绿化、教育信息化平台的建设三个方面共同推进，为学生最佳成长成才提供最优化的外部助力。中共中央、国务院关于《深化新时代教育评价改革总体方案》提出“扭转不科学的教育评价导向”，倡导“完善综合素质评价体系”，就是要从培养学生适应终身发展的价值观念和关键能力上，以高质量教育培养创新人才，以创新人才助力创新型国家建设。国家“十四五”规划和2035年远景目标提出：“深化新时代教育评价改革，建立健全教育评价制度和机制，发展素质教育，更加注重学生爱国情怀、创新精神和健康人格培养。”为此，创新育人在于着力提高人才培养质量，不断引导学生树立科学精神、培养创新思维、挖掘创新潜能、提高创新能力。

（二）归原方法

教育起源于原始社会的生产劳动和社会生活的需要及人类自身身心发展的需要，归原教育的方法首先是认识的方法，所有关于教育现象与本质的认识都符合实践起源，如关于人不是生而为人，而是教而为人，育而为人的认识；科学心理学的归因方法主张人对自己成功或失败的原因有三个维度的归因：内因和外因，稳定性和非稳定性，可控制和不可控制，同时人的实践活动成败的原因即行为责任上的归因可以归结为四个因素：能力高低、努力程度、任务难易、运气（机遇）好坏等。归原教育的方法第三是技术改变教育，教育部全力推进教育信息化2.0行动计划，利用信息技术更新教育理念、变革教育模式，促进教育治理创新，促进个性化教育，促进教育评价改革，加快推进信息化、智能化与教育改革发展的深度融合。

1. 终身学习

终身学习是人的可持续发展的要求，是人的全面发展，终身发展性的学习。党的二十大报告指出：终身学习是关系到中华民族能否持续发展、能否实现民族复兴大业的战略问题，终身学习关系“人人皆学、处处能学、时时可学”。终身学习首先是学以明道。习近平总书记指出：“学习必须求真学问，求真理、悟道理、明事理，不能满足于碎片化的信息、快餐化的知识。”学习是一个循序渐进、日益精进的过程，唯有孜孜不倦，方可产生累积效应，取得良好效果。学习的根本目的在于增强生活本领、提高解决实际问题的能力和水平。

2. “四学”方式

在归原教育理念下的“四学”是指学生的“自学、互学、展学、查学”，四学坚持以学为中心，强调学生求真知、感真情、用真识、做真人。四学要求回归生态，尊重学生求知规律，重视教学自然生成，践行自主、合作、探究、体验的学习方式。“四学”方式实现“三个变化”：在学生认知上，从学会变会学；在情感态度上，从厌学变乐学；在学习质效上，从平淡低效变优质高效。四学的实践活动中，“自学”具有自主性、独立性；“互学”具有交往性、互助性；“展学”具有开放性、探究性；“查学”具有诊断性、发展性。

3. 深度学习

深度学习是有程序性、有方法性、有效度的学习，深度学习建立在理解性、创新性、全面性学习基础上，深度学习的质量在于理解力、想象力、思维力三力的提高。深度学习要求有学习的良好生态环境，有对于知识的结构化梳理，有对于信息资源的最优化利用等，加强学生的深度学习能力的培养，立足于归原思想，可以从“归化、归因、归本、归智”四归教育活动上入手进行指导与管理。

4. 创新学习

创新性学习是一种能带来变化、更新、重组和重新提出问题的学习形式，创新性学习要求学生在学习知识的过程中，不拘泥书本，不迷信权威，不墨守成规，以已有的知识为基础，结合学习的实践和对未来的设想，独立思考，大胆探索，发现新问题、寻找新途径、运用新方法开展好学习活动。指导学生的创新学习，归原教育需要归于学生的科技创新活动开展，归于学生的家校共育、资源共建共享式学习共同体的建设，归根于传承“知行合一，明体达用”的学用结合思想指导。

三、中国式教育：归原致远教育的评价管理

（一）知行合一

知行合一理论是明朝思想家王守仁提出来的哲学理论，总体表述为“内在的知识和行动的统一”即认识事物的道理与实行其事，是密不可分的。知是指内心的觉知，对事物的认识，行是指人的实际行为。知行关系不是一般的认识和实践的关系，“知”，主要指人的道德意识和思想意念。“行”，主要指人的道德践履和实际行动。因此，知行关系，也就是指的道德意识和道德践履的关系，也包括一些思想意念和实际行动的关系。知行合一需要做到“知中有行，行中有知；以知为行，知决定行”。

1. 学行合一

学行合一是知行合一的深入改进，是指要把学习和行动结合起来，学习的基本方针就是学行合一，学习了就要行动，行动和理论结合起来，并互相反馈。研究者认为：学行合一让大脑和身体同步学习记忆，学行合一是“学思结合，明体达用”的学习，学行合一是深度学习的原则。学思结合，意指学习过程中要把学与思有机辩证地结合起来。孔子认为：“学而不思则罔，思而不学则殆”，所以只有善学善思，才能善作善成。明体达用意指人的实用在于明白道德伦理之后，有效的运用。

2. 致良知

王阳明的心学认为，“致知”就是致吾心内在的良知。这里所说的“良知”，既是道德意识，也指最高本体。事实上良知人人具有，个个自足，是一种不假外力的内在力量。“致良知”就是将良知推广扩充到事事物物。“致”本

身即是兼知兼行的过程，因而也就是自觉之知与推致知行合一的过程，“致良知”也就是知行合一。“良知”是“知是知非”的“知”，“致”是在做事上磨炼，见诸客观实际。“致良知”即是在实际行动中实现良知，也就是探究事物原理，从中获得智慧。

（二）君子素养

君子是新时代的“有理想、有本领、有担当”之人，在重庆市九龙坡区第一实验小学教育集团办学质量上就是培养具备“强健的体、灵巧的手、聪慧的脑、明亮的眼、温暖的心”的人。倡导培养学生的君子素养，是要学生能够面向未来而学，阳光自信、志向高远、情趣雅致、灵动智慧；是重视素质教育的整体育人效果，具备教育的生命向度，成长的维度，生活的美度。新时代的君子之风度与人品，在于能自立、自强、自信，有韧劲，在于面对困难不屈不挠，拥有健全的人格。归原致远实现君子之教，是对于君子文化的传承，更是新时代育人质量的评价标准。

1. 质量管理

《中共中央国务院关于深化教育教学改革全面提高义务教育质量的意见》指出：义务教育质量事关亿万少年儿童健康成长，事关国家发展，事关民族未来。所以，归原致远教育要加强质量管理。质量管理是指确定质量方针、目标和职责，并通过质量体系中的质量策划、控制、保证和改进来使其实现的全部活动，全面教育质量管理的核心是：一个学校以质量为中心，并将该学校的所有管理职能纳入质量管理的范畴中，全面质量管理落实强调“一根本、两突出、三强化、五个度”。“一根本”即全面落实立德树人根本任务，“两突出”即突出“以生为本和以学为本”，“三强化”是强化学生发展为本，强化人才培养规范，强化学习方式的转变，“五个度”是注重培养目标的达成度、社会需求的适应度、师资和条件的保障度、质量保障运行的有效度、学生成长的满意度。

2. 综合评价

综合评价是运用比较系统规范的方法，对于评价对象进行的多个指标和多个主体评价的方法，运用综合素质评价方法对学生综合素质进行评价一般有“学习方面、生活方面、心理方面、习惯方面”四个方面的评价指标，也有“伙伴、教师、家长、自我”四个方面评价主体。依据国家对于高中学生素质综合评价的“思想品德、学业成就、身心健康、艺术素养和社会实践”五类指标，归原致远教育中学生的综合素质评价可以确定为“自主发展、创新学习、责任担当、品行高雅、活动能力”五个方面。

四、中国式教育：归原致远教育的探索思考

（一）生活教育思考

生活即教育、社会即学校、教学做合一。归原致远教育，需要教育归原生活，有“行是知之始，知是行之成”的教育原点思考。归原教育于生活，有多个方面的理解与实践，在理解上，归原是归为生活之道，生活方式与美好生活是教育方式和教育的美好，它符合教育自然而然的运行，也有着教育的因果关系，物与物之间，人与人之间，因为教育而发生密不可分的关系，有关系的前后，有关系传承创新，更有关系的和谐。人民教育家陶行知认为：人们在社会上生活不同，因而所受的教育也不同，过好的生活，便是受好的教育；过坏的生活，便是受坏的教育，过有目的的生活，便是受有目的的教育。

1. 美好生活教育

教育是塑造儿童美好生活的主要途径，陶行知认为教育需要培养儿童的四种精神：“爱满天下的大爱精神，捧着一颗心来不带半根草去的奉献精神，敢探未发明的新理、敢入未开化的边疆的创造精神，千教万教教人求真、千学万学学做真人的求真精神”。研究美好生活教育，提出四个方面的教育结构：一是美好的教育理念，人类社会需要全面发展的人。二是美好教育内容，人的生活全部就是教育内容。三是美好教育方法，因为好的方法才是教育最需要的，质量与效率都是基于好的教育方法。四是美好教育目标，因为人的自我实现，人对于自我的满意才是最好的教育效果。社会学家费孝通认为：“各美其美，

美人之美，美美与共，天下大同。”美好生活教育以美好生活为目标、以生活教育为途径，为培养未来人才，推动社会发展而“继续为实现人民对美好生活的向往不懈努力”，美好生活教育能为“让城市生活更加美好”目标实现打下良好的基础。

2. 终身学习能力

中国古代有“路漫漫其修远兮，吾将上下而求索”的说法，而现代有印度前总理甘地“让每天都过得充实，好似你明日即将离世；持续不断地学习，仿佛你得以永生”的思想。2017 年世界联合国未来教育大会上提出，在机器能够思考的时代，教育应着重培养学生的 5 种能力：自主学习能力、提出问题的能力、人际交往的能力、创新思维的能力及筹划未来的能力。并认为是人的终身学习必须具备的能力。我国学者吕文清认为人工智能时代应重点培养学生的终身学习素养、计算思维素养、设计思维素养和交互思维素养。为此，归原致远教育实践体系，主要需要围绕终身学习能力培养而设计实施。基于人工智能时代学生交往方式的变化，需要学生立足于高级信息素养、媒体素养、沟通交流和技术伦理素养，重点学会开源共享、参与协商、组建社区等生活内容，理解生活中复杂的关系。

（二）未来教育探索

未来教育是相对今天的教育而言的教育，是以学生为中心的、注重动手、实践、讨论、主动学习方式的教育。未来教育的学习方式多样化，如游戏化学习方式、参与式学习方式、体验式学习方式、探究式学习方式、分享式学习方式、个性化学习方式、混合式学习方式、社群化学习方式等。未来教育强化学生的终身学习能力培养，从“学习的主题、任务设计、学习资源设计、学习数据的收集与分析、学习效果的大数据、个性化的分析、新高考的多元化取录”等多个方面对学生的学习进步、个人成长进行指导与管理。

1. 现代化教育

中共中央、国务院《中国教育现代化 2035》和《加快推进教育现代化实施方案（2018—2022 年）》要求，加快学校教育现代化，到 2035 年，实现教育现代化，形成学习型社会，进入人力资源强国行列。教育现代化是人的现代化教育培养的需要，1983 年邓小平提出“教育要面向现代化，面向世界，面向未来”。学校教育现代化有五个特征：教育的普及化，进入高中学校教育以上的水平，教育的终身化要求学校教育具有终生教育的体制和条件，教育的个性化强调要培养既全面发展又有个性特长的创造型人才，教育的国际化要求具有教育国际交流的能力，教育的信息化要求在教育领域中充分实施“互联网+教育”。

学校要积极推动人工智能、大数据、物联网等新兴技术支持下的学校教育模式变革和生态重构。学校的归原致远教育文化“信息化、学习化、生活化”三化的要求，可以认为是重庆市九龙坡区第一实验小学教育集团“突出智慧校园、智能化管理、民主式参与文化建设”的有效举措。

2. 高质量教育

“中国教育现代化2035”要建设高质量教育体系，就是坚持以人民为中心发展教育事业，使教育事业为提高人民思想道德素质、科学文化素质和身心健康素质提供可靠保证，切实做到发展为了人民，发展依靠人民，发展成果由人民共享，不断满足人民日益增长的美好生活需要。随着经济社会发展和人民生活水平提高，教育需求呈现多层次多样化态势，新一代信息技术以及多方社会资源可望支持以学习者为中心的教育新生态，这都是建设高质量教育体系的有利条件。建设高质量教育体系要健全学校、家庭、社会协同育人机制，增强学生文明素养、社会责任意识、实践本领的培养，重视青少年身体素质和心理健康教育。建设高质量教育体系，将沿着“实现人人皆学、处处能学、时时可学”方向推进。重庆市九龙坡区第一实验小学教育集团化办学的高质量体系，一是归原致远的理论自信体系，二是归原致远的文化自信体系，三是归原致远的制度自信体系，四是归原致远的办学道路自信体系。

第三章 中国式教育：归原致远教育的实践体系

归原致远教育的实践体系是素质教育的体系，也是立德树人根本任务完成的综合实践、“五位一体”的学校教育高质量体系。《中国教育改革和发展纲要》指出：“中小学要从‘应试教育’转向全面提高国民素质的轨道，面向全体学生，全面提高学生的思想道德、文化科学、劳动技能和身体心理素质，促进学生生动活泼地发展，办出各自的特色。”为此，重庆市九龙坡区第一实验小学教育集团的素质教育全面实施，一是坚持走中国式教育现代化之路，在党的教育方针贯彻中重视学生的思想道德素质、能力培养、个性发展、身体健康和心理健康教育。二是为党育人，为国育才，培养学生的创新精神、实践能力与社会责任感，以归原致远的教育制度自信、理论自信、文化自信和道路自信细化学校的特色办学。三是全面深化教育改革，解决好人民群众最关心最直接最现实的教育利益问题，从办学的“独特性、差异性、多样性、多层次性”上，把教育集团学校从“环境、课程、教师、学生、管理”五个组成部分进行高质量归原教育实践体系的建构，努力于教育现代化2035年的目标实现。

一、中国式教育：归原致远教育的实践体系

（一）素质教育体系

新时期党的教育方针强调要全面实施素质教育，这里的素质教育，是全面发展、全体发展、全过程育人、全教育活动的“四全”教育，是完成立德树人根本任务，着力于提高全民族素质，培养全面发展人的教育。中共中央、国务院印发《关于深化教育教学改革全面提高义务教育质量的意见》，提出要坚持“五育”并举，全面发展素质教育，以中国式现代化全面推进中华民族伟大复兴，坚持人才是第一资源，培养造就大批德才兼备的高素质人才的教育。现代学校的素质教育体系，是要建立以“学生发展核心素养”为基本框架的教育质

量评价体系和课程体系，以培养“全面发展的人”为核心的终身学习的高质量教育体系。

1. 素质教育实践体系

《中国教育改革和发展纲要》指出：“中小学要从‘应试教育’转向全面提高国民素质的轨道，面向全体学生，全面提高学生的思想道德、文化科学、劳动技能和身体心理素质，促进学生生动活泼地发展，办出各自的特色。”所以素质教育的实践体系，是全面贯彻党的教育方针，提高国民素质，培养学生的社会责任感、创新精神和实践能力的教育体系，是着眼于培养学生“自我学习、自我教育、自我发展”的知识与能力的教育活动体系。《中共中央关于教育体制改革的决定》中指出：“在整个教育体制改革过程中，必须牢牢记住改革的根本目的是提高民族素质，多出人才，出好人才。”建构素质教育实践体系，必须系统推进四个方面的教育改革：一是必须建立协调各方的共同育人观。素质教育是全社会的事业，需要学校、家庭、社会密切配合，它在德育、智育、体育、美育和劳育之中，也在课内课外的教育活动之中。二是必须树立育人为本的教师职业观。教师工作是“传播知识、传播思想、传播真理”和“塑造灵魂、塑造生命、塑造人”的工作，教师要成为塑造学生“品格、品行、品位”的大先生，要成为学生做人的镜子，以身作则、率先垂范，以高尚的人格魅力赢得学生敬仰，以模范的言行举止为学生树立榜样，把真善美的种子不断播撒到学生心中。三是必须统筹推进学生的全面发展。全面推进实行学生的综合素质评价改革，把学生的发展性评价建立在“思想品德、学业水平、身心健康、艺术素养、社会实践”等各方面素质提升的基础上。四是必须树立育人为本的教育政绩观。素质教育不能用单纯的考试升学“指挥棒”指挥学校教育，而是要把推进教育事业科学发展作为各级党委和政府政绩考核的重要内容，完善考核机制和问责制度。

2. 个性化教育实践体系

“因材施教”作为一种教育理念和教育思想是中国式教育中好的传统，在西方教育提出“制度化教育”和“标准化教育”的过程中，“因材施教”成了针对学习者的性格、兴趣、能力等个性化差异教育的重要依据。为此，中国式教育在素质教育整体教育实践体系中，高度重视个性化差异的教育实践。个性化教育实践概括为根据孩子独有的个性因材施教，它代表中国现代教育理念的回归，是归原教育思想理论的一个好的基础理论。研究认为：个性化教育实践体系主要有三个方面，一是关于信息技术助力个性化学习和终身学习的实践体系，要求各学校高度重视教育信息化工作，加强顶层设计和统筹规划，充分利用云计算、大数据、人工智能等新一代信息技术，探索实践线上线下融合创新的教育教学发展模式，实现个性化教与学。二是坚持把理论与专业学习、创新与实践相结合，有意识培养学生社会责任感，培养学生良好的政治素养，培养学生社会服务意识，培养学生创新精神，锻炼学生解决问题实践能力，培养学生有担当、敢担当的综合能力，构建学生的研究性学习实践体系。三是根据“心三力”（“心智力、自控力、内驱力”）“脑三力”（“思维力、高记力、快读力”）科学研究成果，着力打造学生“学习力”培养的实践体系。

（二）归原致远教育实践体系

九龙坡区教育局着力于“五大名片”的打造，其生活教育名片是促进区域教育高质量发展的重要抓手，重庆市九龙坡区第一实验小学教育集团主要注重五个方面的归原教育实践活动体系的建构。

1. 归原教育目标体系

重庆市九龙坡区第一实验小学教育集团，总体以“对每个孩子的真心、真情、真爱，《筑基每一个人的美好未来》”作为学校优质教育的目标、以现代素质教育实践体系和个性化教育实践体系为途径，为培养未来人才、推动社会发展所建构学校教育体系，强调教育的理论、方法、实践三结合，着力打造归原性的美好场景、融合归原致远的课程育人方式、创造归原致远的美好生活目标体系。

2. 归原致远教育课程体系

课程是育人的全部内容，课程需要基于归原致远的课程理念：课程就是归原教育。把作为课程体系建构的核心，突出归原教育基础课程、拓展课程、特色精品课程三类课程的开设，以课程的“生命化、生活化、网络化”为主线，让课程奠基学生未来的美好生活，用课程的美好提升学校素质教育质量。

基础课程：品德教育系列课程、智慧教育结构课程、人文素养培养综合课程。

拓展课程：基础拓展课程、实践技能拓展课程、学习方法与技巧课程。

特色精品课程：归原生命课程、归原生活课程、归原体验研学课程。

3. 归原致远教育教师体系

归原致远的教师是有“人生导航与个体助力”教风，教学做合一，德才兼备的专业化、标准化的高素质教师。重庆市九龙坡区第一实验小学教育集团的教师首先是素质教育理论的学习者，其次是归原致远精神的塑造者，整体上是“有理想、有专业、有教育责任担当”的教师群体，是有归原生命意识，归原生活教育能力，归原致远教育质量提升的教师个体的优化组合。归原致远的教师有素质教育教师的形象、语言和教学姿态，能善于学习，乐于实践，勇于创造；归原致远教师团队精诚团结，学会相互依靠、相互信任、相互帮助，是素质教育的学习共同体，教师相信学生、相信家长、相信同伴，相信团队，遵循更高、更快、更有效的教育生态和教学效果。

4. 归原致远教育管理体系

管理是人性的设计，管理是针对教育活动质量的提升，依法治教。归原致远教育管理体系一是深入理解教育相关法律法规，落实《中华人民共和国义务教育法》《中华人民共和国教师法》《中华人民共和国教育法》《中华人民共和国未成年人保护法》等法律法规的章程制度体系。二是三师评价导向体系。三是学生的归原致远教育活动质量评价体系。

5. 归原致远教育环境体系

学校智能环境是归原致远教育的环境建构主题，重庆市九龙坡区第一实验小学教育集团用高标准设施配备，高信息化教育环境，高水平的教育文化，打造归原文化校园的生活环境、学习环境、成长环境，建设校史陈列馆、科创活动室、党史长廊、研学基地、师生阅读中心、室内运动场等育人场景，不断生成校园文化引领下的师生作品呈现，借助宣传展板、建筑粉红色调、校园电视台、校园广播站、学校微信公众号等硬软件宣传阵地，不断展示校园文化环境的美好。

二、中国式教育：归原致远教育的特色办学思考

重庆市九龙坡区第一实验小学教育集团紧紧围绕学校内涵发展的核心——

“归原”文化，打开教师、学生、管理者的成长之门，共同探索同一的精神文化品质、独特风格和面貌，彰显学校教育内涵的整体、独特的价值追求。

集团学校对于归原致远教育的特色办学思考如下。

第一，秉承“筑基每一个人的美好未来”核心理念，追求“办有境界教育，做有格局教育人”的共同愿景。

第二，关注教师队伍专业化成长，以研究学生、研究课程、研究课堂、研究教材、研究评价为抓手，促进教师思考起来，行动起来。

第三，以“班级自治、学生自理、人人自觉”的理念开展德育教育活动，创新德育评价，落实养成教育。德育活动有理念、有主题、有程序、有体系、有评价、有反馈。

第四，以课题研究提升实践的理论高度，有效提高教师的科研水平，成功申报一个国家级课题《生活创客空间提升小学生实践能力的研究》、两个市级课题《小学生数学知识结构梳理与应用的实践研究》《差异化教学对学生健康心理品质的影响的调查研究》。

第五，学校智慧化校园进一步提档升级，集 3D 打印、VR 体验、机器人教学为一体的创新空间，给学生带来全新体验，原有的生活空间、物联网空间、国艺空间等也焕发新彩，实现了创客教育的优质资源不断丰富，学生的实践平台越来越多。

第六，学校致力于走向世界的中国人、开创未来的现代人培养，集团学校干部师生对“归原”文化的高度认同，转化成了师生共同的价值取向和行为方式，形成了看不见的文化，转化为了教师的行动力、文明校园建设的生产力。

目前归原致远教育集团呈现出来的特色如下。

（一）归原课程育人的特色

聚焦“归原”课程，彰显个性化的文明校园特色。校长何军主张，“课程是学校育人最基本、最重要的途径。要实现立德树人的根本任务，培养德智体美劳全面发展的社会主义建设者和接班人，需要以课程为落地点。”围绕体、手、脑、眼、心“五维”培养目标，构建“归原”课程体系，将学科课程、社团课程、主题活动课程、环境课程等整合为“健体课程、巧手课程、慧脑课程、亮眼课程、暖心课程”。通过必修式学科课、菜单式选修课、体验式德育课、主题式活动课实现“五维”培养目标，培育走向世界的中国人，开创未来的现代人，努力打造文化浸润的活力校园，让文明之举在“归原”课程的熏陶下处处可见。

（二）归原环境文化特色

“归原”文化时刻影响着师生从本质出发思考教育。一是“筑基每一个人的美好未来”的理念墙，强化着师生的认知。二是“壹”和“门”组成的校徽，成了师生的共识。三是班级文化，“一班一特色，一班一品牌”创建活动成了流动的文明代言。四是在重庆市龙坡区第一实验小学教育集团西郊校区，学校大门、教学楼、运动场、周边环境焕然一新、整洁和谐；燕南、江州校区的环境优美雅致，学校的小花园、水景池、草坪，处处是风景。

（三）归原红色教育特色

学校通过全体党员、团员、少先队员不定期开展红色讲堂、红色研学循序渐进地将红色文化融入少年儿童的学习生活，构建“校内+校外+线上”多维度文明校园建设宣传网络，通过以讲促学、实践促学的形式，让少年儿童会思考，坚定理想信念，听党的话，跟党走；学校加强少先队工作，增强少先队员小主人意识和责任感，引导队员关注国家、社会发展建设，营造浓厚的文明校园氛围，开展组织教育、自主教育、实践教育，完善少先队基本组织制度，实行“大队自治、中队自理、队员自觉”少先队管理模式。

（四）学校质量提升特色

集团各学校践行“立足脚下力争上游”的学校精神，在管理中注重理念引领、课程改革、队伍建设，制定了包含九大理念、九项实践的“九九归原”行动规划。近年来集团各学校被评为重庆市示范小学、国家教育质量管理示范基地、全国三八红旗集体、全国巾帼文明示范岗、国家英语教学实验学校、全国教育网站系统示范学校、中国科学院心理研究所实验学校、全国科学教育实验基地、中国少年科学院科普基地、重庆市信息技术教育示范学校、重庆市德育示范学校、重庆市文明礼仪示范学校、重庆市体育卫生工作先进学校、重庆市民主管理示范学校、重庆市文明单位、重庆市教育科研基地。

实践篇

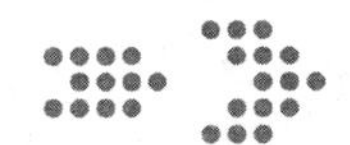

理论是灰色的，生活之树常青。归原致远的实践，是素质教育的归原致远的教育行动。

第四章　中国式教育：归原致远课程建设

教育部《关于全面深化课程改革落实立德树人根本任务的意见》（教基二〔2014〕4号）指出：课程是教育思想、教育目标和教育内容的主要载体，集中体现国家意志和社会主义核心价值观，是学校教育教学活动的基本依据，直接影响人才培养质量。课程是学校教育的基础，课程改革是教育改革的核心，重庆市九龙坡区第一实验小学教育集团，高度重视充分发挥课程在人才培养中的核心作用，进一步提升综合育人水平，把课程建设作为一条重要的工作主线贯穿到学校教育的各个方面任务落实中。首先进行了“归原课程”体系的建构与完善，制定了详细的课程实施步骤，学校课程改革与经验多次在区市级平台交流。

一、学校课程建设的原理与方法概况

（一）课程建设原理

课程可以认为是教与学的进程，是指学生在校期间所学内容的总和及进程。课程可表现为课程计划、课程标准、教材等文本，近代的学校课程主要是指学科类的课程，故有其多元性或多学科性质。学校课程建设的基本原理是“素养导向”，也就是课程建设要以培养学生的核心素养为方向、为目标。研究表明：创新能力、批判性思维、公民素养、合作与交流能力、自主发展能力、信息素养等是国际上最大共识的核心素养。所以，义务教育新课程方案强化课程的综合性、实践性，重视培养创新精神、实践能力与真实情景下的问题解决能力。

1. 新课程标准

课程标准是国家课程的基本纲领性文件，是国家对基础教育课程的基本规范和质量要求。本次修订课程标准，是全面贯彻党的教育方针，调整和改革基础教育的课程体系、结构、内容，构建符合素质教育要求的新的基础教育课程体系的需要。教育部印发的《义务教育课程方案和课程标准（2022年版）》通知（教材〔2022〕2号）指出：加强课程实施管理与指导，明确学校课程实施的工作要求，大力推进教学改革，转变育人方式，切实提高育人质量。新课程方案明确提出“基于核心素养培养要求，明确课程内容选什么、选多少”，注重与学生经验、社会生活的关联，加强课程内容的内在联系，突出课程内容结构化，探索主题、项目、任务等内容组织方式。新课程方案要求准确把握课程培养的学生核心素养，明确教学内容和教学活动的素养要求，改革教学过程和教学方法，把核心素养的培养落实到具体教育教学活动中，如充分细致落实在每一个学科的课程目标、课程结构、课程内容、教学建议、学业评价等方面。

2. 课程建设的要素论

主张课程建设有两个重要的要素：一是课程模式要素，主要研究教什么的问题。二是教学模式要素，主要研究如何教好的问题。学校的课程建设，依据要素论，一是需要编制课程目标、课程内容等框架计划，即建立课程标准。二是要确定相对稳定的指导教学实践的教学行为系统，如对教学目标、教学内容、教学结构、教学手段方法、教学评价等因素进行简约概括的说明。课程建设高度重视的是课程资源的有效开发，也就是实现课程目标的各种因素的综合利用，或者指课程设计、实施和评价等整个课程编制过程中一切可利用的人力、物力及自然资源总和的把握程度。

（二）课程建设方法

以学生为中心的课程建设方法强调学生是课程的核心，学校的所有课程建设都应以学生的兴趣或生活为基础，教学应以活动和问题反思为核心。为此，国家课程建设要求有六个方面的建设把握：科学确定学生的核心素养要素，统筹规划课程标准的逻辑体系，严格遵循课程标准的文本结构，确切运用课程标准的条款语言，科学划定课程标准的教育时段，妥善处理“核心素养”与“课程目标”的关系。对于校本课程的建设，则提出：组织机构、现状分析、目标拟定、方案编制、解释与实施、评价与修订的建设流程。

1. 课程体系建设

课程体系是育人活动的指导思想，是培养目标的具体化和依托，它规定了培养目标实施的规划方案。课程体系主要由特定的课程观、课程目标、课程内容、课程结构和课程活动方式所组成，其中课程观起着主导作用。新课程体系总体如图4－1所示。

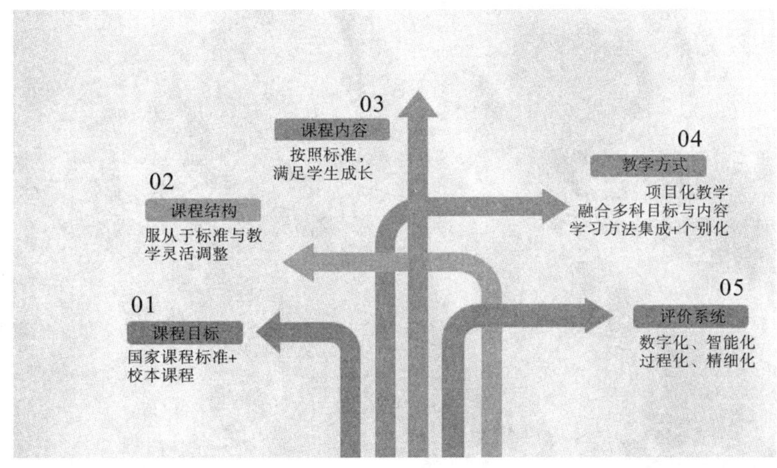

图 4—1 新课程体系

2. 归原致远课程体系

学校把归原致远课程建设作为一条重要的工作主线贯穿各方面，首先进行了“归原课程”体系的建构与完善，制定了详细的课程实施步骤，围绕学校的培养目标，很好地保障了全体学生的全面发展。本课程体系的课程理念是适应学生，适应未来。主要的内涵是让课程适合学生的需求和发展，让课程助力学生成人成材；学生在归原课程的学习活动中，课堂应该呈现“三生三动”（生命、生活、生长，动手、动脑、动心）的样子。生命聚焦学生的自然性，生活聚焦学生的社会性，生长聚焦学生的个性化；动手实现行为活动的目标性，动脑强调智慧生成性，动心引导学生不断的理解与思考，让学生手脑心同步参与到学习中。

二、归原致远课程建设的主要实践体系

（一）构建归原致远课程体系框架

依据党的教育方针要求全面实施素质教育，落实立德树人根本任务，具体细化课程内容为德智体美劳，把学生培养目标作为课程框架建构的总体指导思想，经过专家指导与学校课程建设研究小组的努力，形成如下 3.0 版的框架，如图 4—2 所示。

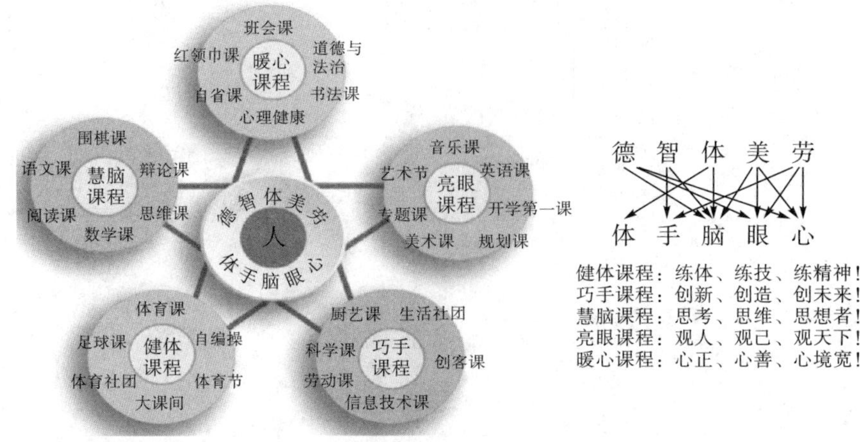

图 4-2 归原课程体系总图 3.0 版

（二）明确课程归原的三个理念

1. 明确教学理念：为未来而教，为未知而学

运用归原致远的教育思想原理与方法，课程与教学必须密切结合，需要以一种新的视角来看待。课程内容既要关注已知的知识经验，更要关注未知的创新实践需要。课程内容需要一种更具有未来智慧的教育视角，在复杂而多变的世界中，努力培养学生的好奇心，启发学生的生活智慧，增进学生的自主性和责任感，引导学生积极地、广泛地、有远见地追寻有意义的学习。教师应当在归原致远的课程教学中形成求真、求精、求悦的教风，学生更应注重乐学、善学、勤学“三学”的学风。

2. 明确人才培养理念：人才是终生学习者、独立思想者、未来创造者

终身学习者是贯彻“中国教育现代化 2035”关于构建终身学习的教育体系思想，把人的终身学习能力培养放到第一位，让人以终身学习者的身份“活到老学到老”；独立思想者是强调人才一定要有自己的思想内容与思想的方法，对于人与自然、人与社会，人与人之间的关系能够有自己独立的认识、领会、运用；未来创造者，是全部的教育，应当让学生养成主动的、不断探索的、自我更新的、学以致用的优化知识、优化人生的良好习惯，未来教育的重点是未来的人才创造性素质，也就是创新的能力和创新的思维方式。

3. 明确学校管理理念：管理必须尊重生命，更应尊敬教育

学校的管理要从对生命负责的立场去呵护每一个生命，让每一个生命都能健康的生长，每个学生的成长，都应符合成长的生物性、社会性和个性化，成

为他自己的“人样子”。学校的管理核心是让教育回归到教育，以本真、本原、本体作为对于教育的“尊敬”，教育的初心在于筑基每一个人的美好未来，教育的使命是让每一个人都能有美好的未来。管理是人性的设计，学校管理应建立在人的“自主、自信、自立、自强”的自我管理原理与方法基础上。

（三）确立创客课程体系建设特色

学校 2015 年确立了总的课程框架体系：基础性课程、拓展性课程、综合性课程和环境性课程。其中的创客课程属于拓展性课程，是基础性课程中科学学科、信息技术与综合实践课程的内容拓展。创客课程的构建主要根据国内外对学校创客课程的实践研究，结合学校开展的科创教育活动体系建设情况，把创客课程细分为四大部分：信息技术创客、手工制作创客、物联网创客和生活创客四个板块，具体结构见表 4－1。

	类 别	具体课程	适用年级
创客课程体系	信息技术创客课程	创意编程	适合一二年级
		机器人	适合三至六年级
		3D 世界	适合四至六年级
	手工制作创客课程	桌面拼装	适合一二年级
		电子积木	适合一至三年级
	物联网创客课程	比特实验室	适合四至六年级
		VR 体验馆	适合三至六年级
	生活创客课程	厨艺课程	适合一至六年级
		茶艺课程	适合三四年级
		创意魔术	适合四至六年级
		智慧农业	适合三至六年级
		生活 DIY	适合一至六年级

1. 创客课程的意义理解

创新发展是现代社会发展的新常态，国家政府工作报告提出：“大众创业、万众创新”，归原致远课程建设确立了“适合学生，适应未来”的建设理念，以培养“走向世界的中国人，开创未来的现代人”为课程育人目标，让学生拥有“强健的体、灵巧的手、聪慧的脑、明亮的眼、温暖的心”的核心素养。其中“灵巧的手”就是要发展学生拥有动手实践，创新创造的能力，因此，创客课程建设是课程体系校本化的一个突破口。

2. 创客课程建设的思想引领

“创客”，源于英文 Maker，指努力把各种创意转变为现实的人，创客是一群玩创新的人，体现了一种积极向上的生活态度与职业状态，创客教育具有创新性、实践性、开放性、共享性等特点，对学生的知识技能、动手实践、沟通协作、创新人格的培养有重要作用。学校作为重庆市创客联盟学校之一，应该在这方面做出榜样与示范。创客课程建设能通过创客课程的开发与建设，把学生们凝聚到一个开放的空间，让他们自由地感受生活、适应生活、创造生活，从而提高他们的实践能力和创新精神。

3. 创客精品课程建设体系

作为整体归原致远课程体系中的精品课程建设，学校依据课程建设的“目标、理念、结构、实施、评价、保障”几个要素，明确提出了创客课程体系建设的丰富内容，如图 4−3 所示。

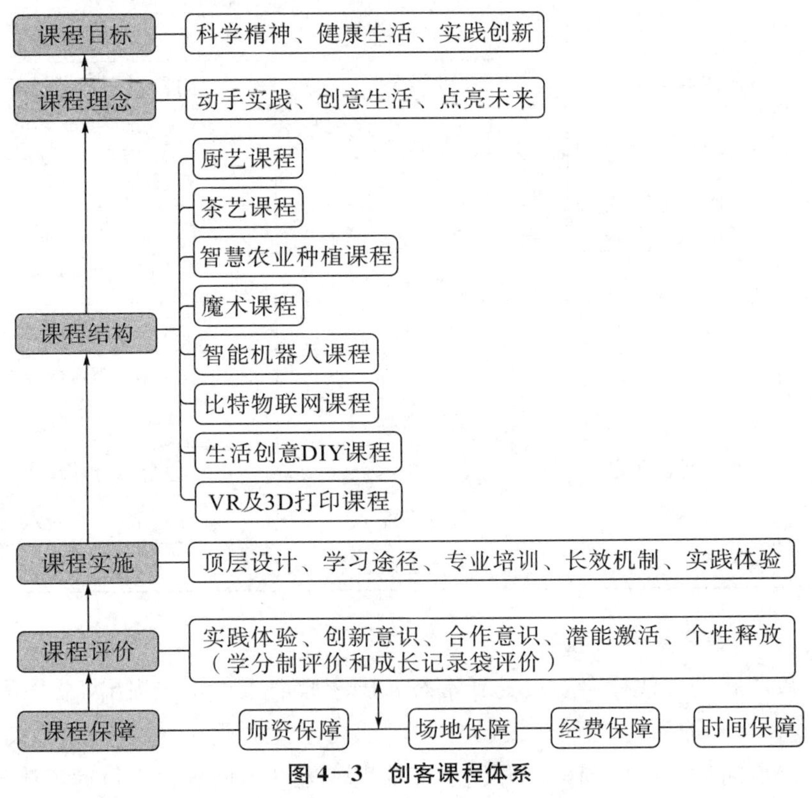

图 4−3　创客课程体系

4. 创客课程建设的主要进程

学校成立专门的创客课程建设小组，集中开展创客课程内容的收集与整理，同时自 2016 年开始，学校针对学生的动手能力、创新意识和创新能力薄弱，实践能力缺乏，学习方式滞后；部分教师教学方式单一，课程开发意识和能力较弱，没有根据学生的需求设计科学、合理的教案进行教学，更谈不上开发原有课程的意识；学校创客教育资源缺乏，课程没有系统化，没有针对学生的需求开发课程等课程育人中存在的相关问题。第一，每年建设和打造了一些“生活创客空间”活动室。第二，小组成员在深研各学科课程标准、核心素养、学生年龄段特点、心理特征的基础上，综合学生需求，以及师资条件、场地等具体情况下，从整合信息技术和综合实践活动课程内容出发，邀请相应课程专家和教师进行论证，编写了《小创客·大创造》校本课程丛书。丛书包括八个项目课程的内容，分别是：厨艺课程、茶艺课程、智慧农业种植课程、魔术课程、比特物联网课程、智能机器人课程、生活创意 DIY 课程、VR 及 3D 打印课程，如图 4−4、图 4−5 所示。

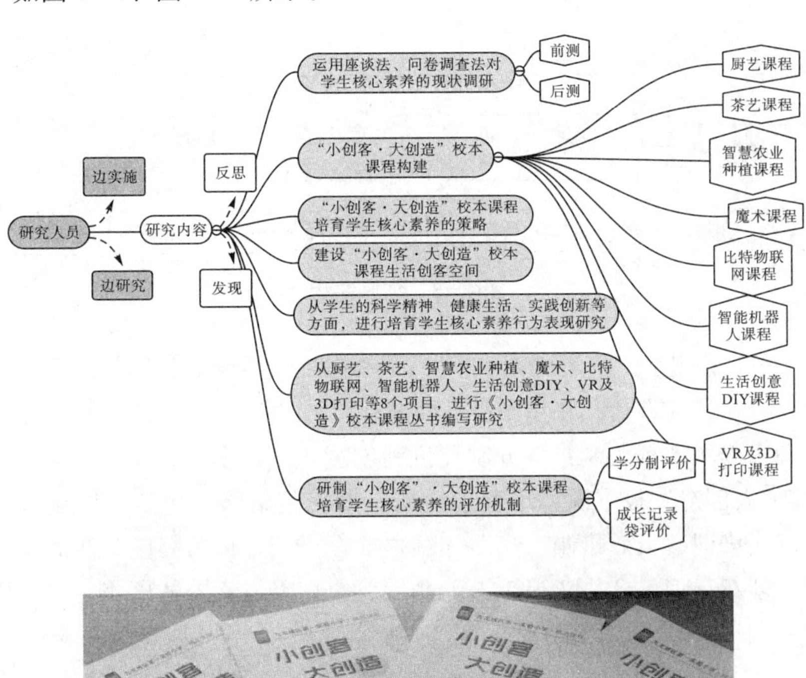

图 4−4　创客课程

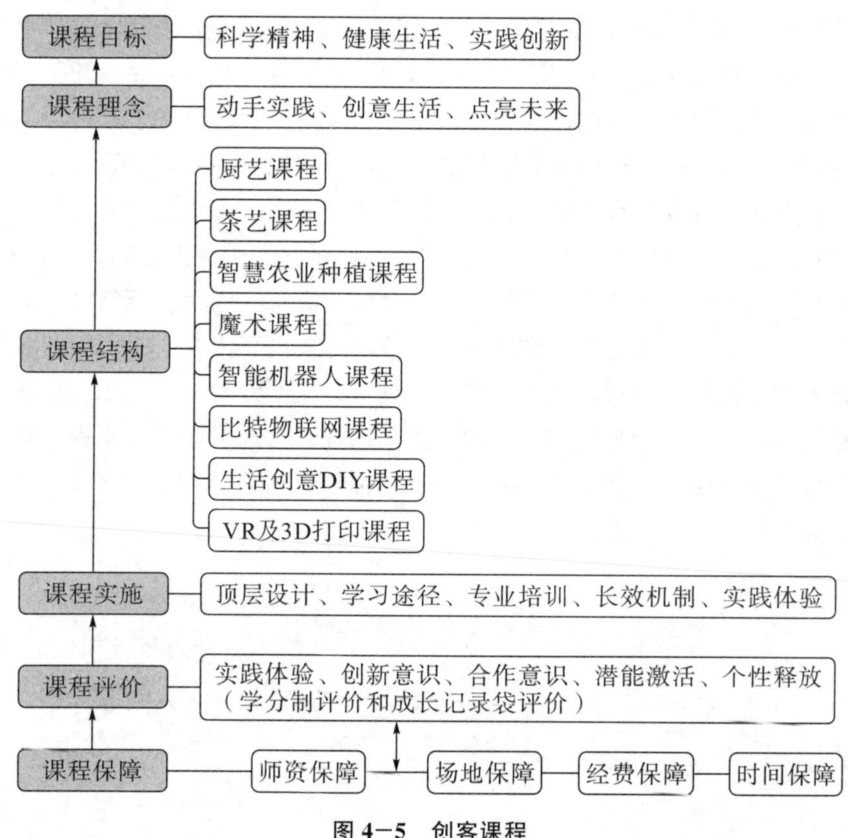

图 4-5　创客课程

第三，学校还从建设“生活创客空间、师资搭配、后勤保障”等方面，分年段进行开发、实施与评价。小组集体研制出了“小创客·大创造”校本课程培育学生核心素养的评价机制：学分制评价和创客成绩评定相结合，探索出了实施“小创客·大创造”校本课程培育学生核心素养的策略为包括顶层设计、学习途径、专业培训、长效机制、实践体验这 5 个方面，评价高度关注的是学生实践体验、创新意识、合作意识、潜能激活、个性释放素养的培养，主要指标见表 4-2、表 4-3。

表 4－2　学生创客核心素养的行为表现

学生核心素养的行为表现		
科学精神	理性思维	以智慧农业种植课程为例，学生面对水培植物课例进行独立思考，没有土壤植物能茁壮生长吗？然后查阅资料，亲自水培植物并做好记录，课上小组交流结果，得出正确结论，从而逐步形成自己的理性思维
	批判质疑	以魔术课程为例，学生对“意念折纸”进行猜想、思考、争论、实作等方式进行演练，课上小组或者个人交流结果，得出正确结论，从而逐步形成自己的批判质疑能力
	勇于探究	以智能机器人课程为例，学生利用“抓木机”配件，根据任务目标和要求，进行大胆尝试、不断探索组装，最后将组装好的“抓木机”进行交流与展示，从而逐步培养自己勇于探究的精神
健康生活	珍爱生命	以厨艺课程为例，学生了解哪些食物有营养？吃哪些食物有利于身体健康？学生对一些食物进行交流与品尝，改善饮食，提升生命质量，感悟到尊重生命是我们每个人的义务与责任，从而养成珍爱生命的习惯与意识
	健全人格	以生活创意DIY课程为例，学生利用废弃纸盘制作一些精美的动物，变废为宝，珍爱动物，让学生从小树立环保意识，让学生懂得怎样去欣赏美和创造美，多为社会增添美好生活，从而逐步塑造学生的健全人格
	自我管理	以魔术课程为例，学生通过“空手变物”魔术活动，按照小组组间同质、组内异质方式，完成各自的任务与分工，在任务和分工中管理好自己，再与同伴交流合作完成魔术，最后进行展演与分享，从而逐步形成学生自我管理的生活方式
实践创新	劳动意识	以生活创意DIY课程为例，学生利用废弃的纸盒做成小火车，变废为宝，与同伴进行交流与分享，懂得劳动可以创造财富，劳动可以发明创新，从而逐步培养学生的劳动意识
	问题解决	以厨艺课程为例，学生通过学习糯米丸子制作过程，了解糯米丸子的制作方法，懂得去发现问题、分析问题、提出假设、检验假设等困惑，从而逐步提高学生解决问题的实际操作能力
	技术运用	以比特物联网课程为例，学生利用比特造型模块和电子模块，自己动手搭建外形各异的报警器，充分发挥想象力和创造力，以及团队合作，组建模块，最后完成报警器（看家电子狗）的制作，从而逐步提高学生技术运用的能力

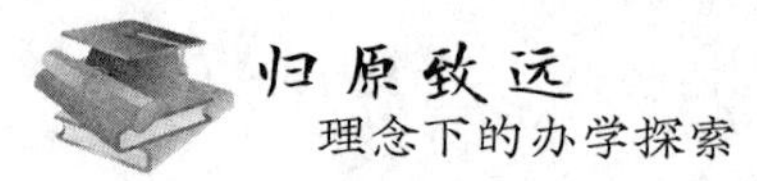

表 4–3 “小创客·大创造”校本课程学分制评价量表（总分 50 分）

<table>
<tr><th colspan="4">指标</th><th rowspan="2">分值（分）</th><th rowspan="2">考查办法</th><th rowspan="2">评价主体</th><th rowspan="2">评分（分）</th></tr>
<tr><th>一级指标</th><th>二级指标</th><th colspan="2">三级指标</th></tr>
<tr><td rowspan="10">过程性评价（35 分）</td><td rowspan="5">课堂学习（25 分）</td><td colspan="2">兴趣与参与</td><td>3</td><td rowspan="5">1. 看课堂观察检核表与随堂记录卡
2. 看学习情况
3. 看作业
4. 看小组合作评价表</td><td rowspan="5">指导老师、同伴、自己</td><td></td></tr>
<tr><td colspan="2">合作与交流</td><td>3</td><td></td></tr>
<tr><td colspan="2">知识掌握与运用</td><td>4</td><td></td></tr>
<tr><td colspan="2">收集与分析</td><td>3</td><td></td></tr>
<tr><td colspan="2">反思与计划</td><td>2</td><td></td></tr>
<tr><td rowspan="5">成长记录袋（10 分）</td><td colspan="2">学习计划</td><td rowspan="5">（参看成长记录袋评价）</td><td rowspan="5">看各项记录情况</td><td rowspan="5">老师、家长、同伴</td><td rowspan="5"></td></tr>
<tr><td colspan="2">作业或作品</td></tr>
<tr><td colspan="2">进步</td></tr>
<tr><td colspan="2">收集的课程资料</td></tr>
<tr><td colspan="2">评价与自我反思</td></tr>
<tr><td rowspan="10">终结性评价（15 分）</td><td rowspan="2">知识考查（5 分）</td><td colspan="2">课内掌握的基本知识</td><td>3</td><td rowspan="2">笔试或口试</td><td rowspan="2">指导老师</td><td></td></tr>
<tr><td colspan="2">课外习得的相关知识</td><td>2</td><td></td></tr>
<tr><td rowspan="8">表现性活动（10 分）</td><td rowspan="4">技能（5 分）</td><td>基本技能的掌握与熟练程度</td><td>2</td><td rowspan="4">表现性活动（动手操作、口头表达、表演等）</td><td rowspan="4">指导老师或同伴参与</td><td></td></tr>
<tr><td>与人合作交流的能力</td><td>1</td><td></td></tr>
<tr><td>分析与处理问题的能力</td><td>1</td><td></td></tr>
<tr><td>创新与实践的能力</td><td>1</td><td></td></tr>
<tr><td rowspan="4">情感态度价值（5 分）</td><td>对课程的学习兴趣</td><td>1</td><td rowspan="4">试卷与表现性活动</td><td rowspan="4">指导老师</td><td></td></tr>
<tr><td>参与态度、创新精神</td><td>1</td><td></td></tr>
<tr><td>积极向上的人生态度</td><td>2</td><td></td></tr>
<tr><td>社会责任感与使命感等</td><td>1</td><td></td></tr>
</table>

（四）精心建构“金钥匙”课程体系

学校以“中国之门”和“世界之门”为主线，整合国家、地方和校本课程，形成了五层框架“健体之门课程、巧手之门课程、慧脑之门课程、亮眼之门课程、暖心之门课程”。语言与表达之门、数学与思维之门、体育与健康之门、动手与实践之门、编程与智能之门、艺术与审美之门、道德与劳动之门、新时代思想与成长之门、红领巾爱学习之门、社团我做主之门十个主体课程结构，也深入研究出“晨韵朗朗”“我行我秀”“小创客·大创造”三个精品课程，所有课程聚集学生的“五体发展”培育目标，即让学生拥有强健的体、灵巧的手、聪慧的脑、明亮的眼、温暖的心。

1.“金钥匙”课程建设思想

“金钥匙课程”旨在“适应学生，适应未来”，立足学生的需求和发展，助力学生成人成材。“金钥匙”课程建设以课程“为未来而教，为未知而学”教学思想为指导，通过必修式学科课程、菜单式选修课程、体验式德育课程、主题式活动课程，站在未来的视角思考当下的教育，引导老师们在教学中以一种更具有未来智慧的教育视角，在复杂多变的世界中培养学生的好奇心、启发智慧、增进自主性和责任感，引导他们积极地、广泛地、有远见地追寻有意义的学习。

2.“金钥匙”课程建设实践

学校注重构建相应课程板块之间的联系，重视学科知识、社会生活和学生经验的整合，突破了活动课程和校本课程的局限，将课程板块巧妙地整合于学科课程之中，将“民族”和“世界”两大元素，交叉渗透于“中国之门”和“世界之门”的相关课程，使课程在相互关联的基础上相互补充。

3. 构建“打开一扇门”课程评价特色

结合学校制定的《九龙坡区第一实验小学“金钥匙奖章”奖励办法》，“金钥匙”课程建设的评价上，通过自我评价、操作实践评价、同学互相评价、活动记录评价、家长评价及社会评价，过程的形成性评价、基于结果的总结性评价及追踪其后期发展的后续评价等，搭建学生展示自我的舞台，最大限度地释放潜能，激活天赋，舒展个性，打开学生一扇扇成长之门，让每个学生都能够坚持在课程学习中，为自己“打开一扇门”，成为“走向世界的中国人，开创未来的现代人”。

三、学校归原致远课程建设的重要成效

（一）构建形成了“五维”德育活动课程

活动是德育工作的重要载体，学校按照课程育德、活动育德的工作思路，

让德育活动课程化和体系化实施，着力构建形成了"五维"德育活动课程，包括健体课程、巧手课程、慧脑课程、亮眼课程、暖心课程，落实体手脑眼心"五维"培育目标，实现德智体美劳五育协同发展。

（二）组织申报了学校精品课程体系建设

学校立足于校本课程的精品化，落实了《九龙坡区小学精品课程评选申报表》的相关申报工作，语文学科的"晨韵朗朗"，科学学科与信息学科结合的"小创客·大创造"，全校各学科都可以参与的"我行我秀"等校本课程建设精品化，成为九龙坡区第一实验小学教育集团的课程体系建设亮点。以"我行我秀"精品课程为例，该课程的理念是引领学校课程育人的特色发展，以"筑基每一个人的美好未来"办学理念为引领，把"我行我秀"课程的综合性、开放性、活动性作为多学科课程的有机结合亮点，体现了语文、数学、音乐、美术、体育、科学、信息技术等多门学科的整合、拓展、运用，课程育人的秀场，满足了各学科课程共同的价值追求，满足了学生和社会的多元化、个性化的教育需求，让学生在活动中敢秀、会秀、爱秀，秀出自信、秀出天赋、秀出个性，从而发现和发展学生的核心素养和综合能力。该课程的精品化突出有以下几点：一是涵盖的知识点多，且具有前沿性，多角度的表达展示自我的"秀"。二是对于问题的处理与"常规"背道而驰，达到的效果却更佳。三是学生是主体，教师是辅助，给学生传授基本技能，帮助学生解决问题，提高学生的自主能力。四是增加学生的团队意识，有学习共同体建构的多方面作用。

（三）课程建设引领了学校教育的整体发展

近三年来，学生参加九龙坡区计算思维编程竞技比赛、九龙坡区青少年科技创新大赛、九龙坡区青少年科技创新区长奖评选、重庆市"今日教育杯"科学小论文评选、重庆市中小学编程教育展评活动、重庆市青少年科技创新大赛、重庆市宋庆龄少儿发明奖评选、重庆市小小科学家实验比赛、全国中小学电脑制作比赛、全国宋庆龄少儿发明奖评选等竞赛，取得了较好的成绩，荣获市区级奖项近 100 项，荣获国家级奖项 3 项。课程建设更是提升了教师专业发展和学校育人质量，多数教师能主动积极参与校本课程开发，在校本课程开发与实施中，教师成了学生学习的引导者和鼓励者，参加各种级别、不同层次的比赛活动，取得了较好成绩，荣获国家和市级等级奖多项，学校被评为青少年科技创新大赛优秀组织单位、青少年科技工作室、科技教育特色学校、重庆市中小学信息技术示范学校、重庆市首批中小学智慧校园建设示范学校等。

第五章　中国式教育：归原致远队伍建设

归原致远教育从归原致远的教师素质教育开始。学校发展关键在教师，教师的素质教育，总体上应适应时代的进步，不断地提高自身的学习能力与教育能力，增强教育事业心与责任心。当前，为了深化教师队伍建设，教育部等八部门印发了《新时代基础教育强师计划》（教师〔2022〕6号），强调加强高水平教师教育体系建设，培养造就高素质专业化创新型中小学教师队伍。为此，走向学习化社会的过程中，特别是在"教育现代化2035"的要求下，教师要做到"学会学习"，应当具有的学习能力是：掌握认识世界的工具，学会学习的方法；有效地沟通与表达；泛读和理解的技能；探究推理、解决疑难的能力；获得、处理与应用信息的能力；创新的理念；开展研究的能力。

一、教师的素质教育与教师的"三师"素质

（一）教师的素质教育

党的教育方针要求全面实施素质教育，而教育者必先接受教育，教师的素质教育，就是依据教师从教必须具备的素质，即基本素质与发展素质，一般素质与特别素质，学科素质与人文素质等，组织教师自主学习、合作学习、探究性学习，开展以提高学习能力，提高教育教学理论和实践素养为目的的教育。研究者认为教师的基本素质有教师的职业道德素养、知识素养、能力素养、职业心理健康四大部分，而作为一个合格的教师，应当具备的素质是良好的文化素质，较强的教学能力，较高的职业道德，敏锐的时代意识和良好的个人形象等。

1. 教师的专业化教育

教师专业化是指教师在整个职业生涯中，通过专门训练和终身学习，逐步习得教育专业的知识与技能并在教育专业实践中不断提高自身的从教素质，从

而成为教育专业工作者的专业成长过程。教师的专业化教育，一是教师的师德修养的提升。师德是教师从教的职业道德，也是教师为人师表的关键性素质教育。二是教师的专业知识的学习、掌握和运用。教师的专业知识有教育理论与教育方法的知识，也有学科专业知识与专业教育技术的知识，提高师能，重要的是丰富的专业知识。三是教师的教育情怀教育。教育情怀是教师从教的热情与激情，教师必须热爱教育、关爱学生，注重教育，特别教育科学技术的进步。四是教师的理想和形象教育。教师具备教育理想，有自己的教育形象，是其专业化发展的标志，更是教师成为优秀教师，成为教育家型教师的素质教育。

2. 教师的个性化教育

个性化教育强调因人而异，因材施教，重视教师风格的打造。当代社会是信息化时代，教育的走向是不断地促使教师适应未来教育的需要。有研究表明：教师是立德树人的智慧者，是终身学习的研究者，是团队发展的合作者，是思想情绪的管理者，是和谐关系的创建者，是学生成长的领导者。新时代的教师，既要登高望远、仰望星空、展望明天、提前谋划、勇闯未来，又要脚踏实地、善于学习、勤于研究、精诚合作、干在当下、乐于奉献。中国新教育实验的创始人朱永新在《未来学校：重新定义教育》一书中提出未来学校的教师很可能是自由职业者，未来的教育将进入一个“能者为师”的新时代。实施教师的个性化教育，一是学习理念的转变。教师立德树人根本任务的完成，建立在教师的学习、学习、再学习，全力参与学习型学校和学习型社会基础之上，中国教育现代化构建的终身学习教育体系，需要教师成为自主学习型人才。二是教育能力的提高。教师必须具备从教的能力，如钻研和组织教材的能力、了解和研究学生的能力、组织教育教学活动的能力、良好的语言表达能力、进行教育科学研究的能力等，提高教师的教育能力，是教师的个性化素质教育的重点。三是教育素养的提升。教师德高为师，身正为范，讲的就是其教育素养。教师的个性化，最主要的特征就是教师教育素养提升的个性化，促进教师个性化的教育素养提升，是教育现代化发展对于教师的素质教育要求。

（二）教师的“三师”素质

新时代的素质教育，要求教师成为传播知识、传播思想、传播真理，塑造灵魂、塑造生命、塑造新人的教育人，更要作为学生呈现品格的引路人，知识学习的引路人，创新思维的引路人，奉献祖国的引路人。在我们提出的教师的“师德、师能、师范”三师素质中，师德是教师的精神世界，师德养成水平能呈现教师独有的精神气质，是确保教师素质提升和专业发展的必要素质；师能是教师从事教育职业的劳动能力，教师的劳动是智慧型、专业型、学习型、创新型多方面教育实践的综合，其劳动能力的提升有着时代的不断进步，有着科学技术是第一生产力的高素质、高水平要求；师范是教师的行为示范，也是教师的形象塑造，新时代教师应具有理想信念、有道德情操、有扎实学识、有仁爱之心的“四有”形象，还要求教师成为学习者、研究者、思想者和有理想者。

1．师德教育思想

重庆市九龙坡区第一实验小学教育集团的发展离不开建设一支“师德高尚、业务过硬、合作探索、创新高效”的爱事业、爱学校、爱学生、可持续发展的学习型教师队伍。中国式教育首要的就是要加强对教师的师德教育，教师必须用忠诚感恩的情怀回馈党和人民的培养，在建设强国梦的征程中爱岗敬业、教书育人。教师的师德教育，一是要有计划地学习《中小学教师职业道德规范》《中华人民共和国教师法》《中华人民共和国教育法》等教育法规，学习教育主管部门和学校制定的有关规定，切实规范自身的教育思想、教育教学行为，提高自觉履行职业道德，为人师表，以身立教的自觉性。二是要改变教育观念，树立适合素质教育的教育思想、教学理念，重建“课程观、教学观、学生观”，使自己成为“三传四引”的德高为师者。三是转变教师角色，认识教师是学生学习的促进者，是教育教学的研究者，是课程的建设和开发者，能用“知识就是力量”鞭策自己，用智慧之火点亮梦想，如饥似渴地吸吮优秀的中华文化，为振兴中国式教育积蓄强大的能量。

2．师能提升实践

师能是教师职业发展的基本要素，扎实的知识功底、过硬的教学能力、科学的教学方法，是教师胜任工作的必要条件。有研究证明，当前教师的认识能力、表达能力、沟通能力、组织能力等教学基本能力有待提高。更有教育研究者主张：师能提升是教师适应科技进步大潮和教育现代化大趋势的必然选择。建立师生相互尊重、赞赏的师生关系；改变教师的教学方式，转变学生的学习方式，建立“自主、合作、探究、体验”的学习方式，把握教育方向，更新与掌握教育技能与方法，不断提高教师驾驭课堂的能力、理论与业务水平等，都是师能提升的必要途径。教育部强师计划中提出加强名师工程建设，树立学校师资品牌，加大骨干与学科带头人的培养步伐，通过传、帮、带，结对子，外派进修培训，压担子，承担课题与课改研究任务等形式，培养一批具有较大影响的骨干教师、优秀青年教师和学科带头人等，都是师能提升的有效举措。

3. 师范形象打造

“师者，人之模范也。”教师在新时代的形象打造，第一是自己要努力成长为“教育改革的奋进者、教育扶贫的先行者、学生成长的引导者”。第二是教师是人类灵魂的工程师，在中国式教育现代化过程中，要努力成为先进思想文化的传播者、中国共产党执政的坚定支持者，担当起学生健康成长指导者和引路人的责任。第三是要加强师德师风建设，坚持教书和育人相统一，坚持言传和身教相统一，坚持潜心问道和关注社会相统一，坚持学术自由和学术规范相统一，以德立身、以德立学、以德施教。第四是要做到“吐辞为经、举足为法”，政治性强，情怀要深，思维要新，视野要广，自律要严，人格要正。第五是立足于学习“万世师表”，在教育岗位上默默耕耘、无私奉献，用爱心、知识、智慧点亮学生心灵，成为业务精湛、学生喜爱的高素质教师。

二、归原致远的教师队伍建设之路

（一）归原致远的教师素质教育

学校的归原致远高质量教育体系建设目标之一是，必须建设一支“师德高尚、业务过硬、合作探索、创新高效”的爱事业、爱学校、爱学生、可持续发展的学习型教师队伍。为此，归原致远的教师素质可以归结为：“三爱”师德、合作创新师能、学习和研究者师范三者有机结合的教师整体素质。加强归原致远的教师队伍建设，首先应把握好教师的素质教育原理和方法，重视归原致远教育哲学、教育理论与方法的学习、理解、运用。

1. 归原致远的思想教育

学校的“归原教育”指的是回归自然、回归本真、回归本我的教育理念和实践，它强调培养学生的独立思考能力、自我认识和自我管理能力，通过与自然的互动和体验来培养学生的身心健康和全面发展。归原致远的思想性，具体细化为三个方面：一是归原教育倡导的是一种自主学习的方式，通过观察、实践和反思来获得知识和技能。在归原教育中，教师的角色是指导和引导学生的学习，注重学生的整体发展，而不是单纯的知识传递。二是归原教育强调的是学生的责任和自律，鼓励学生自己设定学习目标和规划，并负责完成他们设定的任务，学生在归原教育中学习的是如何成为负责任、独立的人，而不仅仅是获得知识和技能。三是归原教育更强调培养学生的社会责任感和公民素质，鼓励学生参与社会服务和公益活动，通过实践来学习如何成为有责任感和有贡献的公民。

2. 归原致远的知识教育

归原的思想是哲学的第一思想，也就是世界本原，世界变化发展之道理之说法。归原从教育起源和人类学习之源上讲，归原教育同归原的哲学有密切联系。归原哲学是哲学的本体论，即唯物主义关于物质第一性，精神第二性的说法，世界的本原，就是物质的起源。在中国人的心目中，世界的本原是“一”，它代表的是万事万物存在之“道”。道可道，非常道，名可名，非常名，所以，道可以变化发展，是万事万物存在的理由。学校的归原致远，需要正视学生的发展规律，正确理解全面发展的内涵，实施真正的素质教育，使每个学生都能获得有效的、科学的发展和成长。

3. 归原致远的能力培养

教师是人类历史上最古老的职业之一，也是最伟大、最神圣的职业之一。人们常说：“教师是太阳底下最崇高的职业。”学校秉承“为未知而教，为未来而学”的教学理念，以学生发展为出发点开发课程。为了让学生在经历知识获得过程中，体验归原致远文化给人带来的生命尊严，教师需要清醒地认识到归原致远的文化传承的重要。提高师能，一是需要教师有较强的回归课堂、回归学生开展教育教学，提高教育质量的意识。二是教师要有个性化的课程标准的学习、理解和实践，教育教学活动没有必要完全按照统一模式去组织，可以按照自己对教育的正确理解、价值判断和哲学思考，结合学校和学生的实际情况，创造性地解决教育教学过程中的一系列问题。三是教师的所有能力，集中在归原致远上，就是如何培养好学生的核心素养，实现学生的成长、成人、成功，让每个学生都拥有高质量的人生。

4. 归原致远的人文管理

归原致远教育重视教师的阶梯式成长培养，通过营造教师成长环境，建立健全教师评价机制，完善教师阶梯式成长模式，体现教师职业生涯发展层次性和渐进性，帮助教师在阶梯成长评价下，发现自己潜在的力量，在自我认同和完善的过程中成长、成熟，从而激活教师队伍、激发办学活力。归原致远的教师人文管理，一是要引导教师学习做人“明世理，懂人情，知回报”的道理，牢固树立中国特色社会主义理想信念，带头践行社会主义核心价值观，自觉增强立德树人、教书育人的荣誉感和责任感。二是将教育评价改革确定为学校重点任务，纳入重要议事日程，健全教育评价改革工作制度，制订试点工作计划、实施方案，建立试点工作周例会制度，建立工作台账等，实行层级推动，校长、中层干部、骨干教师结成三级阶梯，校长带动中层干部，中层干部引领骨干教师，骨干教师带动各级教师，形成三级辐射与带动，确保工作有序推进，并取得实效。

（二）归原致远的教师成长研究

教师成为学习型、创新型教师，必须加强教师的研究性学习和教师的课程建设、课题研究活动的开展。重庆市九龙坡区第一实验小学教育集团为落实立德树人根本任务，深入推进《深化新时代教育评价改革总体方案》，决定以教师评价改革为着力点，力求通过教师阶梯式成长评价，激活教师队伍，实现教师队伍从基本支撑向高质量支撑转型，以建设高素质专业化教师队伍推动建设高质量教育体系，推动教育评价改革落实落地。集团为统一教师队伍价值取向，发挥优秀教师示范引领带动作用，提升新进教师成长速度，激发不同层次、不同年龄阶段教师的发展内驱力，以教师阶梯式成长评价为牵引，通过实施教师阶梯式成长评价，树立教师职业目标意识，增强自身发展动力，形成“阶梯式”发展态势，提升教师职业发展的意义感、幸福感、存在感、成就感，从而激发教师队伍活力，促进教师队伍整体发展。

1. 构建教师阶梯式成长目标体系

教师成长目标主要分为“为人”“为师”两个维度，为人侧重于思想意识、理想情怀等方面，为师侧重于教育教学专业发展。集团将教师的为人目标确定为：做“四真四实”型教师。其中的四真和四实是：“真心实意”对待学生、“真抓实干”对待工作、“真才实学”对待自己、“真情实感”对待生活。集团将教师的为师目标确定为：做“四专成长”型教师，即专心型教师—专研型教师—专业型教师—专家型教师。

2. 构建教师阶梯式成长评价体系

归原致远教育体系高度重视教师评价体系的评价导向、评价促进发展的功能，着力建设一套科学的、完备的、切实可行的指标体系，把自我评价、专业性评价、行政性评价结合，注重评价过程的激励性和指导性，及时反馈评价的结果，注意时效性、反馈方式和社会效益相结合。具体做法：一是建立健全教师个人成长激励评价机制。如建立师德师风监管制度，签订《九龙坡区第一实验小学师德师风承诺书》、制定《九龙坡区第一实验小学教师公约》、评选师德标兵。二是建立教师阶梯式成长自我评价机制。如制定教师阶梯式成长规划，健全教师阶梯式成长档案、建立奖励考核制度、建立年度表彰制度。三是建立教师阶梯式成长展示评价机制。如实施阶梯式教师评价认证，成立教师成长性评价的学术委员会，成立教师个人工作室。

3. 实施教师阶梯式成长评价行动

一是实施教师个性化培养评价行动，以教师专业发展规划为抓手，按照“全面分析—精准定位—量身定制—个性实施”的流程，对每位教师进行定制培养；教师在自我分析基础上确定个人职业发展方向和目标，在教师不同发展阶段，学校为其提供不同层次的发展平台，组建共同发展方向的项目团队，配备对应的发展导师，提供对应的学习资源和培训内容。如“党员团员结对共进”“青蓝结对工程”，针对近年新进教师的“新苗计划”“伙伴互助”等行动，不同群体、不同特质和潜力的老师，提供阶梯式成长行动支持。二是开展教师结对评价行动，结合市区级名优教师管理考核要求，以及学校教师阶梯式成长激励机制，开展教师结对工作。为不同阶段的教师搭建各自成长的平台。三是组建研究团队行动，学校成立研课团队、课题研究团队、课程开发团队、学业评价研究团队等，老师们自主申报，形成团队共研、团队共进的氛围，激励老师们向着更高层次发展。

三、归原致远的教师队伍建设之新思考

（一）教师队伍的资源最大化

教师是学校改革发展、高质量教育的第一资源，当代的教育是资源开发利用占重要地位的教育，在归原致远教育的校本化实践中，教师的资源开发和利用，将决定归原致远的特色之路走得多远，是归原致远教育的最佳着力点。学校实施高素质教师人才培育计划和培养实践，主要有以下几个方面。

（1）要为教师队伍建设提供信息化决策和便捷化服务支撑，加强信息系统安全防护，确保教师信息安全。

（2）要深入实施人工智能助推归原教师队伍建设试点行动，探索人工智能助推教师人事管理的优化、教师教育改革、教育教学方法创新、教育精准帮扶的新路径和新模式，总结试点经验，提炼创新模式。

（3）要有归原致远“为党育人、为国育才”的教育观念，强调“德厚才广”的教师成长有效方法，结合自我的归原致远的个性化优势，发挥自我管理、自我评价、自我实现的心理教育作用。

（4）重视提高归原致远教育能力，从归原致远教育的教师素质上讲，归原致远教育对教师提出的能力教育可归纳为三个方面的教育即一是归原致远的课程建设能力教育，如以学定教，学生主动学习和全面发展的设计者、组织者、示范者、建设者、实践者的能力教育。二是归原致远立德树人根本任务的执行能力教育，如在大思政教育活动的组织中，强调个性化教育，重视网络化、大数据化的教育技术运用的能力教育。三是个人的思想政治与道德素质教育，如教师团队的团结共进、积极向上、主动发展的活力教育，以及学校在归原致远文化建设、课程改革、教育教学质量、学生全面发展等方面的人文素质教育等。

（二）教师队伍的素质最优化

学校全面开展教师阶梯式评价的研究与实践，带给了教师发展与成长的最佳动力，有效地促进了教师队伍的专业成长。近两年有 20 位老师在“行知杯”赛课中获奖，8 位老师执教精品课例获得区级一、二等奖，执教区级示范课 6 节，专题讲座 3 场，教师撰写的论文 10 余篇获市级一、二等奖，多人次获区级奖励；教师在区级各类基本功大赛、微课比赛、案例评选、科技创新大赛等比赛中屡获佳绩；4 名干部在区教育系统青年干部论坛决赛中获奖，培养了 3 名正校级干部、2 名副校级干部；获评区级名校长工作室主持人 1 人、区级学科名师工作室主持人 1 人、市级骨干教师 4 人、区级名优教师 25 人。

1. 归原致远教师的全面发展

学校兴衰系于教师，教育质量提高更是系于教师，教师是影响学校教育改革成败的关键因素，教师素质的不断提高是造就高质量教育的突破口，教师成长要有全面发展的理性思考。马克思主义理论学说中关于人的全面发展理论是教师成长全面发展的理论基础，该理论认为教师成长的过程是教师全面发展的过程，教师的全面发展有三个核心内容，即一是教育理想的确定，也可以认为是教师成长的全面规划与方略的确定。二是教师专业化成长的确定，专业化首先是职业化，其次是标准化，最后是技能与能力并存为有机体，必须做到知行合一，学思合一，明体达用。三是教师人文修养方略的确定，人文修养是教师成长的重要内容，“行为世范”的核心是“德高为师”，教师必须成为“人师”。

2. 归原致远教师的个性发展

教师成长主要有三个方面的内涵：一是教师的不合格到合格，不成熟到成熟，也就是从师范生到职业教师的过程。二是教师从低水平教育教学能力向高水平教育教学能力的发展，这是教师职业素质从量变到质变，提高其对于教育教学工作认识与实践的过程。三是教师从骨干教师向教育家型教师的转变，也就是从实践型教师向研究型、学习型、创新型教师的发展过程。因此，教师成长的个性发展，总体上应当指向三个不同教师成长的方面即新教师的成长，骨干教师的成长，教育家型教师的成长。分析教育家型教师的成长，一是要有“专家的指导，同伴的互助，个体的反思，以及参与学术研讨与交流，完成必要的写作提升”等方法与对策。二是教师个人需要表现出主动发展、全面发展、优质发展的价值取向，把成为好教师、名教师、教育家型教师作为个体的优化、优秀、优先的发展需要。三是“转识成智”教育家的理想目标，在课程整合、思维课堂、创新教研、居中守正、学会认真、学会合作、学会学习、学会研究等教育实践中成就自我。

第六章　中国式教育：归原致远的学生发展

归原致远教育的理念是“筑基每一个学生的美好未来”，学生是归原致远教育中最重要和最核心的主体。在现代基础教育的学校中，学生是生活在一定时代的学习主体，也是未来生活的实践主体，学生有其法律地位与作用，学生是学校以人为本、科学发展的最重要的主体，一切为了学生的发展，一切着眼于学生的终身教育，教育培养“三个面向”的“四有”学生，是新时期党的教育方针贯彻落实的必然需要。重庆市九龙坡区第一实验小学教育集团的育人目标是培养会做人、会学习、会健体、会审美、会劳动、会合作、具有一定综合素质的、全面发展与和谐发展的创新型小学生，实现“强健的休，灵巧的手，聪慧的脑，明亮的眼，温暖的心”五维目标的达成，让学生有健全的人格，能够为其幸福地度过自己的一生打下良好的素质教育基础

一、归原致远教育的学生素质教育实践架构

（一）创新型小学生

小学生是指小学阶段的在校学生，创新型小学生是具备创新素养，能主动思考、积极提问、自主探究的学生。创新型小学生的培养，是小学教育的重要任务驱动，更是学科教学积极开展生活化、情境化、项目化学习，培育学生创新素养的关键时期教育。有关研究证明：在学生的关键性创新素养培养上，小学阶段主要以培养人的创新意识为主，特别注重养成学生广泛学习的兴趣和注重探究的意识。《国家教育事业发展“十三五”规划》明确指出：培养学生创新创业精神与创新能力，要从中小学做起，必须注重激发学生学习兴趣、科学兴趣和创新意识，加强科学方法的训练，逐步培养学生逻辑思维与辩证思维的能力。党的二十大强调要加大科技创新，高质量地培养科技创新人才，而小学阶段则是培养青少年的创新意识、创新思维和创新能力的重要基础教育阶段，

应当秉承“四重”育人理念，建立开放灵活的课程体系和课堂教学机制，注重引导学生自主学习、问题学习、开放学习、案例学习。

1. 创新学习

创新学习又可称为创新性学习或创造性学习，它是适应变化万千的未来社会所应具有的一种学习体系和形式。创新性学习就是要求学生在学习知识的过程中，不拘泥书本，不迷信权威，不墨守成规，以已有的知识为基础，结合学习的实践和对未来的设想，独立思考，大胆探索，别出心裁，采用新思路、新问题、新设计、新途径、新方法的学习活动。创新型小学生的培养，特别是六会（会做人、会学习、会健体、会审美、会劳动、会合作）综合素质的教育，必须高度重视加强小学生的创新学习指导与管理。

2. 创新素养

创新素养包括创新人格、创新思维和创新实践。创新人格和创新思维是创新实践的基础，创新实践是创新人格和创新思维在特定任务情境下的综合表达。由于人们对于创新的理解主要在于改进或创造新事物的内涵，因此，创新素养的核心是创新思维，也就是一种创新的智慧系统，包括发散性思维、聚合性思维、逆向思维、直觉思维、辩证性思维、批判性思维等，小学阶段培养学生的创新思维，要以学生的创新学习为中心、以创新性思维训练为重点，积极倡导教师的“问题式教学、情景式教学、任务式教学、探究式教学、主题式教学、跨学科教学”等教学方式，有效地培养学生的创新思维能力，如图 6−1 所示。

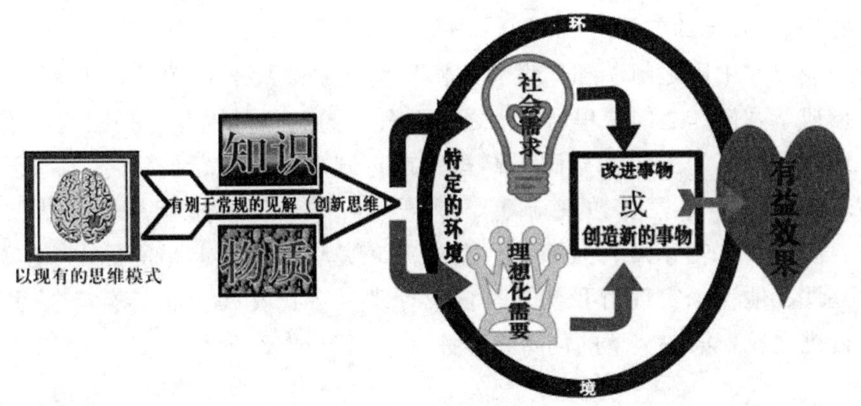
环
社会需求
知识
有别于常规的见解（创新思维
物质
以现有的思维模式
特定的环境
改进事物
或
创造新的事物
理想化需要
有益效果
境
创新是指：以现有的思维模式提出有别于常规或常人思路的见解为导向，利用现有的知识和物质，在特定的环境中，本着理想化需要或为满足社会需求，而改进或创造新的事物，包括但不限于各种产品、方法、元素、路径、环境等；并能获得一定有益效果的行为。
简单的说创新就是利用现有的知识和物质，在特定的环境中，改进或创造新的事物，并能获得一定有益效果的行为。

图 6−1　创新的定义

（二）小学生成长的五维目标

重庆市九龙坡区第一实验小学教育集团制定了“强健的体，灵巧的手，聪慧的脑，明亮的眼，温暖的心”小学生成长的五维目标，其内涵是将人的核心素养培育目标进行细化，更加关注学生五个维度的培育和发展，聚焦“体手脑眼心”全面发展。具体目标是：

强健的体（身心的健康）：体能与体魄，练体、练技、练精神！

灵巧的手（探索与实践）：实践与探索，创新、创造、创未来！

聪慧的脑（知识与智慧）：知识与智慧，思考、思维、思想者！

明亮的眼（视野与目标）：目标与视野，观人、观己、观天下！

温暖的心（友善与情怀）：情感与情怀，心善、心正、心境宽！

1. 育人理念解读

集团的育人理念是“筑基每一个人的美好未来”，其中的“筑基”指小学阶段的全面素质教育。“每一个人”指学校的管理者、教师、学生和与学校教育相关的任何一个人。“美好”包括三个维度的美好：一是学校里每一个人、每一项工作、每一个领域的美好。二是学校里的人把这样的美好带进家庭、社会和生活中。三是世界原本就应该如此美好，愿每一个人都能够建设这个美好的世界。“未来”指学生都能从重庆市九龙坡区第一实验小学教育集团走向世界，开创未来。整体理解育人理念，即小学阶段的素质教育在于“激活每一个学生的天赋潜能，发挥每一个人的特长优势，让每个人都成为最好的自己”。

2. 五维目标的归原之门

学校以“中国之门”和“世界之门”为主线，整合国家、地方和校本课程，形成了“健体之门课程、巧手之门课程、慧脑之门课程、亮眼之门课程、暖心之门课程”的五层框架课程结构。在打开友善之门、自信之门、阅读之门、思维之门、实践之门的基础上，围绕学生“五维”成长目标，设置校本特色章：健体章、巧手章、慧脑章、亮眼章、暖心章，制定评价量表，实施自评、互评、他评，实现自我认知、自我管理、自我发展。重点落实金钥匙奖章、五维之花、第一奖章的创新素养评价，如图 6-2 所示。

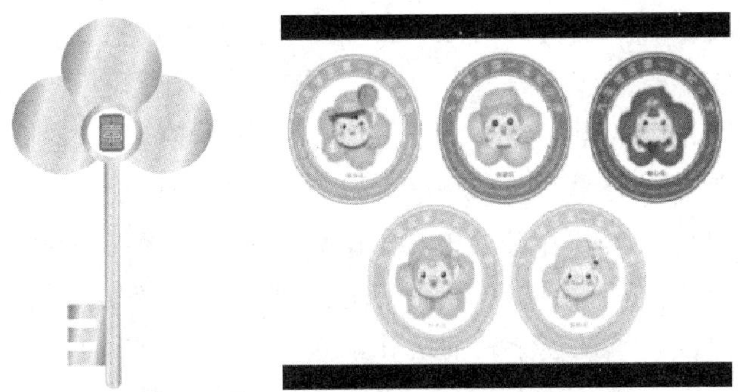

图 6－2　创新素养评价奖章

二、归原致远教育的学生德育活动的实践做法

（一）立德树人之立德实践体系

育人之本，在于立德铸魂。中国梦是中华民族的共同理想，也是立德应该树立的远大理想，中国特色社会主义是思政教育应该牢固确立的人生信念。习近平总书记强调指出，培育和弘扬社会主义核心价值观，要从娃娃抓起、从学校抓起，做到进教材、进课堂、进头脑。立德树人根本任务的完成，必须“因事而化、因时而进、因势而新”。中共中央办公厅、国务院办公厅印发的《关于深化新时代学校思想政治理论课改革创新的若干意见》明确了立德树人要坚持思政课在课程体系中的政治引领和价值引领作用，统筹大中小学思政课一体化建设，推动各类课程与思政课建设形成协同效应等基本原则。教育部印发的《中小学德育工作指南》和《中小学德育工作指南实施手册》，系统构建了方向正确、内容完善、学段衔接、载体丰富、常态开展中小学德育工作的体系。重庆市九龙坡区第一实验小学教育集团，一直努力实现“走向世界的中国人，开创未来的现代人”的培养目标，重视立德树人的校本化、特色化课程体系建设，在立德上，特别制订了“一二三四五”发展规划，围绕九龙坡区教育“五五行动”，聚焦“做特小学”德育工作任务，实现了“外化于行、内化于心”的归原德育高质量教育体系的建设。

1. 重庆市九龙坡区第一实验小学教育集团之立德实践举措

重庆市九龙坡区第一实验小学教育集团之立德的价值取向确定为：人文、阳光、生态 、个性，立德的核心素养培育目标细化为以下内容。强健的体：身心的健康。灵巧的手：探索与实践。聪慧的脑：知识与智慧。明亮的眼：视野与目标。温暖的心：友善与情怀。具体的立德实践，主要有以下举措。一是赋予校园的特质：充满人文精神、阳光心态，能满足师生个性发展，呈现和谐、科学、持续发展的自然生态。二是加强文明习惯的养成教育，以做实文明单位为抓手，在遵守交通秩序、注重人际交流，遵守校规校纪，培养社会公德等方面加强立德教育，努力构建文明、和谐、快乐、幸福的校园行为文化。三是加强师资队伍建设，不断促进教师专业发展。认真落实教师专业发展规划，加强师德师风建设，重视青年教师培养，抓好青蓝工程，加强教师在职培训和专业进修，鼓励支持教师成名成家，扩大知名度，在更广阔的领域展现中医“郎中”式的教师风采。四是加强心理健康和劳动教育，开设心理健康教育和劳动教育课程，配备专业教师，建立心理咨询中心和学生科创实践基地，为构建健康和谐、积极向上的校园文化提供心理和劳动实践保障。

2. 重庆市九龙坡区第一实验小学教育集团之立德课程体系

学校将德育工作系统化、德育活动课程化，着力构建“体手脑眼心”五维德育活动课程体系。德育课程以儿童的视角、孩子的体验、学生的需求为出发点和落脚点建构活动课程，让学生充分实践、体验、探究，在校园里健康生活、快乐学习、个性发展。活动课程整体上包括健体课程、巧手课程、慧脑课程、亮眼课程、暖心课程。

(1) 健体活动课程。维度是体能与体魄，目标是练体、练技、练精神。实施“3+2”体育课程建设，即3节体育常规课、1节体育专项课、1节班级体育活动课。同时成立篮球、足球、射击、游泳、柔道、围棋、国际象棋等学生专业训练队，每天坚持训练。认真开展阳光大课间、全员运动会、家庭运动打卡等活动。塑造学生健康体魄，培养学生的运动技能与习惯，培育学生坚韧拼搏的体育精神。

(2) 巧手活动课程。维度是实践与探索，目标是创新、创造、创未来。实施“小创客·大创造”精品课程，充分利用比特实验室、厨艺生活馆、种植园、电子积木DIY活动室、机器人实践室、3D工作室和VR体验馆等场地，开设各类创客课程，坚持开展科技节、劳动技能赛、创新实验大赛、综合实践等系列活动，搭建探索、实践、展示平台，培养学生的动手实践能力和创新精神。

(3) 慧脑活动课程。维度是知识与智慧，目标是思考、思维、思想者。实施学科课程建设，倡导自主、合作、探究式学习。课堂教育围绕核心问题开展，鼓励学生在课堂上有“四问”，即：提出问题、分析问题、解决问题和补充问题。开设编程课程、思维训练课程、机器人课程等，开展“知识竞赛”

“问题大王”“思考小达人评选”等活动，发展学生的思维能力和思维品质。培养学生爱动脑、爱表达、会思考、会思辨的习惯、能力和品质。

（4）亮眼活动课程。维度是目标与视野，目标是观人、观己、观天下。实施方法是引导学生不断坚定成长目标，做好发展规划；坚持开展“主题教育活动”“TED论坛”“对话大师”“生命与生长”等活动，每年修改完善自己的《人生规划卡》，帮助学生树立目标、拓宽视野，培养学生广阔的眼界，博大的胸怀和远大的志向。

（5）暖心活动课程。维度是责任与情怀，目标是心善、心正、心境宽。实施方法是努力培养学生的家国情怀与责任担当。开展“红领巾”“我是光荣的少先队员”“祖国、家乡、校园在心中”系列活动、“红色故事会”“爱心义卖”“小小志愿者”等活动。培养学生爱自己、爱家庭、爱学校、爱家乡、爱祖国、爱世界的责任担当和家国情怀。

（二）立德树人之立德评价关注

立德树人中的立德，需要各方面参与和重视，学校关注立德体系中的“归原”德育评价体系的建设，结合学校质量评价“打开一扇门”的评价理念，制定《九龙坡区第一实验小学“金钥匙奖章”奖励办法》。分年段个性化定制学生阶梯式成长激励评价体系，一年级定制入队争章手册，开展“一考一评，争章达标”活动；二至六年级设置基础章+特色章评价机制。围绕学生“五维”成长目标，设置校本特色章：健体章、巧手章、慧脑章、亮眼章、暖心章等，实施学生思想品德教育的“自评、互评、他评”，实现自我管理、个性发展，见表6-1。

表6-1　立德树人评价

		上学期	下学期
基础章	一年级	向阳　梦想　劳动	传承　小主人　奉献
	二年级	立德　团结　节约	立志　健体　勇敢
	三年级	向阳　梦想　奉献	传承　小主人　节约
	四年级	立志　团结　勇敢	立德　健体　劳动
	五年级	向阳　梦想　节约	传承　小主人　劳动
	六年级	立志　团结　奉献	立德　健体　勇敢
特色章	金钥匙奖章		

1. 立德质量评价的主体

"金钥匙"奖章通过自我评价、同学互相评价、家长评价及社会评价，操作实践评价、活动记录评价、形成性评价、总结性评价及追踪其后期发展的后续评价等多主体、多元化评价，着力于对学生进行诚信教育、感恩教育、厉行节约的环保教育等，帮助学生发现自己，肯定自己，体验每天的进步和成功快乐，使学生逐渐形成阳光自信、有礼有节、诚信感恩的行为文化特质。

2. 注重"一生一特"发展

为了将立德教育落实到学生的丰富社团活动之中，学校注重"一生一特"的立德教育活动，以学生的爱好和特长培养为重点，每周二、三、四下午实施走班选课社团课程，开设有小白灵合唱、花儿朵朵舞蹈、超 Q 萌手作、编程启蒙、球类等 60 余个社团项目。丰富多彩的社团活动让各个年级的学生在不同的领域有不同的发展，每个学生在活动中获得成功的体验，培养了学生的兴趣特长、创新精神和实践能力，见表 6-2。

表 6-2　争章评价

金钥匙奖章	获章标准（参考）
健体类	1. 参加校运动会获奖（铜章） 2. 参加校运动会获第一名或打破校纪录（银章） 3. 参加区级及以上的体育比赛，获区级及以上奖项（金章）
巧手类	1. 参加校园科技节、劳动节等获奖（铜章） 2. 参加校园科技节、劳动节等获一等奖（银章） 3. 参加区级及以上科技比赛，获区级及以上奖项（金章）
慧脑类	1. 参加校辩论赛、论坛、国际象棋、编程等活动获奖（铜章） 2. 参加校辩论赛、论坛、国际象棋、编程等活动获一等奖（银章） 3. 参加区级及以上比赛，获区级及以上奖项（金章）
亮眼类	1. 参加校艺术节、阅读节、六一节等活动获奖（铜章） 2. 参加校艺术节、阅读节、六一节等活动获一等奖（银章） 3. 参加区级及以上节目巡演等活动或获奖（金章）
暖心类	参加校志愿者服务、公益活动、红领巾手拉手、捐赠活动等

三、归原致远教育的学生活动取得的成效

（一）获得的荣誉

学校获评全国优秀少先队集体，全国足球特色学校；参加重庆市小学生篮

球比赛获第三名、九龙坡区篮球比赛获第一名，重庆市围棋比赛获团体一等奖，重庆市射击比赛获团体亚军；师生编排的节目《春天的列车》《劳动美中国梦》《最美是你》等在市区级各类活动中参演8场次；师生个人获得市区级奖项或表彰100余人次。中国教育报、光明日报、新华社、中国体育报、新华网、九龙报等主流媒体对学校的办学特色、文化建设、教育教学活动等进行了十余次报道。

（二）重要活动组织

学校接受了国务院教育督导委员会第十一督察组的实地督查，重庆市教委调研和检查，均得到高度认可；承担了九龙坡区文化项目建设现场会，中国教育科学研究院专家组、区文化建设项目组成员走进学校，对学校文化建设工作进行了高度评价；承办了区五项管理工作推进会、创新实验成果展示会、安全稳定工作会、第二党建片区庆祝中国共产党成立100周年现场活动等；学校校级干部在全区会议中做学校工作经验交流4人次，何军校长在全区中小学教育教学管理工作会上做学校文化建设经验分享；对锦苑小学、城口实验学校进行了学校文化建设、学校管理、教学、教研等方面的帮扶。来自江苏省、济南市等全国各省市的校长、教育同仁到校考察交流。学校“一班一品、一生一特”建设取得初步成效，每个班级逐渐形成了自己独特的班级品牌、班级文化，学生各有特长、自有特色。学校组织的班徽设计、班级品牌创建等获九龙坡区一等奖，各个班级的微信公众号建设发挥着积极影响。

第七章　中国式教育：归原致远的学校管理

制度是高质量教育体系建设的生命线，归原致远教育依据学校总体发展目标“学校规模集团化、学校管理现代化、教师发展专业化、学生成长个性化”实现四化的要求，制定管理规划，确定管理结构，组织管理活动。多年来，学校坚持依法办学方向，制定“九九归原”的管理行动规划，进一步详细诠释了“核心理念、办学追求、办学目标、学校精神、校园文化、课程理念、教学理念、人才理念、管理理念”等“九大理念”的内涵，以及“思想建设、制度建设、课程建设、干部锻造、教师提升、学生发展、资源保障、机制保障、评价保障”等“九项实践”的具体举措。

一、学校管理现代化与高质量教育体系的理解

（一）学校管理现代化

管理是对人和事进行有效的计划、组织、实施、调控等，以便达成既定的组织目标的过程。管理需要有人际关系的协调，也需要聚合各类资源。管理的内容细化为计划、组织、质量、成本、财务、营销、团队、文化等不同的方面。

1. 学校管理目标现代化

归原致远教育提出集团办学的近期目标是“健全和完善学校规章制度，规范学校管理，优化学校运行机制，强化干部教师队伍建设，提高办学质量”；中期目标是“在规范管理的基础上，进一步实行严格高效和精细化管理，着力加快学校特色创建步伐，做好一校三区建设”；远期目标是“着力加强学校内涵建设，总结、提炼、升华学校管理，形成质量名牌学校、管理示范学校、艺术教育特色学校、教科研先进学校，实现学校内涵式发展，成为高质量教育品牌学校”。

2. 学校管理制度现代化

归原致远教育提出集团办学，通过管理机制的改革和创新，实现学校管理的进一步规范、精细、高效。在完善制度建设方面，2019—2020学年，按照院区合作项目组的工作计划和要求，结合学校“九九归原”行动规划中“九项实践”的实际，学校将制度建设作为管理现代化的重点工作。一是充分调动全体干部教师的积极性，利用行政会、教代会等，进一步修订了学校章程，梳理各个岗位的工作职责，修改完善了学校的各项管理制度，如《九龙坡区第一实验小学教职工考勤管理制度》《教职工奖励性绩效考核制度》《九龙坡区第一实验小学差旅费报销制度》《九龙坡区第一实验小学专家指导费用管理制度》《九龙坡区第一实验小学聘用教师管理制度》《九龙坡区第一实验小学职称评定工作方案》《九龙坡区第一实验小学招生工作方案》，以及各类评优评先管理制度、采购、物资管理、财务管理等内控制度等。二是在制度建设中，尤其对有关招生、人事招聘、采购、核价、干部选拔、职称评聘、考勤管理等敏感工作的管理制度及监管流程进行了充分的论证和细致的修改。通过制度建设，实现了学校的科学精准管理，推动了归原致远高质量管理体系的建设，如图7－1所示。

图7－1 学校远景

3. 学校管理质量现代化

归原致远教育把质量领先作为学校管理的一个核心实践，提出了学校改革发展的“教育质量加速度计划”，在“九九归原”行动的统领下，学校进行了改革机构、精简部门、理清职责、建立流程的管理改革。一是对原有中层管理机构进行了改革，设立了“一室四中心”中层管理部门，即纪检督导室、党政服务中心、教育教学中心、学生活动中心、后勤保障中心。制定了各中层管理部门、各管理岗位的工作职责及具体分工。二是建立以校长、书记为统领的归原致远德育领导小组，加强管理的时效性，一校三区配置德育主任 1 名，德育副主任 1 名，大队辅导员 2 名，德育干事 3 名；常规管理规范，每个年级有分管校级干部、中层干部各一名，年级组长是年级德育工作的主要负责人，班主任是主力军，年级组长协调年级所有任课教师共同参与德育管理工作。三是按照依法治校、规范办学、自主发展的要求，健全评价机制，实行党组织领导的校长负责制，集团党委是教育集团的领导核心，全面领导学校工作，履行党章等规定的各项职责，履行党组织办学治校的主体责任，发挥把方向、管大局、做决策、抓班子、带队伍、保落实的领导作用，支持校长依法行使职权；校长主持学校行政工作，教职工通过教职工（代表）大会参与学校的民主管理。

（二）学校高质量教育建设

教育是培养建设者与接班人的有目的、有计划、有组织和有质量要求的活动过程。教育的高质量的衡量指标，一是对于教育的文化功能发挥的水平与效果，如校园文化建设对于质量的影响。二是所有的教育活动对教育对象——学生成长产生的作用及效果，如学生健康、有为、具备终身学习能力的水平高低与效果。提高教育质量，是提高学校教育的增强归原致远文化的选择能力，充分发挥归原致远文化育人功能的水平与效果，更是学校教育培养学生健康、有为、具备终身学习能力的培养水平高低与效果。

1. 归原致远的教育文化

归原致远教育聚焦“做特小学”的立德树人任务，通过实施归原致远文化体系建设，实现学校归原致远教育的特色发展。主要的文化内涵有：围绕“筑基每一个人的美好未来”核心理念，梳理完善学校办学思想体系，提炼出学校的办学追求是“办有境界的教育，做有格局的教育人”；办学目标是“建设对话世界、接轨未来的教育集团”，培养“走向世界的中国人，开创未来的现代人”；学校精神是“立足脚下、力争上游”；校园文化主题是“打开一扇门”；课程理念是“适合学生、适应未来”；教学理念是“为未知而教，为未来而学”；人才理念是“终身学习者，独立思想者，未来创造者”；管理理念是“尊重生命、尊敬教育”。

2. 归原致远的行为文化

行为文化是归原致远文化在师生身上的最终体现，具体表现在学校管理行为文化、学生行为文化和教职员工行为文化等方面。学校领导管理的行为文化是学校良好形象的代表，重庆市九龙坡区第一实验小学教育集团注重班子成员

的“清正廉洁、阳光坦荡、乐于奉献、实干苦干”，形成了团结一心干事业、彼此信任共担当、直面问题说真话的班子生态文化。学生行为文化建设是归原致远教育文化的核心内容，集团着力于学生的“诚信教育、感恩教育”，让学生懂感恩，知事懂事、理解与尊重他人；让学生懂得珍惜环境，树立厉行节约的环保意识；帮助学生发现自己，肯定自己，体验每天有进步和成功的快乐，整体上集团学生逐渐形成了阳光自信、有礼有节、诚信感恩的行为文化特质。教职员工行为文化建设是流动着的校园文化，集团学校在教职员工行为文化建设上实施抓师德建设，抓业务培训，抓教研教改，开展“三心”活动：热爱教育有事业心，热爱学校有责任心，热爱学生有爱心等，努力促使每位教师成为“四有好老师”的实践者。

3. 归原致远的教育高质量

首先是注重“一生一特”发展，缤纷“社”彩，不“童”凡响，“一生一特”发展是强化对学生的爱好和特长培养，每周二、三、四下午实施走班选课社团课程，开设有小白灵合唱、花儿朵朵舞蹈、超Q萌手作、编程启蒙、球类等60余个社团项目，丰富多彩的社团活动，让各个年级的学生在不同的领域有不同的发展，每个学生在活动中获得成功的体验，培养了学生的兴趣特长、创新精神和实践能力，尊重每一个孩子的个性特征，真正筑基每一个人的美好未来。其次是“一班一品”建设取得初步成效，每个班级逐渐形成了自己独特的班级品牌、班级文化，学生各有特长、自有特色。班徽设计、班级品牌创建等获九龙坡区一等奖，各个班级的微信公众号建设发挥着积极影响。最后是聚焦“体手脑眼心”全面发展，开展红领巾系列活动——“童眼看世界、相约中国梦”TED论坛等让学生拓宽视野；“与美有约——艺术月活动”，科创点亮梦想的科技节活动，六一缤纷季各年级分类展演等活动让孩子们心怀理想，自主成长；秋季趣味运动会，春季远足，燕南校区的全员运动会（三名田径队员在市运会中取得优异成绩），让孩子们强身健体，健康成长。

二、学校依法治校管理与“九九归原”行动

（一）依法治校管理

集团规范办学行为，推进义务教育优质均衡发展。根据《中华人民共和国教育法》《中华人民共和国义务教育法》《中华人民共和国教师法》《中华人民共和国未成年人保护法》等法律法规，制定章程。《章程》主要包括前言、总

则、集团办学理念与文化、集团管理结构与运行机制、学生、教职工、教育教学管理、学校与家庭、社会、资产与财务管理、附则等。集团坚持党管干部原则，按照干部管理权限，负责干部的教育、培养、选拔、考核和监督。集团党委实行集体领导与个人分工相结合，坚持民主集中制，集体讨论决定学校重大问题和重大事项；党委书记主持党委全面工作，负责组织党委重要活动，协调党委领导班子成员工作，督促检查党委决议贯彻落实，主动协调集团党委与校长之间的工作关系。集团学校校长是集团内各学校的法定代表人，在集团党委领导下，全面贯彻党的教育方针，组织实施集团党委的决议，依法依规行使职权，全面负责教育教学、科研、行政、财务、人事、招生、后勤、安全等管理工作。

1. 学生的法治教育

认真抓好学生的法治教育，不断提高学生的法治意识，安全防范意识。以《中华人民共和国治安管理处罚条例》《中华人民共和国未成年人保护法》《中华人民共和国预防未成年犯罪法》等为教材，有重点地做好学生的法律法规教育、安全教育。同时加强学生心理健康教育，并根据季节特点做好预防流行病、传染病工作，确保学生的安全健康成长。

2. 学校领导班子建设

集团学校以“与时俱进，不断创新”的精神加强领导班子的思想建设；以“求真务实，不断进取”的态度加强领导班子的能力建设；以“勤奋刻苦，勤俭节约，廉洁自律，高效作为”的要求加强领导班子的作风建设，真正使学校领导班子成为学校发展的灵魂，形成带有鲜明“中医郎中”特色的管理风格。

3. 建立健全学校规章制度

集团对已实施的各项规章制度进行全面审查，在此基础上根据新的发展形势的需要进行补充完善，以形成四大制度体系，即各岗位工作职责，工作规范要求体系；师生行为规范制度体系；考核评价制度体系；奖惩制度体系。制定和实施学校规章制度坚持必须符合党的教育方针，国家的教育政策，符合教育规律；制度的条文必须清楚明晰，制定和执行必须坚持科学合理的程序，体现以人为本的精神。同时必须保持相对稳定性、连续性和可持续发展性。

（二）集团“九九归原”行动

1. 归原文化建设行动

遵循“归原、致远”教育哲学，实施“归原”文化体系建设行动。学校形成的办学核心理念是“筑基每一个人的美好未来”；办学追求是“办有境界的教育，做有格局的教育人”；培养目标是“走向世界的中国人，开创未来的现代人”；学校精神是“立足脚下，力争上游”；评价主题是“打开一扇门”。

2. 构建“五维”德育行动

集团加强德育工作，以“打开一扇门”为德育品牌，个性化定制阶梯式激励评价。健体、巧手、慧脑、亮眼、暖心，个性化定制的金钥匙奖，引导学生打开一扇又一扇的成长之门，激发学生内驱动力，让学生成为“走向世界的中国人，开创未来的现代人”。

3. 构建教师阶梯式成长目标体系行动

集团将教师成长目标主要分为“为人”“为师”两个维度，为人侧重于思想意识、理想情怀等方面，为师侧重于教育教学专业发展。通过构建教师阶梯式成长目标体系行动，总结认识到教师队伍的发展是学校发展的最大动力源泉，建设一套科学的、完备的、切实可行的教师阶梯式成长目标体系，是实施好教师评价的关键，学校办学要在评价导向上，把自我评价、专业性评价、行政性评价结合，注重评价过程的激励性和指导性；同时，要及时反馈评价的结果，注意时效性、反馈方式和社会效益相结合。

4. 实施家校共育的综合素质评价行动

依据家庭教育促进法和大思政教育的要求，集团重视家校共育，促进“走向世界的中国人，开创未来的现代人”培养目标的达成，将学生在家综合素质评价指标确定为爱自己、爱家庭、爱运动、爱学习、爱生活“五爱”素质，每方面素质再细化成为单项评价的积分进行评价管理。

5. 抓好学校节日庆典行动

学生参与节日体验主题活动，作为推进校园精神文明建设行动。清明节学校少先队大队部组织五年级学生到红岩革命纪念馆开展活动，让学生感受革命精神洗礼；儿童节时开展了“童心向党 健康成长”六一国际儿童节系列庆祝活动，如（1）一年级入队仪式；（2）二年级诵读百年；（3）三年级歌唱百年；（4）四年级铭记百年知识竞赛；（5）五年级绘百米长卷，赞百年辉煌；（6）六年级英模报告会。运动文化周的全员运动会、徒步、四项个人全能赛、篮球明星赛、集体项目赛，孩子们的运动热情被一次次点燃，在赛场上享受着运动的快乐；“五一”专题板报，培养学生爱劳动、珍惜劳动成果的情怀；等等。

6. 开展好“三个三”建设行动

第一个三是，重视思想建设：抓理想信念、抓价值选择、抓职业规划；重视制度建设：共同制定、共同遵守、共同管理；重视课程建设：明确目标、完善结构、组织实施、评价改进。第二个三是，干部锻造选拔看三力：有能力、有动力、有定力；管理看四得：看得到问题、说得清道理、搞得定关系、做得到示范；个人发展看五维：高站位、宽视野、短时间、长效益、大格局。第三个三是，资源保障强调合理利用一切要素；机制保障强调因需求而设计流程；评价保障强调目标导向建立体系。

7. 落实七个“1+1”行动

（1）创新“1+1”行动：拓宽课后服务育人功能。开展“作业辅导+兴趣特长培养”，真正实现课后服务进行作业辅导和兴趣特长培养，确保课后服务不单一。

（2）时间分配“1+1”行动：学科学习+兴趣特长。每天2小时，则每周有10小时课后服务时间，学校将其分配为两份，一份为学科学习时间，用于完成学科作业、进行作业辅导、开展学科活动等；一份为兴趣特长时间，用于开展体育锻炼、社团活动、班级半日活动等。

（3）教师教研“1+1”行动：常规教研+专项教研。常规教研通过组内小教研、学科大教研、校区校际联合教研等形式，围绕课标理解、教材解读、课堂教学、资源开发与运用等开展常规教研活动、专项教研，开展作业设计、作业辅导、学科活动、社团活动、班级半日活动等主题教研，围绕作业、社团和班级活动开展，横向研究本年级的目标、计划、内容、形式和效果等，纵向研究各年段的层次性、螺旋性和关联性等。

（4）学科作业“1+1”行动：作业辅导+学科活动。作业辅导管理上做到“三抓”：抓认识、抓行动、抓效果；作业设计上做好“三精”：精心研究、精心选择、精准练习；作业总量上做到“三统筹”：年级组统筹本年级各学科书面作业总量、教研组统筹本学科书面作业量、班集体针对班级情况统筹班级书面作业量；作业布置上做好“三公”：实行班级作业公示制，组内、组间公开作业制，实施分层作业、私人订制作业、自主设计作业，学生有作业选择公平权；作业完成做好“三全”：坚持作业布置全覆盖、作业完成全批改、作业质量全过关；积木秀、戏剧吧、诗词大会、创新达人、体育节、艺术节、英语节、劳动节……各类学科活动在学科组和孩子们的共同研究中孕育而生，每月一次班级各学科活动，每年一次校级各学科活动，是孩子们学习、实践、运用学科知识的平台。各类活动基于学科，而又超越学科，使得作业有意思，学习有趣味。

（5）社团活动“1+1”行动：自主社团+班级活动。自主社团活动包括选课走班的学校社团和学生自主创立的微社团，学校社团根据学生兴趣爱好，打破班级、年级界限，成立的炫酷篮球社、旋风足球、花样体适能、妙笔生花、

创客机器人、笛声飞扬、快乐小提琴、儿童绘本等校级课后服务精品社团59个，每周二、三、四开展社团活动，由学生自主选择参加。微社团是学生为主导的特色小社团，由有特长的学生自主申报、自主招募成员，形成3~5人的小社团。棋王争霸社、琴王守擂社、海报达人社、琴艺社等20个微社团，为学生搭建展示交流平台，形成了社团自助选、社团自己办的新样态。为充分挖掘教师资源、家长资源，促进班级建设，课后服务时间每周开展一次班级特色活动——班级半日活动，由各班教师自由组队实施，每周一为一至三年级班级活动时间，每周五为四至六年级班级活动时间，当天为各班无作业日。乒乓、街舞、厨艺、篮球、手工、班级团建等班级活动让各班的课后服务各具特色。

(6) 评价反馈“1+1”行动：常态评价+展示评价。常态评价为保障课后服务工作效果，学校成立了管理考核小组，通过定人定时检查、学生“半月谈”、每月问卷等形式，对课后服务开展情况进行常态性评价。展示评价是围绕学科作业、学科活动、班级半日活动、社团活动等，开展各类展示评价，利用集体朝会、艺术节、到访参观交流、作业展、书画展等活动，搭建展示平台，由教师、学生代表、家长代表、外校专业评审代表、到访嘉宾等组成评价小组，进行多主体、多形式评价。

(7) 学生成长“1+1”行动：健康成长+全面发展。实施“双减”政策，开展课后服务等一系列举措，是小切口、大改革。归根结底是为了促进学生健康成长和全面发展。减轻过重的课业负担，实施多样化、个性化、自主化课后服务内容，培养学生自律、自学、自主意识和能力，增加体育锻炼、兴趣特长、活动项目等，促进学生体质健康、心理健康和全面发展。

8. 重视构建“打开一扇门”行动

实施“打开一扇门”的主题校园文化建设行动，追求“办有境界的教育，做有格局的教育人”。“打开一扇门”行动主要从文化驱动、问题驱动、特色驱动三个方面实施。

(1) 文化驱动，构建顶层设计的行动指南。文化驱动落实“一二三四五”文化内容：一是“一”个理念：“筑基每一个人的美好未来”。即：关注每一个人发展，兼顾个体与群体的协调性和一致性，让学校的管理者、教师、学生和与学校教育相关的任何一个人，都有美好未来。二是“二”条路径：“九大理念”“九项实践”两条路径统领学校各项工作，推动着学校高品质发展。三是一校“三”区：西郊、燕南、江州三个校区及幼儿园为一体的集团化办学格局。四是“四”化：办学一体化、管理现代化、教师专业化、学生个性化发展。五是“五”维培养目标，为培养德智体美劳全面发展的社会主义建设者和接班人，学校将育人目标校本化、具象化为让学生拥有强健的体、灵巧的手、聪慧的脑、明亮的眼、温暖的心五个维度。

（2）问题驱动，集成三位一体的发展目标。集团学校精准定位特色发展，分析愿景、路径、策略及成果，研究学校实际优势、劣势与机遇，以“主题发展，整体推进”为思路，精细化聚焦痛点、难点，挖掘学校特色主题发展的内涵，逐一打开学校特色建设之门，依次为文化之门、精品课程之门、学生成长之门，实现五年主题发展目标。

（3）特色驱动，激活师生整体价值追求。“打开一扇门”是学校的文化主题，是文化建设的呈现方式。一是校园文化环境重塑，营造随处可见的外显文化氛围，如图7－2所示，以外形为琮，内刻阳文九叠篆字的壹和阴文的门，作为校徽，共同喻义九龙坡区第一实验小学的文化主题“打开一扇门”。二是引导学生对内打开自我认知之门，与自己对话，学会自我规划，自我肯定。对外则要打开通向世界之门，需要储备能力，涵养智慧，友善之门、自信之门、阅读之门、思维之门、实践之门……每一扇门都是一次成长的体验。三是引导教师对内打开行动之门、阅读之门、自我规划之门、课程开发之门，对外则要打开跨界之门、融合之门……每一扇门都是打开教师理想追求和个性品质成就之门。

9. 深化教改科研行动

以“科研兴校、科研育师”为学校教科研的管理指导思想，突出教科研的校本化管理。一是围绕主题展开教科研，突出质量加速提升的重大课题和常规研究，进一步完善科研管理制度，积极引导教师在实践中反思和借鉴其他优秀成果，做到课题研究校本化，并将研究成果转化为学校教育生产力，加快学校优质化进程。二是打造教师的学术自信，构建务实教改科研网络，融汇校内外教科研资源，建立直接服务于学校发展、教师发展和学生发展的学校教科研网络，为教师经常性的教科研活动创造良好的环境，使教师积极参与校际交流、活动展示、论文评比、专题讨论、学术沙龙等教科研活动，了解教科研信息，推广教科研成果，增加教师专业学习的机会。

图7－2　学校的外显文化氛围

三、学校管理多元化与现代化的主要成效

（一）学校管理的多元化

学校管理的理念是尊重生命，尊敬教育。多元化管理是指在一个有效的组织管理系统中，可以出现不同元素之间的差异，而且这种差异的表现是多种多样的。归原致远教育重视管理的多元化，以办学目标引领，构建能级管理和分层考核两大体系，推进年级和备课组自主管理，形成学校文化引领下的独具归原致远教育特色的人本管理。具体内容主要有实行能级管理，加大民主监督；推行目标管理，实行分级考核；加强年级组和教研组自主管理；加强制度建设，提高管理效能；探索学业评价，深化制度改革；突出人本管理，构建和谐团队；推进学校制度化创新，学校管理转向学校治理等方面，改进学校参与、决策、咨询和评价机构及其运行机制，由善治转向共治。改革学校运行的组织结构，推进组织结构的矩阵管理。通过多元化的管理，学校成了重庆市民主管理示范学校、重庆市文明单位标兵、国家教育质量管理示范基地等。

1. 校长的管理素质

党委领导下的校长负责制，校长是学校改革发展的管理者，是学校党委班子的核心决策人之一。校长在学校党组织领导下，依法依规行使职权，按照学校党组织有关决议，全面负责学校的教育教学和行政管理等工作。对于归原致远教育能否“筑基每一个人的美好未来”，管理上其理解的水平，其思考的深刻程度，必然是归原致远教育的重要决定性因素。研究表明校长的管理素质表现为应是归原致远教育的思考者，需要对归原致远教育的思想与实践提出自己的观点，决定好归原致远教育实践中课程与教学、制度与评价、校内与校外的相关教育内容、教育形式。如果说校长成了归原致远教育的示范，成了归原致远教育的有效实践者，则学校的归原致远教育总体方向，总体的理解和实践水平会有很重要的保障。

2. 教师的教育能力

学校研究制定“合格型教师→成长型教师→成熟型教师→研究型教师→专家型教师”的标准作为教师的教育能力考核评价依据。主要评选四型教师：专心型教师、专研型教师、专业型教师、专家型教师。

3. 学生的学业质量评价

落实“强健的体、灵巧的手、聪慧的脑、明亮的眼、温暖的心”五维培养

目标，设置“金钥匙评价”，以打开“中国之门”和“世界之门”为主线，进行校本特色章的学生学业质量评价：健体章、巧手章、慧脑章、亮眼章、暖心章等，制定评价量表，实施自评、互评、他评，实现自我管理、个性发展，以激活每一个学生的天赋潜能，发挥每一个人的特长优势，让每个人都成为最好的自己，让每一个学生都能从重庆市九龙坡区第一实验小学走向世界，开创未来。

4. 学校的高品质发展

归原致远教育管理重视教师为未来而教，学生为未知而学。通过必修式学科课程、菜单式选修课程、体验式德育课程、主题式活动课程，站在未来的视角思考当下的教育，引导老师们在教学中以一种更具有未来智慧的教育视角，在复杂多变的世界中培养学生的好奇心、启发智慧、增进自主性和责任感，引导他们积极地、广泛地、有远见地追寻有意义的学习。学校课程改革追求的是归原致远课程体系的建设，坚持科技创新课程建设，重视学科知识、社会生活和学生经验的整合，突破活动课程和校本课程的局限，将课程板块巧妙地整合于学科课程之中，将“民族”和“世界”两大元素，交叉渗透于“中国之门”和“世界之门”的相关课程教学质量的提升中。

（二）管理现代化的主要成效

管理现代化注重了以人为本，重视了可持续发展的需要，最大限度地发挥了归原致远教育文化育人的作用，有效推进学校管理现代化进程取得了显著的成效。

1. 学校管理的主要成效

近年来，学校获评全国优秀少先队集体、重庆市九龙坡区十佳红旗大队；全国足球特色学校、全国校园篮球示范校；全国青少年科普创新示范学校、中国少年科学院科普基地重庆市信息技术示范学校、全国科学教育实验基地、中国特色教育“小学综合实践教育”学校；重庆市创意魔术传承基地、重庆市智慧校园建设示范学校；重庆市游泳基地学校、射击基地学校、国际象棋基地学校；重庆市九龙坡区青少年射击训练基地、柔道训练基地、篮球训练基地、足球训练基地等；重庆市九龙坡区中小学科技教育特色学校。同时，学校啦啦操队获全国啦啦操赛冠军奖；2021年学校参加重庆市小学生篮球比赛获第三名、九龙坡区篮球比赛获第一名；游泳队连续十余年获市区级比赛团体总分第一名；学生参加市运会多人次获奖，学校获评第六届重庆市运动会突出贡献奖；重庆市围棋比赛获团体一等奖，重庆市射击比赛获团体冠军、亚军；重庆市柔道精英赛获得乙组两个第三名，两个第五名；2019年九龙坡区中小学生运动会中取得综合排名第二，金牌总数第一。学校校级合唱团、班级合唱团多次参加市区级合唱比赛，获得市级合唱金奖、市级一二等奖等，获区级一等奖近10次；连续多年参加九龙坡区教育系统庆六一现场演出；在九龙坡区星光奖评选中多次获奖；师生编排的节目《开往春天的列车》《劳动美中国梦》《最美是你》等在市区级各类活动中参演十余场次。学校师生参加市区级科技创新大赛成绩显著，曾获两届科技创新大赛区长奖、参加全国青少年科技创新大赛、全国宋庆龄少儿发明奖评选、全国小小实验家活动以及重庆市信息技术及科技比赛荣获金奖、一等奖近100人次，二、三等奖1000余人次，学校获评创新实验大赛优秀组织奖。

2. 学校管理产生的社会影响

学校的归原致远文化体系建设，以及课程育人质量的提高，多次在中央电视台、人民日报、光明日报、中国教育报、新华社、中国体育报、新华网、重庆日报、九龙报等主流媒体上获得认可，学校接待了来自全国各省市的校长班、教育观摩团到校考察交流百余次以上。何军校长在市区学校文化建设主题分享交流会上多次交流归原致远主题文化建设成效，在《中小学校长》等刊物上公开发表多篇归原致远学校文化建设相关文章。

第八章　中国式教育：归原致远的学校环境

环境育人，环境濡染法是重要的育人方法。归原致远教育重视环境建设的生态化，主张环境生态化建设是归原致远教育文化的重要建设，要把环境建设作为学校“看得见的文化”，加大建设力度。归原致远的学校环境生态化，是把生态化校园建设看作一个生态系统，以生态和谐理念作为基本价值取向，努力维护系统中诸要素的良性互动，保持校内各项资源的动态平衡，立足学校的长远发展，科学规划校园建设，动态分配校内各项资源，积极协调学校与外部环境之间的关系，建立可持续发展的现代化校园。在总体的环境建设过程中，一是积极创造条件，加快对教室、教师办公室、室内体育馆的文化氛围营造。二是对校园的美化绿化进行统一规划，使其布局合理、规范，给人以整洁、美观之感。三是充分利用班级图书角、班级黑板报、学校微信公众号等校园文化载体，营造浓厚的书香氛围。四是保持校园内所有教育活动、生活场所洁净，实行班级责任管理，开展评比活动。五是搞好学校周边环境的综合治理，使学校周边环境安全、健康，着力让每位师生在校园环境中受到熏陶感染。

一、重庆市九龙坡区第一实验小学教育集团学校生态环境的理解与设计

（一）生态环境

环境是一个很需要科学理解与把握的概念。理论上讲，环境是人生存与发展的空间与时间，环境可以理解为人类生活的外在载体或围绕着人类的外部世界，表现为人类赖以生存和发展的物质条件形成的综合体。实践上讲，学校的育人环境分为：物质环境与精神环境，物质环境是硬件，精神环境是软件，从归原致远的角度上讲，学校物质环境的智能化、大数据，以及符合育人功能的区域细化是基础性的环境建设，而学校的精神环境人文化、生态化，则是指突

出学生的“精气神”，把教师的整体形象打造作为重点的环境文化建设。

1. 生态理解

生态是指生物之间和生物与周围环境之间的相互联系、相互作用。人类的生态主要是影响人类生存和发展的各种天然的和经过人工改造的自然因素的总体，包括大气、水、海洋、土地、矿藏、森林、草原、野生生物、自然遗迹，人文遗迹、风景名胜区、自然保护区、城市和乡村等。生态化则是指生态变化和生态的绿色、生态环境的优化过程。人类的生态，泛指人生活的地理环境，是围绕人类的自然现象总体，可分为自然环境、经济环境和社会文化环境。当代环境科学是研究环境及其与人类的相互关系的综合性科学，环境科学的生态与环境虽然是两个相对独立的概念，但两者又紧密联系、“水乳交融”、相互交织，因而出现了“生态环境”这个新概念。

2. 学校环境

学校环境是学生赖以成长和发展　并不断走向社会化的重要条件，是学校中能够对学生的身心发展产生实际影响的全部内容。学校可分成学校的“硬件”环境，如教室、操场、计算机配置等，软件环境，如学校和班级的风气、教师的人格特点、教师的教育方法等。学校环境的现代化建设，依据国家关于《共谋绿色生活共建美丽家园》规划，以及“中国教育现代化2035”提出的“创新、协调、绿色、开放、共享”新发展理念，必须把绿色生态作为建设的重要战略支点，实施绿色校园建设，把绿色发展理念融入学校办学过程和人才培养环节，融入校园建设与管理之中。

（二）环境设计

环境设计是对人类的生存空间进行的设计，环境设计创造的是人类的生存空间，环境设计的中心课题是协调“人—建筑—环境”的相互关系，使其和谐统一，形成完整、美好、舒适宜人的人类活动空间。环境设计是复杂的交叉科学，要求以设计的手法进行整合创造，通过一定的组织、围合手段、对空间界面进行艺术处理，运用自然光、人工照明、家具、饰物的布置、造型等设计语言，以及植物花卉、水体、小品、雕塑等多方面的配置，使建筑物的室内外空间环境体现出特定的氛围和一定的风格，充分满足人们的生活功能使用及视觉审美上的需要。

1. 归原致远教育环境设计

归原致远教育环境，一是学生心灵的港湾。二是教师育人的灵感源泉。三是管理质量取胜的法宝。归原致远的环境设计，是要把学校环境最大限度地建成塑造人的摇篮，成为保障学生学习最优化的绿色生态环境，是立足于学校“看得见的文化”设计。具体的设计方面主要有以下内容。

（1）根据环境建设数字化校园的要求，加强校园网络建设，丰富网络板块功能，保证网络安全，提高师生网络资源运用水平，如配置录播教室，网上视频会议系统，打造更多、更强的网络交流平台。

（2）加强实践活动的多功能教室的配置，使之满足归原教育发展的需要，努力打造洁净、高雅、温馨、和谐的学习与教学环境。

（3）实施校园亮化工程，在每天特定时段和节庆活动日展示学校归原致远教育文化的独特魅力。

2. 归原致远校园文化标识设计

围绕“筑基每一个人的美好未来”核心理念，重庆市九龙坡区第一实验小学教育集团通过校徽、校旗、校歌、标准色、标准字等标识系统的建立，把“理念石、形象墙、文化雕塑、文创产品、班级文化”等用统一的文化符号：外形为琮、内刻阳文九叠篆字“壹”和阴文“门”而组成的校徽进行呈现，如图 8-1 所示。

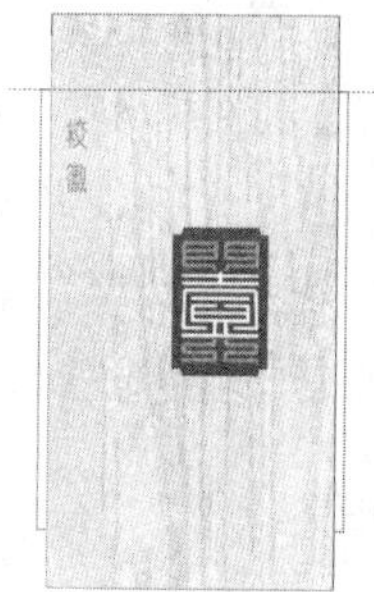

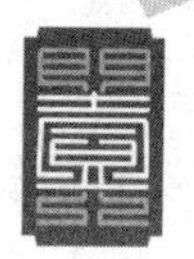

图 8-1　学校校徽

3. 归原致远集团校旗IP形象设计

燕子是集团学校形象文化的代表之一。燕子，是候鸟也是益鸟，喜欢成群结队，喜欢接近人类，常在农舍屋檐下做巢，燕子代表着勤劳、灵动、迅捷、友谊。归原致远校旗IP形象设计如图8－2所示，黄色抽象的燕尾造型有指示作用。

图8－2　学校校旗IP形象

二、重庆市九龙坡区第一实验小学教育集团学校生态环境建设的主要内容

（一）硬件环境建设

硬件环境建设以“看得见的文化”环境为主导，着力营造净化美化工程。总体上加大校园的空间环境布局，全面规划硬件环境建设。具体内容如下。

（1）分别确定不同的学习园区，合理全面规划景观带、盆景摆放，充分发挥盆景在美化校园中的作用，将其打造成生态校园环境的特色亮点。

（2）重视操场的绿色生态文化的完善。除现有绿化景观外，在智慧苑、阳光苑、报告厅、楼台阶安排固定鲜花，造型、图案以配合师生的重大集会和学校主题活动，操场台阶两侧安排特色盆景，规范管理固定和可移动宣传栏作为学校主宣传栏，丰富内容，体现学校宣传窗口作用。

（3）教室环境布置采用温馨高雅、积极向上、简洁活泼，坚持统一与各班自创板块相结合，共性与个性相统一，既有学校统一要求，又有各自创新特色，如统一制作的理念墙、标语、提示语、张贴栏以及统一配置的物品等都按学校统一要求放置；表现班级个性的班旗、班训、班级公约及开辟的学习展示园地等由各班级自主创新设计，学校进行评比。

（4）教学楼梯和走廊布置安全提示语、学生字画作品，功能室、图书阅览室、体育馆、食堂等其他公共场所根据各自功能特点，进行环境布置，打造适合学生、适应未来的学习活动场所。

（二）软件环境建设

归原致远软件环境建设核心是学校人文环境的建设。人文环境学校归原致远文化重要而隐性的表达，如和谐的家校关系、干群关系、师生关系、生生关系，良好的校风、教风、学风、家风等。实践上，一是归原文化理念的不同呈现。

核心理念：筑基每一个人的美好未来。

办学追求：办有境界的教育，做有格局的教育人。

学校精神：立足脚下，力争上游。

培养目标：走向世界的中国人，开创未来的现代人。

文化主题：打开一扇门。

课程理念：适合学生，适应未来。

教学理念：为未知而教，为未来而学。

人才理念：终身学习者，独立思想者，未来创造者。

管理理念：尊重生命，尊敬教育。

二是规范体现校园归原致远教育特色的文化识别系统，如校园标牌统一字体，色彩和规格；校园铃声广播使用统一设定的信号；对外宣传材料公用信笺、纸杯等公共物品设计都有学校统一标识等。

三是制定集团校歌：打开一扇门。

打开一扇门

重庆市九龙坡区第一实验小学校歌

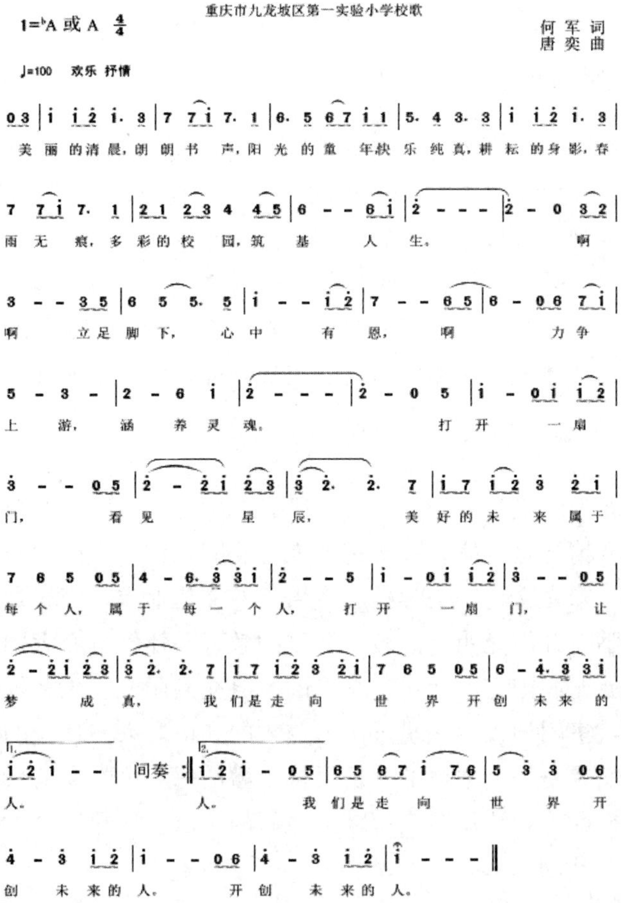

1=♭A 或 A $\frac{4}{4}$

何 军 词
唐 奕 曲

♩=100 欢乐 抒情

美丽的清晨，朗朗书声，阳光的童年快乐纯真，耕耘的身影，春雨无痕，多彩的校园，筑基人生。啊

啊 立足脚下，心中有恩，啊 力争上游，涵养灵魂。打开一扇门，看见星辰，美好的未来属于每个人，属于每一个人，打开一扇门，让梦成真，我们是走向世界开创未来的人。间奏 人。我们是走向世界开创未来的人。开创未来的人。

四是按照“以人为本、构建和谐校园”的原则，对学校已有制度加以继承、完善。以“新、实、勤、廉”为目标加强学校领导班子建设，构建科学规范、民主和谐、廉洁高效的校园管理文化系统。

五是树立正确、全面、科学的教育观、质量观和人才观，树立优良的校风、学风和教风，关注每一个学生，关注每一个教师，关注每一项活动，努力构建积极进取，文明高雅，团结务实，不断创新的校园行为文化系统。

三、重庆市九龙坡区第一实验小学教育集团学校生态环境建设的未来思考

走中国式教育现代化发展之路，集团学校生态环境建设立足归原致远文化

体系建设项目，围绕全区教育“五五行动”，聚焦“做特小学”工作任务，通过实施归原致远环境体系建设，实现学校特色发展。

（一）找准着力点

围绕“筑基每一个人的美好未来”这一核心理念，建设“打开一扇门”校园文化主题，引导学生对内打开自我认知之门，与自己对话，学会自我规划，自我肯定。对外则要打开通向世界之门，需要储备能力，涵养智慧，打开友善之门、自信之门、阅读之门、思维之门、实践之门……每一扇门都是一次成长的体验。“打开一扇门”是学校的文化主题，更是学校环境文化建设的呈现方式，也是学校推动环境文化建设落地、实现环境育人特色发展的路径。

（二）选定价值取向

归原致远教育环境集中为“人文、阳光、生态、个性”八个字的环境建设价值取向。人文精神是价值统领，传承人类文明，传播中华优秀文化，关注人人，人人发展。阳光文化，是学校一直秉承的文化追求，阳光是普照大地，包容众生，集团学校办出光明，温暖，开放的教育，让教育充满阳光，让生活充满阳光，让世界充满阳光，让每一个人的心灵充满阳光。生态校园是人们对美好教育的需求，集团学校应该呈现出人与人的和谐，人与环境的融合，心与心的默契。个性发展是一个学校的永恒目标，激活每一个学生的天赋潜能，发挥每一个人的特长优势，让每个人都成为最好的自己，让每一个学生都能从集团学校走向世界，开创未来。

（三）加强归原致远行为文化系统的构建

（1）加强三风建设，以师生的美好未来为出发点和落脚点，努力构建“人文 阳光 个性 生态”的校园，赋予校园这样的特质：充满人文精神、阳光心态，能满足师生个性发展，呈现和谐、科学、持续发展的自然生态。

（2）加强文明习惯的养成教育。以文明单位为抓手，在遵守交通秩序、注重人际交流，遵守校规校纪，培养社会公德等方面加强教育，努力构建文明、和谐、快乐、幸福的校园行为文化。

（3）大力开展校园文化活动，创造有学校文化特色的活动品牌，每年一次校园文化艺术节、科技节和体育文化节，不断丰富内容，加强指导，提高质量，注重实效。丰富学生社团活动，鼓励各学科教师，各年级、班级学生参加各类社团，并制定具体的活动方案及考核方案，让学生兴趣爱好得以展示，各种特长得到培养，让教师活动有实效；大力开展各类校园之星的评比活动，倡导学生榜样引领。让人人都能在学习活动中尝试成功的体验，让校园真正成为学生成长的乐园。

（4）加强师资队伍建设，不断促进教师专业发展，认真落实教师专业发展规划，加强师德师风建设，重视青年教师培养，抓好青蓝工程，加强教师在职培训和专业进修，鼓励支持教师成名成家，扩大知名度，在更广阔的领域展现郎中教师风采。

（5）加强心理健康教育，开设心理健康教育课，配备专业教师，建立心理咨询中心，为构建健康和谐，积极向上的校园文化提供心理保障。

（四）进一步完善集团制度管理

制度建设是集团学校“九九归原”行动规划中的一项具体实践，也是学校文化建设项目的重要板块。探索集团化办学“统一领导、统一任务、统一管理、统一调配、统一评价”的制度建设，实现集团内各校区优质共建，资源共享，特色共生，发展共进。

研究篇

研究性学习是学校发展、教师成长、学生成长的重要途径。

重庆市九龙坡区第一实验小学教育集团中长期发展规划（2021—2026年）

一、总体办学思想

坚持依法办学方向，认真贯彻党的教育方针，以人为本，全面发展，大胆探索实践，深化教育教学改革；加强师资队伍建设，促进教师的专业化成长；不断改善办学条件、加强校园文化建设，创建学校文明，优化育人环境，创建平安校园，培养学生“强健的体，灵巧的手，聪慧的脑，明亮的眼，温暖的心”五维目标新人。让师生在共同的创造性教育教学活动中得到主动和谐发展。

二、办学根本宗旨

“筑基每一个人的美好未来。”教育的根本目的是育“人”。教育的理想是为了一切的人，是为了人的一切。我们教育理念是培养人格健全的人。让每个学生都能幸福地度过自己的一生。

三、总体工作目标

全面贯彻党的教育方针，以提高国民素质为根本宗旨，以培养学生创新精神和实践能力为重点，造就“有理想、有道德、有文化、有纪律”的社会主义事业建设者和接班人。

四、具体工作目标

（一）学校发展目标

（1）近期目标：健全和完善学校规章制度，规范学校管理，优化学校运行机制，强化干部教师队伍建设，提高办学质量。

（2）中期目标：在规范管理的基础上，进一步实行严格高效和精细化管理，着力加快学校特色创建步伐，做好一校三区建设。

（3）远期目标：即学校愿景，着力加强学校内涵建设，总结、提炼、升华学校管理，形成质量名牌学校、管理示范学校、艺术教育特色学校、教科研先进学校，实现学校内涵发展目标。

（二）教师发展目标

建设一支“师德高尚、业务过硬、合作探索、创新高效”的爱事业、爱学校、爱学生、可持续发展的学习型教师队伍。

（三）学生发展目标

把学生培养成“四有”“六会”的具有一定综合素质的全面发展、和谐发展和可持续发展的创新型小学生，为学生的终身发展奠定良好的基础。

五、工作措施

（一）加强学校德育工作

1. 加强政治思想教育，增强教书育人、爱岗敬业精神

（1）切实加强教师政治思想工作，坚持政治学习制度，学习党的路线、方针，政策，学习教育法律、法规，不断提高教师的政治觉悟和依法执教的意识和能力。

（2）切实加强教师的爱岗敬业、教书育人的思想教育。有计划地学习《中小学教师职业道德规范》《中华人民共和国教师法》《中华人民共和国教育法》等教育法规，学习教育主管部门和学校制定的有关规定，切实规范教师的教育思想、教育教学行为，提高教师自觉履行职业道德，为人师表，以身立教的自

觉性。

(3) 切实加强学校的党风廉政建设，继续开展“强师德、铸师魂、树形象”系列教育活动，不断规范教师教学行为，树立教师形象，努力形成“知书达礼，创新进取”的校风。

2. 加强学生的思想道德与养成教育

认真学习、宣传、贯彻《国务院关于加强和改进未成年人思想道德建设的若干意见》《中小学生守则》《小学生行为规范》开展多种形式活动，进一步加强学生的思想道德教育、行为规范的养成教育、“五爱教育”。

(1) 以爱国教育为主线，以德育基地、地方文化教育资源为载体，以培养爱祖国、爱人民、爱家乡、爱科学、爱劳动的民族精神为目标，广泛进行丰富多彩的，形式多样的教育活动。

(2) 以学习贯彻《中小学生守则》《小学生行为规范》《小学生一日行为规范》为重点，通过开创“文明班级”等系列教育教学活动，培养学生良好的行为与语言文明习惯。

(3) 进一步细化、规范学校的德育活动。以重大节日，纪念日，民族的传统节日为契机，有阶段性地抓好系列教育活动，不断增强学生的思想道德水平。

(4) 建立健全并充分发挥少先队的作用，积极有效地开展“少先队争章活动、读好书、大手拉小手、志愿者行动、社会实践”等丰富多彩的少先队教育活动，不断陶冶学生的情操，培养学生热爱自然与祖国的思想，培养学生学习探究与体验的热情。

(5) 认真抓好学生的法治教育，不断提高学生的法治意识、安全防范意识。以《中华人民共和国治安管理处罚条例》《中华人民共和国未成年人保护法》《中华人民共和国预防未成年犯罪法》等作为教材，有重点地做好学生的法律法规教育、安全教育。同时加强学生心理健康教育，并根据季节特点做好预防流行病、传染病工作，确保学生安全健康成长。

3. 加强校园文化建设，不断优化学校的育人环境

在三到五年内，进一步完善学校的基础设施和教学仪器设备，完善教师办公条件，完善办学条件，建成“突显特点、活泼健康、积极向上、激励进取、展示自我”的校园文化，优化育人环境。

(二) 加强师资队伍建设

(1) 进一步改变教育观念，树立适合素质教育的教育思想、教学理念，重

建“课程观、教学观、学生观”。转变教师角色，认识教师是学生学习的促进者，是教育教学的研究者、是课程的建设和开发者；建立师生相互尊重、赞赏的师生关系；改变教师的教学方式，建立学生“自主、合作、探究、体验”的学习方式。把握教育方向，教育思想：更新与掌握教育观念，技能与方法，不断提高教师驾驭课堂的能力、理论与业务水平。

（2）加强名师工程建设，树立学校师资品牌。加大骨干与学科带头人的培养步伐，通过传、帮、带，结对子，外派进修培训，压担子，承担课题、课改研究任务等形式，培养一批具有较大影响的骨干教师、优秀青年教师和学科带头人。

（3）进一步提高教师的文化、学历层次，加强对现代化教育技术的培训。

（4）加强教学与课题的研究。不断完善教研与备课制度，不断提高教师的教学研究能力。

（5）不断优化教师的年龄结构，实现教师队伍老中青相结合的组合，提高教师的整体素质。

（6）加强学校的班子建设。加强对学校领导班子的思想政治、爱岗敬业思想教育，使之具有较高教育教学与教研能力，具有一定的管理能力，不断提高学校的管理水平。

（三）深化教育教学改革

（1）积极落实“以人为本、德育为先”的德育工作方针。以养成教育为重点，为学生的终身发展、和谐发展和可持续发展奠定良好的品行基础：以每月德育主题教育为抓手，夯实学校德育常规工作，以活动为载体，丰富德育工作内容；以社会实践活动为体验，强化德育工作的直观性和时效性。

（2）突出教学中心主体，不断提高教学质量。规范教学管理，落实教学常规工作；大力开展教学改革，着力提高课堂教学效果；搭建教学合作交流平台，加强对外开放和内部交流：构建教育集团教学质量评价体系，引入竞争激励机制。

重庆市九龙坡区第一实验小学
教育集团章程

前　言

重庆市九龙坡区第一实验小学教育集团成立于2022年，教育集团以九龙坡区第一实验小学为总校，北大燕南小学、江州小学为一体化办学成员校，铁马小学为联盟办学成员校。

重庆市九龙坡区第一实验小学建于1988年。

北大燕南小学建于2020年，初建为重庆市九龙坡区第一实验小学的分校区，名为燕南校区。2022年，独立成编为重庆市九龙坡区北大燕南小学校。

江州小学建于2022年。

为了规范教育集团办学行为，推进义务教育优质均衡发展。根据《中华人民共和国教育法》《中华人民共和国义务教育法》《中华人民共和国教师法》《中华人民共和国未成年人保护法》等法律法规，制定本章程。《重庆市九龙坡区第一实验小学教育集团章程》（以下简称《章程》）主要包括前言、总则、集团办学理念与文化、集团管理结构与运行机制、学生、教职工、教育教学管理、学校与家庭、社会、资产与财务管理、附则等十大部分。本《章程》适用于重庆市九龙坡区第一实验小学教育集团一体化管理的西郊、燕南、江州校区。

第一章　总　则

第一条　本教育集团全称为重庆市九龙坡区第一实验小学教育集团，简称为区实验一小教育集团。以重庆市九龙坡区第一实验小学为总校，北大燕南小学、江州小学为一体化管理成员校。总校与成员学校均为独立法人单位，独立承担民事责任。集团内称之为九龙坡区第一实验小学西郊校区、燕南校区、江州校区。成员学校校名与地址：

重庆市九龙坡区第一实验小学（西郊校区）：九龙坡区杨渡村 4 号。

重庆市九龙坡区北大燕南小学校（燕南校区）：九龙坡区兴堰路 12 号。

重庆市九龙坡区江州小学校（江州校区）：九龙坡区石杨路。

第二条 教育集团各校由重庆市九龙坡区教育委员会举办，为一类公益性事业单位。是实施义务教育的全日制公立小学，学制六年。

第三条 教育集团按就近免试入学的原则，招收九龙坡区教育委员会划定的辖区内适龄儿童入学。开设小学 1—6 年级，附设幼儿园为集团内部学前教育，由集团直接管理。

第二章 集团办学理念与文化

第四条 教育集团实施统一的办学理念和校园文化体系。遵循“归原·致远”教育哲学，实施“归原”文化体系。

核心理念：筑基每一个人的美好未来。

办学追求：办有境界的教育，做有格局的教育人。

培养目标：走向世界的中国人，开创未来的现代人。

学校精神：立足脚下，力争上游。

评价主题：打开一扇门。

第五条 集团校徽。

校徽外形为“琮”，意在尊重生命、尊敬教育、遵循自然规律；主体图案分为上中下三部分，上下组合为“门”，中间为“壹”，“壹”的中心位置为繁体字“儿”，既代表九龙坡区第一实验小学，更意为学校以儿童为中心，为孩子们打开一扇成长之门。

第六条 集团校歌：打开一扇门。

打开一扇门

重庆市九龙坡区第一实验小学校歌

1=♭A 或 A $\frac{4}{4}$

何军 词
唐奕 曲

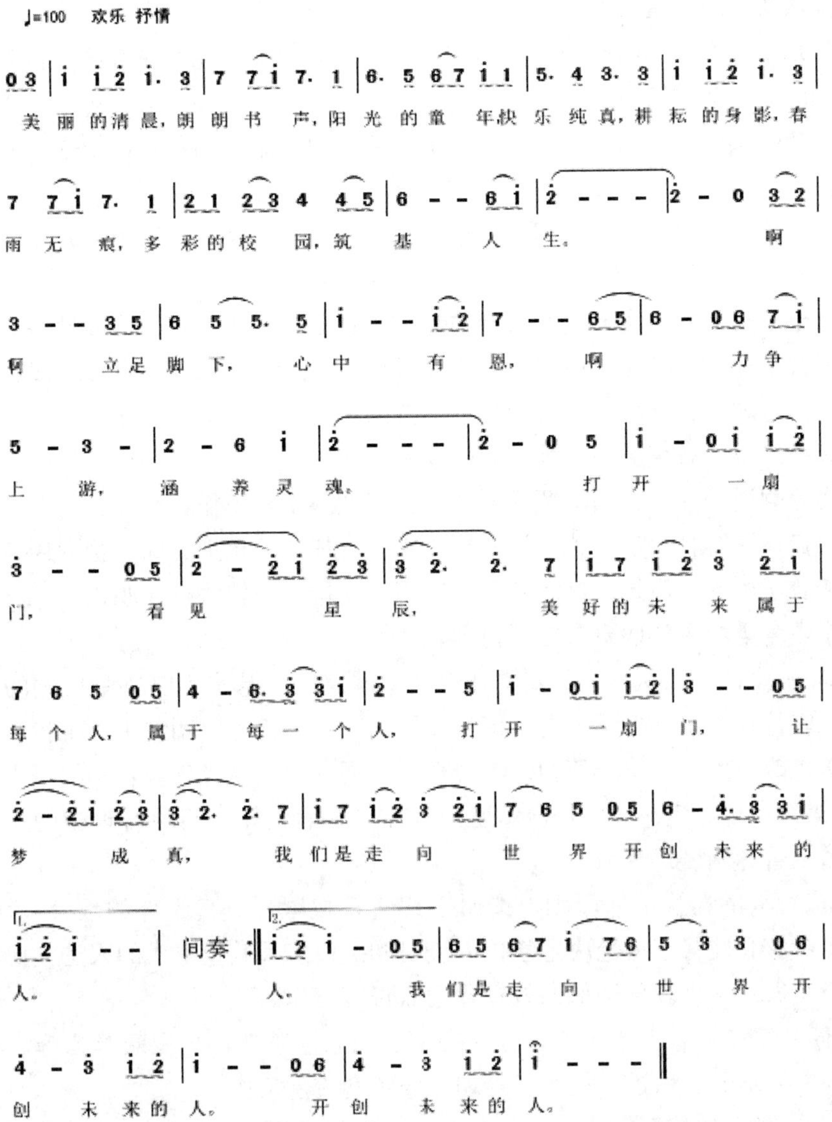

♩=100 欢乐 抒情

美丽的清晨，朗朗书声，阳光的童年快乐纯真，耕耘的身影，春

雨无痕，多彩的校园，筑基人生。啊

啊立足脚下，心中有恩，啊力争

上游，涵养灵魂。打开一扇

门，看见星辰，美好的未来属于

每个人，属于每一个人，打开一扇门，让

梦成真，我们是走向世界开创未来的

人。间奏 人。我们是走向世界开

创未来的人。开创未来的人。

第七条 教育集团按照依法治校、规范办学、自主发展的要求，科学制订集团中长远发展规划，健全评价机制，促进教育集团可持续发展。

第三章　集团管理结构与运行机制

第八条　教育集团实行党组织领导的校长负责制。

第九条　教育集团按照《中国共产党章程》规定，经九龙坡区教育党工委批准，成立中共重庆市九龙坡区第一实验小学教育集团委员会。选举产生党委委员 7 名，其中党委书记 1 名，副书记 1 名。教育集团内各校区设立党支部委员会。

第十条　教育集团党委印章未办理完善之前，由中共重庆市九龙坡区第一实验小学总支委员会代章。

第十一条　集团实行党委领导的校长负责制。以集团党委为领导核心，对学校重大事项做出决定，由校长负责具体组织执行。校长主持学校行政工作，教职工通过教职工（代表）大会参与学校的民主管理。

第十二条　教育集团党委的职能职责。

集团党委是教育集团的领导核心，全面领导学校工作，履行党章等规定的各项职责，履行管党治党、办学治校的主体责任，发挥把方向、管大局、做决策、抓班子、带队伍、保落实的领导作用，支持校长依法行使职权。

集团党委的主要职责有以下内容。

（一）全面贯彻执行党的基本理论、基本路线、基本方略，坚持党的教育方针，坚持社会主义办学方向，落实立德树人根本任务，团结带领全校教职工推动学校改革发展，培养德智体美劳全面发展的社会主义建设者和接班人。

（二）讨论决定事关学校改革发展稳定及教育教学、行政管理中的重大事项和基本管理制度。

（三）坚持党管干部原则，按照干部管理权限，负责干部的教育、培养、选拔、考核和监督。讨论决定学校内设机构的设置及其负责人的人选。协助上级党组织做好学校领导干部的教育管理监督等工作。

（四）坚持党管人才原则，讨论决定学校人才工作计划及政策措施，做好教师等人才培养、引进、使用、管理、服务和奖惩工作。

（五）领导学校思想政治和德育工作，做好意识形态工作，加强学校文化和精神文明建设，推动清廉建设，形成良好校风教风学风。

（六）落实全面从严治党主体责任，加强学校党组织的政治、思想、组织、作风和纪律建设，充分发挥基层党组织的战斗堡垒作用和党员的先锋模范作用。

（七）领导学校工会、共青团、少先队、学生会等群团组织和教职工（代表）大会，做好统一战线工作。

（八）讨论决定学校其他重要事项。

第十三条 集团党委实行集体领导与个人分工相结合，坚持民主集中制，集体讨论决定学校重大问题和重大事项；党委书记主持党委全面工作，负责组织党委重要活动，协调党委领导班子成员工作，督促检查党委决议贯彻落实，主动协调集团党委与校长之间的工作关系。

第十四条 校长的职能职责。

校长是集团内各学校的法定代表人，在集团党委领导下，全面贯彻党的教育方针，组织实施集团党委的决议，依法依规行使职权，全面负责教育教学、科研、行政、财务、人事、招生、后勤、安全等管理工作。

校长的主要职责有如下内容。

（一）组织拟订和实施学校发展规划、基本管理制度、重要行政规章制度、重大教学科研改革措施、重要办学资源配置方案。组织制定和实施具体规章制度、年度工作计划。

（二）组织拟订和实施学校内设机构的设置方案。按照干部选拔任用工作有关规定，任免内设机构的负责人。

（三）负责学校教育教学工作，大力推进素质教育。

（四）负责教职工队伍建设，促进教职工全面发展。

（五）负责学校财务、资产管理及基本建设及重要设施设备购置的审批，负责学校安全工作。

（六）组织开展学校对外交流与合作，争取社会各界对学校的支持。

（七）组织协调学校与政府、社区、家庭等方面的关系，为学校创造良好的育人环境。

（八）向集团党委会报告重大决议执行情况，向教职工（代表）大会报告工作。支持学校各级党组织、民主党派基层组织、群团组织等开展工作。

（九）履行法律法规和学校章程规定的其他职权。

第十五条 常规工作管理机构。

（一）**副校长办公室**：副校长对校长负责，协助校长分管学校教育教学、科研、行政、后勤、安全等具体工作。

（二）设置纪检督导室、教育教学中心、学生活动中心、党政服务中心、后勤保障中心、宣传信息中心、幼儿园等职能部门。根据校区规模和实际需求，各部门设主任、副主任，幼儿园设园长、副园长等职务。

纪检督导室：由集团党委纪检委员分管，维护党章和其他党内法规，检查党的路线、方针、政策、决议和国家法律、法规以及学校规章制度的执行情况，履行监督、指导、问责职责，协助集团党委会推进全面从严治党、加强党风建设和组织协调反腐败工作，保障和促进学校事业健康发展。

教育教学中心：由教学副校长分管，负责落实依法办学，严格按照教育教学计划，开足、开齐、开好计划规定的课程；负责课程建设、教改科研工作；全面负责各学科教学工作，抓好学科质量管理；领导各教研组开展工作，组织和安排教学研讨活动；负责学业测评工作；负责课务、作息、教具管理和教材征订，负责教师考核管理、业务培训、专业发展、教师队伍培养；负责班级常规、学生品行、习惯等养成教育；负责家校共育工作；负责教育集团、教育发展共同体各成员校教育教学联动工作。

学生活动中心：由德育副校长分管，负责发挥活动育人功能，负责学生德育、体育、艺术、科技、卫生、心理健康等方面的教育，负责少先队工作。

党政服务中心：负责学校行政、党务、人事、招生工作；负责学校工作计划、工作总结相关材料；负责文件管理、档案管理；负责校内统筹联络协调工作；负责对外联系等工作。

后勤保障中心：负责学校设施设备、办公用品、教学器材等物资的采购、管理；负责学校基建维修、食堂管理、经费预算、使用；负责学校安全管理和保障等工作。

宣传信息中心：负责学校信息技术、网络管理、设施设备等管理；负责学校对外宣传、微信公众号、摄影摄像、影像资料等管理工作。

幼儿园：负责幼儿园师资管理、培训、日常管理；负责幼儿园主题活动组织；负责园本教研、保育保教工作管理；负责幼儿园特色发展等工作。

各部门分别履行教育、教学、行政、后勤、安全及综合事务等管理职能。

第十六条 群团组织。

教育集团通过集团党委的领导，支持和发挥工会、共青团、少先队等组织依据自己的章程和上级组织的要求，对学校教育教学和发展的推动作用。学校为群团组织提供必要的活动场地、条件及必要的经费。

（一）**工会**作为教职工代表大会的工作机构，代表和组织职工参与学校民主管理，实施民主监督。学校充分发挥工会的“参与、维护、建设、教育”的职能。

（二）**妇委会**是学校党组织领导下的女教职工的群众组织，是妇女联合会的基层组织，是学校党政组织和女教职工联系的桥梁和纽带，代表和维护学校女教职工的利益和要求。

（三）**团支部**在教育集团党委和上级团组织领导下，负责集团共青团工作，充分发挥党的助手和后备军作用。

（四）**少先队**是中国少年儿童的群众组织，是少年儿童学习共产主义的地方，是建设社会主义和共产主义的预备队，少先队大队在党委领导下，全面负责集团少先队工作。

第十七条 专项工作小组。

（一）教育集团、教育发展共同体工作小组。负责教育集团、教育发展共同体各成员校在教学、德育、学生活动、监测评价等方面互动工作的协调统筹、组织联络，工作开展情况的汇总上报、宣传推广。

（二）财经工作委员会。全面参与教育集团各校区各项重大资金、采购、资产管理工作。促进教育集团各校区财经管理工作的规范，确保教育集团财经决策行为科学、民主、公开，完善财务管理和监督制度建设，提高资金使用效益，促进教育集团健康有序发展。

（三）职称评审工作小组。负责教育集团各校区教师职称评审、岗位晋升工作的资格审查、积分审核、组织报批等工作。坚持公开公正、民主测评、从严把关的原则，做好教职工职称评定、岗位晋升等工作。

（四）学术研究工作小组。从学术的角度审议学校发展规划、课程设置和教学管理，为提高教育教学质量献计献策。积极参与学校教育教学调研工作和教学常规检查工作。为教师群课堂教学起到示范、引领作用。

（五）课题研究工作小组。积极参与学校课题研究的常规指导与审查工作，在课题研究中发挥示范、引领作用，推动学校教师教育科研能力、意识的提升。

（六）班级建设工作小组。负责班级管理、班级建设的实践与研究，积极参与学校班级调研工作和常规检查工作。在学校班级建设中发挥引领、示范作用。

第十八条 管理制度。

（一）教职工代表大会制度。

学校建立以教师为主体的教职工代表大会制度，保障教职工参与学校民主管理和进行民主监督。凡属教职工代表大会职权范围的事项，都应提交教职工代表大会审议。

教代会的职权如下。

1. 审议校长的工作报告、学校发展规划、学校工作计划、重大改革方案。

2. 审议学校的人事制度、考核分配制度、绩效工资方案、各项规章制度及评价制度，审议有关教职工生活福利的重大事项。

3. 审议学校章程。

4. 评议、监督学校行政领导干部。

5. 讨论并向校长递交教职工代表提出的各种提案，及时反映群众的意见、要求，向各部门干部提出合理化建议。

工会负责教代会闭会期间的日常工作。闭会期间，如遇重大事项，经学校党政工领导研究或三分之一以上代表提议，可以召开教代会临时会议审议决定。

教代会每届任期3年，每学年至少召开1次会议，每次会议必须有三分之二以上的代表出席方为有效，教代会进行选举和表决，须经应到会半数以上代表通过方为有效。

（二）教育集团一体化管理制度。

坚持统一领导、统一任命、统一管理、统一调配、统一评价。教育集团成员校各项工作接受教育集团党委统一领导；中层干部由教育集团党委统一任命；教育教学、行政、人事、财务、后勤、基建维修、采购、资产管理等各项工作由集团党委统一管理；教育集团成员校干部、师资、学生、物资、教育教学资源等在集团内统一调配；教育教学质量、工作质量、职称评审、岗位竞聘、评优评先、经费考核等由集团党委组织统一考核评价。

（三）重大事项决策制度。

建立“三重一大”制度，教育集团各成员校的重大事项在党政主要负责人酝酿提议、充分调研与征求意见的基础上，由集团党委书记召集并主持教育集团党委会研究审议，经“三重一大”会议集体讨论，做出决定并组织实施。

（四）校务公开制度。

集团依法实行信息公开，切实保障教职工、学生、社会公众对学校重大事项、重要制度的知情权、参与权、表达权和监督权。

校务公开的基本内容为：有关学校发展、规划和教育教学改革方面的重大事项，集团领导班子建设、师德师风、党风廉政建设方面的重要事项，涉及教职工权益的重要事项，有关招生、评先、评优等重大事项，集团各校区重要财务收支情况和师生普遍关注的热点问题。

（五）档案管理制度。

各校区建立档案室，加强档案资料的建设和管理。各部门做好各类资料的收集、整理和归档工作。建立校史室，重视教育历史物证遗存保护，发掘和弘扬校本优秀文化传统。

（六）平安校园管理制度。

制定校园安全应急预案，定期开展安全教育，组织安全演练，加强校舍、交通、消防、饮食卫生、健康、周边环境治安以及教育教学安全管理，防范安全事故发生。

按照国家有关规定投保学生意外伤害校方责任险。发生校园意外伤害事故，立即启动相关应急预案，及时救助受伤害学生，并依法进行善后处理。

（七）建立健全校内权益救济制度，保障学生和教职工的合法权益。

建立健全校内申诉制度。分别成立校内学生申诉处理委员会，办公室设置在学生活动中心；校内教师申诉处理委员会，办公室设置在纪检督导室。明确受理学生和教师申诉的部门和程序。

建立健全争议调解机制。通过工会委员会，就教职工与学校的劳动（人事）争议进行调解。

第十九条 教育集团依法接受教育及其他政府相关部门的管理和监督，接受社会、家长的监督，听取社会各界对学校工作的意见和建议。

第四章 学生

第二十条 凡是按照招生规定接收或转入学校学习的受教育者，取得学校学籍，为学校学生。

第二十一条 学生享有下列权利。

（一）享受平等受教育的权利，对学校、教师侵犯其人身权、财产权等合法权益，提出申诉或者依法提起诉讼。

（二）在学习成绩和操行评语等级上获得公正评价，完成小学学业后获得小学毕业证书。

（三）参加教育教学计划安排的各种活动，使用教育教学设施、设备、图书资料。

（四）法律、法规规定的其他权利。

第二十二条 学生应当履行下列义务。

（一）遵守法律、法规。

（二）遵守学生行为规范，尊敬师长，养成良好的思想品德和行为习惯。

（三）努力学习，完成规定的学习任务。

（四）遵守所在学校或者其他教育机构的管理制度。

第二十三条 学校按照市、区教育行政部门有关学籍管理的规定对学生实行学籍管理。

集团健全学生学籍档案，依法办理学生转学、休学、复学等手续并严格程序。严肃招生、学生档案管理等各项制度。对学生给予奖励和处分。

集团各校区对修完义务教育 6 年的学生，送入对口的初中学校继续接受初中教育。

第二十四条 集团各校区按照客观、发展的要求，开展对学生综合素质评价。评价结果记入学生成长报告册，促进学生全面发展。评价每学期末开展一次。

第二十五条 集团各校区对符合入学条件而家庭经济困难的学生，提供必要的资助。

第五章 教职工

第二十六条 集团教职工由教师和其他专业技术人员、管理人员和工勤人员等组成。

第二十七条 集团根据编制部门核定的编制数额、岗位数和岗位任职条件及教育行政部门、集团内相关规定聘用教职工，公开招聘，竞争上岗。集团依法建立教职工管理考核制度，对教职工定期进行考核，考核结果作为续聘或者解聘、奖励或者处分的依据。

第二十八条 集团教职工除享有法律法规等规定的权利外，还享有下列权利。

（一）进行教育教学活动，开展教育教学改革和实验。

（二）从事科学研究、学术交流，参加专业的学术团体，在学术活动中充分发表意见。

（三）指导学生的学习和发展，评定学生的品行和学业成绩。

（四）按时获取工资报酬，享受国家规定的福利待遇以及寒暑假期的带薪休假。

（五）对集团教育教学、管理工作和教育行政部门的工作提出意见和建议，通过教职工代表大会或者其他形式，参与校内民主管理。

（六）参加进修或者其他方式的培训。

第二十九条 教职工除履行法律法规等规定的义务外，还应履行下列义务。

（一）遵守宪法、法律和职业道德，为人师表。

（二）贯彻国家的教育方针，遵守规章制度，执行学校的教学计划，履行教师聘约，完成教育教学工作任务。

（三）对学生进行宪法所确定的基本原则的教育和爱国主义、民族团结的教育，法制教育以及思想品德、文化、科学技术教育，组织、带领学生开展有益的社会活动。

（四）关心、爱护全体学生，尊重学生人格，促进学生在品德、智力、体质等方面全面发展。

（五）制止有害于学生的行为或者其他侵犯学生合法权益的行为，批评和抵制有害于学生健康成长的现象。

（六）不断提高思想政治觉悟和教育教学业务水平。

第三十条 集团保证教职工工资、保险、福利待遇按照国家和本市有关规定执行，逐步改善教职工的工作条件，帮助解决教职工遇到的实际困难。

（一）集团依据《中华人民共和国教师法》《中华人民共和国劳动法》，确保教职工的权利和义务，教职工应服从校长的领导，认真完成本职工作。

（二）集团鼓励、支持教师参加各种函授进修和学习培训，采取有效措施加强教职工队伍建设，不断改善教职工的工作条件和生活条件。教职工在教育教学、培养人才、教研课改和学校建设等方面成绩优秀或有突出贡献的，集团给予表彰和奖励。

（三）集团按国家有关规定实行教师资格、职务、聘任制度，实行绩效工资制，建立绩效工资考核制度，建立健全业务考核档案。加强教师思想政治教育、职业道德教育，树立敬业精神。

（四）集团每学年对教职工进行一次综合评价，评价结果作为聘任、调整奖惩的依据。对于违法违纪、违反师德师风、重大工作失误，在校内外造成恶劣影响的，给予教育批评和处罚，并在考核中执行一票否决。教职工对所受处罚不服者，可按规定提出申诉。

（五）集团教职工对学校教育、教学、管理工作有权提出意见和建议，有权依照法律向上级主管部门反映情况。教职工行使民主权利，任何组织和个人不得抵制、阻挠、打击报复。

（六）集团依法维护退休教职工的合法权益。

第六章　教育教学管理

第三十一条　集团各校区校长代表教育集团对学校教育教学进行管理，各校区分管校级干部负责教育教学管理工作的具体落实，并承担相应的责任。

集团各校区设立教育教学中心，统一监测、管理各校区的教育教学质量。

集团各校区建立年级组、教研组等教育教学基层管理机制。年级组长负责本年级的德育、教学工作，统筹教师管理、年级教育教学活动、学生管理等工作。教研组长负责领导、组织教师进行集体教学研究、备课活动。教研组定期开展教学研究活动，按要求参加各种培训和学术活动，贯彻落实教学计划，完成各项教学任务。

集团坚持以教学工作为中心，积极进行教育教学改革，改进教学方法，推进学习方式变革，提高教育教学质量。

第三十二条　集团认真落实“立德树人”根本任务，严格按照“双减”要求，扎实推进课程体系建设。贯彻国家课程、地方课程和校本课程三级管理体制，认真执行国家和地方课程计划，积极开发校本课程，形成学校“归原”课程体系。

第三十三条　集团采用班级授课制，教学形式为单式教学。汉语言文字为基本教学语言文字，使用全国通用的普通话和规范字。严格执行课程计划，根据课程标准制定各学科质量标准，坚持五育并举，注重德智体美劳全面发展。树立全员全面全程质量意识，严谨教学过程，注重学习兴趣的培养、学习习惯的养成和班级学习氛围的营造。

第三十四条　按照教育行政部门颁布的校历安排学校工作。不得随意停课，若遇特殊情况必须停课的，一天以内的由党委会研究决定，并报区教委备案；一天以上三天以内的应经九龙坡区教育委员会批准。不得组织学生参加商业性的庆典、演出等活动，参加其他社会活动亦不应影响教学秩序和学校正常工作。

第三十五条　使用上级教育行政部门统一规定的教材，不得随意使用其他版本教材。不得要求或统一组织学生购买各类学习辅导资料。

第三十六条　集团各校区坚持全员德育原则，校长负责，分管校级干部具体落实，教职工参与，实施文化育人、课堂育人、管理育人、服务育人。贯彻《中共中央国务院关于进一步加强和改进未成年人思想道德建设的若干意见》，培育和践行社会主义核心价值观，健全德育管理机制，构建德育课程体系、评价体系，形成德育品牌。

第三十七条 集团各校区加强少先队建设，扎实开展少先队活动，丰富队员的学习生活，促进队员行为习惯的养成，并为队员提供展示的机会，促进队员的成长。

第三十八条 集团各班级设班主任、辅导员各一名，负责管理班级日常事务和学生思想教育，实施班级文化建设、中队文化建设。班主任担负班集体的组织者、教育者和指导者的责任，并负责协调本班级各学科教育教学工作和沟通学校与家庭、社会教育之间联系的责任。辅导员负责学生的思想引领、政治启蒙，负责组织中队活动。

第三十九条 严格执行有关学校体育、卫生工作的法规规章。

保障学生每天一小时体育活动时间，增强学生体质，培养学生良好的卫生习惯、健身习惯与基本的运动技能。每学期举办一次体育运动会。

学校严格执行卫生工作的相关法规，强化卫生室管理，建立学生健康档案，定期体检，预防传染病、常见病及食物中毒。完善卫生工作制度，不断改善环境卫生条件，在校园内禁烟。

第四十条 注重学生心理健康教育，开设心理健康课程，开展主题教育，建立心理健康辅导室，开展心理健康个案辅导。配备专（兼）职教师开展工作。

第四十一条 加强对艺术、科技教育管理，积极开展艺术节、科技节等活动，拓宽学习途径，提升学生综合素养。

第四十二条 开展综合实践活动课程，加强对学生课外、校外活动指导并纳入课程体系，改变学生的学习方式、培养学生的创新精神与实践能力。

第四十三条 加强对学生的劳动教育，培养学生爱劳动、爱人民、珍惜劳动成果的思想，培养从事自我服务、家务劳动、公益劳动和简单生产劳动的能力，养成劳动习惯。

第四十四条 集团各校区根据学生的兴趣和教师资源设立社团，社团活动既是校本课程的实施平台，也是挖掘学生特长、锻炼学生才能的重要途径。

社团由学生活动中心管理、考核，每学期开展不少于一次的社团展示，结合校区特色创建特色社团。鼓励志愿者或聘请专业人才来校担任社团辅导员。

第四十五条 加强信息技术管理，按照标准装配设备。完善职责，明确责任，加强对场地、装备仪器的规范管理，使有限的资源发挥最大的教育价值。

第四十六条 加强实验室、图书馆、信息中心等教学场所的建设与管理，满足教育、教学、对外宣传和管理的需要。努力构建数字化校园，满足师生自主发展的要求。

第四十七条 牢固树立“安全第一”意识，切实履行安全责任。加强安全工作，因地制宜地开展安全教育，培养师生自救自护能力。凡组织学生参加的文体活动、社会实践、郊游、劳动等，要采取妥善预防措施，保障师生安全。

第四十八条 强化食堂管理，确保师生的身体健康和生命安全，严防食品卫生事故的发生，强化为师生服务意识，追求食堂管理品质。

第七章 学校与家庭、社会

第四十九条 主动与社会、家庭联系沟通，加强学校、家庭、社会密切配合的育人体系建设，形成教育合力。根据教育教学需要，聘请兼职教师和校外辅导员。积极联系德育、科普、法制、社区等各类教育基地，构建学校德育社会实践体系，定期组织开展校外教育活动。

第五十条 遵循民主、公开、自愿的原则，组织家长选举成立家长委员会。

家长委员会在学校的指导下履行参与学校管理、参与教育工作、沟通学校与家庭等职责，做好德育、保障学生安全健康、推动减轻学生课业负担、化解家校矛盾等工作。

建立与家长委员的联席会议制度，通报集团发展规划及其进展、教育教学工作情况，听取家长委员会的意见和建议，取得支持和帮助。

第五十一条 依靠家长委员会办好家长学校，制订教学计划，定期开展活动，加强对家庭教育的指导。

建立教师与家长的日常联系机制。教师特别是班主任应密切联系家长，做好家庭访问工作，形成家校教育合力，促进学生健康成长。

第五十二条 通过加强内部建设，树立良好的公共形象，在相应区域内发挥积极作用，服务于城市建设。配合社区开放校内文化设施和体育场地。依托社区，开发社区教育资源，开展社会实践活动，为学生创造服务社区和实践体验的机会。

第五十三条 积极开展校际互动合作，不断扩大对外交流，拓展教育视野，提升办学水平。

第八章　资产及财务管理

第五十四条　教育集团经费来源为财政全额拨款。各成员校经费实施独立核算，要按照规定做好每年的预决算管理。

第五十五条　集团各成员校建立健全财务制度。学校财务活动在校长领导下开展，实行民主管理和财务公开。

严格执行年度经费预算制。重大资金使用严格履行决策程序，保证资金运行安全；建立健全财务预算、支出管理制度，加强预算绩效管理，构建以绩效为导向的资源配置机制。建立健全内部控制制度，规范内部管理，依法公开财务信息。严格遵守财经纪律，接受有关部门的监督、审计和审查。

第五十六条　集团资产受法律保护，任何单位、个人不得侵占、私分和挪用。集团对侵占校舍、场地、设施等的行为和侵犯学校名称权及无形资产的行为，应积极履行国有资产管理职责，依法追究侵权者的责任。对集团财物造成损坏的应当依法赔偿。

第五十七条　集团各成员校建立健全物资管理制度，建立账目，落实专人管理，定期清点，及时做好变更、增减手续。

加强校舍、校产等实物及财务管理，防止公物的损失和丢失。定期对校舍进行维修和维护，做好校园建设规划，净化、绿化、美化校园，实施校园文化建设，形成良好的育人环境。

加强对教学仪器、设备、图书资料、文娱体育器材和卫生设施的管理，建立健全制度，提高使用效率。

建立健全学校固定资产管理、处置制度，确保固定资产的安全完整，防止固定资产的闲置或流失，提高固定资产的使用效益。

第五十八条　集团各学校如遇因政府规划调整等不可抗拒因素而需要迁址、合并、分立或终止时，应当及时制定保护学校资产安全的方案，并依法进行资产清算。

第五十九条　集团执行国家统一的会计制度，配备具有专业任职资格的会计人员，依法进行会计核算，建立健全内部会计监督制度，保证会计资料合法、真实、准确、完整。

集团各成员校依法向主管部门提出年度预算安排意见，经批准后执行，并接受上级教育行政部门和财政、税务、审计、监察等相关职能部门的监督。

第六十条　集团各成员校建立健全学校收费管理制度，严格执行收费政策，规范收费行为，按照有关部门确定的范围、项目和标准收费，使用符合国家规定的合法票据。各项收入按照有关规定实行“收支两条线”管理。

第六十一条 集团依法接受社会各界的捐赠，建立健全受赠财产的使用制度，加强对受赠财产的管理并接受社会监督。

第九章 附则

第六十二条 集团建立健全本章程统领下的集团规章制度体系。规章制度的立、改、废均依照民主程序进行。

第六十三条 本章程经学校教职工（代表）大会审议，集团党委会通过，报九龙坡区教委审核备案，自备案之日起生效。

第六十四条 本章程未尽事宜按照法律法规及上级文件政策执行。如有抵触，以法律法规及上级文件政策为准。

第六十五条 本章程的修订由集团党委会或三分之一以上教师代表提议提出，经教职工代表大会审议、集团党委会通过，报九龙坡区教委审核备案后生效。

第六十六条 本章程由教育集团党委会负责解释。

九龙坡区实验一小教师阶梯式成长培养方案

一、基本条件

重庆市九龙坡区第一实验小学位于九龙坡区杨家坪，目前拥有西郊、燕南、江州三个校区及附设幼儿园，一校多区的办学格局正式形成。学校高度重视教育评价改革工作，将教育评价改革确定为学校重点任务并纳入重要议事日程，具有机制健全的教育评价改革工作制度，工作措施完善，在教师成长不同阶梯评价中，具备一定研究基础。

二、培养目标

通过营造教师成长环境，建立健全教师评价机制，完善教师阶梯式成长模式，体现教师职业生涯发展层次性和渐进性，实现教师在阶梯成长评价下，发现自己潜在的力量，在自我认同和完善的过程中成长、成熟，从而激活教师队伍、激发办学活力。

三、主要措施

（一）措施一：建立健全教师个人成长激励机制

1. 建立奖励考核制度

制定《九龙坡区第一实验小学教师成果奖励办法》《九龙坡区第一实验小学教师奖励性绩效考核办法》等，激励教师在教学、教改、科研等方面积极参与、专业成长。

2. 建立师德师风管理制度

加强师德师风建设，通过签订《九龙坡区第一实验小学师德师风承诺书》、制定《九龙坡区实验一小教师公约》、评选师德标兵等，将师德师风作为教师个人成长的基石，激励教师不忘初心、做人民满意的教师。

3. 建立年度表彰制度

每年教师节、学年末评选表彰成绩突出教师、先进个人，表彰个人、团队“最美”系列等，发挥榜样力量，激励老师们立足脚下、力争上游。

（二）措施二：建立教师阶梯式成长评价体系

1. 制定教师阶梯式成长评价标准

教师个性不同，资质不同，教学能力和优势相同，根据教师自身特点选择不同的发展方向，让每个人的成长都看得见。研究“合格型教师→成长型教师→成熟型教师→研究型教师→专家型教师”的成长轨迹，制定教师每个成长阶段的具体标准。

2. 制定教师阶梯式成长规划

根据学校教师阶梯式成长评价标准，教师制订个人成长规划，学校通过研究教师个人特点及成长规律，为教师量身定制个性化成长规划。

3. 健全教师阶梯式成长档案

建立教师个人成长档案，将教师的个人信息、个人成长计划、业绩等纳入成长档案，让成长有迹可循，让每位教师都有获得感、幸福感、成就感。从而让每一个阶梯的老师都能被尊重，被认可，被重视。

（三）措施三：多措并举，助力教师成长。

1. 开展师徒结对活动

结合市区级骨干教师考核要求和学校对校骨干教师要求，根据学科开展新教师结对活动。师傅和徒弟通过双向选择进行结对，激励新教师快速成长。同时也激励了骨干教师自身成长。

2. 成立学术委员会

鼓励市区级骨干教师自主申报，经学校考核后成立学术委员会，学术委员会成员发挥骨干教师示范引领作用，这也是对骨干教师教学能力的充分肯定。

3. 组建研究团队

成立研课团队、课题研究团队、课程开发团队、学业评价研究团队等，老师们自主申报，鼓励老师们做研究型教师。

4. 开展团建活动

通过丰富多彩的团建活动增强团队凝聚力，提升教师专业素养，增强职业幸福感和获得感，鼓励教师成长。

四、组织保障

（一）经费支持

学校根据工作推进需要，设立专项经费，保障试点工作顺利进行。

（二）人员配备

由何军校长直接牵头试点工作，教学副校长宋晓娟具体推进，教育教学中心组织实施，全校教师共同参与。通过学术委员会、市区级骨干教师引领多维评价促进教师成长。

（三）工作机制

1. 成立领导小组

成立以校长为组长，校级干部为成员的领导小组。负责统筹、领导教师培养工作，确保工作顺利进行。

2. 成立工作小组

成立以分管副校长为组长，教育教学中心、党政服务中心、学生活动中心为成员的工作小组，具体推进试点工作。工作组办公室设在教育教学中心。

3. 建立试点工作管理制度

制定试点工作计划、实施方案，建立试点工作周例会制度，建立工作台账等，实行层级推动，形成校长、中层干部、骨干教师结成三级阶梯，校长带动中干，中层引领骨干教师，骨干教师带动各级教师，形成三级辐射与带动，确保工作有序推进，并取得实效。

教师阶梯式成长评价　撬动教育评价改革

——九龙坡区第一实验小学教育集团教师评价改革案例

为落实立德树人根本任务，深入推进《深化新时代教育评价改革总体方案》，九龙坡区第一实验小学教育集团以教师评价改革为着力点，力求通过教师阶梯式成长评价，激活教师队伍，实现教师队伍从基本支撑向高质量支撑转型，以建设高素质专业化教师队伍推动建设高质量教育体系，推动教育评价改革落实落地。

一、基本情况

重庆市九龙坡区第一实验小学教育集团现有西郊、燕南、江州一体化管理的三个校区，教师共计 210 人，平均年龄 34.5 岁，其中 30 岁以下教师占 41％；45 岁以上教师占 20％；大学本科学历教师占 80％；研究生学历教师占 6％。市级骨干教师 4 人，区级名校长工作室主持人 1 人，区级名师工作室主持人 1 人，区级名优教师 25 人。

近几年，随着学校办学规模的迅速扩大，每年通过骨干引进、公招、交流调动、聘用等方式进入教育集团的教师人数增长迅速。为统一教师队伍价值取向，发挥优质教师示范引领带动作用，提升新进教师成长速度，激发不同层次、不同年龄阶段教师的发展内驱力，九龙坡区第一实验小学教育集团以教师阶梯式成长评价为牵引，通过实施教师阶梯式成长评价，树立教师职业目标意识，增强自身发展动力，形成“阶梯式”发展态势，提升教师职业发展的意义感、幸福感、存在感、成就感，从而激发教师队伍活力，促进教师队伍整体发展。

二、主要经验做法及成效

（一）构建教师阶梯式成长目标体系

九龙坡区第一实验小学教育集团将教师成长目标主要分为“为人”“为师”两个维度，为人侧重于思想意识、理想情怀等方面，为师侧重于教育教学专业发展。

1. 为人：做“四真四实”型教师

为人师表关键重在为人，教师的思想意识、价值取向、理想情怀应作为教师成长发展中的重要指标。在教师评价改革中，我们建立了教师“为人”方面的“四真四实”阶梯式成长目标，这是要求每一位老师都要达到的成长目标。

“真心实意”对待学生。在教育教学中，教师要从学生的需求、孩子的立场、儿童的视角出发，尊重学生、关注学生，用真心对待学生，用真情去感染学生。

“真抓实干”对待工作。在工作中，教师要有实干精神，踏踏实实、兢兢业业、勤于学习、善于反思，真抓实干进行教育教学研究和实践。

“真才实学”对待自己。教师的知识储备是教学的基础，教师的专业技能是教学的关键，教师的学习发展是教学的助推剂。教师要不断更新自身的教育理念、教学能力、知识体系，不断提升自己的真研究、真学识、真才干。

“真情实感”对待生活。人是社会性的，人与人之间，人与物之间都会在相互交融的过程中触动情感的发生。教师应具有积极向上的生活态度，对生活充满热情、对工作充满热爱、对未来充满期待，用正能量感染学生及身边的每一个人。

2. 为师：做“四专成长”型教师

即“专心型教师→专研型教师→专业型教师→专家型教师”，规划教师的专业成长路径，促进教师专业发展。

专心型教师：从“站上讲台”到“站稳讲台”。专心型教师是教师队伍的后备力量，这一阶段的老师需要完成岗前培训、师徒结对、观摩学习等培训，需要承担考核课、研究课等工作。这一阶段的教师要专心参加每一次教研活动和课堂教学观摩活动，学会记录自己教学成长的点滴，用心感悟和总结教学中存在的问题，力求让自己的专业能力不断进步。

专研型教师：从“站稳讲台”到“站好讲台”。专研型教师是教师队伍的骨干力量。这一阶段的老师是研究课、赛课、课题研究等工作的主力军，这一阶段的教师要专研课堂教学改革、进行理论与实践相结合的研究，逐渐形成个人教育教学的风格和成效。

专业型教师：从“站好讲台”到“享受讲台”。专业型教师是教师队伍中的中坚力量。这一阶段的老师已经具备了一定教育教学经验和成果，能够较为熟练地开展教育教学工作，他们需要寻求更大的突破和发展，更多地通过专题讲座、示范课、结对帮扶、推广科研成果等形式，实现自身的专业发展和价值。

专家型教师：从“享受讲台”到“超越讲台”。专家型教师是教师队伍中的示范力量。不断超越自己，向高端人才迈进，在更高的平台上实现自己的人生价值。他们逐渐形成个人独特的教育理念和思想，发挥更大范围的辐射引领作用。

（二）构建教师阶梯式成长评价体系

1. 建立健全教师个人成长激励评价机制

（1）建立师德师风监管制度。加强师德师风建设，通过签订《九龙坡区第一实验小学师德师风承诺书》、制定《九龙坡区实验一小教师公约》、评选师德标兵等，将师德师风作为教师个人成长的基石，激励教师不忘初心、做人民满意的教师。

（2）建立奖励考核制度。教师作为被评价者同样拥有制定评价标准和参与评价的权利，从而教师与学校之间建立起“协商型”评价关系。教研组自定学科教学质量目标和达标考核方案；绩效考核方案，教代会、全校教师大会反复论证；职称评定方案，广泛征求教师意见。评价标准和方案的制定过程，就是全校教师职业发展形成共识的过程。达成高度共识后，制定的《九龙坡区第一实验小学教师成果奖励办法》《九龙坡区第一实验小学教师奖励性绩效考核办法》等，激励教师在教学、教改、科研等方面积极参与、专业成长。

（3）建立年度表彰制度。评价是导向、是激励、是强化，评价中看见每一个人尤其重要。每年教师节、学年末评选表彰优秀教研组、最佳班级团队、最默契搭档等团队表彰；成绩突出教师、“最美”系列个人，“一丝不苟奖、一心一意奖、一路同行奖、一马当先奖”等个人表彰，从不同视角对每一位教师充分肯定；“最美瞬间”主题摄影，发现每一个岗位员工的优秀“看见每一个人”的评价理念，增强了教师的存在感，激励老师们立足脚下、力争上游。

2. 建立教师阶梯式成长自我评价机制

（1）制订教师阶梯式成长规划。根据学校教师阶梯式成长评价标准，教师

制订个人成长规划，学校通过研究教师个人特点及成长规律，为教师量身定制个性化成长规划方案。

（2）健全教师阶梯式成长档案。建立教师个人成长档案，将教师的个人信息、个人成长计划、业绩等纳入成长档案，让成长的每个阶段有迹可循，让每位教师都有获得感、幸福感、成就感。从而让每一个阶段的老师都能被尊重、被认可、被重视。

3. 建立教师阶梯式成长展示评价机制

（1）实施阶梯式教师评价认证。根据各阶段教师评价量表，通过自主评价、学生家长评价、民主测评等多元评价方式，对达到相应阶段要求和标准的教师，颁发“专心型”“专业型”“专研型”“专家型”教师证书，并实施每五年为一周期的动态管理。

（2）成立学术委员会。鼓励专家型、专业型、专研型教师自主申报，经考核后成立学校学术委员会。学校现已组建语文、数学、英语、班级建设等学术委员会，吸收了学校市区级骨干教师、优秀教师。学术委员既是对教师成长的认可，又是发挥示范引领作用，进一步促进教师专业成长的更高平台。

（3）成立个人工作室。在专业型、专家型教师中，评选成立个人工作室。现已成立涂敏、肖疑、蒋玮玮、牟英、王敏等多个校级名师工作室。给教师搭建更多的展示平台，激励教师不断成长。

（三）构建教师阶梯式成长评价支持体系

1. 提供教师阶梯式成长评价情感支持

开展丰富多彩的团建活动、实施共建共享的荣誉机制，增强团队凝聚力，增强职业幸福感和获得感，激励教师成长。学校获得办学质量一等奖，每一位教师就拥有一天“荣誉假”，将学校的集体荣誉与每个老师关联；精心组织每一次教师节仪式，策划家人送节日祝福的惊喜活动、领导班子给每位老师一封独特的节日书信、展示个人职业形象等“走心”活动；成立精品课程建设团队，教学、班级管理、课题研究团队，活动策划等各类教育教学研究团队；组建瑜伽、健身、篮球、书画等各类兴趣爱好团队。全校老师在不同团队中找到自己、看见同伴、发现集体，由此增强了大家的团队归属感、集体荣誉感、职业幸福感，引发情感共鸣，为教师职业发展提供了情感支持。

2. 实施教师阶梯式成长评价行动支持

（1）实施个性培养。以教师专业发展规划为抓手，按照“全面分析—精准定位—量身定制—个性实施”的流程，对每位教师进行定制培养。即教师在自我分析基础上确定个人职业发展方向和目标，在教师不同发展阶段，学校为其提供不同层次的发展平台，组建共同发展方向的项目团队，配备对应的发展导师，提供对应的学习资源和培训内容。如“党员团员结对共进”“青蓝结对工程”，针对近年新进教师的“新苗计划”“伙伴互助”等行动，不同群体、不同特质和潜力的老师，提供阶梯式成长行动支持。使老师们能够真正有专业方向的引领、专业目标的导航、专业成长的路径，实现优势快速发展。

(2) 开展教师结对。结合市区级名优教师管理考核要求，以及学校教师阶梯式成长激励机制，开展教师结对工作。为不同阶段的教师搭建各自成长的平台。

(3) 组建研究团队。成立研课团队、课题研究团队、课程开发团队、学业评价研究团队等，老师们自主申报，形成团队共研、团队共进的氛围，鼓励老师们向着更高层次发展。

教师阶梯式评价，带给教师发展与成长的动力，有效地促进了教师队伍的专业成长。重庆市九龙坡区第一实验小学的教师队伍逐渐被凝聚、被激活。

三、评价反思

（一）教师队伍的发展，成为学校发展的最大动力源泉

专心型、专研型教师积极作为，参与各类学习培训、赛事活动；专业性教师主动担当，引领学科教学改革、教育教学研究；专家型教师潜心钻研，分享教育教学经验、结对帮扶。

在教师队伍焕发出团结共进、积极向上、主动发展的活力同时，学校在文化建设、课程改革、教育教学质量、学生全面发展等方面取得显著效果和广泛影响，呈现出良好发展态势。

（二）建设一套科学的、完备的、切实可行的指标体系，是实施好评价的关键

在评价导向上，把自我评价、专业性评价、行政性评价结合，注重评价过程的激励性和指导性。同时，要及时反馈评价的结果，注意时效性、反馈方式和社会效益相结合。

构建“五维”德育活动课程　促进五育协同发展
——九龙坡区第一实验小学德育工作方案

一、背景分析

重庆市九龙坡区第一实验小学创建于1988年，地处九龙坡区政治、经济、文化核心区域杨家坪。目前已形成西郊、燕南、江州三个校区及幼儿园为一体的集团化办学格局，现有师生员工3000余人。

学校遵循归原致远的教育哲学，秉承“筑基每一个人的美好未来”核心理念，传承“立足脚下 力争上游”的学校精神，实施“打开一扇门”的主题校园文化建设，追求“办有境界的教育，做有格局的教育人”。以“打开一扇门”为德育品牌，个性化定制阶梯式激励评价。健体、巧手、慧脑、亮眼、暖心，个性化定制的金钥匙奖，导向孩子们打开一扇又一扇的成长之门。激发学生内驱动力，让学生成为“走向世界的中国人，开创未来的现代人”。

二、特色定位

为落实立德树人根本任务，培养德智体美劳全面发展的社会主义建设者和接班人，学校将育人目标校本化、具象化为让学生拥有强健的体、灵巧的手、聪慧的脑、明亮的眼、温暖的心五个维度。围绕这样的“五维”发展目标，学校将德育工作系统化、德育活动课程化，着力构建“体手脑眼心”五维德育活动课程体系，以儿童的视角、孩子的体验、学生的需求为出发点和落脚点建构活动课程体系，让学生充分实践、体验、探究，在校园里健康生活、快乐学习、个性发展。形成课程育德，全面发展的办学特色。

三、“五维”德育活动课程构建

活动是德育工作的重要载体，学校按照课程育德、活动育德的工作思路，课程化、体系化实施德育活动。着力构建“五维”德育活动课程，包括健体课程、巧手课程、慧脑课程、亮眼课程、暖心课程，落实体手脑眼心“五维”培育目标，实现德智体美劳五育协同发展。

（一）“五维”德育活动课程内容

1. 健体活动课程

维度：体能与体魄。

目标：练体 练技 练精神。

实施“3+2”体育课程建设，即：3 节体育常规课、1 节体育专项课、1 节班级体育活动课。同时成立篮球、足球、射击、游泳、柔道、围棋、国际象棋等学生专业训练队，每天坚持训练。认真开展阳光大课间、全员运动会、家庭运动打卡等活动。塑造学生健康体魄，培养学生的运动技能与习惯培育坚韧拼搏的体育精神。

2. 巧手活动课程

维度：实践与探索。

目标：创新 创造 创未来。

实施“小创客·大创造”精品课程，充分利用比特实验室、厨艺生活馆、种植园、电子积木 DIY 活动室、机器人实践室、3D 工作室和 VR 体验馆等场地，开设各类创客课程，坚持开展科技节、劳动技能赛、创新实验大赛、综合实践等系列活动，搭建探索、实践、展示平台，培养学生的动手实践能力和创新精神。

3. 慧脑活动课程

维度：知识与智慧。

目标：思考 思维 思想者。

实施学科课程建设，倡导自主、合作、探究式学习。课堂教育围绕核心问题开展，鼓励学生在课堂上有“四问”即：提出问题、分析问题、解决问题和补充问题。开设编程课程、思维训练课程、机器人等，开展“知识竞赛”“问题大王”“思考小达人评选”等活动，发展学生的思维能力和思维品质。培养学生爱动脑、爱表达、会思考、会思辨的习惯、能力和品质。

4. 亮眼活动课程

维度：目标与视野。

目标：观人 观己 观天下。

引导学生不断坚定成长目标，做好发展规划。坚持开展“主题教育活动”“TED论坛”“对话大师”“生命与生长”等活动，每年修改完善自己的《人生规划卡》，帮助学生树立目标、拓宽视野，培养学生高远的眼界，广阔的胸怀和远大的志向。

5. 暖心活动课程

维度：责任与情怀。

目标：心善 心正 心境宽。

努力培养学生的家国情怀与责任担当。实施“红领巾系列活动”，坚持开展“我是光荣的少先队员”“祖国、家乡、校园在心中”系列活动、“红色故事会”“爱心义卖”“小小志愿者”等活动。培养学生爱自己、爱家庭、爱学校、爱家乡、爱祖国、爱世界的责任担当和家国情怀。

（二）德育活动课程实施原则与途径

德育活动课程按照“理念统领、年级推进、螺旋提升”的原则有序实施。充分发挥学校阵地的主导作用，并与家庭、社会密切配合，形成学校、家庭、社会三位一体的德育网络体系。坚持课内外、校内外相结合，相互配合，形成合力。

【学校教育】

（1）依托学科教学，实现课堂育德。充分发挥课堂主阵地的作用，结合学科特点，对学生进行素养教育，寓德育于各科教学内容和教学过程之中。开展学科德育校本研究，围绕“体手脑眼心”，分年级、分层次设计假期“学以致用”五维发展实践活动任务单，落实各学科课程中的德育渗透和学生的“五维”发展，提升综合育人效果。

例如，寒假“五维”发展实践活动见表1。

表1 寒假“五维”发展实践活动

领域	主题	形式及内容
健体课程	运动小健将	坚持体育锻炼打卡，学习体育专项技能
	运动宣传员	宣传运动知识、分享运动的快乐和体会
巧手课程	新春祝福	祝福卡片、祝福视频
	我是小创客	小制作、小发明、小论文等
慧脑课程	小小调查员	压岁钱、年货等统计、使用规划
	阅读者	阅读分享会，阅读成果展
亮眼课程	小小艺术家	主题绘画、小报、器乐演奏、艺术表演、摄影作品等
	旅行家	旅行攻略、旅行日记等
暖心课程	全家福	家庭照、团圆饭、家庭活动等
	我跟家长去上班	职业体验、职业规划等

（2）开展主题活动，实现活动育德。学校在每年三、四月开展体育节，五、六月作为艺术节，九、十月开展红领巾活动节，十一、十二月为科技节，因地制宜地开展各种适合不同年龄儿童的活动。

• “红领巾”系列活动。立足“筑基每一个人的美好未来”的办学理念，深入推进少先队改革，坚持落小落细落实学生理想信念教育，引导少先队员用实际行动践行社会主义核心价值观。加强党建带团建、党建带队建，传承红色基因，培育时代新人，教育引导少年儿童听党话、跟党走。一是创新开展“红领巾心向党”“红领巾相约中国梦”“扣好人生第一粒扣子”等主题教育活动，每月进行红领巾思政课宣讲。二是完善少先队组织机构，认真组织召开学校每一届少代会。成立红领巾志愿服务岗，深入学校、社区、街道进行爱心捐赠、垃圾分类宣传等志愿服务。设立红领巾广播站、记者站，通过红领巾广播站，展示少先队员风采。三是持续开展红领巾系列活动，开展“动感中队”品牌建设、“红领巾小健将”运动会、“红领巾论坛”“红领巾小创客”“红领巾之走进名人”“红领巾之快乐中国行”“红领巾之欢乐游世界”“红领巾之红色记忆”等活动，通过少先队系列活动课程，不断强化少年儿童思想政治引领和价值引领。

• “一生一特”系列活动。围绕“体手脑眼心”五个维度，学校组织70余个学生社团供学生自主申报选修。涉及体育类、艺术类、科技类、生活类、研究类等，社团辅导教师由校内外专业教师组成，为孩子们的个性成长助力服务。每年六一节开展“个性达人秀”活动，给每一个孩子搭建充分展示自我的平台。

• “一班一品”创建活动。各个班级创建自己的班级名称、班级理念、班徽、班级口号、班级公约等班级文化，开设班级微信公众号等，实现了“一班一品牌，一班一特色”。每周每班利用一天的课后服务时间，开展班级半日活动，用于特色班级建设，创建了书香、墨宝、礼仪、篮球、啦啦操、戏剧、编织、合唱等 59 个班级特色项目。

(3) 研发校本课程，实现课程育德。根据学校情况及学生现状，深度开展德育活动课程课题研究，建设开发三门德育校本课程。

• 晨韵朗朗课程。通过诵读经典美文，实现诵文、悟理、育心的目标，学生能诵之有趣，诵之有韵，诵之有理。是学校“五维”德育活动课程中慧脑课程的重要组成部分。

• 我行我秀课程。通过丰富多彩的课程内容敢秀、会秀、爱秀，并秀出自信、秀出天赋、秀出个性。在语言与表达、个性与表现、学习与运用、合作与交往、思辨与创新五大方面获得不断提升，促进“体手脑眼心”五维发展。主要内容见表 2。

表 2　我行我秀课程

类别	内容
语言类辩论	辩论、讲故事、演讲、好书推荐、新闻我来播、朗诵、采访等
艺术类	欣赏、舞蹈、唱歌、器乐表演、说唱艺术、舞台剧、课本剧、相声、小品、魔术表演、书法、剪纸等
运动类	韵律活动、棋类、球类等
生活类	生活常识、生活技能、科技制作等

• 小创客大创造课程　通过生活创意课程、厨艺课程、茶艺课程、机器人课程、比特物联网课程等，培育学生的科学精神、实践能力、创新精神。是学校“五维”德育活动课程中巧手课程的重要组成部分。课程框架图如图 1 所示。

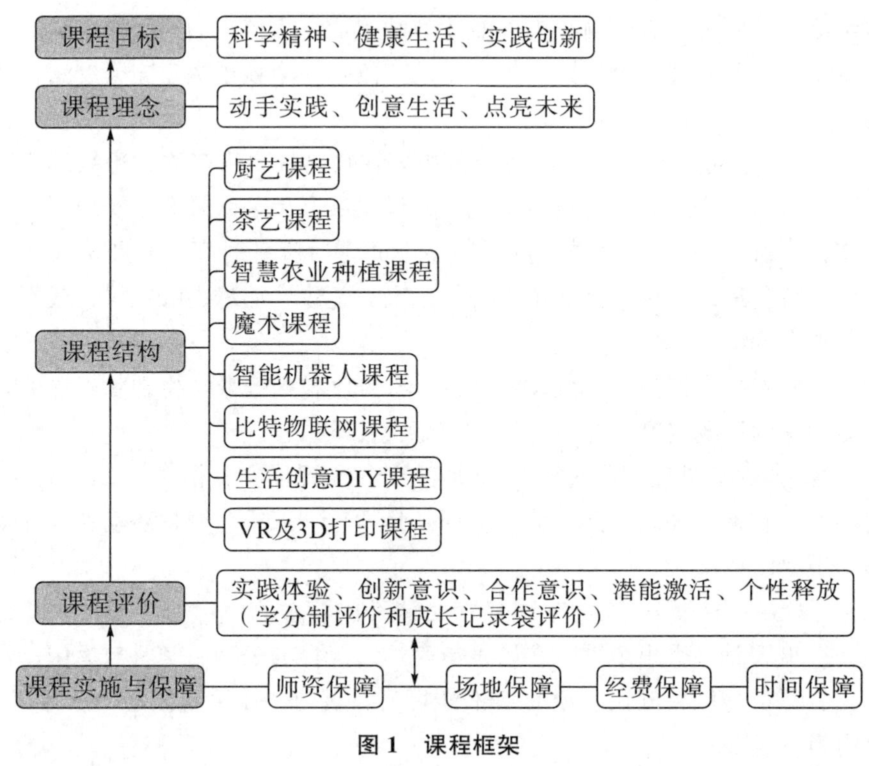

图 1　课程框架

【家庭教育】

学校逐步确立家庭教育指导的实施理念。组织家长参与活动，多方面、多层次了解学校的教育教学活动，支持学生全面而有个性地发展，充分发挥校级、年级、班级三位一体家长委员会网络作用，形成家校互相支持的良性循环机制。

学校 2017 年成立学校质量家长监督委员会，分别从干部及管理质量监督、教学质量监督、德育质量监督、学生行为习惯监督、教师行为作风监督、安全及后勤监督六个方面常态介入学校管理。各委员会代表常态化走进校园，观察学校，随时走进各管理领域了解监督学校的各项管理，参与校务会、行政会共同诊断学校发展。同时，学校充分利用家长资源，每学期开设家长课堂 100 余场，有效地把学生家长组织化、制度化、具体化融入学校教育管理之中，形成学校、家庭共育合力。

【社会教育】

社会教育是学校德育的有效延伸，同时需要学校精心组织和设计活动的内容与形式。学校围绕德育总目标“体手脑眼心”开展社会实践活动，聚焦素养培养，设计适合学生综合能力培养的社会教育活动。

学校把学生综合实践活动进行项目化管理、模块化实施，活动前有计划、有辅导；活动中有内容、有记录；活动后有反馈、有评价。考察综合实践活动、探索课外社会实践活动模块化实施。每年春秋季学生开展红色路线、科技路线、劳动路线、场馆路线四大板块社会实践活动，开展学生 20 课时公益志愿者服务，引导少先队员学习英雄任务、先进人物、美好事物，扣好人生的第一粒扣子。此外，学校充分利用社会资源，打通教材与世界、学校与场馆、学校与社区、学校与家庭的隔阂，走进社区、走进场馆，开展社区服务与场馆服务活动。

四、学校德育管理与评价

（一）德育管理

1. 完善学校德育管理网络

德育管理是学校规划组织指挥、监督协调的活动过程。建立以校长、书记为统领的德育领导小组，加强管理的时效性，一校三区配置德育主任 1 名，德育副主任 1 名，大队辅导员 2 名，德育干事 3 名。常规管理规范，每个年级有分管校级干部、中层干部各一名，年级组长是年级德育工作的主要负责人，班主任是主力军，年级组长协调年级所有任课教师共同参与德育管理工作。

2. 建立健全德育管理规章制度

健全完善德育管理制度，对学校规章制度进行梳理、归类，根据学校德育工作的整体设计，对原有制度进行增补和删减。一类学生管理制度：少先队大队部管理制度、学生社团管理制度、学生行为管理制度；二类德育考评制度：班级考核制度、学生评价制度、中队文化建设评比制度、一班一品品牌建设制度。

（二）学校德育评价

1. 学校评价

为深入贯彻落实习近平总书记关于少年儿童和少先队工作的重要理论，落实第八次全国少代会工作部署，树立和增强少先队光荣感，依据团中央、教育部、全国少工委印发相关文件要求，结合学校实际，特制定《九龙坡区第一实验小学“红领巾奖章”评选方案》作为学校德育评价特色，校本化学生阶梯式成长激励评价体系。

全国少工委《"红领巾奖章"实施办法》中提出，红领巾奖章分为基础章、特色章和星级章三个类别。基础章是"红领巾奖章"的必修章，面向全体少先队员和准备加入少先队的少年儿童。特色章是红领巾奖章的选修章，少年儿童根据自己的兴趣爱好选择参加。星级章是红领巾奖章的荣誉进阶章，从个人和集体两个方面分为五级，体现出阶梯式成长。而"红领巾奖章"一星章又是在集齐一定数量的基础章和特色章的基础上产生。由此，学校根据培养目标和办学理念设计校本化的基础章和特色章。

结合学校的课程结构，将基础课程纳入基础章的设计。从一年级到六年级的必修章内容共计十二枚基础章。红星章：向阳章、传承章、立德章、立志章；红旗章：梦想章、小主人章、团结章、健体章；火炬章：奉献章、劳动章、节约章、勇敢章，将三类基础章按年级分为不同类别，以课程为依托，章章有标准，章章有激励，见表 3。

表 3　红领巾奖章

		上学期	下学期
基础章	一年级	向阳　梦想　劳动	传承　小主人　奉献
	二年级	立德　团结　节约	立志　健体　勇敢
	三年级	向阳　梦想　奉献	传承　小主人　节约
	四年级	立志　团结　勇敢	立德　健体　劳动
	五年级	向阳　梦想　节约	传承　小主人　劳动
	六年级	立志　团结　奉献	立德　健体　勇敢
特色章	金钥匙奖章		

根据国家提出的德智体美劳"五育并举"教育目标，结合学校"五维"德育活动课程，学校设计了金钥匙特色章，分别包含：健体类、巧手类、慧脑类、亮眼类、暖心类。以学校开发的综合性课程和拓展课程为依托，把个性十足、丰富多彩的校园课程纳入特色章的评价中。一星章由学校少工委颁发，二至五星章分别由县、市省全国少工委颁发，上一级星级章从下一级的星级章中按比例产生，体现出阶梯式的成长。对于集体的一星章，我们借助综合课程平台获取积分，个体的一星章得到一定数量的基础章之后可以升级为个体的一星章，见表 4。

表 4　争章评价

金钥匙奖章	获章标准（参考）
健体类	1. 参加校运动会获奖（铜章） 2. 参加校运动会获第一名或打破校纪录（银章） 3. 参加区级及以上的体育比赛，获区级及以上奖项（金章）
巧手类	1. 参加校科技节、劳动节等获奖（铜章） 2. 参加校科技节、劳动节等获一等奖（银章） 3. 参加区级及以上科技比赛，获区级及以上奖项（金章）
慧脑类	1. 参加校辩论赛、论坛、国际象棋、编程等活动获奖（铜章） 2. 参加校辩论赛、论坛、国际象棋、编程等活动获一等奖（银章） 3. 参加区级及以上比赛，获区级及以上奖项（金章）
亮眼类	1. 参加校艺术节、阅读节、六一节等活动获奖（铜章） 2. 参加校艺术节、阅读节、六一节等活动获一等奖（银章） 3. 参加区级及以上节目巡演等活动或获奖（金章）
暖心类	参加校志愿者服务、公益活动、红领巾手拉手、捐赠活动等

2. 家庭评价

学校创新评价方式，优化评优体系，让学生在自主、合作、实践中体验成功的快乐，从而逐步提升核心素养，从“爱自己、爱家庭、爱运动、爱学习、爱生活”五个方面做出具体行为规范，制定了九龙坡区第一实验小学学生综合素养家庭评价手册（低年级版）。评价手册是由学生家长根据学生在家实际情况，评价其在家表现。一方面为了让家长了解学校教育教学的方针和导向，使学校与家庭教育更有时效性、针对性，促进家校良好沟通，另一方面也利于教师了解学生在家庭中的表现，具体分析每个孩子的实际情况，有针对性地进行教育工作。

我们遵循儿童心理学基本原则，从“尊重自我、悦纳自我出发，有自我管理情绪的能力——热爱自己的家庭，乐于和家人沟通——拥有强健的体魄，才能拥有健康的人生——从小养成好的学习习惯，爱阅读，爱探索——关注生活，了解时事，培养长久坚持的爱好及情操”五个方面展开，具体细化为“爱自己、爱家庭、爱运动、爱学习、爱生活”五个评价项目，并做出具体行为规范，帮助家长更有时效性、针对性进行家庭教育。

五、成效和影响

学校获评全国优秀少先队集体、九龙坡区十佳红旗大队；全国足球特色学校、全国校园篮球示范校；全国青少年科普创新示范学校、中国少年科学院科普基地重庆市信息技术示范学校、全国科学教育实验基地、中国特色教育“小学综合实践教育”学校；重庆市创意魔术传承基地、重庆市智慧校园建设示范学校；重庆市游泳基地学校、射击基地学校、国际象棋基地学校；九龙坡区青少年射击训练基地、柔道训练基地、篮球训练基地、足球训练基地等；九龙坡区中小学科技教育特色学校。

学校啦啦操队获全国啦啦操赛冠军奖；2021 年参加重庆市小学生篮球比赛获第三名、九龙坡区篮球比赛获第一名；游泳队连续十余年获市区级比赛团体总分第一名；学生参加市运会多人次获奖，学校获评第六届重庆市运动会突出贡献奖；重庆市围棋比赛获团体一等奖，重庆市射击比赛获团体冠军、亚军；重庆市柔道精英赛获得乙组两个第三名，两个第五名；2019 年九龙坡区中小学生运动会中取得综合排名第二，金牌总数第一。

学校校级合唱团、班级合唱团多次参加市区级合唱比赛，获得市级合唱金奖、市级一二等奖等，获区级一等奖近 10 次；连续多年参加九龙坡区教育系统庆“六一”现场演出；在九龙坡区星光奖评选中多次获奖；师生编排的节目《开往春天的列车》《劳动美中国梦》《最美是你》等在市区级各类活动中参演十余场次。

学校师生参加市区级科技创新大赛成绩显著，曾获两届科技创新大赛区长奖、参加全国青少年科技创新大赛、宋庆龄少年儿童发明奖评选、全国小小实验家活动以及重庆市信息技术及科技比赛荣获金奖、一等奖近 100 人次，二三等奖 1000 余人次，学校获评创新实验大赛优秀组织奖。

中央电视台、人民日报、光明日报、中国教育报、新华社、中国体育报、新华网、重庆日报等主流媒体进行对学校德育工作、德育活动进行过报道。接受来自全国各省市的校长班、教育观摩团到校考察交流百余次。

学校将认真落实落地九龙坡区教委的“五五行动”，凝练学校办学特色，推动“一校一品，一生一特”建设，培养孩子“强健的体、灵巧的手、聪慧的脑、明亮的眼、温暖的心”，努力实现学生德智体美劳全面发展。

重庆市九龙坡区第一实验小学
校园文化体系建设项目实施方案

校园文化是学校人文传统和优良校风的根本之源，蕴含着潜在的力量，具有无声教育的感染作用。党的十九大报告对社会主义文化建设进行了全面部署，提出了明确要求。学校要以十九大精神为指引，以构建扎根传统、立足现实、面向未来的学校文化基本体系为目标，明晰学校文化建设的科学路径，激发学校创新创造活力，整体提升学校质量。

为了进一步加强学校校园文化建设，加强校园文化环境建设，丰富师生校园文化活动，规范校园文化制度，培育良好的校园精神，提升学校的文化品位，努力构建具有特色的校园文化体系，根据《中国教育科学研究院与重庆市九龙坡区人民政府深化教育综合改革实验区合作协议》《中国教育科学研究院与重庆市九龙坡区人民政府深化教育综合改革实验区工作方案》、区教委“学校文化体系建设项目”实施方案，结合学校实际，制定学校校园体系建设项目实施方案。

一、指导思想

以三个面向和党的十九大精神为指导，以创办人民满意教育为根本宗旨，全面贯彻党的教育方针，全面提高教育质量；大力营造规范严谨、高雅文明、积极健康、团结和谐的育人环境。促进学生全面发展，促进教师专业发展，促进学校和谐发展。

二、总体目标

（1）构建学校办学理念体系，形成既切合时代发展要求，又富有学校特色的为全校师生所认同的学校校园精神文化系统。

（2）本着“整体规划、分步实施、追求品位、重在育人”的宗旨，进一步改善办学条件，优化校园环境，构建条件优越，环境幽雅，陶冶情操，彰显人文的校园物质文化系统。

（3）按照“以人为本、构建和谐校园”的原则，对学校已有制度加以继承、完善。以“新、实、勤、廉”为目标加强学校领导班子建设，构建科学规范、民主和谐、廉洁高效的校园管理文化系统。

（4）树立正确、全面、科学的教育观、质量观和人才观，树立优良的校风、学风和教风，关注每一个学生，关注每一个教师，关注每一项活动，努力构建积极进取，文明高雅，团结务实，不断创新的校园行为文化系统。

三、实施方法和步骤

1. 明确建设目标，提高思想认识

校园文化建设是一项系统工程，既包括自然环境的改善，也包括隐性教育课程的开发。要提高思想认识，以优化校园文化环境、提高学校管理水平、塑造师生良好形象为目标，加强校风、教风、学风建设，全面提高学校内外部环境的文化品位。

2. 加强组织领导，做好整体规划

把校园文化建设工作纳入学校主要议事日程，分工负责，齐抓共管，统一组织实施。为保证学校校园文化体系建设项目的顺利实施，提高研究的针对性、实效性，达到预期研究效果，特成立项目专家团队、项目领导小组、项目工作组，名单如下。

（1）项目专家团队。

中国教科院：李继星、赵小红、刘晓楠、王许人、郭潇莹、梁鹤。

区教师进修学院：苗安平、陈远霞、何生宏、彭静 、陈慰。

（2）校园文化建设项目领导小组。

①领导小组。

组　长：何　军。

副组长：涂　敏。

成　员：金　黄、刘　娜、李　玲。

②工作小组。

组　长：涂　敏。

副组长：金　黄。

成　员：刘　娜（联系人）、蒋玮玮、李　玲、费文林、黄　前、王兰兰。

3. 做好宣传发动，形成创建合力

校园文化建设要注重全员参与、全过程育人，充分发挥师生、社会和家庭的积极性，形成创建合力。要利用学生大会和家长会，做好宣传和组织发动工作，使师生明确优美校园环境的标准和文明行为习惯的要求，营造创建氛围，使之成为全体师生的自觉行为。

四、实施内容及要求

（一）学校核心价值观和校园精神文化建设

1. 学校办学理念和校园精神文化体系

学校办学理念和校园精神文化体系表现在以下方面：（1）核心理念：筑基每一个人的美好未来。

筑基："筑"是动词，在汉语词典的六个解释里，动词的解释是建造、修盖。是一种主动而为，力量的象征，同时又蕴含一种低调和谦虚的韵味。"基"是名词，在这里指基础性教育。

每一个人：在这里的每一个人指学校的管理者、教师、学生和与学校教育相关的任何一个人。关注每一个人发展，是中国中庸之道的体现，兼顾了个体与群体的协调性和一致性。

美好：指美丽的东西让人身心舒畅，更好地生活，快乐地生活。我们学校定义的美好有三个维度：一是学校里每一个人、每一项工作、每一个领域的美好。二是学校里的人把这样的美好带进家庭、社会和生活中。三是世界原本就应该如此美好，愿每一个人都能够建设这个美好的世界。

（2）价值取向：人文　阳光　生态　个性。

人文精神是价值统领。传承人类文明，传播中华优秀文化，关注人人，人人发展。阳光文化，是学校一直秉承的文化追求。阳光，普照大地，包容众生。我们要办出光明，温暖，开放的教育。让教育充满阳光，让生活充满阳光，让世界充满阳光，让每一个人的心灵充满阳光。生态校园，是人们对美好教育的需求。学校应该呈现出人与人的和谐，人与环境的融合，心与心的默契，是生态校园的本质。个性发展，是一个学校的永恒目标。激活每一个学生的天赋潜能，发挥每一个人的特长优势，让每个人都成为最好的自己。让每一个学生都能从实验一小走向世界，开创未来。

（3）办学目标：办有境界的教育，做有格局的教育人。

（4）育人目标：培养走向世界的中国人，培养开创未来的现代人。

为落实“立德树人”根本任务，围绕学校的育人目标，学校将人的核心素养培育目标进行了细化，更加关注学生五个维度的培育和发展。强健的体：身心的健康；灵巧的手：探索与实践；聪慧的脑：知识与技能；明亮的眼：视野与目标；温暖的心：友善与情怀。

2. 具体措施

（1）加强办学理念的宣传。在校园醒目位置标识安装办学理念的标语。充分利用升旗仪式、师生集会、校园广播、网站、公众号等机会和阵地加强宣传。

（2）充分发挥校歌、校徽、校服的育人功能，开展唱校歌，穿校服等专项教育活动，加强爱校情感教育，增强凝聚力。

（3）开展办学理念的研究，组织项目组加强对学校发展历史的研究，认真总结办学经验，提炼精华。定期召开办学理念研究交流会，教育理论培训会，进一步提升理论水平。

（二）校园物质文化系统的建设

1. 进一步改善办学条件，根据教学发展需要不断完善功能，提升办学档次

（1）根据建设数字化校园的要求，加强校园网络建设，丰富网络板块功能，保证网络安全，提高师生网络资源运用水平。配置录播教室，网上视频会议系统，打造更多、更强的网络交流平台。扩大视频监控范围，努力实现公共场所，主要场所全覆盖。

（2）加强理化生实验室、音体美、劳动技术等专业教室的配置，使之满足教育发展的需要。

（3）不断改善办公条件，美化、净化办公场所，努力打造洁净、高雅、温馨、和谐的办公环境。

（4）实施校园亮化工程，在每天特定时段和节庆活动日展示学校的独特魅力。通过不断加大投入，确保学校在办学条件上，功能配套上一直处于较高水平。

2. 美化校园环境，强化育人功能

（1）校园的空间环境布局进行全面规划。分别确定不同的学习园区，合理全面规划景观带、盆景摆放，充分发挥盆景在美化校园中的作用，将其打造成

校园环境的特色亮点。

（2）操场是全校师生重大集会的场所。除现有绿化景观外，在智慧苑、阳光苑、报告厅、楼梯台阶安排固定鲜花，造型、图案以配合重大主题活动。台阶两侧安排特色盆景；规范管理固定和可移动宣传栏作为学校主宣传栏，丰富内容，体现学校宣传窗口作用。

（3）教室环境布置。教室是学生的主要学习场所，教室布置温馨高雅、积极向上、简洁活泼。坚持统一与各班自创板块相结合，共性与个性相统一，既有学校统一要求，又有各自创新特色。统一制作的理念墙、标语、提示语、张贴栏以及统一配置的物品等都按学校统一要求放置；表现班级个性的班旗、班训、班级公约及开辟的学习展示园地等由各班级自主创新设计，学校进行评比；教学楼梯和走廊布置安全提示语、学生字画作品。

（4）功能室、图书阅览室、体育馆、食堂等其他公共场所根据各自功能特点，进行环境布置，打造适合学生、适应未来的学习、活动场所。

（5）规范体现校园特色的物质文化识别系统。校园标牌统一字体，色彩和规格；校园铃声，广播使用统一设定的信号。对外宣传材料如公用信笺，纸杯等公共物品设计都有学校统一标识，以进一步强化校园的文化功能。

（三）校园管理文化系统的构建

1. 加强学校领导班子建设

以与时俱进，不断创新的精神加强领导班子的思想建设；以求真务实，不断进取的态度加强领导班子的能力建设；以勤奋刻苦，勤俭节约，廉洁自律，高效作为的要求加强领导班子的作风建设。真正使学校领导班子成为学校发展的灵魂，形成带有鲜明郎中特色的管理风格。

2. 建立健全学校规章制度，形成先进的制度文化，落实以人为本的办学理念

（1）对已实施的各项规章制度进行全面审查，在此基础上根据新的发展形势需要进行补充完善，以形成四大制度体系，即：各岗位工作职责，工作规范要求体系；师生行为规范制度体系；考核评价制度体系；奖惩制度体系。

（2）制定和实施学校规章制度必须坚持以下要求，即必须符合党的教育方针，国家的教育政策，符合教育规律。制度的条文必须清楚明晰，制定和执行必须坚持科学合理的程序，体现以人为本的精神。同时必须保持相对稳定性，连续性和可发展性。

（3）加强对外交流，打造校园内、外部发展平台，不断扩大学校影响力，

在更高的平台上实现新的跨越。

（四）学校行为文化系统的构建

1. 加强三风建设

以师生的美好未来为出发点和落脚点，努力构建“人文 阳光 个性 生态”的校园，赋予校园这样的特质：充满人文精神、阳光心态，能满足师生个性发展，呈现和谐、科学、持续发展的自然生态。

2. 加强文明习惯的养成教育

以文明单位为抓手，在遵守交通秩序，注重人际交流，遵守校规校纪，培养社会公德等方面加强教育，努力构建文明、和谐、快乐、幸福的校园行为文化。

3. 大力开展校园文化活动，创造有学校文化特色的活动品牌

每年一次校园文化艺术节、科技节和体育文化节不断丰富内容，加强指导，提高质量，注重实效。丰富学生社团活动，鼓励各学科教师、各年级、班级学生参加各类社团，并制定具体的活动方案及考核办法，让学生兴趣爱好得以展示，各种特长得到培养，让教师活动有实效。大力开展各类校园之星的评比活动，倡导学生榜样引领。让人人都能在学习活动中尝试成功的体验，让校园真正成为学生成长的乐园。

4. 加强师资队伍建设，不断促进教师专业发展

认真落实教师专业发展规划，加强师德师风建设，重视青年教师培养，抓好青蓝工程，加强教师在职培训和专业进修，鼓励支持教师成名成家，扩大知名度，在更广阔的领域展现重庆市九龙坡区第一实验小学教师风采。

5. 加强心理健康教育

学校开设心理健康教育课，配备专业教师，建立心理咨询中心，为构建健康和谐、积极向上的校园文化提供心理保障。

五、学校文化体系建设项目推进工作保障

（1）领导组及项目组明细职责，明确分工。领导小组加强对项目工作的过程管理、活动策划。项目组工作组具体落实实施，有计划、有步骤地开展好项目实施工作，领导组及项目组定期召开会议，汇报项目工作推进情况，讨论下阶段工作计划安排。

（2）加强学习。以项目骨干校为轴心，以联盟体为单位，每一季度开展项

目交流活动，每一学期召开一次项目总结会。重庆市育才学校是本组骨干学校，在校园文化建设上有示范引领作用，率先引领，学校要加大与他们沟通学习的力度，也多向本组其他学校学习。

（3）接受指导。在条件保障的情况下，接受中国教科院专家指导；创造条件接收专家组成员的现场指导。

（4）积极开展培训，把集体和个别指导相结合，提高项目组成员的眼界和水平。

（5）健全激励机制和经费保障机制。学校确定专项经费用于本项目的研究工作、必要的考察工作、相关成果的发表与出版工作。

实施“九九归原”行动　推进文化体系建设

——区实验一小文化体系建设年度工作总结

2019—2020 学年，重庆市九龙坡区第一实验小学围绕“推进文化体系建设，创新学校管理机制”的工作思路，通过实施“九九归原”行动规划，深入推进了学校文化体系建设。现将具体工作总结如下。

一、完善办学思想　实现理念引领

本学年，学校干部教师对办学理念体系、现有管理机制、近期发展规划进行了反复的梳理和讨论。在 2019 年秋季开学工作例会上，学校“新学年 新学校——九九归原行动”主题报告中，正式提出以“九大理念”“九项实践”建设为核心的“九九归原”行动规划。并进一步详细诠释了“核心理念、办学追求、办学目标、学校精神、校园文化、课程理念、教学理念、人才理念、管理理念”等“九大理念”的内涵，以及“思想建设、制度建设、课程建设、干部锻造、教师提升、学生发展、资源保障、机制保障、评价保障”等“九项实践”的具体举措。

围绕“筑基每一个人的美好未来”这一核心理念，学校进一步梳理完善了学校办学思想体系，提炼了学校的办学追求“办有境界的教育，做有格局的教育人”；办学目标“建设对话世界、接轨未来的教育集团”，培养“走向世界的中国人，开创未来的现代人”；学校精神“立足脚下，力争上游”；校园文化主题“打开一扇门”；课程理念“适合学生，适应未来”；教学理念“为未知而教，为未来而学”；人才理念“终身学习者，独立思想者，未来创造者”；管理理念“尊重生命，尊敬教育”。

二、挖掘丰富内涵　探索外显于行

2019—2020 学年，学校通过专题培训、讨论交流等深入认识和理解学校理念文化，通过管理改革、课程建设、活动开展等让干部教师、学生感受到了“看不见的文化”。同时，也利用行政会、教师大会讨论学校理念的外显形式。围绕“筑基每一个人的美好未来”这一核心理念，“打开一扇门”的文化主题，在传承和创新中，设计出了承载重庆市九龙坡区第一实验小学理念文化的校徽，并完善学校的标准字、标准色、辅助图案等文化标识，从而形成了“看得见的文化”。

三、创新管理机制　建设制度文化

（一）实施机构改革

在“九九归原”行动的统领下，学校进行了改革机构、精简部门、理清职责、建立流程的管理改革。将原有中层管理机构进行了改革，设立了“一室四中心”中层管理部门，即纪检督导室、党政服务中心、教育教学中心、学生活动中心、后勤保障中心。制定了各中层管理部门、各管理岗位的工作职责及具体分工。通过管理机制的改革和创新，实现了学校管理的进一步规范、精细、高效。

（二）完善制度建设

制度建设是学校“九九归原”行动规划中的一项具体实践，也是学校文化建设项目的重要板块。2019—2020 学年，按照院区合作项目组的工作计划和要求，结合学校“九九归原”行动规划中“九项实践”的实际，学校文化体系建设项目将制度建设作为项目重点工作。学校充分调动全体干部教师的积极性，利用行政会、教代会等，进一步修订了学校章程，梳理各个岗位的工作职责，修改完善了学校的各项管理制度，如《九龙坡区第一实验小学教职工考勤管理制度》《教职工奖励性绩效考核制度》《九龙坡区第一实验小学差旅费报销制度》《九龙坡区第一实验小学专家指导费用管理制度》《九龙坡区第一实验小学聘用教师管理制度》《九龙坡区第一实验小学职称评定工作方案》《九龙坡区第一实验小学招生工作方案》，以及各类评优评先管理制度、采购、物资管理、

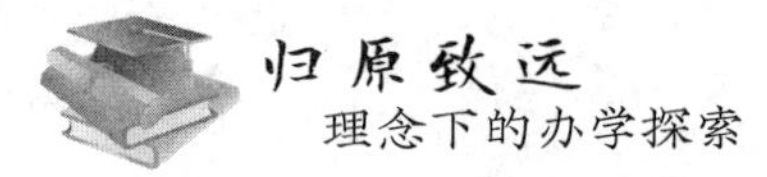

财务管理等内控制度。2019—2022学年，在制度建设中，尤其对有关招生、人事招聘、采购、核价、干部选拔、职称评聘、考勤管理等敏感工作的管理制度及监管流程进行了充分的论证和细致的修改。通过制度建设，实现了学校的科学、精准管理，推动了文化体系项目的深入实施。

四、下一步思考与设想

2019—2022学年，根据学校的核心理念“筑基每一个人的美好未来”，申报了重庆市教育学会课题《筑基小学生美好生活的课程体系构建及实施策略的实践研究》。学校将通过课题研究，探索以理念文化引领课程建设，在课程实施中践行理念文化之路，使学校文化建设更加体系化，更好地扎根校园、润泽师生。

2019—2022学年，以九大理念、九项实践的“九九归原”行动凝聚起全校教职工教育价值取向，统一师生实践行为。在着力实施的制度建设中，学校文化体系建设项目得到深入推进。全校教职员工对于“筑基每一个人的美好未来”这一核心理念的理解更加深刻，“立足脚下，力争上游”的学校精神在全校师生身上愈发彰显，回归教育原点、回归学校原本的“归原”行动成效显著。

提升文化品位　彰显学校特色

——区实验一小文化体系建设学年工作总结

2020—2021学年，重庆市九龙坡区第一实验小学干部教师凝心聚力，深入践行“筑基每一个人的美好未来”办学理念，实施“九九归原”行动规划，围绕理念立校、文化治校、课程强校工作思路，深入推进学校文化体系建设。在燕南校区建成后，全校师生在两校区积极开展“打开一扇门”校园主题文化建设，进一步提升学校文化品位。努力做到“校园无闲处、处处皆育人”，让孩子们在充满文化气息的校园内每时每刻都受到熏陶和感染。让校园成为“学园、乐园”。现将具体工作总结如下。

一、加快校园环境建设，优化学校环境文化

2020—2021学年，学校在校园人文环境方面，着力营造净化、美化工程。一是积极创造条件，加快对教室、教师办公室、室内体育馆的文化氛围营造。二是对校园的美化绿化进行统一规划，其布局合理、规范，给人以整洁、美观之感。三是充分利用班级图书角、班级黑板报、学校微信公众号等校园文化载体，营造浓厚的书香氛围。四是保持校园内所有教育活动、生活场所洁净，实行班级责任管理，开展评比活动。五是搞好学校周边环境的综合治理，使学校周边环境安全、健康，着力让每位师生在校园环境中受到熏陶、感染。

二、搭建多彩展示舞台，构建学校活动文化

形式多样、丰富多彩的校园文化活动是校园文化建设的血脉，是校园文化得以延续与发展的源泉，让校园形成天天是创造之时、处处是创造之地、人人是创造之人的文化氛围。

（一）常规德育活动，营造浓厚的德育文化氛围

以庆祝中国共产党成立100周年红领巾系列活动为载体，深入开展爱国主义、集体主义教育，抓少年儿童思想道德建设。学校围绕“一个主题，七个群体，七种方式，百项活动”系列活动。邀请专家为教师、学生讲四史；学校班子成员带头为全校教师、党员上党课，党员教师为学生上思政课；每位党员教师学原著、观影视、参加知识竞答，为孩子们上党课；家长代表走进课堂讲家风讲行业发展。

学生活动聚焦“体手脑眼心”全面发展，丰富开展。红领巾系列活动——“童眼看世界、相约中国梦”TED论坛等让学生拓宽视野；“与美有约——艺术月活动”，科创点亮梦想的科技节活动，六一缤纷季各年级分类展演等活动让孩子们心怀理想，自主成长；秋季的趣味运动会，春季远足燕南校区的全员运动会，特别是三名田径队员在市运会中取得优异成绩。丰富的学生活动，促进了孩子全面发展、健康成长。

党员团员队员开展了植树活动，让荒地换上绿装，环境更加美丽，生态更加文明；开展以“班级建设”为主题的青年教师沙龙活动，两校区青年教师分别从多个角度与现场的老师们寻根问道分享班级管理和班级文化的创设；举行“不忘历史，吾辈自强”的国家公祭日教育活动；举办校园“文化艺术节”班级合唱比赛，加强校园文化建设，活跃校园文化生活。在学生中形成爱党爱国、关心集体、尊敬师长、勤奋好学、团结互助、遵纪守法的良好道德观念和行为习惯。

（二）节日活动，搭建广阔的德育平台

清明节，学校少先队大队部组织五年级学生到红岩革命纪念馆开展活动，学生感受革命精神洗礼；儿童节，开展了“童心向党 健康成长”“六一”国际儿童节系列庆祝活动：（1）一年级入队仪式。（2）二年级诵读百年。（3）三年级歌唱百年。（4）四年级铭记百年知识竞赛。（5）五年级绘百米长卷，赞百年辉煌。（6）六年级英模报告会，运动文化周。本学期，区实验一小西郊校区操场改造，经过学校、家委会、学生代表商议，到燕南校区开展全员运动会。徒步、四项个人全能赛、篮球明星赛、集体项目赛，孩子们的运动热情一次次被点燃，在赛场上享受着运动的快乐。“五一”专题板报，培养学生爱劳动、珍惜劳动成果的情怀。学生参与体验主题活动，推进了校园精神文明的建设。

（三）以礼仪教育为载体，加强养成教育

学校始终把养成教育作为德育的突破口，按“在家是个好孩子，在校是个好学生，在社会是个好公民”的要求，根据小学生不同年龄特点和不同的知识结构，提出不同的要求。我们自制并一直延续开展家庭评价，倡导文明健康的生活方式，把对学生的心理健康、养成教育转化为活动，落实到课程，让学生在丰富多彩的活动中、在家庭的具体表现中养成良好的行为习惯，让师生的文雅言行成为校园一道亮丽的风景线，从而营造出和谐融洽的校园氛围。

（四）多彩的学科活动，开阔学生视野

每学期定期开展科技制作比赛、读书活动、演讲比赛、安全教育、环保教育，组织学生参加课外活动小组等活动，营造书香校园，形成了“读—诵—演—写—评”一系列活动，提高师生文化品位；在教室建立班级图书角，集中优秀图书方便学生随时阅读；图书室设立了师生图书借阅登记册；有的班级专为学生设计了“阅读存折”“课外阅读积累本”，并组织开展“读书之星”“书香班级”评比活动。

三、规范师生从教、学习行为，彰显学校行为文化

校园行为文化是校园文化在师生身上的最终体现，具体表现在学生的文明行为和教师的教育行为、学校的管理行为等方面。

（一）学校领导班子行为文化建设

学校领导是学校良好形象的代表，学校班子成员清正廉洁、阳光坦荡、乐于奉献、实干苦干，形成了团结一心干事业、彼此信任共担当、直面问题说真话的班子生态文化。

（二）教职员工行为文化建设

教师形象建设是流动着的校园文化。学校在教师行为文化建设上实施抓师德建设，抓业务培训，抓教研教改。开展“三心”活动：热爱教育有事业心，热爱学校有责任心，热爱学生有爱心。努力促使每位教师成为“四有好老师”的实践者。

（三）学生行为文化建设

在学生行为文化建设方面，学校着力于诚信教育、感恩教育。教育学生懂感恩，懂感恩才知事懂事、理解与尊重他人；教育学生要懂得珍惜环境，树立厉行节约的环保意识；帮助学生发现自己，肯定自己，体验每天有进步和成功的快乐。学生逐渐形成了阳光自信、有礼有节、诚信感恩的行为文化特质。

（四）注重“一生一特”发展

缤纷“社”彩，不“童”凡响。学校注重“一生一特”发展，注重对学生的爱好和特长的培养，每周二、三、四下午实施走班选课社团课程，开设有小白灵合唱、花儿朵朵舞蹈、超Q萌手作、编程启蒙、球类等60余个社团项目，丰富多彩的社团活动，各个年级的学生在不同的领域有不同的发展，每个学生在活动中获得成功的体验，培养了学生的兴趣特长、创新精神和实践能力，尊重了每一个孩子的个性特征，真正筑基每一个个的美好未来。

四、学校发展态势良好，学校文化建设成效影响广泛

2020—2021学年，学校接受了国务院教育督导委员会第十一督察组的实地督查，重庆市教委调研和检查，均得到高度认可；承担了九龙坡区文化项目建设现场会，中国教育科学研究院专家组、区文化建设项目组成员走进学校，对学校文化建设工作进行了高度评价；承办了区五项管理工作推进会、创新实验成果展示会、安全稳定工作会、第二党建片区庆祝中国共产党成立100周年现场活动等；学校校级干部全区会议中做学校工作经验交流4人次，何军校长在全区中小学教育教学管理工作会上做学校文化建设经验分享；对锦苑小学、城口实验学校进行了学校文化建设、学校管理、教学、教研等方面的帮扶。来自江苏省、济南市等全国各省市的校长、教育同仁到校考察交流。学校“一班一品、一生一特”建设取得初步成效，每个班级逐渐形成了自己独特的班级品牌、班级文化，学生各有特长、自有特色。班徽设计、班级品牌创建等获九龙坡区一等奖，各个班级的微信公众号建设发挥着积极影响。

2020—2021学年，学校获评全国优秀少先队集体，全国足球特色学校；参加重庆市小学生篮球比赛获第三名、九龙坡区篮球比赛获第一名，重庆市围棋比赛获团体一等奖，重庆市射击比赛获团体亚军；师生编排的节目《开往春天的列车》《劳动美中国梦》《最美是你》等在市区级各类活动中参演8场次；

师生个人获得市区级奖项或表彰 100 余人次。中国教育报、光明日报、新华社、中国体育报、新华网、九龙报等主流媒体对学校的办学特色、文化建设、教育教学活动等进行了十余次报道。

2020—2021 学年，学校办学思想体系进一步完善，章程制度日益健全，理念文化逐渐实现了“外化于行、内化于心”，以文化为引领的特色发展之路更加鲜明，“学校有特色，班级有品牌，学生有特长”发展势态正在形成。

打开一扇门　实施文化育人特色建设

——区实验一小文化体系建设学年总结

2021—2022学年，重庆市九龙坡区第一实验小学围绕全区教育“五五行动”，聚焦“做特小学”工作任务，通过实施文化体系建设，实现学校特色发展。现将工作总结如下。

一、明确定位点 确立学校特色建设方向

学校特色的形成是一个长期独有的文化积淀，我们为什么办学？要培养什么样的人才？怎样形成特有的风格？怎样得到师生和社会共同认可？带着这样的思考，经过多次召开干部教师研讨会、学生家长座谈会，我们越来越清晰地认为一所学校的特色定位，应该与全校师生的学习生活息息相关，它应该融入师生生活、浸润师生思想、得到社会广泛认可。于是，学校确立了以完善办学思想体系，实施学校文化建设为路径，通过实施文化育人，创建学校文化品牌，实现学校特色发展。

二、构建支撑点 理清学校特色建设思路

为推动特色建设，深入实施文化体系建设，学校进一步完善了办学思想体系，制定了中长期发展规划。

（一）制定“一二三四五”发展规划

一：秉承一个教育哲学，即归原、致远。

二：坚持两条路径，即实施“九大理念　九项实践”九九归原文化育人行动。

三：统筹三校区一体化发展。

四：实现四化追求，即学校规模集团化、学校管理现代化、教师发展专业化、学生成长个性化。

五：促进学生“五维”成长目标，即强健的体、灵巧的手、聪慧的脑、明亮的眼、温暖的心。

（二）完善办学思想体系，实施文化育人行动

学校着力实施“九九归原”文化育人行动。学校进一步提炼了核心理念、办学追求、办学目标、学校精神、校园文化、课程理念、教学理念、人才理念、管理理念等九大理念作为精神力文化，深入推进思想建设、制度建设、课程建设、干部锻造、教师提升、学生发展、资源保障、机制保障、评价保障九项实践为执行力文化。

三、找准着力点 推动学校特色建设落地

围绕“筑基每一个人的美好未来”这一核心理念，建设“打开一扇门”校园文化主题，引导学生对内打开自我认知之门，与自己对话，学会自我规划，自我肯定。对外则要打开通向世界之门，需要储备能力，涵养智慧，打开友善之门、自信之门、阅读之门、思维之门、实践之门。每一扇门都是一次成长的体验。“打开一扇门”是学校的文化主题，是文化建设的呈现方式。也是学校推动文化建设落地、实现文化育人特色发展的路径。

（一）打开文化建设之门

依托九龙坡区院区合作项目，学校积极推进文化项目建设，申报“文化建设提升学校办学特色的实践研究”课题研究，逐渐形成更完善、更有体系的校园文化。

利用行政会、教师大会、大队部讨论学校理念的外显形式。在传承和创新中，设计承载重庆市九龙坡区第一实验小学理念文化的校徽，并完善学校的标准字、标准色、辅助图案等文化标识，从而形成了“看得见的文化”。

通过专题培训、讨论交流等深入认识和理解学校理念文化，通过管理改革、制度建设、课程建设、主题活动等让干部教师、学生浸润于“看不见的文化”。干部教师提炼管理部门、学科的部门文化、学科文化。开展“一班一特色，一班一品牌”创建活动，每个班级都有自己的班级文化和班级特色，学校公众号推出“一班一风采”栏目，推送特色班级建设情况。开学课程中，实施

“九个一行动”，学生有目标、有规划、有特长；老师们做讲话，做承诺，送拥抱；班级有理念、有品牌、有公约。让文化建设落到了干部、教师、班级、学生的工作学习生活中。

（二）打开课程建设之门

以“适合学生，适应未来”为课程理念，以校本化的“五维”目标落实国家的五育目标，围绕“强健的体、灵巧的手、聪慧的脑、明亮的眼、温暖的心”学生成长五维目标。把四类课程整合成以培养目标为课程结构的五个维度，构建以学科课程、社团课程、主题活动课程、环境课程等为主要内容的“归原”课程体系，包括“健体课程、巧手课程、慧脑课程、亮眼课程、暖心课程”。健体课程侧重体能、技能与体魄的培养；巧手课程侧重动手、实践与探索的培养；慧脑课程侧重知识、素养与思维的发展；亮眼课程侧重目标、视野与思辨的培养；暖心课程侧重思想、品行与情怀的培养。通过必修式学科课、自助式选修课、体验式德育课、主题式活动课落实“五维”培养目标。

（三）打开评价体系之门

结合学校课程体系，建立“金钥匙”评价机制，制定《九龙坡区第一实验小学“金钥匙奖章”奖励办法》。分年段个性化定制阶梯式成长激励评价体系，一年级定制入队争章手册，开展“一考一评，争章达标”活动；二至六年级设置基础章＋特色章评价机制。围绕学生“五维”成长目标，设置校本特色章：健体章、巧手章、慧脑章、亮眼章、暖心章，制定评价量表，实施自评、互评、他评，实现自我管理、个性发展。

“金钥匙”奖章通过自我评价、同学互相评价、家长评价及社会评价，操作实践评价、活动记录评价、形成性评价、总结性评价及追踪其后期发展的后续评价，建立创新成长档案袋，在档案袋中记录和呈现学生的创新争章成果、学业及成长的过程及评估学生的发展水平。为学生搭建展示自我的舞台，最大限度地释放潜能，激活天赋，舒展个性，打开学生一扇扇成长之门。

（四）打开环境育人之门

学校核心理念“筑基每一个人的美好未来”，主题文化“打开一扇门”，意在教育要“看见每一个人”，与每一个孩子一起，打开一扇扇门，遇见美好的未来。校园里随处可见的外形为琮、内刻阳文九叠篆字“壹”和阴文“门”而组成的校徽，理念墙，文化主题，七彩门。让校园文化看得见、摸得着，也让师生更加理解“打开一扇门”的文化主题。

（五）打开学生成长之门

学校以“儿童的视角、孩子的体验、学生的需求”为基准开展教育教学工作，建立“班级自治、学生自理、人人自觉”自我管理模式。

班级文化建设、校园图书角、课间活动、棋王争霸赛、海报达人赛、社团活动等常规管理、校园活动都由各班级、大队部自主管理、自主组织。逐渐形成了活动自己办、社团自助选、行为自己管的新样态。

课前三分钟、个性达人秀、私人订制的学业测评方案等，关注到每一个孩子，打开学生的个性化成长之门，实现“一生一特长，一生一成长”。

四、拓展延伸点 发挥学校特色建设成效

随着文化育人的深入推进，学校办学特色日趋明显。围绕学校核心理念和“打开一扇门”的主题文化，学校的课程建设、干部教师队伍培养、学生活动等工作，有了文化根基。文化治校、文化育人，成了凝聚干部教师团队、促进学生发展、推动学校前行的隐性动力。系统的办学理念体系，显性的校园文化，隐性的管理文化、教师文化、学生文化、课程文化、学科文化、活动文化，浸润着师生的校园生活，更推动着学校的快速发展。

2020 年 9 月，学校燕南校区开学，2022 年 9 月，学校江州校区正式投入使用，一校三区集团化发展格局正逐渐扩大。三个校区统一的办学思想体系，以“筑基每一个人的美好未来”为核心理念，“打开一扇门”为文化主题的学校文化体系，引领三个校区整体发展，呈现出“相融相合、同而不同”的良好发展势态。

近年来，学校迎来了国务院督查组、中国教科院专家组、市区各级领导的视察调研和全国各地教育同行参观交流，学校围绕深耕文化育人建设，创建文化育人特色，多次做汇报交流。到访的各级领导、教育同行对学校的办学思想、校园文化印象深刻，高度认可学校文化建设成效和文化育人特色建设。

五、下一步工作思考

学校将积极探索文化育人特色发展之路，进一步物化成果，形成文化建设

的系列成果集，使学校文化建设更加体系化、品牌化。同时，依托教育集团，发挥集团总校引领作用，探索一体化管理学校文化建设，在教育发展共同体成员校中交流文化治校工作，共同探索文化建设新路径。

重庆市九龙坡区第一实验小学教育集团 2022—2023学年寒假综合实践作业“童心游重庆”

亲爱的同学们：

快乐的寒假来了，寒假对我们来说是学习，是发现，是创新，是享受，是乐趣，更是价值的体现。你有什么梦想呢？那你又计划怎样实现自己的梦想呢？让我们一起在这个寒假看看我们的家乡——重庆，家乡的风俗习惯、风景名胜、特色美食、历史人物等，都等待着同学们去寻觅，去收获，相信你们会在自己的心里种下不一样的学习之花。祝孩子们度过一个快乐的，有意义的，有收获的寒假。

一、时间

2023年1月7日—1月30日。

二、参与对象

全校学生。

三、年级主题作业及形式

一年级主题：重庆美食
重庆火锅、重庆小面、来凤鱼、璧山兔……美食是重庆一张靓丽的名片。请以“重庆美食”为主题进行学习，通过忆一忆、查一查、做一做、尝一尝等多种形式，在麻、辣、烫中进一步感受家乡美食，了解重庆美食文化 作业要求： 1. 画一画自己感兴趣的重庆美食（可以是一道美食，也可以是多道美食），也可以以手抄报形式展示 2. 与父母一起做一道重庆美食，以照片或视频形式录制呈现，做重庆美食的“推荐官” 3. 画画、照片作业用 A4 纸完成
二年级主题：重庆自然风光、重庆桥梁
请以“重庆自然风光”或“重庆桥梁”为主题进行学习。通过查一查、看一看、拍一拍、画一画、搭一搭进行深入研究，一起探索重庆绝美的自然风光，感受美丽重庆的一幅幅生态画卷；重庆桥梁众多，被誉为“桥都”，通过查一查、走一走、画一画等多种形式，一同感受家乡重庆的桥梁之“最” 作业要求： 1. 画一画自己感兴趣的重庆自然风光或重庆桥梁，也可以以手抄报形式展示相关知识 2. 可以拍照片或视频，以照片或视频形式进行呈现 3. 可以写一篇小作文或是导游词，推荐自己喜欢的重庆自然风光或是重庆桥梁 4. 画画、手抄报、照片、小作文、导游词作业，用 A4 纸完成
三年级主题：重庆非遗文化、重庆古镇
请以“重庆非遗文化”或“重庆古镇”为主题进行学习。通过查一查、看一看、画一画进行深入研究，一起探索重庆非遗文化，感受秀山花灯的灵动之美、感受铜梁龙的神奇炫丽……重庆古镇众多，磁器口古镇、龚滩古镇、中山古镇……通过查一查、走一走、画一画等多种形式，一同感受家乡的古镇文化 作业要求： 1. 画一画自己感兴趣的重庆非遗文化或重庆古镇，也可以以手抄报形式展示相关知识 2. 可以拍照片或视频，以照片或视频形式进行呈现 3. 可以写一篇小作文或是导游词，推荐自己喜欢的重庆非遗文化或是重庆古镇 4. 画画、照片作业用 A4 纸完成。小作文、导游词用作文本完成

续表

四年级主题：重庆红色教育基地、重庆交通
请以“重庆红色教育基地”或“重庆交通”为主题进行学习。通过查一查、看一看、画一画进行深入研究，一起探索歌乐山烈士陵园、红岩革命纪念馆、刘伯承同志纪念馆……随着时代的发展，重庆人逢山开路、遇水架桥，重庆交通工具实现了华丽蝶变。通过查一查、走一走、画一画等多种形式，一同感受长江索道跨越天堑、轨道列车“上天入地”、高速列车飞驰山间、民航飞机连通世界…… 作业要求： 1. 画一画自己感兴趣的重庆红色教育基地或重庆交通，也可以以手抄报、思维导图、PPT 形式展示相关知识 2. 可以拍照片或视频，以照片或视频形式进行呈现 3. 可以写一篇小作文或是导游词，推荐自己喜欢的重庆红色教育基地或是重庆交通 4. 画画、手抄报、思维导图、照片作业用 A4 纸完成。小作文、导游词用作文本完成
五年级主题：重庆历史人物、重庆方言
请以“重庆历史人物”或“重庆方言”为主题进行学习。通过查一查、看一看、画一画进行深入研究，一起探索重庆最著名的历史人物，在人物的悲欢喜乐中一同感受家乡重庆的变迁……你知道“雄起”“捡耙活”“千翻”“丁丁猫”是什么意思吗？通过查一查、说一说、画一画等多种形式，一同感受地道的重庆方言 作业要求： 1. 画一画，写一写自己感兴趣的重庆历史人物或重庆方言，也可以以手抄报、思维导图、PPT 形式展示相关知识 2. 可以写一篇小作文，推荐自己喜欢的重庆历史人物 3. 录制一段视频，介绍自己喜欢的重庆历史人物或是重庆方言 4. 画画、手抄报作业用 A4 纸完成。小作文用作文本完成
六年级主题：重庆历史变革、重庆古城门
请以“重庆历史变革”或“重庆古城门”为主题进行学习。通过查一查、看一看、画一画进行深入研究，一起探索重庆名称的故事、一起了解巴人的惊人文明……通过查一查、走一走、画一画等多种形式，一同探索与发现重庆城门十七座，时至今日通远门、东水门、储奇门等珍贵的建筑“文物”都还风光地出现在我们视野中 作业要求： 1. 画一画自己感兴趣的重庆历史变革故事或重庆古城门，也可以以手抄报、思维导图、PPT 形式展示相关知识 2. 可以拍照片或视频，以照片或视频形式进行呈现 3. 可以写一篇小作文或是导游词，推荐自己喜欢的重庆历史变革故事或是重庆古城门 4. 画画、手抄报、思维导图、照片作业用 A4 纸完成。小作文、导游词用作文本完成

四、优秀作业评比

（1）下学期开学后的第一周以班级为单位，在班会课上进行优秀作业评选。

（2）各班优秀作业上交学生活动中心，进行全校评选，随后全校展示。

学生发展的评价体系构建方案
——学校德育管理与评价

一、学校德育管理

（一）完善学校德育管理网络

德育管理是学校规划组织指挥、监督协调的活动过程。建立以校长、书记为统领的德育领导小组，加强管理的时效性，一校三区配置德育主任1名，德育副主任1名，大队辅导员2名，德育干事3名。常规管理规范，每个年级有分管校级干部、中层干部各一名，年级组长是年级德育工作的主要负责人，班主任是主力军，年级组长协调年级所有任课教师共同参与德育管理工作。

（二）建立健全德育管理规章制度

健全完善德育管理制度，对学校规章制度进行梳理、归类，根据学校德育工作的整体设计，对原有制度进行增补和删减。一类学生管理制度：少先队大队部管理制度、学生社团管理制度、学生行为管理制度；二类德育考评制度：班级考核制度、学生评价制度、中队文化建设评比制度、一班一品品牌建设制度。

二、学校德育评价

（一）学校评价

为深入贯彻落实习近平总书记关于少年儿童和少先队工作的重要论述，落实第八次全国少代会工作部署，树立和增强少先队光荣感，依据团中央、教育部、全国少工委印发相关文件要求，结合学校实际，特制定《九龙坡区第一实验小学“红领巾奖章”评选方案》作为学校德育评价特色，校本化学生阶梯式成长激励评价体系。

根据国家提出的德智体美劳“五育并举”教育目标，结合学校“五维”德育活动课程，学校设计了金钥匙特色章，分别包含：健体类、巧手类、慧脑类、亮眼类、暖心类。以学校开发的综合性课程和拓展课程为依托，把个性十足、丰富多彩的校园课程纳入特色章的评价中。一星章由学校少工委颁发，二至五星章分别由县、市、省、全国少工委颁发，上一级星级章从下一级的星级章中按比例产生，体现出阶梯式的成长。对于集体的一星章，我们借助综合课程平台获取积分，个体的一星章由一定数量的基础章升级而来，见表1。

表1　红领巾奖章

		上学期	下学期
金钥匙奖章		获章标准（参考）	
基础章	一年级	向阳　梦想　劳动	传承　小主人　奉献
	二年级	立德　团结　节约	立志　健体　勇敢
	三年级	向阳　梦想　奉献	传承　小主人　节约
	四年级	立志　团结　勇敢	立德　健体　劳动
	五年级	向阳　梦想　节约	传承　小主人　劳动
	六年级	立志　团结　奉献	立德　健体　勇敢
特色章	金钥匙奖章		

（二）家庭评价

学校创新评价方式，优化评优体系，让学生在自主、合作、实践中体验成功的快乐，从而逐步提升核心素养，从“爱自己、爱家庭、爱运动、爱学习、爱生活”五个方面做出具体行为规范，制定了九龙坡区第一实验小学学生综合素养家庭评价手册（低年级版）。评价手册是由学生家长根据学生在家实际情况，评价其在家表现。一方面为了让家长了解学校教育教学的方针和导向，使学校与家庭教育更有时效性、针对性，促进家校良好沟通。另一方面也利于教师了解学生在家庭中的表现，具体分析每个孩子的实际情况，有针对性地进行教育工作。

我们遵循了儿童心理学基本原则，从“尊重自我、悦纳自我出发，有自我管理情绪的能力。热爱自己的家庭，乐于和家人沟通；拥有强健的体魄，才能拥有健康的人生；从小养成好的学习习惯，爱阅读，爱探索；关注生活，了解时事，培养长久坚持的爱好及情操”五个方面展开，具体细化为“爱自己、爱家庭、爱运动、爱学习、爱生活”五个评价项目，并做出具体行为规范，帮助家长更有时效性、针对性进行家庭教育。

落实“5+2”　创新“1+1”

炫酷篮球、玩转魔方、快乐哆唻咪；

棋王争霸、琴王守擂、舞王跳跳跳；

班级合唱、魅力戏剧、律动主题操

每天下午放学后的课后服务时间，九龙坡区第一实验小学校园内社团活动、学科活动、班级半日活动精彩纷呈、各具特色。

课后服务是落实“双减”工作任务的重要内容，是促进学生健康成长、帮助家长解决接送学生困难的重要举措，是持续增强教育服务能力，积极构建课内外相结合的良好育人生态，使人民群众具有更多获得感和幸福感的民生工程。如何真正开展好课后服务，实施好这一民生工程，落实“双减”政策？九龙坡区第一实验小学在推行课后服务“5+2”“1+1”模式上有思考、有行动、有效果。

落实“5+2”，保障课后服务规范开展。

“5+2”即学校每周5天都要开展课后服务，每天至少开展2小时。九龙坡区第一实验小学每周开展5天课后服务，每天开展2小时，保质保量落实“5+2”要求，坚持课后服务不打折。

创新“1+1”，拓宽课后服务育人功能。

“1+1”即课后服务开展“作业辅导+兴趣特长培养”。九龙坡区第一实验小学创新开展“1+1”，真正实现课后服务进行作业辅导和兴趣特长培养，确保课后服务不单一。

• 时间分配“1+1”：学科学习+兴趣特长。

每天2小时，则每周有10小时课后服务时间，学校将其分配为两份，一份为学科学习时间，用于完成学科作业、进行作业辅导、开展学科活动等；一份为兴趣特长时间，用于开展体育锻炼、社团活动、班级半日活动等。

• 教师教研“1+1”：常规教研+专项教研。

常规教研。各教研组通过组内小教研、学科大教研、校区校际联合教研等形式，围绕课标理解、教材解读、课堂教学、资源开发与运用等开展常规教研活动。

专项教研。每周教研活动，开展作业设计、作业辅导、学科活动、社团活动、班级半日活动等专项主题教研。围绕作业、社团和班级活动开展，从横向研究本年级的目标、计划、内容、形式和效果等，纵向研究各年段的层次性、螺旋性和关联性等。

学科作业“1+1”：作业辅导+学科活动。

作业辅导。作业管理做到“三抓”，抓认识、抓行动、抓效果；作业设计做好“三精”，精心研究、精心选择、精准练习；作业总量做到“三统筹”，年级组统筹本年级各学科书面作业总量、教研组统筹本学科书面作业量、班集体针对班级情况统筹班级书面作业量；作业布置做好“三公”，实行班级作业公示制，组内、组间公开作业制，实施分层作业、私人订制作业、自主设计作业，学生有作业选择公平权；作业完成做好“三全”，坚持作业布置全覆盖、作业完成全批改、作业质量全过关。

学科活动。积木秀、戏剧吧、诗词大会、创新达人、体育节、艺术节、英语节、劳动节等各类学科活动在学科组和孩子们的共同研究中孕育而生。每月一次班级各学科活动，每年一次校级各学科活动，是孩子们学习、实践、运用的平台。各类活动基于学科，而又超越学科，使得作业有意思，学习有趣味。

社团活动“1+1”：自主社团+班级活动。

自主社团。社团活动包括选课走班的学校社团和学生自主创立的微社团。学校社团根据学生兴趣爱好，打破班级、年级界限，成立的炫酷篮球社、旋风足球、花样体适能、妙笔生花、创客机器人、笛声飞扬、快乐小提琴、儿童绘本等校级课后服务精品社团 59 个，每周二、三、四开展社团活动，由学生自主选择参加。微社团是学生为主导的特色小社团，由有特长的学生自主申报、自主招募成员，形成 3～5 人的小社团。棋王争霸社、琴王守擂社、海报达人社、琴艺社等 20 个微社团，为学生搭建展示交流平台，形成了社团自助选、社团自己办的新样态。

班级半日活动。为充分挖掘教师资源、家长资源，促进班级建设，课后服务时间每周开展一次班级特色活动，由各班教师自由组队实施。每周一为一至三年级班级活动时间，每周五为四至六年级班级活动时间，当天为各班无作业日。乒乓、街舞、厨艺、篮球、手工、班级团建等班级活动让各班的课后服务各具特色。

评价反馈“1+1”：常态评价+展示评价。

常态评价。为保障课后服务工作效果，学校成立了管理考核小组，通过定人定时检查、学生“半月谈”、每月问卷等形式，对课后服务开展情况进行常态性评价。

展示评价。围绕学科作业、学科活动、班级半日活动、社团活动等，开展各类展示评价，利用集体朝会、艺术节、到访参观交流、作业展、书画展等活动，搭建展示平台。由教师、学生代表、家长代表、外校专业评审代表、到访来宾等组成评价小组，进行多主体、多形式评价。

学生成长“1+1”：健康成长+全面发展。

实施“双减”政策，开展课后服务等一系列举措，是小切口、大改革。归根结底是为了促进学生健康成长和全面发展。减轻过重的课业负担，实施多样化、个性化、自主化课后服务内容，培养学生自律、自学、自主意识和能力，增加体育锻炼、兴趣特长、活动项目等，促进了学生体质健康、心理健康和全面发展。

集团学校管理评价体系特色构建方案（一）

——“打开一扇门”特色共同成长体系

九龙坡区第一实验小学遵循“归原致远”的教育哲学，秉承“筑基每一个人的美好未来”核心理念，传承“立足脚下，力争上游”的学校精神，实施“打开一扇门”的主题校园文化建设，追求“办有境界的教育，做有格局的教育人”。学校通过探寻办学理念到内涵发展，寻找满足全体师生共同成长发展的成长体系，努力实现培育走向世界的中国人，开创未来的现代人的育人目标。

一、立足“归原”文化，孕育一脉相承的特色办学体系

核心概念界定：学校特色是符合学校发展实际需求、反映自身特点、经由学校长期努力形成的相对稳定且具有一定美誉度的学校实践行为，并逐步形成的一种独特的、优质的、稳定的办学风格和样式。

紧紧围绕学校内涵发展的核心：文化、课程、学生。打开教师、学生、管理者的成长之门，共同探索精神文化品质、独特风格和面貌，彰显学校教育内涵的整体、独特的价值追求。通过打开一扇扇成长之门，师生其可见可感可行的内容，内化于心，形成反映在师生身上独特的“精气神”，其为“打开一扇门”特色共同成长体系。

（一）文化驱动，构建顶层设计的行动指南

一是“一”个理念：“归原”文化的核心理念是筑基每一个人的美好未来。即：关注每一个人发展，兼顾个体与群体的协调性和一致性，让学校的管理者、教师、学生和与学校教育相关的任何一个人，都有美好未来。二是“二”条路径——“九大理念”“九项实践”，两条路径统领学校各项工作，推动着学校高品质发展。三是一校“三”区，西郊、燕南、江州三个校区及幼儿园为一

体的集团化办学格局。四是“四”化，办学一体化、管理现代化、教师专业化、学生个性化发展。五是“五”维培养目标，为培养德智体美劳全面发展的社会主义建设者和接班人，学校将育人目标校本化、具象化，为让学生拥有强健的体、灵巧的手、聪慧的脑、明亮的眼、温暖的心五个维度。

在“打开一扇门”文化主题引领下，学校课程建设、干部教师队伍培养、学生活动等工作具有明确的目标和方向，形成了统一的价值认同和行为趋同。

（二）问题驱动，集成三位一体的发展目标

学校精准定位特色发展，分析愿景、路径、策略及成果，研究学校实际优势、劣势与机遇，以“主题发展，整体推进”为思路，精细化聚焦痛点、难点，挖掘学校特色主题发展的内涵，逐一打开学校特色建设之门，依次为：文化之门、精品课程之门、学生成长之门，实现五年主题发展目标。

（三）特色驱动，激活师生整体价值追求

“打开一扇门”是学校的文化主题，是文化建设的呈现方式。一是校园文化环境重塑，营造随处可见的外显文化氛围，以外形为琮，内刻阳文九叠篆字的壹和阴文的门，作为校徽，共同喻义九龙坡区第一实验小学的文化主题“打开一扇门”。二是引导学生对内打开自我认知之门，与自己对话，学会自我规划，自我肯定。对外则要打开通向世界之门，需要储备能力，涵养智慧，友善之门、自信之门、阅读之门、思维之门、实践之门。每一扇门都是一次成长的体验。三是引导教师对内打开行动之门、阅读之门、自我规划之门、课程开发之门，对外则要打开跨界之门、融合之门。每一扇门都是打开教师理想追求和个性品质成就之门。

集团学校管理评价体系特色构建方案（二）

——创新“金钥匙”品牌 打造环环相扣的特色办学路径

一、“金钥匙”文化——聚力践行“归原”理念

建立基于学校价值观的教育哲学，让教育品牌与学校价值观共享。学校全体师生拟定了一份学校发展的“理念、愿景和价值观”，共同践行在落实理念立校、文化治校目标上，学校实施“九九归原”文化建设规划。提炼核心理念、办学追求、办学目标、学校精神、校园文化、课程理念、教学理念、人才理念、管理理念九大理念作为精神力文化，提出了思想建设、制度建设、课程建设、干部锻造、教师提升、学生发展、资源保障、机制保障、评价保障九项实践为执行力文化，具有激励性、指导性、操作性的文化纲领。学校通过外显“七彩门”的建筑文化，“校徽门”文化等折射出学校的共同审美、思想方式、成长方式和文化意味，通过师生共同装扮、生活、设计、装饰等，不仅打开师生沉淀校园文化之门，更将师生的智慧与劳作融入文化之中，成为学校不懈追求用金钥匙“打开一扇门”的文化精神象征。

二、“金钥匙”课程——精心重构课程体系

“金钥匙课程”旨在“适应学生，适应未来”，立足学生的需求和发展，助力学生成人成材。学校以“中国之门”和“世界之门”为主线，整合国家、地方和校本课程，形成了五层框架“健体之门课程、巧手之门课程、慧脑之门课程、亮眼之门课程、暖心之门课程”，十个部分是：语言与表达之门、数学与思维之门、体育与健康之门、动手与实践之门、编程与智能之门、艺术与审美之门、道德与劳动之门、新时代思想与成长之门、红领巾爱学习之门、社团我

做主之门的课程结构，也深入研究出“晨韵朗朗”“我行我秀”“小创客·大创造”三个精品课程，所有课程聚集学生的“五体发展”培育目标，即让学生拥有强健的体、灵巧的手、聪慧的脑、明亮的眼、温暖的心。学校制订了详细的课程实施计划，保障了学生全体、全面发展。

学校的核心竞争力不在规模上，而在内涵建设上，学校内涵发展的主阵地应该在课堂和课程上。学校课程改革追求的是学校课程体系的建设，坚持做和创新做，就能够走出符合时代要求、学生需求、学校追求的理想之路，从而促进学校内涵发展。学校注重构建相应课程板块之间的联系，重视学科知识、社会生活和学生经验的整合，突破了活动课程和校本课程的局限，将课程板块巧妙地整合于学科课程之中，将“民族”和“世界”两大元素，交叉渗透于“中国之门”和“世界之门”的相关课程，使课程在相互关联的基础上相互补充。

三、“金钥匙”奖章——积极探索评价改革

结合学校实际特制定《九龙坡区第一实验小学“金钥匙奖章”奖励办法》作为学校德育评价特色。校本化设计阶梯式成长评价激励体系树立和增强少先队光荣感，通过开展丰富多彩的主题实践活动和主题教育，把弘扬民族精神、传承红色基因和加强思想道德建设放到重要位置，引导全体少先队员努力成长为社会主义的合格建设者和接班人。

将红领巾奖章与校本化奖章结合，设立校级“金钥匙”奖章。红领巾奖章分为基础章、特色章和星级章三个类别。基础章是“红领巾奖章”的必修章，面向全体少先队员和准备加入少先队的少年儿童。根据国家提出的德智体美劳“五育并举”教育目标，结合学校“五维”德育活动课程，学校设计了五类特色花，特色花为实践活动，分别是：健体之花、巧手之花、慧脑之花、亮眼之花、暖心之花。以学校开发的综合性课程和拓展课程为依托，把个性十足、丰富多彩的校园课程纳入特色章的评价中。

分年段个性化定制阶梯式成长激励评价体系，一年级定制入队争章手册，开展“一考一评，争章达标”活动；二至六年级设置基础章+校本化特色章评价机制，校本章“健体章、巧手章、慧脑章、亮眼章、暖心章”通过自评、互评、他评，获得一星章和学校金钥匙奖章，为队员打开一扇个性化成长之门，引领思想成长，实现自我管理、个性发展，培养“一队员，一特色”。

每学期争基础章 3 枚，特色花 3 枚，可获得学校“金钥匙”章，金钥匙由学校少工委颁发，对于金钥匙奖章累计得到一定数量的之后可以升级为个体的

“金钥匙”奖章。“金钥匙”奖章通过自我评价、操作实践评价、同学互相评价、活动记录评价、家长评价及社会评价，过程的形成性评价、基于结果的总结性评价及追踪其后期发展的后续评价。建立创新成长档案袋制度的形式，在档案袋中记录和呈现学生的创新争章成果、学业及成长的过程及评估学生的发展水平。为学生搭建展示自我的舞台，最大限度地释放潜能，激活天赋，打开学生一扇扇成长之门。

近年来学校在归原致远特色教育办学路上取得的成果

序号	报道时间	报道媒体	报道名称
1	2020.06.01	新华网重庆频道	九龙坡区第一实验小学教育集团开展“六一”系列活动
2	2021.04.25	新华网重庆频道	学子走进最美朗读者
3	2021.04.14	新华网重庆频道	礼赞建党百年　致敬伟大时代（开往春天的列车）
4	2022.06.01	新华网重庆频道	九龙坡区第一实验小学举行红领巾“与美有约”艺术月系列活动
5	2022.06.21	新华网重庆频道	筑基未来 奠定成长 九龙坡区第一实验小学教育集团开展缤纷社团课程
6	2022.11.24	华龙网——新重庆客户端	九龙坡区第一实验小学教育集团党委：汇聚战“疫”合力 让党旗在“疫”线高高飘扬
7	2022.11.25	新华网重庆频道	九龙坡区第一实验小学教育集团：做好“空中”课堂 扎实推进线上教学管理
8	2022.11.30	今日头条，重庆电视台“教育视线”	战“疫”一线——九龙坡区第一实验小学教育集团党委抗“疫”在行动
9	2022.12.02	今日头条，重庆电视台“教育新视界”	“疫”线心相连——九龙坡区第一实验小学教育集团在行动
10	2022.12.03	新华网重庆频道	【实践课堂】厚植爱国情 共筑航天梦 九龙坡区第一实验小学校园记者团开展“我为中国航天加油”征集活动
11	2022.12.06	新华网重庆频道	九龙坡区第一实验小学教育集团积极调整教研方法

续表

序号	报道时间	报道媒体	报道名称
12	2023.01.19	重庆日报	重庆日报——书记之声，新时代，新征程！九龙坡区第一实验小学教育集团继续努力，展现新担当！
13	2023.03.03	重庆日报教育	承办区“大思政课”教研会“本原”思政品牌、“大思政课”育人新模式经验获赞
14	2023.03.03	人民网	探索“三全”育人新格局 推动思政课程改革创新
15	2023.03.06	见十新闻	视频 | 区教委“大思政课”大教研现场会举行
16	2023.03.07	新家长传媒体	九龙坡区实验一小成功承办九龙坡区“大思政课”教研会

重要宣传报道

——《中国教育报》报道九龙坡区第一实验小学《返璞归原守初心，特色发展育新人》

06 教改风采

中国教育报

浙江省丽水市松阳县职业中等专业学校

撬动地方大经济　培育现代“新茶农”

重庆市九龙坡区第一实验小学

返璞归原守初心　特色发展育新人

《中国教育报》报道九龙坡区第一实验小学办学特色

中华人民共和国教育部主管

中小学校长

2020.12

中小学校长职级制推行的问题与策略研究
论校长论校的战略思考
内省式校本教研改进的实践探索

重庆市九龙坡区第一实验小学

2020 年 12 月，何军校长的《构建学校文化体系的理念与策略》文章在《教研原地》发表

06 教改风采

浙江省丽水市松阳县职业中等专业学校

撬动地方大经济　培育现代“新茶农”

教研园地

构建学校文化体系的理念与策略

《中小学校长》杂志报道九龙坡区第一实验小学教育集团

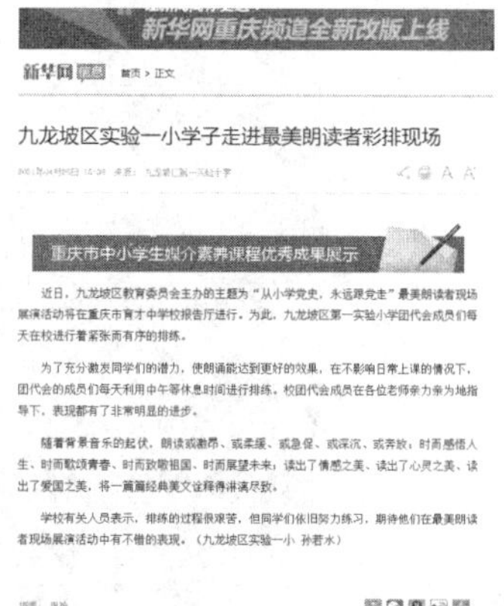

新华网重庆频道全新改版上线

新华网 首页 > 正文

九龙坡区实验一小学子走进最美朗读者彩排现场

重庆市中小学生媒介素养课程优秀成果展示

近日，九龙坡区教育委员会主办的主题为“从小学党史，永远跟党走”最美朗读者现场展演活动将在重庆市育才中学校报告厅进行。为此，九龙坡区第一实验小学团代会成员们每天在校进行着紧张而有序的排练。

为了充分激发同学们的潜力，使朗诵能达到更好的效果，在不影响日常上课的情况下，团代会的成员们每天利用中午等休息时间进行排练。校团代会成员在各位老师亲力亲为地指导下，表现都有了非常明显的进步。

随着背景音乐的起伏，朗读或激昂、或柔缓、或急促、或深沉、或奔放；时而感悟人生、时而歌颂青春、时而致敬祖国、时而展望未来；读出了情感之美、读出了心灵之美、读出了爱国之美，将一篇篇经典美文诠释得淋漓尽致。

学校有关人员表示，排练的过程很艰苦，但同学们依旧努力练习，期待他们在最美朗读者现场展演活动中有不错的表现。（九龙坡区实验一小 孙君水）

2023年3月2日，九龙坡区“大思政课”教研现场会在九龙坡区第一实验小学教育集团燕南校区召开，区教委相关科室负责人、区教师进修学院领导、中小学教研员、区内中小学干部教师三百余人参加了会议，与会代表参观了学校“印记”思政空间、“三百”校本资源成果展、主题活动成果展，主题宣传展板等，孩子们阳光自信的笑脸、热情大方的问候、“印记”思政空间的“思政味道。”

重庆日报 数字报

上一版 下一版

六部门首次发布操作指南保障女职工权益

2023年“最美巾帼奋斗者”先进事迹发布

打造“燎原”党建品牌 建好“本原”思政课程

九龙坡区实验一小教育集团

打造“燎原”党建品牌 建好“本原”思政课程

九龙坡区召开“大思政课”大教研现场会

九龙教育 2023-03-03 20:24 发表于重庆

九龙坡区教育政务微信

为深入贯彻习近平总书记关于加强学校思想政治教育的重要讲话精神，落实中共中央、国务院、教育部、市区等关于“大思政课”建设相关文件要求，推动我区思政课改革创新工作，3月2日上午，九龙坡区“大思政课”教研现场会在区实验一小教育集团燕南校区召开。区委教育工委副书记邹江霞出席会议，区教师进修学院院长党忠良主持，

九龙坡区实验一小成功承办九龙坡区“大思政课”教研会

九龙坡区实验一小成功承办九龙坡区“大思政课”教研会，“本原”思政品牌、“大思政课”育人新模式经验获赞

为推动思想政治工作贯穿教育教学全过程，改革创新主渠道教学，使各类课程与思想政治理论课同向同行，形成协同效应，不断提升思政教育的实效性，3月2日，九龙坡区“大思政课”教研现场会在九龙坡区实验一小燕南校区举行。

九龙坡区实验一小成功承办九龙坡区“大思政课”教研会

九龙坡区实验一小成功承办九龙坡区“大思政课”教研会，“本原”思政品牌、“大思政课”育人新模式经验获赞

为推动思想政治工作贯穿教育教学全过程，改革创新主渠道教学，使各类课程与思想政治理论课同向同行，形成协同效应，不断提升思政教育的实效性，3月2日，九龙坡区“大思政课”教研现场会在九龙坡区实验一小燕南校区举行。

全区探索

聚焦铸魂育人 构建“大思政课”育人格局

会上，九龙坡区委教育工委副书记邹江霞强

一点资讯 有趣 更有用 立即打开/下载

重庆日报报道图片

学校获奖情况统计

2017—2023 学年学校获奖情况统计

时间	教师			学生			团体		
	国家	市级	区级	国家	市级	区级	国家	市级	区级
2017—2018 学年	3	23	33	1	90	54		3	7
2018—2019 学年								2	3
2019—2020 学年	6	26	101	17	130	106	6	2	5
2020—2021 学年		18	38		12	46			8
2021—2022 学年	21	8	105			104		3	14
2022—2023 学年	1	13	59		1	30		1	12

2019—2020 学年学校、集体获奖

序号	获奖项目	获奖类别	获奖等级	颁发机构	获奖日期
1	2019 年第三届“少年中国说”少年儿童口语表达能力展演活动		优秀组织奖	国家广电总局播音主持实践基地、少年儿童口语表达能力展演活动组委会	2019.09.17
2	开口即美朗读大会		二等奖	九龙坡区教师进修学院	2019.09.17
3	九龙坡区第十一届运动会	游泳比赛	第一名	九龙坡区第十一届运动会组委会	2019.09
4	2019 年重庆市柔道冠军赛暨精英赛总决赛	柔道比赛	道德风尚奖	重庆市体育局	2019.11
5	2019—2020 年全国啦啦操联赛（重庆站）	公开儿童丙组集体街舞自选动作	第一名	全国啦啦操比赛组委会、国家体育总局体操运动管理中心	2019.11

续表

序号	获奖项目	获奖类别	获奖等级	颁发机构	获奖日期
6	2019—2020年全国啦啦操联赛（重庆站）	公开儿童丙组集体街舞规定动作（2016年版）	第一名	全国啦啦操比赛组委会、国家体育总局体操运动管理中心	2019.11
7	2019—2020年全国啦啦操联赛（重庆站）	公开儿童丙组集体花球规定动作	第七名	全国啦啦操比赛组委会、国家体育总局体操运动管理中心	2019.11
8	2019年九龙坡区首届教职工工间操比赛	工间操比赛	二等奖	九龙坡区教委、教育工委	2019.11
9	2019年全国啦啦操冠军赛（儿童组）	公开儿童丙组小集体街舞规定动作（2016版）	第一名	全国啦啦操比赛组委会、国家体育总局体操运动管理中心	2019.12
10	2019年全国啦啦操冠军赛（儿童组）	公开儿童丙组小集体花球规定动作	第二名	全国啦啦操比赛组委会、国家体育总局体操运动管理中心	2019.12
11	2019年全国啦啦操冠军赛（儿童组）	公开儿童丙组大集体街舞自选动作	第二名	全国啦啦操比赛组委会、国家体育总局体操运动管理中心	2019.12
12	重庆市青少年围棋团体锦标赛	小学组	一等奖	重庆市体育局	2019.12
13	中小学拓展实验设计活动		优秀组织奖	九龙坡区教委	2020.05
14	第八届中小学生艺术展演活动声乐节目《卢沟谣、我的朋友在哪里》	艺术表演类合唱小学艺术团	二等奖	重庆市教育委员会	2018.11
15	九龙坡区十佳红旗大队			九龙坡区教育委员会、共青团重庆市九龙坡区委员会、少先队重庆市九龙坡区工作委员会	2020.06

2020—2021 学年学校集体获奖

序号	获奖项目	获奖类别	获奖等级	颁发机构	获奖日期	主要负责人	参与人员
1	2020 九龙坡区小学生篮球比赛男子 U12 组	小学组	第一名	九龙坡区体育局、九龙坡区教委	2020.11.01	杨猛	杨猛
2	2020 九龙坡区小学生篮球比赛男子 U10 组	小学组	第二名	九龙坡区体育局、九龙坡区教委	2020.11.01	杨猛	杨猛
3	2020 九龙坡区小学生篮球比赛女子 U12 组	小学组	第三名	九龙坡区体育局、九龙坡区教委	2020.11.01	杨猛、叶小丹、车庚	杨猛、叶小丹、车庚
4	2020 年中国体育彩票·重庆市九龙坡区小学生篮球比赛	小学组	体育道德风尚奖	九龙坡区体育局、九龙坡区教委	2020.10	杨猛	杨猛
5	九龙坡区“晒旅游精品·晒文创产品”大型文旅推介活动		成绩突出集体	九龙坡区委宣传部、九龙坡区委网络安全和信息化委员办公室、九龙坡区文化和旅游发展委员会	2020.12	涂敏	全体教师
6	大合奏节目《卖报歌》《龙的传人》在2020年九龙坡区中小学学生艺术活动月系列视频评选活动中荣获“课堂器乐”类	中小学	三等奖	九龙坡区教育委员会	2020.12	夏红	夏红
7	合唱节目《叮铃铃》《留给我》在 2020 年九龙坡区中小学学生艺术活动月系列视频评选活动“班级合唱”	中小学	三等奖	九龙坡区教育委员会	2020.12	张韵思、金灿、夏红	张韵思、金灿、夏红
8	重庆市九龙坡区首个青少年篮球训练基地授牌			九龙坡区教育委员会	2021.01		
9	全国优秀少先队集体						
10	2021 重庆市小学生篮球比赛男子组	小学组	第三名	重庆市教育委员会	2021.05	杨猛	杨猛、黄畅
11	2021 重庆市九龙坡区小学生篮球比赛	小学组（男子）	第一名	九龙坡区教育委员会	2021.03	杨猛	杨猛
12	2021 重庆市九龙坡区小学生篮球比赛	小学组（女子）	第三名	九龙坡区教育委员会	2021.03	杨猛、车庚	杨猛、车庚

续表

序号	获奖项目	获奖类别	获奖等级	颁发机构	获奖日期	主要负责人	参与人员
13	2020 年中国体育彩票·重庆市九龙坡区 3 对 3 小篮球比赛(U12)	篮球赛	冠军	重庆市九龙坡区篮球协会	2020.08	杨猛	杨猛
14	2020 年中国体育彩票·重庆市九龙坡区 3 对 3 小篮球比赛(U10)	篮球赛	亚军	重庆市九龙坡区篮球协会	2020.08	杨猛	杨猛
15	九龙坡区第三十六届“九龙杯”小学生运动会	小学生运动会	二等奖	九龙坡区教育委员会、九龙坡区体育局	2021.06	许江	许江
16	2020 年九龙坡区首届“行知杯”最美朗读者活动		优秀组织奖	九龙坡区委宣传部、九龙坡区教育委员会	2021.03		

2021—2022 学年学校集体获奖

序号	获奖项目	获奖类别	获奖等级	颁发机构	获奖日期
1	2021 年重庆市中小学生艺术活动月系列活动	艺术活动	优秀组织奖	重庆市教育委员会	2021.7
2	重庆市第六届运动会		成绩突出单位	重庆市九龙坡区委、九龙坡区人民政府	2021.8
3	中小学育人质量评价	中小学	一等奖	九龙坡区教育委员会	2021.9
4	九龙坡区青少年游泳锦标赛	游泳	第一名	九龙坡区体育局、九龙坡区教育委员会	2021.9
5	重庆市第九届中小学生艺术展演活动《虫儿飞》《玛依拉》	声乐专场（小学生艺术团组）	二等奖	重庆市教育委员会	2021.12
6	2021 年“奔跑吧·少年”九龙坡区青少年田径锦标赛（丙组小学组团体总分）	田径赛	第五名	重庆市九龙坡区体育局、重庆市九龙坡区教育委员会	2021.12

续表

序号	获奖项目	获奖类别	获奖等级	颁发机构	获奖日期
7	九龙坡区第七届广播电视文艺“星光奖”评选展演活动	舞台剧	银奖	重庆市九龙坡区委宣传部	2021.12
8	重庆市九龙坡区第十二届教职工篮球邀请赛（女子组）	篮球赛	第五名	重庆市九龙坡区教育委员会、重庆市九龙坡区教育工会联合会	2021.12
9	重庆市九龙坡区第十二届教职工篮球邀请赛（小学男子组）	篮球赛	第七名	重庆市九龙坡区教育委员会、重庆市九龙坡区教育工会联合会	2021.12
10	九龙坡区第二届“行知杯·最美朗读者”活动《谁是最可爱的人》朗诵作品	朗诵	三等奖	九龙坡区教育委员会	2021.12
11	“青春心向党，翰墨绘百年”青少年书·画·影大赛		优秀组织奖	重庆市九龙坡区教育委员会、共青团重庆九龙坡区委员会、少先队重庆市九龙坡区工作委员会	2022.1
12	九龙坡区中华魂（民族复兴的旗帜）读书活动比赛	读书活动比赛	优秀组织奖	九龙坡区委宣传部、九龙坡区关心下一代工作委员会、九龙坡区教育委员会、九龙坡区文化和旅游发展委员会、共青团九龙坡区委员会	2022.1
13	2021—2022学年少先队活动		十佳红旗大队	共青团九龙坡区委员会、九龙坡区教育委员会、少先队重庆市九龙坡区工作委员会	2022.5
14	九龙坡区2022年“九龙杯”小学生男球赛（男子组）	篮球赛	二等奖	重庆市九龙坡区教育委员会、重庆市九龙坡区体育局	2022.6

续表

序号	获奖项目	获奖类别	获奖等级	颁发机构	获奖日期
15	重庆市九龙坡区第四届“计算思维编程竞技”活动（C＋＋编程组）	计算思维编程竞技	团体一等奖	重庆市九龙坡区教育委员会	2022.6.15
16	“童心向党薪火传”九龙坡区第二届青少年党史学习教育主题活动课展评		优秀组织奖	共青团九龙坡区委员会、少先队重庆市九龙坡区工作委员会	2022.6
17	2022年重庆市青少年射击锦标赛（中小学组）	射击锦标赛	第一名	重庆市教育局	2022.7

2022—2023学年学校集体获奖

序号	获奖项目	获奖类别	获奖等级	颁发机构	获奖日期
1	重庆市优秀少先队集体		优秀集体	共青团重庆市委、重庆市委、重庆市少工委	2022.6
2	2022年学前教育宣传月幼小衔接视频案例评选	视频	优秀案例	区教育委员会	2022.6
3	2022年九龙坡区中小学学生艺术活动月系列视频评选活动		优秀组织奖	区教育委员会	2022.6
4	2022年九龙坡区中小学学生艺术活动月系列视频评选活动中，荣获义务教育第八届“课堂器乐”暨校校级弦乐团视频评选		三等奖	区教育委员会	2022.6
5	重庆市优秀少先队集体		优秀集体	共青团重庆市委、重庆市委、重庆市少工委	2022.6
6	2022年学前教育宣传月幼小衔接视频案例评选	视频	优秀案例	区教育委员会	2022.6

续表

序号	获奖项目	获奖类别	获奖等级	颁发机构	获奖日期
7	2022 年九龙坡区中小学学生艺术活动月系列视频评选活动		优秀组织奖	区教育委员会	2022.6
8	2022 年九龙坡区中小学学生艺术活动月系列视频评选活动中，荣获义务教育第八届“课堂器乐”暨校校级弦乐团视频评选		三等奖	区教育委员会	2022.6
9	九龙坡区教育高质量发展，我校荣获上一学年育人质量一等奖		一等奖	区教育委员会	2022.9
10	获评办学水平一等奖、好班子		好班子	区教育委员会	2022.8
11	我校少先队大队荣获 2022 年度重庆市“红领巾奖章”集体四星章荣誉		“红领巾表彰”四星级	青春九龙坡	2022.12.13
12	2022 年九龙坡区第七届“活力九龙”杯小学校园足球联赛中，荣获精英混合组第三名	2022 年九龙坡区第七届“活力九龙”杯小学校园足球联赛中，荣获精英混合组第三名	第三名	区级	2022.11
13	（区实验一小教育集团“归原”文化孕育文明校园）		九龙坡开展文明校园宣传活动	九龙报	2022.9.16

重庆市教育学会2018年课题“小学数学知识结构梳理与应用的实践研究”研究报告

一、研究背景及意义

（一）研究背景

1. 政策背景

中共中央办公厅、国务院办公厅印发《关于进一步减轻义务教育阶段学生作业负担和校外培训负担的意见》（中办发〔2021〕40号）（以下简称《意见》），并发出通知，要求各地区各部门结合实际认真贯彻落实。《意见》要求坚持学生为本、回应关切，遵循教育规律，着眼学生身心健康成长，保障学生休息权利，整体提升学校教育教学质量。本课题研究的数学知识的结构化、生活化梳理，有利于学生从整体去把握学科知识，也有利于结构化思维的培养，对于促进学生的深度学习效果大有益处，避免了教师和学生大量的重复刷题，缩短了作业时间，从而减轻了学生的作业负担。

2. 区域背景

在教育部《关于全面深化课程改革落实立德树人根本任务的意见》（教基二〔2014〕4号）文件精神下，九龙坡区教委印发了《关于印发基于学习方式变革的学科深度学习实施方案的通知》（九龙坡教初〔2017〕58号）文件，要求各校为推动区域课堂教学改革，助推学校课程体系建设，促进学科核心素养在教学中落地生长，形成良好的课堂教学新生态。课题研究可从六个维度：“投入程度、知识体系、认知过程、关注焦点、迁移能力、思维层次”引导教师加深理解深度学习。

3. 课程背景

小学数学新课程标准和实施方案，强调数学学科的结构化知识与整体的“三会”核心素养培养的学科教学方式的转变。本课题研究基于新课程教学的“项目式、主题式、学科间的融合”教学和学生的深度学习方式的形成，运用归原教育思想系统梳理小学数学知识点，将教学的起点同学生的学习起点进行有效的对接，教师以知识结构化教学的“三课”实践为研究的重点，学生以深度学习方式的形成目的，共同提高小学数学课程教学的质量，助力于新课程的教学实践能力的提升。

（二）研究意义

1. 有效提升小学数学课程教学质量

党的教育方针提出全面实施素质教育，落实立德树人的根本任务，课题组在对数学教师进行问卷调查分析中，发现教师的课程教学能力需要有效地提高，因此很有必要在本课题研究中，引领教师开展新课程标准与课程教学“归原致远”的教学思想的学习与理解，加强对小学数学学科知识结构的梳理，并同“三会”核心素养培养的课程目标达成上，运用好结构化、生活化、思维导学等教学实践对策，有效提高课程教学的能力与质量。

2. 初步彰显学科教学的“归原致远”教学特色

学校改革发展，建设高质量教育体系，需要数学学科教学充分呈现归原教育思想的指导，加强数学学科的核心素养培养的对策研究。本课题立足于结构化、生活化数学教学的实践，着力于学生的深度学习指导与管理，让教师较好地把握学科整体知识结构，引导学生开展结构性、思维导学性、学科间的实践性知识的学习与运用，提高学生的深度学习能力，从而彰显数学学科“归原致远”的教学思想与教学实践特色。

二、核心概念界定

（一）数学知识结构

数学知识结构是指数学的概念、性质、法则、公式、公理、定理以及由其内容表达的要点之间的联系，本课题研究提出的知识结构，是结合新课程标准中的数学知识内容进行的学科、学段、单元所“归原”知识结构。如小学数学学科的知识点是“数与代数、图形与几何、统计与概率、综合与实践”四个领域间的知识结构。

（二）知识结构梳理

知识结构梳理是有效的把握数学知识内容之间的整体与部分，内容与形式，思维与运用的系统性、基础性、实践性活动，本课题研究的知识结构梳理，主要运用的是思维导图、学生的数学生活经验，以及新课程标准的结构化原理与方法进行梳理。

（三）知识结构运用

知识结构运用是根据梳理形成的知识点理解与把握，开展小学数学结构化、生活化、学科综合实践性的教学，指导管理好学生的深度学习，突出数学核心素养的培养，以“主题式、项目式”教学为重点，以学生的有效性学习，深度学习方式形成为目的的整体设计与实践。

三、国内外相关研究简述

（一）国外研究

关于知识结构，国外有很多学者进行了研究。来自斯坦福大学的舒尔曼（Lee Shulman）最早提出了教师知识的系统思想。美国心理学家布鲁纳在其成名之作《教育过程》以及其他一些论著中，反复强调“结构的重要性”和学习结构的必要性；并由此提出了学科结构理论。布尔巴基学派曾说“数学是研究结构的科学”，他们在培植数学的整体观念、数学基础的统一性、叙述风格、符合选择等方面，对数学发展产生了持久的影响。

（二）国内研究

（1）谭伟明在《论布鲁纳的学科结构理论及其对现代数学教学的启示》（2001 年）中论述了以下几点：数学教学应重视数学思想方法的教学；数学教学要教会学生“学会学习”；数学教学要展示数学思维过程；数学教学要培养学生的内部动力。

（2）罗英豪在《建构主义理论研究综述》（2006 年）中提到建构主义理论主要由三个基本命题构成，从本质主义转向建构主义，强调知识生产的建构性，有效抵御了本质主义和客观主义；从个体主义转向群体主义，强调知识建构的社会性，有效抵御了个人主义和心理主义；由单项决定论转向互动论，强调知识共建的辩证性，有效抵御了客观主义和各种客观论。

（3）吴长中在《浅谈数学知识结构的构建》（2017 年）中指出在数学知识的学习过程中，对知识的整体把握尤为重要，需要对所学知识进行结构构建，以提高学生的学习效果。文章里有几个非常有价值的论点：重视教学知识结构教学环节；重视数学知识基础的积累；构建数学知识结构应该注意正确的方法。

（4）张丽霞在《小学数学知识结构建构》（2016 年）中指出数学知识是极为庞大的体系且逻辑性很强，同时知识间存在着极为紧密的联系，由此需要构建知识结构将数学知识融会贯通。

（5）刘震在《建构主义理论在小学数学教育教学中的应用》（2014 年）中指出，对于小学数学教育教学更应培养学生“好问、敢想、敢悟，善于批判，善于交流”的学习习惯，注重知识的生成，注重举一反三，让学生成为自己的知识建构者。

综上所述，有关数学知识结构的理论研究几乎都是以皮亚杰为代表的建构主义理论、布鲁姆的知识结构观以及奥苏贝尔的认知－接受理论为依据展开的“知识结构化”的实践研究，研究方向主要是以下几个：学生的知识结构、教师的知识结构、数学教学过程中的知识建构、结构化教学的一些策略、数学知识结构化的重要意义。而关于数学知识结构的梳理的研究我们课题组没有找到，因此九龙坡区第一实验小学下定决心做此项课题研究。

四、研究目标与内容

（一）研究目标

1. 总体目标

结合小学数学课程教学的高质量教育体系建设，有效提高课程教学质量，促进学生的深度学习方式形成，彰显数学学科的结构化教学思想与实践特色。

2. 具体目标

（1）调研分析学校小学数学学科教师的课程教学能力现状，学习理解好新课程标准及实施方案，设计完善小学数学结构化教学实践体系。

（2）有效促进学生的学习方式转变，开展好小学数学教学的结构化、生活化教学实践，培养学生的深度学习能力，提高课程教学质量。

（二）研究内容

1. 小学数学新课程标准及实施方案的认知能力与实践能力提升的研究

该研究主要是针对教师课程教学能力现状调研分析，组织干部教师加强新课程标准与实施方案的学习、研讨、把握、设计与教学实践等活动的开展。

2. 基于数学结构化、生活化课程内容的“归原致远”教学实践体系建构的研究

该研究主要是结合数学课程标准的知识点梳理与运用，开展数学结构化教学、生活化教学、多学科间融合教学的实践研究，突出对于学生深度学习方式的形成与数学学习能力培养的指导与管理，课程教学质量提升的实践性研究。

五、研究对象及范围

（1）研究对象：学校的小学数学课程教学活动与各学段的学生。

（2）研究范围：小学数学课程教学活动与教师课程执行能力。

六、研究方法及过程运用

1. 调查法及运用

调查法是指通过交谈、问卷等形式获得原始资料，并对所得资料进行分析、讨论，从而获得关于研究对象的认识的一种研究方法；本课题运用上是结合教师课程教学能力，特别是知识点梳理与运用的能力进行问卷设计与调查分析，形成调研报告的过程。

2. 行动研究法及运用

行动研究法是指在自然、真实的教育环境中，按照一定的操作程序，综合运用多种研究方法与技术，以解决实际问题为首要目标的一种研究方法；本课题运用上主要是加强新课程标准的学习、培训、研讨、交流、“三课”教学设计，学生的深度学习方式形成与能力培养等行动，重点是数学知识点的归类与化归，同时运用思维导图进行导教与导学实践。

3. 经验总结法及运用

经验总结法指通过对课标、教材的研究加上结合教学实践活动中的具体情况，进行归纳与分析，使之系统化、理论化，上升为经验的一种方法；本课题研究运用上主要是主研教师与参研教师，总结提炼研究成果，改进教学与运用

数学语言表达教学经验的活动。

七、研究成果

（一）以归原教育文化为引领梳理了小学数学学科知识结构

1. 学校归原教育文化理解

学校秉承“为未知而教，为未来而学”的教学理念，以学生发展为出发点开展学科课程教学的课题研究。依据结构化的学科教育理念和实践，总体提出培养具备核心素养的“有理想、有本领、有担当”的人才，需要以“筑基每一个人的美好未来”的办学理念为统领，把立德树人根本任务的教育任务落实到学生“强健的体、灵巧的手、聪慧的脑、明亮的眼、温暖的心”五个维度的素养培养之结构化上。

2. 梳理小学数学课程知识结构

2014 年教育部研制印发《关于全面深化课程改革落实立德树人根本任务的意见》，提出要制定“各学段学生发展核心素养体系”；2022 年 4 月教育部颁布了 2022 年版的义务教育课程方案和各学科课程标准，将“三会”：会用数学的眼光观察现实世界，会用数学的思维思考现实世界，会用数学的语言表达现实世界作为通过数学学科课程教学，培养学生的数学核心素养标准和目标。为此，基于新课程标准的小学数学知识点梳理成了课题研究的重点。

（1）梳理小学数学课程内容中核心素养培养的要素。数学课程教育的结构化思想要素一是系统，二是“数学”。其中的结构是指数学教学结构，核心是数学教育培养数学思维，构建认知客观世界的数学知识之原，“数”是数学，指数学知识。研究认为：知识是教育活动得以展开的“阿基米德杠杆”，数学知识是人的“生命、生活、生长”必不可少的养料，数学的学科教育离不开数学知识这个重要的载体。研究结果表明：义务教育阶段数学课程知识内容是由“数与代数、图形与几何、统计与概率、综合与实践”四个学习领域所组成的，如图 1 所示。

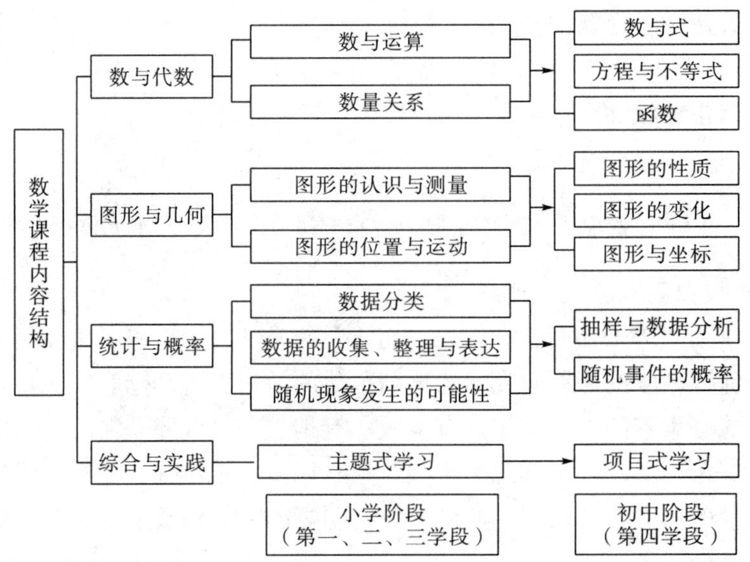

图 1　小学数学内容整体概况

数学学科的教学之结构，是指课程教学的所有活动方式、活动规则、效果的评价，都需要重视学生的终身学习能力培养，落实到学科核心素养的培养上。研究得出：数学教育教学活动都必须建立在学生的认知发展水平和已有的知识经验基础之上，数学的教学结构化、生活化、思维导图导学性等，都强调培养学生的独立思考能力、自我认识和自我管理能力，通过与自然的互动和体验来培养学生的“三会”核心素养，促进其身心健康与素质的全面发展。结合课程标准，提出如下的结构化学习，如图 2 所示。

内容结构化体现了学习内容的整体性

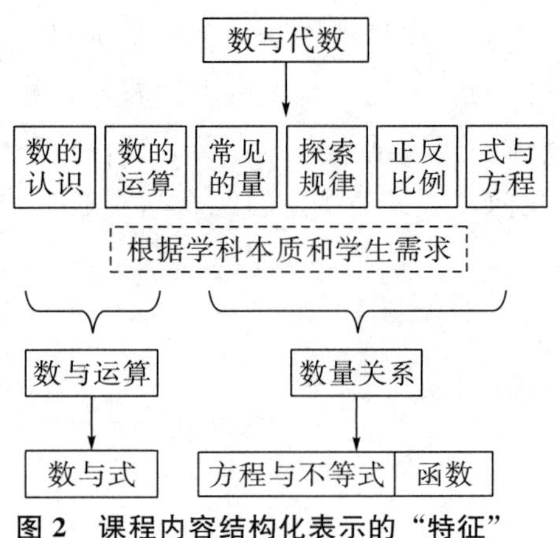

图 2　课程内容结构化表示的“特征”

数学学科教育的“数”是知识梳理的重点。“数”是数学课程的性质，课程标准认为数学是研究数量关系和空间形式的科学，数学源于对现实世界的抽象，通过抽象结构对研究对象的符号运算，形式推理模型构建等形成数学的结论和方法，帮助人们认识理解和表达现实世界的本质关系和规律。数学的“数”更是指数学的“科学性、生活性、逻辑思维性”，数学在形成人的理性思维、科学精神和促进个人智力发展中发挥着不可替代的作用；研究实践表明：数学素养是现代社会每个公民应当具备的基本素养，数学教育承载着落实立德树人根本任务，实施素质教育的功能。义务教育数学课程具有基础性，普及性和发展性，学生通过数学课程的学习，掌握适应现代生活及进一步学习必备的基础知识，基本技能，基本思想和基本活动经验，激发学生学习数学的兴趣，养成他们独立思考的习惯和合作交流的意愿，发展他们的实践能力和创新精神，形成和发展核心素养，使他们树立正确的世界观，人生观，价值观。

（2）梳理小学数学课程教学的知识学习方式与教学方式。教育就是要让学生更好地认识世界，重点是认知知识，即人脑反映客观事物的特性与联系、并揭露事物对人的意义与作用的思维活动。数学课程中“数与代数、图形与几何、统计与概率”以数学核心内容和基本思想为主线循序渐进，每个学段的主题有所不同，如图 3 所示。

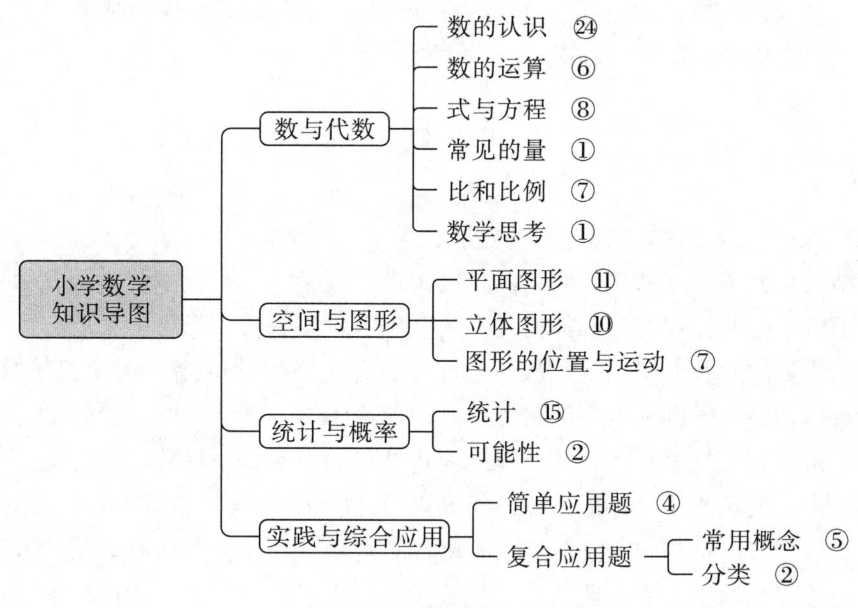

图 3　小学数学知识导图

因此，小学数学知识结构的学习方式梳理，一是需要准确把握学生的认知起点，如知识学习的逻辑起点，也就是学生按照教材的学习进度，应该具有的知识基础。二是需要明确关注学生学习的生活经验起点，也就是学生在生活环境中，多种学习资源的共同作用下，已具有的认知经验。三是必须重视学习有效性或深度学习的起点，也就是结构化学习的起点，小学生的认知结构化是指具象思维—抽象思维—具象思维与抽象思维导学的学习起点，实践证明：小学低段（1—3 年级）学生以具象思维为主，小学高段（4—6 年级）学生以抽象思维与具象思维结合为主。

梳理小学数学课程教学的教学方式，是依据课程标准，教师把握数学教学的三大特点：严谨性、抽象性、应用性，对数学学科课程教学有统一的“归原致远”教学实践体系的建构。研究表明结构化教学实践体系是一个“金字塔”形状的教学体系，教师的课堂教学“三课”需要追求有核心素养的课堂，教学目的确定为数学的“三会”核心素养培养；教师的教学方式一是在于有结构化的教学理念，也就是数学思维与数学运用的理念。二是在于结合好新课程的整体数学思维，开展好结构化的“教、学、评”三结合活动。三是充分运用好思维导图，开展好促进学生的数学深度学习课堂教学活动，提高数学学科的整体教学质量。四是结合学科间的实践教学活动，运用好信息技术，完成好线上、线下教学资源的开发与利用，引导学生的数学“研学”。课题研究得出的：数学学科结构化的教学四个主要重点的方面是：数学知识、教学对象、教学策略、教学步骤四方面的实践教学。

（二）以数学结构化、思维导学化、数学化归、作业管理的运用提高了教学质量

1. 小学数学结构化教学实践效果明显

结构化教学是指从整体联系的角度去进行教学，小学数学结构化教学是在充分了解学生的知识基础和能力经验的基础上，以完善和发展学生原有数学认知结构为目的的教学，结构化教学站在整体化、系统化的高度组织教学内容、设计教学，最大限度地做到因材施教，因此成了转变学生学习方式的最有效的手段。由于数学是思维性、问题解决逻辑性强的学科，学好数学是对每个小学生的要求，关系着学生整体成绩的提升，因此学习数学的灵活性较强，学生不能呆板的学习，结构化教学，要求教师在教学中，必须把一些有效的学习技巧和策略传授给学生，如主题式与项目式学习的实践性学习方式，以科学的解题方法，让问题能够轻松得到解决，从而激发学生学习数学的积极性。依据小学数学新课程标准，重点将结构化教学落实到主题式学习与项目式学习的教学实

践中。

（1）主题式学习的教学实践。主题式学习是指学生围绕一个或多个经过结构化的主题进行学习的一种学习方式，“主题”成为学习的核心，主题可以是本学科的一个问题，可以是学科间的融合性问题，也可以是多学科结合才能完成的研究性问题。如在小学数学新课程内容“综合与实践”领域提出开展主题式学习，其主要是指数学的生活问题需要加强主题式教学与学习才能有效地解决好生活中的数学问题，实践中的老师设计《欢乐购物街》，通过在课堂上模拟自然真实的购物活动，让学生认识元、角、分，知道元、角、分之间的关系，学生在真实或模拟的情境中不仅合理使用了人民币，而且在教师的指导下能够反思并述说购物的过程，积累了使用货币的经验，学生在活动中形成了对货币多少的量感和初步的金融素养，就是比较好的主题式学习活动。

（2）项目式学习的教学实践。项目式学习是一种以学生为中心的课程学习方法，它提供一些关键素材构建一个环境，学生组建团队通过在此环境里解决一个开放式问题的经历来学习，这种学习方式强调学生建立共同体，群策群力解决好项目完成过程中的具体问题，培养学习者的技巧和能力。有研究者认为完成项目式学习需要有：一是要组建学习共同体，学习者在这个小组中有各自的角色。二是要经过“弄清概念，定义问题，头脑风暴，构建和假设，学习目标，独立学习和概括总结”七步学习才能实现。实践表明：项目式学习锻炼了中小学生的创造力，团队合作和领导力，动手能力，计划以及执行项目的能力。如小学生都喜欢做游戏，创设一个与学生知识背景密切相关，又是学生感兴趣的游戏情境，唤起学生的主体意识，让学生自主调动已有的知识、经验、策略去体验和理解知识，激活学生的思维，引发学生自主探究，使学习活动生动有效、事半功倍。

2. 小学数学思维导学化教学促进了学生的深度学习

数学的深度学习就是一种学习的良好迁移，也是一种解决生活中的数学问题的方法迁移，更是一种数学思维方法的迁移。因此，如何运用思维导图于导教与导学，就能很好地起到数学深度学习的良好迁移。

（1）思维导学化教学。思维导图是思维结构化的重要表达方式，是运用图文并重的技巧，把各级主题的关系用相互隶属与相关的层级图表现出来，是把主题关键词与图像、颜色等建立记忆链接。因此，借助思维导图的教学，可以用简洁的表述方式更快速清晰地将课程内容进行传达，使学习者更容易理解教师要传递的学习内容，让学习成为一种有结构的学习，学习者比较形象的理解知识结构、知识的关联所在以及如何由浅入深的学习好数学知识，研究实践表明：思维导图是学生深度学习最好的媒介。具体实践中，可以采用：立足"类"的设计、立足"联"的设计、立足"变"的设计三类教学备课，对小学数学知识点进行思维导图的学习设计，如从"变"的设计上，教师对《比和比例解决问题》课程教学的设计可依次出示题1，题2，题3。题1：修路队修一条长1800米公路，前5天修了600米，照这样计算，一共要修多少天？题2：甲乙两地相距1800千米，李叔叔前5小时行了600千米，照这样的速度，一共要行几小时？题3：王阿姨带了1800元钱买水杯，5个水杯600元钱，照这样计算，一共可以买几个这样的水杯？学生练后发现情境在变，表征的具体数量关系在变。题1的关系是工作总量÷工作时间=工作效率，题2的数量关系是路程÷时间=速度（一定），题3的关系是总价÷数量=单价（一定）。但是它们都是讲总数÷份数=每份数（一定）的故事，在情境变换中体会到知识之间的联系。课题组总结形成了思维导学教学评价流程，如图4所示。

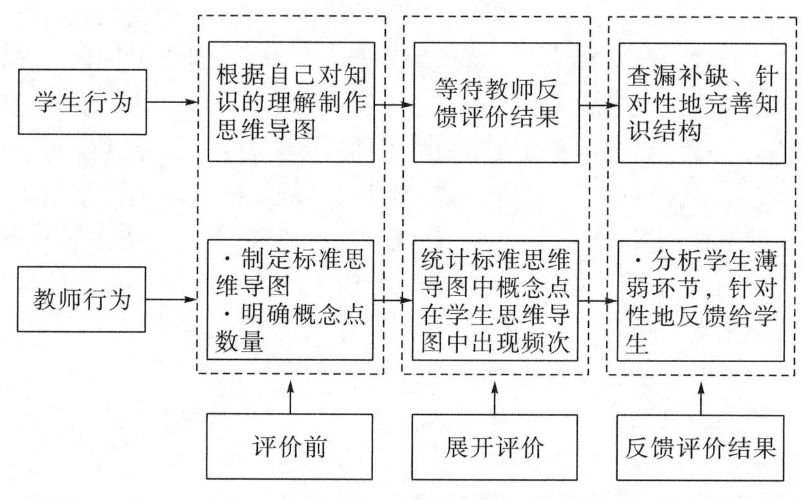

图4　思维导学教学评价流程

（2）强化深度学习的教学方式。课题研究中经过校本教研和专家的指导，课题组提出了强化学生深度学习的教学模式，如图5所示，和深度学习效果的评价六维度：投入程度、知识体系、认知过程、关注焦点、迁移能力、思维层次。

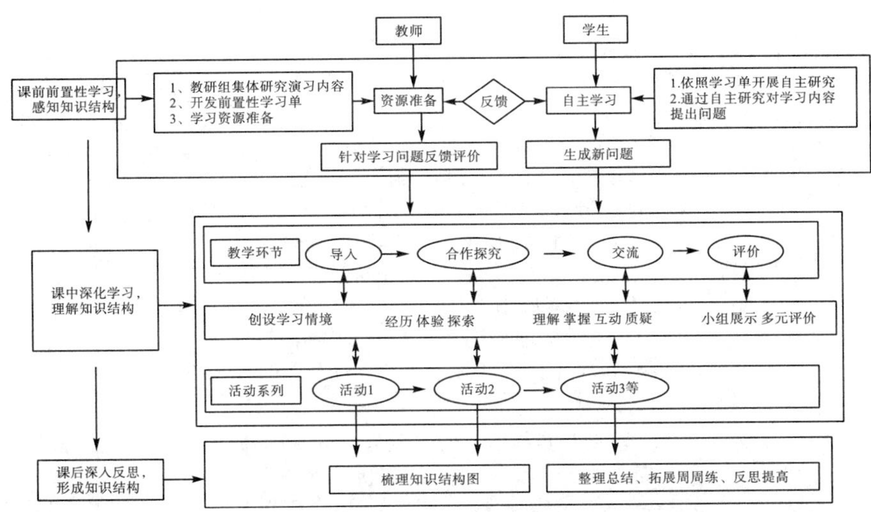

同时制定促进学生深度学习的教学效果评价量表，见表1。

表1 教学效果评价量表

课题			课型			
学校			任课班级			
教师			学生人数			
评价项目	评价指标		评价等级			评分
			A	B	c	
教学设计	教学目标	1. 对教材版本、学科、年级、课时安排结构清晰明了 2. 指向核心素养，符合课标学业质量要求，立足学生实际，体现课程育人价值 3. 明确学习内容和本节课的价值及重要性				
	教学内容	4. 内容结构化，且与核心素养相关联，内容具有科学性、思想性和趣味性 5. 内容选择体现数学学科特征，关注前沿信息，有利于学生理解知识，掌握技能，形成核心素养				

续表

<table>
<tr><td rowspan="2">评价项目</td><td colspan="2" rowspan="2">评价指标</td><td colspan="3">评价等级</td><td rowspan="2">评分</td></tr>
<tr><td>A</td><td>B</td><td>C</td></tr>
<tr><td rowspan="2">教学实施</td><td>学生行为</td><td>6. 能主动地参与观察、猜测、实验、计算、推理、分析、归纳等学习活动，建构和运用知识，获得数学思想和基本活动经验
7. 学生兴趣浓厚，主动参与。会观察、会思考、会解决问题
8. 善于倾听理解别人见解，积极互动质疑，能有条理地表达自己想法，学习有深度</td><td></td><td></td><td></td><td></td></tr>
<tr><td>教师行为</td><td>9. 坚持素养导学，育人为本，准确把握数学本质，适时点拨，追问评价，促进学生对学习内容的整体理解与把握，培育核心素养
10. 突出学生中心，因材施教，采用启发式、探究式、参与式、互动式等多样化方式教学，注重单元整体教学设计，合理选择和有效运用现代教育技术
11. 激发学习力量，面向未来，师生、生生、人际互动，教学思路清晰，张弛有度，富有感染力</td><td></td><td></td><td></td><td></td></tr>
<tr><td>教学效果</td><td>目标达成</td><td>12. 达成预期目标，“四基”和“四能”落实好，各层次学生学有所获
13. 思维活跃，有效运用知识解决问题的能力强，核心素养发展好
14. 不同程度的学生都能有所提高，有所发展，获得积极的情感体验，有强烈的好奇心和求知欲，学习力有提升</td><td></td><td></td><td></td><td></td></tr>
<tr><td rowspan="2">总体评语</td><td colspan="2" rowspan="2"></td><td colspan="3">合计</td><td></td></tr>
<tr><td colspan="3">等级</td><td></td></tr>
</table>

3. 小学数学化归式教学的实践

数学的化归教学，是集中运用数学的整体到部分，数学的等量关系与公理、公式等，把复杂的数量关系及空间关系转化为简单的关系，从而有效地解决好数学思维与数学生活之间的问题。小学数学化归教学是依据归类学习和主动探索性教学的需要，通过学生的观察、实践和反思来获得知识和技能。实践中，通过转化把有可能解决的或未解决的问题，归结为一类以便解决较易解决的问题，以求得解决，这就是“化归”。化归思想的实质就是将一个新问题进行变形，使其转化为另一个已经解决的问题，从而使原来的问题得到解决。课题研究提出“有效梳理教材知识点和建立知识结构体系”两个方面化归教学的对策。

（1）有效梳理教材知识结构。梳理好教材每一单元的知识要点，是对教材中的数学知识进行分类梳理，避开碎片化数学教学存在的问题，才能够达到预期的学习效果。如何梳理好教材知识点，实践上具体的对策主要有以下内容。

第一，梳理好教材单元知识结构，研究中利用思维导图梳理好单元知识点，是一种高效率的教学手段，有助于学生更好地理解不同知识点之间存在的关联性。操作上要求教师梳理单元知识点内容时，运用好思维导图的方式帮助学生建构知识体系，掌握好思维导图的运用方法，促使学生在学习数学知识的过程中，能够在脑海里形成完整的知识框架结构。如在教学“圆”这一单元的知识内容过程中，教师可以将圆的认识、圆的周长以及圆的面积计算这三个内容制作成思维导图，从而帮助学生理清楚“圆”这个知识的脉络。

第二，梳理好学段全册知识结构。在实际的教学过程中发现，大部分教师在帮助学生梳理数学知识时，通常是按照教材知识的先后顺序进行梳理，而忽视对学段全册的数学知识点梳理归纳。为此，将全册教材中的一些零散数学知识进行整合，促使一些具有关联性的数学知识有效衔接在一起，帮助学生实现高效率学习；同时，梳理全册的数学知识内容，还能够达到“补缺补漏”复习效果，促使学生了解自身存在的不足，从而解决碎片化复习的问题。如在学习“数的认识”这一课时，教师可以设计主题结构化的学习活动，将“数的认识”划分为“数与运算”和“数量关系”这两个部分。由于“数的认识”这一课时本身涉及的数学概念比较多，学生容易将知识概念混淆在一起；为此，教师在复习这一课时的知识内容时，可以对全册关于这方面的知识进行系统化梳理，将分散的知识内容串在一起，从而帮助学生区分出整数、小数、分数以及百分数之间的区别，以及这些数之间存在的联系性，从而形成清晰完整的概念结构。

第三，梳理好全段知识结构。小学数学全段知识点之间存在一定的联系，而不同的知识结构需要从整体的角度展开分析，抓住知识点的相同性质或是相同的思维衔接点，才能够帮助学生形成统筹的认知，从而彰显出结构化教学的价值，促使学生建立起全段知识结构体系。例如，在教学关于图形方面的知识内容过程中，首先，需要引导学生掌握长方形、正方形、三角形等这些基础几何图形的知识概念。其次，在掌握基础的图形知识概念之后，可以引导学生深入学习图形周长或是面积的计算，包括不同几何图形之间的性质特征，使学生在学习过程中产生合理联想，从而帮助学生能够将不同的数学知识联系起来，找出知识点之间的异同之处，有利于提高学生的数学学习水平。

（2）引导学生建构好数学知识学习的结构体系。小学阶段的学生缺乏知识整理与归纳的能力，由于小学生的思维不够成熟，考虑问题比较片面，因此在遇到不同的数学知识时无法有效地将知识进行系统化衔接，导致学生的知识结构过于杂乱无章。为此，课题研究中教师在开展小学数学课程教学活动中运用结构化教学模式，完善了学生的数学思维结构，帮助了学生将无序的知识进行有序处理，达到“由乱到齐”的效果。例如，在教学“整数乘法运算”这一知识点内容时，教师可以整合小数和分数的运算，引导学生理解小数、分数以及整数的四则混合运算规律是一致的。促使学生能够在学习过程中推理出数的运算规则，从而有助于提高学生的逻辑推理能力。

4. 加强管理好学生的单元作业完成

加强作业管理是五项管理提质的重要管理内容，课题研究中，重点加强对于小学数学学习的课前作业管理，精心设计前置性学习单，让学生自主研究，感知知识结构。在作业管理中，教师需要在课前通过教研组共同设计研讨，形成有针对性、有层次性的学习单，在线上与线下学习活动前进行前置性作业的布置，帮助学生明确学习内容，感知知识结构；学习单主要是帮助学生认清学习目标，指明学习方法，让学生知道学什么，可以采用什么方法学习，学习之后要达到什么样的水平，学生在明确了自己学习的目标和方法之后，再展开学习，实践表明：学生在学习单的帮助下提升了自主学习的效率。

（1）学习单的设计。在数学作业单的设计上，有些数学知识学习适合串式呈现，有的可以采用网式呈现，有的则可以正逆互通呈现。如串式呈现是从知识学习的联系和适合的角度思考，根据知识点之间的内在联系和前后知识间的内在逻辑关系，整合课时知识，形成更适合学生认知建构的作业形式，以减小知识点之间的跳跃性与重复性，帮助学生理解知识发生的来龙去脉，串珠成线，形成更清晰稳固的知识结构。如在学习《式与方程》时，教师可从帮助学生回忆整理用方程的知识解决实际问题，利用一张表格，让学生提前回忆学过的用字母表示数量、数量关系、运算定律和计算公式等进行作业的前置性学习，让学生将式与方程的学习很好地链接起来，为教师讲解方程的入门打好学生学习的心理准备。

（2）学习作业单的积累。学习作业单以单元学习为基础性、应用性的作业要求为依据，如对“小数”学习作业单可从一开始就进行相关的知识点与主题学习之间的积累，见表 2。

表 2　人教版小学数学教材“小数”主题所涉及的知识点与主题

教材（人教版）	单元	涉及知识点	归类主题学习作业
六年级下册	第 6 单元《整理与复习》	数的认识 数的运算 式与方程 比和比例	数的认识 数的运算
三年级下册	第 7 单元《小数的初步认识》	认识小数 简单的小数加减法 小数的简单应用	数的认识 数的运算
四年级下册	第 4 单元《小数的意义和性质》	小数的意义 小数的计数单位 小数的读写 小数的性质 小数的大小比较 小数的应用	数的认识 关系（分数与小数的关系）
	第 6 单元《小数的加法和减法》	小数的加法 小数的减法 小数的加减混合运算	数的运算
五年级上册	第 1 单元《小数乘法》	小数乘整数 小数乘小数 整数乘法运算定律推广到小数	数的运算
	第 3 单元《小数除法》	小数除以整数 小数除以小数 循环小数（小数的分类） 小数的四则混合运算	数的运算 数的认识

（三）开展数学课标解读、结构化教学培训、课题论文撰写等提高教师的专业能力

1. 数学课标的解读：“教学评”结合有了新途径

研读新课标有三个促进教师专业化成长的意义：一是新课标提出的小学数学课程“结构化、生活化、学科间融合实践性”的教学要求，特别是关于课程教学的“主题式、项目式”，以及数学学科的核心素养“三会”的教学评价标准，对于教师队伍中普遍存在的本体性知识缺失、实践性知识缺失、教学方式固化、网络资源利用手段落后等问题的解决有事半功倍的作用。二是新课程的数学课程性质、课程结构、课程“教、学、评”三结合的教学思想、原则、方

法等，比较系统地提供了教师结合结构化教育文化的课程构建、课堂教学、深度学习指导管理等专业性强的实践性对策，有效促进了教师的课程建设能力整体提升。三是有效改进了样本研修的“三课”活动内容与形式，专家咨询引领、学科教师共同体建设，以及科研思维，教师“研学”等成了提高专业素养，促进课堂教学改革的最佳功效。

2. 结构化教学培训统一了教学实践

课题研究中，课题组围绕结构化的数学学科教学理解与建议，小学数学课程标准的教学思想及教学方式问题，小数教学结构化、生活化、信息化的认知与实践，小学数学教师的教学力分析与要素把握，数学整体思想与小学生数学学习力培养，新课标提出的三会数学核心素养的培养对策，小学数学课题研究的成果理解与成果运用，小学数学教师的专业化成长与课题研究质量提升，数学归原性课堂教学的基本环节与评价，小学数学学生学习质量评价优化与数学课程深化改革等研究学习、研究交流，研究成果提炼等相关的校本培训，全体教师明确了小学数学课程教学需要有“归原致远”的教学思想为指导，需要依据课程内容的“结构之原、数学思维之原、学生深度学习之原”而开展“三课”教学，突出教学方法优化的实践，也就是数学学科教学要适合每一个学生，教学的思路就得基于学生的问题，以问题为导向，设计教学，设计教学情景，让学生在情景中活动，通过体验，获得真实感受和经验，转化成自己的认知，提升自己的能力。随着教师对于大数据，大项目，共同体的认同，合作教学、实践化教学就是每一个教师所必备的品质，只有合作才能求发展。教师专业成长的共同体建构，最终是形成一个完整的教学结构团体：“问题—合作—讨论—总结”的教学结构化团队。

3. 论文撰写集中课题研究成果的表达

立足于课题核心概念“知识点梳理与运用”的课程标准理解，把握好小学数学课程教学的结构化思想指导，以学生数学学习的核心素养培养为目的，集中在五个主要的方面：理性研究、课程研究、教法研究、学法研究、教师与学生素质培养上，对课题研究成果进行了梳理与完善，要求教师，特别是主研人员必须结合课题成果提炼的需要，撰写研究论文。目前全体主研人员进行了研究成果的思考与撰写，主要完成了以下论文成果（见论文汇编附件）及取得了研究成果的公开发表交流评奖等，见表3。

表 3　“小学数学知识结构梳理与应用的实践研究”课题成果一览表

姓 名	成果名称	成果类型	认证单位	时间
周政敏	重庆市教学成果评比	一等奖	市人力社保局、市教委	2017.11
周政敏	论文《信息技术应用能力提升 我们在努力实践》	市一等奖	市教科院	2020.10
周政敏	论文《基于学生核心素养的“归原”课程体系结构》	市三等奖	市教科院	2020.10
周政敏	论文《实验教学与学科融合 促进创新思维发展》	市二等奖	市教育学会教育管理专委会	2021.12
周政敏	精品微课实录“摆一摆 想一想”	区三等奖	区进修学院	2022.06
武 艺	全国中小学核心素养落地研讨会上展示课“分数的初步认识”	现场展示课	中国教师发展协会	2017.10
武 艺	九龙坡区“九龙杯”数学优质课竞赛	优秀课竞赛	九龙坡区进修学院	2017.12
武 艺	九龙坡区教研活动研究课例展示“图形的整理复习”	课例展示	九龙坡区进修学院	2018.05
文 梅	微课“三角形内角和的秘密”	区一等奖	区进修学院	2017.10
文 梅	微课“三角形内角和的秘密”	国家级一等奖	中国教育发展战略学会	2018.01
文 梅	论文《论小学数学的“三做”合一生活课堂》	市三等奖	市教育学会	2019.04
文 梅	中小学拓展试验设计活动“圆锥的体积”	区三等奖	区教委	2020.5
文 梅	微课“图形的运动——旋转”	区一等奖	区进修学院	2022.11
文 梅	编写小学三年级《成长册》	参编	中央教育科学研究所	1999.10
文 梅	论文《浅析小学数学在课改方面存在的问题》	发表	《教育》	2015.10
文 梅	论文《初探小学数学课堂教学汇总存在的问题及改进方法》	发表	《中外交流》	2015.11
文 梅	论文《探索小学课改中的合作学习》	发表	《科研》	2015.12
文 梅	论文《“减负提质”与作业设计实践研究》	市三等奖	市教育学会	2022.09

续表

姓 名	成果名称	成果类型	认证单位	时间
文 梅	五年级数学寒假作业设计《创意综合实践作业》	区二等奖	区进修学院	2022.12
牟 瑛	论文《小学数学探究式课堂案例分析》	发表	《数码设计》	2019.01
牟 瑛	论文《温暖的爱伴你成长》	发表	《中小学教育》	2020.04
牟 瑛	论文《我的教育故事》	一等奖	中国管理科学研究院教科所	2019.01
牟 瑛	论文《小学数学探究式课堂案例分析》	一等奖	万方数据	2019.01
牟 瑛	论文《在数学教学中激发学生学习兴趣》	二等奖	市教科院	2019.04
牟 瑛	论文《信息技术在小学高段数学中的作用》	三等奖	市教科院	2020.10
牟 瑛	微课“小数的初步认识”	二等奖	区进修学院	2017.10
牟 瑛	论文《提高课堂效率，关注教学中学生的体验》	三等奖	市教育学会数学专委会	2022.09
穆晓娟	论文《小学数学作业管理的学问》	二等奖	中国教育协会	2021.12
洪 凤	教案《解决问题》	三等奖	中国教育研究学会	2021.12

（四）学生的深度学习能力与学业质量提升效果明显

1. 学生的深度学习能力提升

课题研究重视对于深度学习力的“三力”（理解学习力、意义学习力、创新学习力）的认知与实践，立足于学习力是“学习动力、学习毅力和学习表达力”三要素的认知，实践中强调结构化学习，思维导学式学习，以及前置性作业的设计管理等，把学生个人小学数学知识总量的增加，以及小学数学知识学习运用的创新程度，学习方式的转变等纳入结构化“教、学、评”三者的有机结合之中。课题研究三年多中，本校学生深度学习力水平提升较高，尤其是创新学习力的提升每年在区属学校学业质量监测里都排在前五名之列。2021 年全区小学高中段小学数学学生学业质量监测中，本校学生创新学习力取得第二名的好成绩，由此表明学校小学数学课堂教学在转变学生学习方式上产生了研究的作用。

2. 学生的学业质量稳步提升

课题研究从2019年到2022年开始，小学数学学科高中低段全域开展结构化、思维导学、化归式教学实践，学生着力于深度学习，结果是本校学生每学年的全区质量检测成绩排名不断上升，2019年本校学生数学学科质量监测全区排名20，2020年和2021年都排第16名，2022排第15名。从学生学习成绩的“三率”提高效果上讲，三年中，本校学生的优分率、良好率、及格率得到显著提升，以本校2017级中段班为例，各班每学年“三率”统计见表4。

表4　2017级中段班每学年末“三率”统计

	优分率	良好率	及格率
2019年	73.57%	80.86%	94.29%
2020年	74.29%	82.86%	94.86%
2021年	80.00%	85.71%	95.14%
2022年	81.43%	88.57%	96.00%

八、研究影响与效果

（一）组织小学数学学生深度学习方式的转变有了明显的效果

深度学习是指学习者在独立感知与思考的基础上，把学习内容转变成有程序性的学习问题，再寻求比较符合个人解决问题的方式，分步具体解决学习问题，提高学习质量与效率的学习。课题研究在结构化思想指导下，立足于提高课堂教学质量，强调学生的自发性和自我探究性的学习活动组织，重视使用较多的可视化工具，如图形、图像和动画，来帮助学生理解数学概念，尽量让学生发挥自己的想象力和创造性思维，通过自己的探究性实践来学习知识，而不是被动地接受知识。

（1）创设合理的生活化教学。深度学习的指导必须与学生的生活相结合，一方面生活中处处有数学，数学只有通过具体的生活反映出来，才能够帮助学生更好地适应环境，提高自我保护能力和独立思考能力，培养学生自信、自尊心理。另一方面深度学习的核心是不断提高学习的效率，增强数学课堂教学的有效性，因此创设合理的生活化教学，能够促使学生理解数学知识，从而调动学生学习数学的积极性，减轻学习数学的压力。如在学习《秒的认识》内容时，教师可以让学生带着教师提出的问题回家观察自己家的钟表，能够让学生分清楚这三个针的区别，只有明确了时针、分针和秒针的不同，才能理解最小的时间单位是秒，明白秒和分之间的进率关系。

（2）运用好多媒体融合教学手段。传统的小学数学教学课堂以教师单方面讲述为主，基于主题式、项目式学习的教学方式十分有限，即使是应用最多的课堂互动教学方法，教师留给学生思维活动的时间也不足以让他们进行有效的思维活动，课堂氛围沉闷乏味，不利于学生数学思维意识的建构和拓展性思维的训练，抑制了他们主观意识的发散性活动，阻碍了其创造力的发展，深度学习方式得不到培养。现在互联网提供了多媒体的融合教学，让数学的立体化表达成了最大限度的可能，结构的立体性更强，更有利于知识点的网络化连接，更加促进了学生的主动性学习。为此，课题组教师以信息传输和资源通信技术为主要手段，恰当而合理地打造小学数学智能化教学课堂，促进了学生空间思维的养成，推动了其数学学科核心素养的培养和提升，为学生的深度学习起到了良好氛围营造作用。如教师组织学生学习《图形的运动》时，恰当地借助了当前的多媒体技术，利用其中的动态教学工具，通过图案形象地动态移动的过程和双色线段之间的位置转换，对图形的轴对称、平移和旋转进行了细致的讲解，让学生通过观看图形清晰明了的运动路线，明白其中的数学原理和具体操作过程，不仅使图形的学习变得十分简单，还有助于学生数学分析明辨能力的提升和数学形象思维的架构。

（3）提高教师与学生的互动频率。当代的最有效课堂教学方式是对话交流，民主式的合作，教师在授课过程中，应更有效的运用好研讨式、合作式、主题式、项目式教学的方式，增进同学生的数学知识对话。比如在讲到“时间点”时，任课教师可以从家里拿来一个钟表，上课时首先提问学生“谁知道现在几时几分?”若是有同学回答上来，老师应该给予一定的鼓励；然后将学生分成小组，老师做裁判，各小组竞争，看哪个组回答得又快又准确，这样一来，不仅能提高与学生的互动频率，还能让学生在“玩”的过程中收获快乐，达到教学的目的，彻底改变被动的学习方式。实践经验表明：小学数学老师高度重视学生的学习方法，改进自己的教学方式，注重同学生最大限度地对话交流与研讨，满足较多学生在“玩”的同时学到知识的兴趣爱好，就可让学生在快乐中学好数学，提高课堂教学质量和促进学生的深度学习方式的形成。

（4）问题教学方法的优化。数学学科教学要适合每一个学生的深度学习，教学的思路就得基于学生的问题，以问题为导向，设计教学，设计教学情景，让学生在情景中活动，通过体验，获得真实感受和经验，转化成自己的认知，提升自己的能力。问题是导向，学生间的合作是基础，合作学习中有相互观察、交流、互助、学习、影响，还有创新与创意等学习表达。现在互联网平台与云数据为学生的一起合作提供了无限的可能性，随着大数据，大项目，共同体的认同，合作学习能力成为每一个人所必备的品质，只有合作才能求发展。事实上，合作学习中会有交流，会有讨论，甚至有争论，有讨论，才能促进深度思考或深度学习的活动开展。

（二）学校归原特色教育的学科教学特色有所彰显

1. 充分发挥了归原教育思想在数学学科教学中的思想引领作用

结构化思想是学校所有师生共同发展的价值取向，在数学学科教学实践中，培养出会用数学的眼光观察现实世界，会用数学的思维思考现实世界，会用数学的语言表达现实世界的接班人，是数学课程教学的主要责任与担当。课题研究中，课题组教师们一起充分运用归原教育思想破解了数学学科的教学之困——如何有效地“教”与学生更有效“学”之间的问题。研究表明：当前，小学数学学科教学中教师的“教”存在观念转变难，教学方式单一不能适应现代教育改革理念的问题；而学生的“学”，则多数是被动听课、不理解性的学习。因此，高度重视运用归原教育思想的理念转变小学数学教师的教学观念，引导教师在“三课”活动中，积极更新观念，改变教学方式，从传统的教师一言堂转变为对话式教学、研讨式教学、学科间的教学实践等，同时更要立足于激发学生主动参与性的学习，改变学生“学”的方式，设计前置性学习和网络式的平台，多采用学习共同体的合作式学习方式，引入主题式、学科融合实践式的学习方式，通过对学生学习力的培养，让学生学习变得更为自信，让学生的数学思维更着力于“三会”核心素养的形成与完善。

2. 运用归原教育思想实现了数学跨学科教学的管理

新的课程标准提出加大跨学科教学活动的组织与管理，课题研究基于结构化教学思想，认真分析了目前小学段各学科培养学生核心素养的教学特点，从教学内容、教学方式、学习网络平台等各方面教学可对接处，努力找到学科之间的最大公约数，然后基于学生深度学习方式，着力于学生综合学习能力的提升，在数学学科教学中融入信息技术，综合运用各个学科知识结构，提升学生综合应用能力。如培养学生数学知识迁移的能力上，教师应当对新旧数学知识进行科学整合，引导学生在现有的知识基础之上进行拓展延伸，帮助学生的数学认知水平得到更好的发展，促使学生在遇到相似题型时，能用图形转化的方式进行必要的计算，从而渗透较多的数学思想，促使学生形成学习迁移能力。

3. 学校归原教育特色发展取得了新的突破

课题研究丰富了教育之结构化的理解与认知图式，理解上教育之结构是人的学习系统性需要，也就是人成为人的需要；认知图式上，把素质教育、立德树人、核心素养等教育之结构，都是作为因为教育人成为人之道。同时细化了结构化内容，重点归纳为了三个方面：一是高质量教育体系建设，结构在于有系统的教育体系，学校的高质量教育体系在于立德树人的课程体系，实践体系"一二三四五"战略体系。二是高素质或高品位的人才评价体系建设，结构化在于人才评价的价值体系，学校提出人才评价体系落实到学生"强健的体、灵巧的手、聪慧的脑、明亮的眼、温暖的心"五个维度的素养培养之结构上。三是具象识别体系建设或特色教育体系建设，学校强调本真教育特色，把本真教育的精神追求放到结构化上。

九、问题与讨论

1. 存在问题

课题研究主要依据课程标准的学习与理解，同时强调对于学科结构化教育思想课程、课堂、学生成长中的实践探索，有效地运用归原教育思想于学科知识结构、学段知识结构、单元知识结构的梳理，本课题组成员虽对其知识内容、知识结构、学生能力等进行了较好的梳理，然而对于其知识结构点、学生深度学习能力点，小学数学课堂"教、学、评"三者的结合点等各点之间的系统认识不够，其"归原致远"的教学实践体系建构还需要更进一步的完善。

2. 相关讨论

本课题研究中，教师教学观念、教学方式、教学技能等虽有所转变并得到了一定程度的培养提升，然而在小学数学学科整体的课程教学能力结构上，教师学习共同体仍然需要强化系统性、新技术性、新针对性的能力提升。更进一步讲，本课题研究虽对学生的深度学习原理与方法有所涉及，然而并没有加强同学科的学习方式指导与管理，特别是同教师的主题式、项目式教学密切结合的研究。

十、结论与建议

（一）研究结论

1. 以结构化教育思想为指导，有效梳理了小学数学课程内容

课程教学培养学生核心素养的学科知识结构、学段知识结构和单元知识结构，明确了结构化教学、思维导图教学、学生数学深度学习方式等知识应用的教学方式和学习方式，加深了对小学数学课程标准提出的核心素养培养的认识和理解，形成本课题研究的小学数学“归原致远”教学实践体系。

2. 以课程标准为依据，加强深度学习指导与管理

课题以学生的学科深度学习方式形成要求，课题研究依托网络平台，加强了对学生进行主题式、项目式学习的指导与管理，学生的结构性学习，思维导读式的认知结构完善，以及数学的生活化实践，数学的跨学科间的综合学习能力提升效果明显。

3. 教师的课程理解力与课堂教学能力有较好的提升

学校教师在参与本课题研究期间，深化了对小学数学知识的整体性、结构性、生活性、核心素养等方面的认识，形成了小学数学结构化的知识体系，并在教学实践中，不断开展结构化教学、化归式教学、学生的作业管理、学生的深度学习指导等实践，撰写了质量较高的论文，并在全区教研时进行课例展示。

4. 学校结构化教育思想得到了学科彰显

结构化教育思想是学科共同发展、共同提升，高质量教育体系建设的思想，是突出以学生为本，以学习为本的“生命、生活、生长”的教育结构思想体系，是学科教学结构化的教学指导思想，小学数学学科运用结构化教学思想的实践：一是结构化理解教学实践。二是思维导图式学习导学实践。三是学科间的综合实践性的教学实践。

（二）研究建议

1. 重视和加强科研质量管理

中国式教育现代化 2035，提出建设高质量的教育体系，由此，传统的教育科研需要强化高质量课题研究的意识，重视和加强科研质量的提升。提升课题研究质量，有三个方面的举措：一是要把握好核心概念的时代内含，教育原

理与方法，提高研究人员的理性思维水平。二是要加快大数据、网络化的技术学习与掌握运用，技术改变课题研究的速度、质量、效率。三是增强成果意识，对于课题研究过程中的各类资料充分地开发与利用。

2. 突出标准化与规范化的科研

学校教育的标准化与规范化程度成为学校优质、品牌、高效教育的需要，课题研究是学校教师发展，学校学生学业质量提升的最佳途径，需要认真研究标准化、规范化的课题研究过程与管理，特别是质量评价等问题，建议主管部门加强培训指导，加快规范化、标准化的课题研究指导工作。

“小创客·大创造”校本课程培育学生核心素养的实践研究①

一、研究背景及意义

（一）研究背景

1. 国家对“创客教育”的重视

在党的十九大报告中，强调建设教育强国是中华民族伟大复兴的基础工程，要全面贯彻党的教育方针，落实立德树人根本任务，发展素质教育，推进教育公平，培养德智体美劳全面发展的社会主义建设者和接班人。要围绕全面提高教育质量这一核心，大力发展素质教育，全面改进教与学的方式，建立健全以学生发展为本的教学关系，加强创新型人才培养，着力提高学生发现问题、提出问题、分析问题和解决问题的能力。积极推进教育信息化，加大投入多媒体教室建设，提高数字教育资源覆盖率，促进优质教育资源的共享。不断深化基础教育人才培养改革，培养学生创新能力和实践精神。在《中国教育现代化 2035》中提出了：“发展中国特色世界先进水平的优质教育。”全面落实立德树人根本任务，广泛开展理想信念教育，厚植爱国主义情怀，加强品德修养，增长知识见识，培养奋斗精神，不断提高学生思想水平、政治觉悟、道德品质、文化素养。增强综合素质，弘扬劳动精神，强化实践动手能力、合作能力、创新能力的培养。

2. 九龙坡区对“创客教育”的重视

根据九龙坡区创客空间联盟的工作计划，在九龙坡区石新路小学，九龙坡

① 重庆市教育学会第九届（2018—2020 年）基础教育科研立项课题（课题批准号：XH2018B237）。

区教育信息技术与装备中心举办了创客空间联盟相关活动，参赛教师和学生集训，物流机器人与机器人平衡车集训；同时，开展了九龙坡区第二届青少年机器人大赛、3D创意设计专项赛活动，区科协举办的第二届青少年机器人大赛。2018年3月5日，在“九龙坡教德〔2018〕10号”通知文件中，按照区教委《关于印发加快推进中小学创客教育发展的指导意见的通知》（九龙坡教德〔2017〕2号）的要求，为做好九龙坡区2018年中小学创客教育工作，推动学校创客教育的发展，提出了以下工作要求：高度重视，落实课程；建设创客实践室，发展特色创客课程；开展创客教育督查。

3. 学校对“创客教育”的发展需求

为落实“立德树人”根本任务，培育学生全面发展，学校秉承“筑基每一个人的美好未来”核心理念，围绕“走向世界的中国人，开创未来的现代人”的培养目标，遵循“适合学生，适应未来”的课程理念。将人的核心素养培育目标具体化为“强健的体，灵巧的手，聪慧的脑，明亮的眼，温暖的心”。“灵巧的手”既是学校落实立德树人根本任务之举，也是核心素养落地实施的重要目标。从2016年以来，学校每年陆续建设和打造了一些“生活创客空间”活动室，同时，开设了相应的创客课程。但是学生的动手能力、创新意识和创新能力薄弱，实践能力缺乏，学习方式滞后；部分教师教学方式单一，课程开发意识和能力较弱，没有根据学生的需求设计科学、合理的教案进行教学，更谈不上开发原有课程的意识；学校创客教育资源缺乏，课程没有系统化，没有针对学生的需求开发课程，现有的“创客空间”数量和课程设计根本无法满足学生的活动需求。

（二）研究意义

1. 落实立德树人根本任务需要，培育和提升学生核心素养

习近平总书记在全国教育大会上强调：坚持中国特色社会主义教育发展道路，坚持把立德树人作为根本任务，培养德智体美劳全面发展的社会主义建设者和接班人。习近平指出，要努力构建德智体美劳全面培养的教育体系，形成更高水平的人才培养体系。习近平在谈到六个“下功夫”时强调，要在培养奋斗精神上下功夫，教育引导学生树立高远志向，历练敢于担当、不懈奋斗的精神，具有勇于奋斗的精神状态、乐观向上的人生态度，做到刚健有为、自强不息；要在增强综合素质上下功夫，教育引导学生培养综合能力，培养创新思维。习近平还强调，要在学生中弘扬劳动精神，教育引导学生崇尚劳动、尊重劳动，懂得劳动最光荣、劳动最崇高、劳动最伟大、劳动最美丽的道理，长大

后能够辛勤劳动、诚实劳动、创造性劳动。

2. 深化学校课程改革，整体提升学校育人水平

通过“小创客·大创造”校本课程的实施与开发，弥补和丰富学校筑基精品课程体系建设内容，让学校课程建设更接地气，适合学生，适应未来，与学校学生的培养目标相匹配，大大提升学校整体育人水平。

3. 为其他学校提供创客教育借鉴

通过“小创客·大创造”校本课程的实施与开发，形成的研究成果可以共享与借鉴，让其他学校不再走弯路，从而辐射与带动联盟体和周边学校的发展，把“小创客·大创造”校本课程扎实推进与完善。

二、理论基础及依据

（一）理论基础

1. 创新教育理论

创新教育就是通过创新的教育教学活动来培养学生的创新能力，进而实现上述新事物发展与变化的教育，它是主体活动、民主活动、互动性活动、独立自学活动。创新教育的核心是创新能力。创新教育的前提是解放学生，着重研究与解决在基础教育领域如何培养学生的创新意识、创新精神和创新能力的问题。

2. 合作学习理论

合作学习理论的代表人物之一罗伯特·斯莱文，他在自己文章中着重阐述了合作学习的动机理论、社会凝聚力理论、认知发展理论和认知精致化理论。合作学习是以学生为中心的教学理念，合作学习的中心是合作，但它也强调了如何尊重学生，如何调动学生的学习兴趣、提高他们的学习动机，如何组织教学和改革教学的形式，如何改进学习方法和教学环境，尤其是如何培养学生的综合素质。

3. 课程结构论

强调课程的基本性、基础性、范例性，主张应教给学生基本知识、概念和基本科学规律，教学内容应适合学生智力发展水平和已有的生活经验，教材应精选具有典型性和范例性的内容。特色在于：其一，以范例性的知识结构理论进行取材，其内容既精练又具体，易于举一反三，触类旁通。其二，范例性是理论同实际自然地结合的。其三，能解决实际问题的内容都是综合的，不是单

一的。其四，范例教学能更典型、具体、实际地培养学生分析问题和解决问题的能力。

4. 未来教育七种能力论

教育家托尼·瓦格纳在《教育大未来》中指出，未来世界需要创新型人才必须具备七个关键能力：批判性思考与解决问题的能力；跨界合作与以身作则的领导力；灵活性与适应力；主动进取与开创精神；有效的口头与书面沟通能力；评估与分析信息的能力；好奇心与想象力。

（二）政策依据

1. 国家教育事业发展“十三五”规划

从教育领域看，当今世界教育正在发生革命性变化。确保包容、公平和有质量的教育，促进全民享有终身学习机会，成为世界教育发展新目标。教育与经济社会发展的结合更加紧密，以学习者为中心，注重能力培养，促进人的全面发展，全民学习、终身学习、个性化学习的理念日益深入人心。教育模式、形态、内容和学习方式正在发生深刻变革，教育治理呈现出多方合作、广泛参与的特点。

2. 中国学生发展核心素养

所谓“学生发展核心素养”，主要是指学生应具备的，能够适应终身发展和社会发展需要的必备品格与关键能力。核心素养是关于学生知识、技能、情感、态度、价值观等多方面的综合表现；是每一名学生获得成功生活、适应个人终身发展和社会发展都需要的、不可或缺的共同素养；素养形成发展是一个持续终身的过程，可教可学，最初在家庭和学校中培养，随后在一生中不断完善。正式发布的“中国学生发展核心素养”共分为文化基础、自主发展、社会参与三个方面，综合表现为人文底蕴、科学精神、学会学习、健康生活、责任担当、实践创新等六大素养，具体表现为社会责任、国家认同、国际理解；人文底蕴、科学精神、审美情趣；身心健康、学会学习、实践创新。此课题研究，主要从学生的科学精神、健康生活、实践创新着手，从而培育和提升学生的动手能力、设计能力、合作能力、探究能力、实践能力、创新能力、思维创造能力等素养。

3. 综合实践课程标准

2017 年 9 月 25 日，在教育部关于印发《中小学综合实践活动课程指导纲要》的通知中提出，综合实践活动课程是从学生的真实生活和发展需要出发，从生活情境中发现问题，转化为活动主题，通过探究、服务、制作、体验等方式，培养学生综合素质的跨学科实践性课程。

三、核心概念界定

（一）“小创客·大创造”校本课程

“创客”中的“创”指创造，“客”指从事某种活动的人，“创客”本指勇于创新，努力将自己的创意变为现实的人。本课题中的“小创客”特指具有创新理念、自主创新，学习学校自主开发的校本课程的学生。“创造”则是指想出新方法、建立新理论、做出新的成绩或者东西。本课题中的“大创造”是指通过学校自主开发的校本课程的学习，设计并制作有一定创意的作品，提升学生科学精神、健康生活、实践创新等素养的活动。“小创客·大创造”校本课程是指以学校打造的生活创客空间为载体，以培育学生核心素养为目标，由教师设计、开发、评价，并经学校严格审核，纳入课程计划，学生动手实践的活动课程。

（二）核心素养

中国学生发展核心素养以培养“全面发展的人”为核心，分为文化基础、自主发展、社会参与 3 个方面，综合表现为人文底蕴、科学精神、学会学习、健康生活、责任担当、实践创新 6 个核心素养。科学精神具体包括理性思维、批判质疑、勇于探究等基本要点，健康生活具体包括珍爱生命、健全人格、自我管理等基本要点，实践创新具体包括劳动意识、问题解决、技术应用等基本要点。

（三）培育学生的核心素养

本课题研究的学生核心素养是指学生在生活创客空间里，通过生活体验、生活技能学习、生活动手动脑等活动，对科学精神、健康生活、实践创新等核心素养的延伸拓展。

四、国内外相关研究综述

（一）关于创客教育的研究

1. 国外对创客教育的研究现状

2016 年 9 月 14 日，美国研究所与美国教育部综合了研讨会与会学者对 STEM 未来十年的发展愿景与建议，联合发布：《教育中的创新愿景》（*STEM 2026：A Vision for Innovation in STEM Education*），力求在实践社区、活动设计、教育经验、学习空间、学习测量、社会文化环境等方面促进 STEM 教育的发展。2017 年 8 月 16 日，首届“少年创客”（Youthmaker）科学挑战赛决赛暨高端峰会论坛正式拉开帷幕。来自卡内基梅隆大学、Fab Lab 创始人、国内外教育专家与国内外青少年创客汇聚一堂共同探讨创客理念，体验创客实践，实现创客科研。

2. 国内对创客教育的研究现状

2015 年 3 月 5 日上午，国务院总理李克强在政府工作报告中提出，政府将制定“互联网+”行动，“互联网+”第一次纳入国家经济的顶层设计。在 2016 年第 6 期《中国电化教育》中，东北师范大学李卢、郑燕林共同研究的《中小学创客空间建设的路径分析——来自美国中小学实践的启示》一文中，针对创客空间路径建设进行研究。2017 年，国务院印发的《新一代人工智能发展规划》提出，在中小学阶段设置人工智能相关课程，逐步推广编程教育，鼓励社会力量参与寓教于乐的编程教学软件、游戏的开发和推广。

（二）关于培育学生核心素养的研究

1. 国外对培育学生核心素养的研究现状

2006 年 12 月 18 日欧洲议会和欧盟理事会通过了关于核心素养的建议案。2008 年，发布的《墨尔本宣言》为澳大利亚未来教育的发展提供了战略性的思路和发展方向总体目标。2002 年，美国制定了《“21 世纪素养”框架》，2007 年再次更新。2004 年，芬兰颁布的《基础教育国家核心课程》中，就把“核心素养”的概念融于其中。2007 年，新西兰颁布课程草案，放弃了价值相对主义，特别强调价值观教育的重要性，提出必须将基础价值观教育融入学校各门课程的教学当中。2010 年 3 月，新加坡教育部发布了新加坡学生的“21 世纪素养”框架。

2. 国内对培育学生核心素养的研究现状

2016 年 2 月，《中国学生发展核心素养（意见稿）》公布，意见稿中列出了九大综合素养：社会责任、国家认同、国际理解、人文底蕴、科学精神、审美情趣、学会学习、身心健康、实践创新，并分别对其进行了划分。我国核心素养体系的提出为我国“要培养什么样的人”做出了具体的回应。然而“核心素养”应如何落实在课程、教学中，如何实现“五个统筹”，是未来进一步要解决的问题。

综上所述，国内国外对创客教育和学生核心素养培育有一定的研究，但主要是研究创客教育的内涵、实施载体、软件开发和构建核心素养内容框架方面，而结合学校校情进行有效实施的研究很少。鉴于此现状，重庆市九龙坡区第一实验小学教育集团才确定对本课题的研究。结合学校和学生实际，摸清学生现有的核心素养现状，通过构建和实施“小创客 · 大创造”校本课程，从而培育学生科学精神、健康生活、实践创新等核心素养，让核心素养真正落地生根。

五、研究目标及内容

（一）研究目标

（1）通过研究和实践，培育学生的科学精神、健康生活、实践创新等核心素养。

（2）提高教师的课程开发和实施能力，让教师成为学生学习的引导者和鼓励者。

（3）深化学校课程体系建设，提升学校整体育人质量，扩大学校研究影响。

（二）研究内容

（1）运用座谈法、问卷调查法对学生核心素养的现状调研。

（2）“小创客 · 大创造”校本课程构建。

（3）“小创客 · 大创造”校本课程培育学生核心素养的策略。

（4）建设“小创客 · 大创造”校本课程生活创客空间。

（5）从学生的科学精神、健康生活、实践创新等方面，进行培育学生核心素养行为表现研究。

(6) 从厨艺、茶艺、智慧农业种植、魔术、比特物联网、智能机器人、生活创意 DIY、VR 及 3D 打印等 8 个项目，进行“小创客·大创造”校本课程丛书编写研究。

(7) 研制“小创客·大创造”校本课程培育学生核心素养的评价机制。

六、研究对象及范围

(1) 研究对象：九龙坡区第一实验小学部分学生和部分教师。

(2) 研究范围：九龙坡区第一实验小学“小创客·大创造”校本课程的课堂教学实施与评价机制。

七、研究方法及运用

(一) 文献研究法

本课题中，针对核心概念的科学界定、理论基础及依据，课题组查阅了相关的理论书籍、网络资料等文献，在充分收集资料的基础上，对已有的创客教育和培育学生核心素养相关理论及实践成果分析整理，了解研究现状，丰富和完善课题研究的核心概念、理论基础与依据，为课题研究提供重要的理论支持，见表 1。

表 1　文献研究法

阶段	研究初期	研究中期	研究后期
所学文献	《论创客教育与创新教育》《创客空间支持的深度学习设计》《创客教育的价值潜能及其争议》《创客教育课程设计与应用》《进一步推进中小学创客教育的几点意见》《基于“创客空间”的创客教育推进策略与实践》等文献	《21 世纪学生发展核心素养研究》《论 STEAM 教育与核心素养的对接》《基于核心素养的课程发展》《研讨式教学模式建构》等文献	《中小学创客空间评价研究》《创造性思维理论——DC 模型的建构与论证》《开展 STEAM 教育，提高学生创新能力》《创客教育与学生创新能力培养》《青少年科学创造力的理论研究与实践探索》《从创新到创业》等

续表

阶段	研究初期	研究中期	研究后期
作用意义	摸清创客教育的研究现状与价值，明确研究方向，确定研究内容和研究目标，构建“小创客·大创造”校本课程，打造多间学生活动的“创客空间”	摸清核心素养的研究现状，理解核心素养的内涵与六个维度，提炼培育学生核心素养的具体表现，建构课堂自主合作探究学习模式	摸清学生与本课题研究的多种能力的培养与提升，指导教师对研究内容进行整理提炼，研制“小创客·大创造”校本课程评价量表，找到培育学生核心素养的一些策略

（二）调查研究法

调查法是根据课题研究目标，为了达到研究目的，设计问题与组织调研，全面或比较全面地收集研究对象的某一方面情况的各种材料，并做出综合分析，得到某一结论的研究方法。最常用的调查方法主要有问卷法、访谈法、交流法等。

本课题中，我们通过问卷调查研究方法，按照问卷设计原则进行数据统计，前测随机发放问卷 250 份，回收问卷 250 份，有效问卷 250 份，有效回收率达 100％；后测随机发放问 250 份，回收问卷 250 份，有效问卷 500 份，有效回收率达 100％，见表 2。

表 2　调查研究法

调查内容	调查结论
对校本课程开设的满意程度	46％非常愿意，20％比较愿意，23％无所谓，11％不愿意
对学习校本课程的喜爱程度	47％非常喜欢，21％喜欢，25％一般，7％不喜欢
学习校本课程作用的认识程度	48％非常有利，26％比较有利，17％一般作用不大，9％没有作用
对学习校本课程教师教学的满意程度	41％非常喜欢，29％喜欢，19％一般，11％不喜欢
对校本课程学习内容的选择情况	厨艺课程 18％，智慧农业种植课程 15％，比特物联网课程 17％，魔术课程 14％，茶艺课程 15％，生活创意 DIY 课程 6％，智能机器人课程 8％，VR 及 3D 打印课程 7％

续表

调查内容	调查结论
研究学生所具备的核心素养情况	科学精神（理性思维 30%、批判质疑 2%、勇于 1%、都没有 67%），健康生活（珍爱生命 91%、健全人格 3%、自我管理 1%、都没有 5%），实践创新（劳动意识 54%、问题解决 8%、技术运用 5%、都没有 33%）

（三）行动研究法

研究人员全程参与，边研究边实施，在行动中研究，在研究中发现、反思研究中存在的问题和进一步优化的策略，在实践中不断地总结问题及原因并找出解决问题的可行性策略。本课题主要运用了行动研究法来解决课题研究中遇到的问题，特别是在编写校本课程教材中，课题组的老师全员参与，将校本课程教学内容进行试用，课题组成员及时了解校本课程教材的试用情况，不断进行修改和完善。经历这一个过程，老师们不断自我反思，什么内容对学生有用，学生对一些活动是否具有操作性，课题组的老师总结和提炼相关的策略，最终运用于校本课程的设计、开发、评价，如图 1 所示。

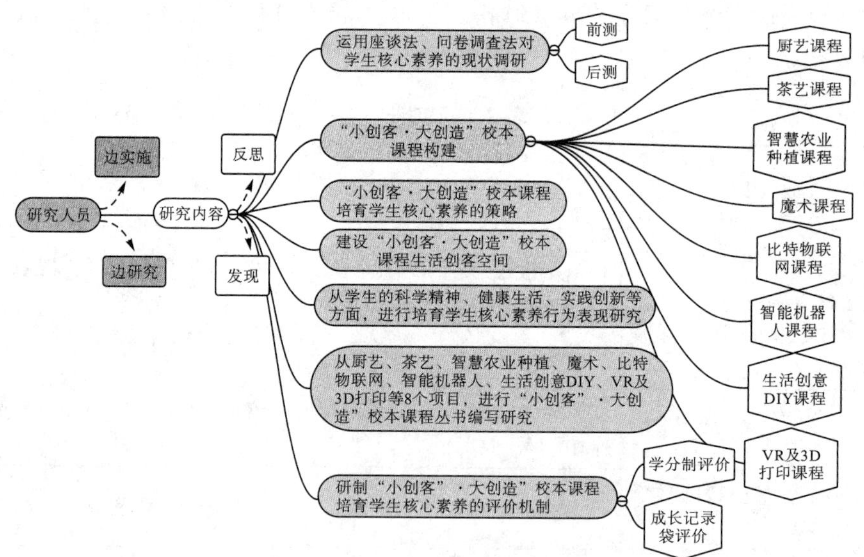

图 1 《“小创客·大创造”校本课程培育学生核心素养的实践研究》行动研究路径图

八、研究成果

（一）构建了“小创客·大创造”校本课程

在社会变化日新月异，科技飞速发展的当下，为满足创新人才培养和学生核心素养提升的需求，教育部提出了全面深化课程改革，提倡建立以国家课程为依托，地方和学校特色课程相结合的课程体系，学校基于“筑基每一个人的美好未来”办学核心理念，构建了基于培育学生核心素养的“小创客·大创造”校本课程。

1. 课程理念

学校“小创客·大创造”校本课程以“动手实践、创意生活、点亮未来”的课程理念，课程设置以生为本，适合学生，适应未来。

2. 课程目标

利用“小创客·大创造”校本课程为载体，培育学生的科学精神、健康生活、实践创新等核心素养。

3. 课程结构

“小创客·大创造”校本课程主要由厨艺、茶艺、智慧农业种植、比特物联网、魔术、智能机器人、生活创意 DIY、VR 及 3D 打印八个项目构成，它是学校拓展性课程的一个分支。

4. 课程实施

探索出了实施“小创客·大创造”校本课程培育学生核心素养的策略：包括顶层设计、学习途径、专业培训、长效机制、实践体验 5 个方面。

5. 课程评价

根据学生对“小创客·大创造”校本课程的尝试、体验与实践，充分发挥课程评价的有效功能，采用了学生学分制评价和成长记录袋评价两种评价方式和手段，关注学生实践体验、创新意识、合作意识、潜能激活、个性释放。

6. 课程保障

学校主要从师资、场地、经费、时间等方面，制定了相应的政策和制度，给予“小创客·大创造”校本课程具体实施提供保障，如图 2 所示。

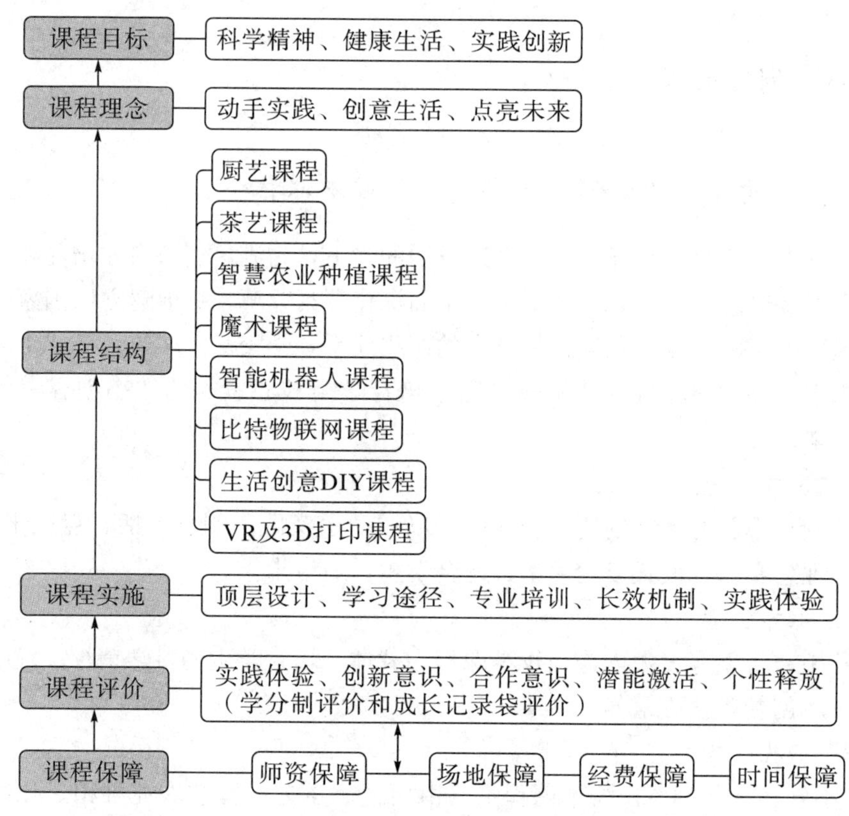

图 2 “小创客 · 大创造”校本课程框架图

（二）探索出了实施“小创客 · 大创造”校本课程培育学生核心素养的策略

1. 顶层设计——制定校本课程实施方案

（1）实施目标：按照“科学规划、点面结合、特色兼顾”的发展思路，从普及、提升、示范三个层面同步推进“小创客 · 大创造”生活创客空间建设和“小创客 · 大创造”校本课程开发。2018 年年底，全面完成“小创客 · 大创造”生活创客空间建设；2019 年，初步形成学段有机衔接、特色鲜明的“小创客 · 大创造”校本课程。

（2）实施原则：坚持协调发展，坚持以人为本，坚持开放共享。

（3）主要任务：开发课程资源。选择开设与学校自身特色相适应、能满足学生身心发展的“小创客 · 大创造”校本课程。纳入课程、成立创客社团，积极参加科创类竞赛，起到区域示范带动作用。

打造师资队伍。遴选一批创新意识强、综合素质高、技术能力好的优秀教师组建“小创客·大创造”校本课程实施教师队伍，以团队的形式指导开展创客教育活动教学。鼓励有兴趣特长、爱好创客教育活动的教师主动转型或兼职，充实到“小创客·大创造”校本课程实施教师队伍，还可以外聘专业社团教师。

研制“小创客·大创造”校本课程培育学生核心素养评价机制。要结合创客教育活动特点，将“小创客·大创造”校本课程与学科教学有机结合，找准切入点，以学科教学为载体，形成多方位、多角度的课程评价机制。

2. 学习途径——建构自主合作探究的课程活动途径

课堂采取小组围坐式的自主合作探究学习方式，根据学情进行分组，做到组内异质，组间同质，保证小组学习和活动能力的平衡。学习模式如下。

茶艺课程、厨艺课程、魔术课程、种植课程活动途径如下。

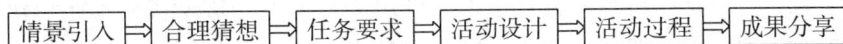

情景引入 ⇒ 合理猜想 ⇒ 任务要求 ⇒ 活动设计 ⇒ 活动过程 ⇒ 成果分享

比特物联网课程、智能机器人课程、VR 及 3D 打印课程、创意生活 DIY 课程活动途径如下。

情景引入 ⇒ 目标任务 ⇒ 器材准备 ⇒ 制作调试 ⇒ 成果分享 ⇒ 创新改进

3. 专业培训——为校本课程的实施打下基础

学校以校内教师为主，同时外聘部分专业教师，为课程有效实施组建好师资。同时，学校邀请专家，实施现场和网络培训。

邀请了奥鹏教育指导专家苏小平教授亲临学校现场，以“三提升一全面”的总体发展目标为切入点，详细地介绍了推进课程的整体框架和实施流程；邀请了奥鹏教育技术部产品经理余璐敏教师，从“研修空间的构建”“项目实施的具体路径”“大数据分析支持”三个方面，详细向参训教师解读了研修每个阶段的任务清单；两次邀请了区教师进修学院王开明主任结合信息技术 2.0 的要求，线上和线下对授课教师运用信息技术的能力进行培训与点评；邀请了渝中区教师进修学院李立院长讲述信息技术从 1.0 到 2.0 的成长过程，从不同时代的结合信息技术的教学方式方法进行讲解，让与会老师们充分理解到信息技术授课的重要性；根据参研教师两次展示课的培训反馈，奥鹏教育信息技术专家周静老师通过奥鹏教育的校本平台，运用线上授课的方式，通过运用相关工具着手，指导教师运用信息化工具授课，提升课堂效果。在直播中，与课题组老师进行互动，并对老师提出的问题进行了解答。

4. 长效机制——保障校本课程的实施

学校成立了由何军校长为组长的课程建设领导小组，分别从组织、制度、时间、场地、经费、教师培训、激励考核等方面建立健全学校各项制度，成为课题实施的有力支撑，为课程实施保驾护航。

（1）组织保障机制：成立工作领导小组，研究制订计划，明确责任，抓好落实。

（2）制度保障机制：制定并完善了考勤制度、激励机制、学习机制。

（3）时间保障机制：分三个阶段进行研究，规划清晰，任务明确，保障课题研究落实到位。

（4）场地经费保障机制：自筹资金建设了多间“小创客·大创造”生活创客空间。

（5）教师培训保障机制：邀请市区专家定期对全体教师进行小课题研究和专业课程培训指导；组织部分骨干教师外出学习考察先进学校校本课程建设的实践经验情况；通过课例研讨、主题教研等方式提升教师课堂教学能力和教科研能力。

（6）激励考核保障机制：学校年度考评把教师参与“小创客·大创造”校本课程实施的情况作为重要的绩效考核内容予以表彰和奖励。

5. 实践体验——校本课程序列化实施

（1）创客教学常态化：学校将“小创客·大创造”校本课程的实施纳入课程计划，计入授课教师的课时量，列入班级课表，定时定地点上课，让教学常态化，随时进行督导与评价。

备注：校本课程安排表详见附件二。

（2）设置创客社团活动：学校每学期进行“小创客·大创造”校本课程自选社团活动，学生根据自己的需求和兴趣，通过网上自主选择“小创客·大创造”社团活动。

（3）参加各级各类创客比赛：学校每年开展了小百灵交易节、科技创新大赛，组织师生参加国家、市区各种科技比赛和信息技术比赛。

（三）建设了“小创客·大创造”生活创客空间

学校课题组为建设“小创客·大创造”生活创客空间，打造了厨艺室、茶艺室、种植课程功能室、比特物联网实践室、VR 及 3D 工作坊、魔术课程活动室、生活创意 DIY 活动室、智能机器人活动室等 8 个生活创客空间，推进了学校的智慧校园建设。

（四）厘清了学生核心素养的行为表现

学生核心素养的行为表现见表 3。

表 3　学生核心素养的行为表现

科学精神	理性思维	以智慧农业种植课程为例，学生面对水培植物课例进行独立思考，没有土壤植物能茁壮生长吗？然后查阅资料，亲自水培植物并做好记录，课上小组交流结果，得出正确结论，从而逐步形成自己的理性思维
	批判质疑	以魔术课程为例，学生对“意念折纸”进行猜想、思考、争论、实作等方式进行演练，课上小组或者个人交流结果，得出正确结论，从而逐步形成自己的批判质疑能力
	勇于探究	以智能机器人课程为例，学生利用“抓木机”配件，根据任务目标和要求，进行大胆尝试、不断探索组装，最后将组装好的“抓木机”进行交流与展示，从而逐步培养自己勇于探究的精神
健康生活	珍爱生命	以厨艺课程为例，学生了解哪些食物有营养？吃哪些食物有利于身体健康？学生实作一些食物进行交流与品尝，改善饮食，提升生命质量，感悟到尊重生命是我们每个人的义务与责任，从而养成珍爱生命的习惯与意识
	健全人格	以生活创意 DIY 课程为例，学生利用废弃纸盘制作一些精美的动物，变废为宝，珍爱动物，让学生从小树立环保意识，让学生懂得怎样去欣赏美和创造美，多为社会增添美好生活，从而逐步塑造学生的健全人格
	自我管理	以魔术课程为例，学生通过“空手变物”魔术活动，按照小组组间同质、组内异质方式，完成各自的任务与分工，在任务和分工中管理好自己，再与同伴交流合作完成魔术，最后进行展演与分享，从而逐步形成学生自我管理的生活方式
实践创新	劳动意识	以生活创意 DIY 课程为例，学生利用废弃的纸盒做成小火车，变废为宝，与同伴进行交流与分享，懂得劳动可以创造财富，劳动可以发明创新，从而逐步培养学生的劳动意识
	问题解决	以厨艺课程为例，学生通过学习糯米丸子制作过程，了解糯米丸子的制作方法，懂得去发现问题、分析问题、提出假设、检验假设等困惑，从而逐步提高了学生解决问题的实际操作能力
	技术运用	以比特物联网课程为例，学生利用比特造型模块和电子模块，自己动手搭建外形各异的报警器，充分发挥想象力和创造力，以及团队合作，组建模块，最后完成报警器（看家电子狗）的制作，从而逐步提高学生技术运用的能力

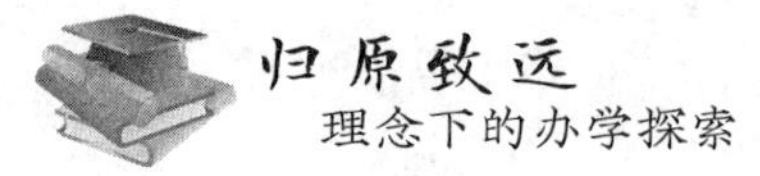

（五）编写了“小创客·大创造”校本课程丛书

课题组成员在深研各学科课程标准、核心素养、学生年龄段特点、心理特征的基础上，综合学生需求，以及师资条件、场地等具体情况，从而整合信息技术和综合实践活动课程。经过多次研讨，并邀请相应课程专家和教师进行论证，最后编写了“小创客·大创造”校本课程丛书，丛书包括八个项目课程的内容。课程名称分别是：厨艺课程、茶艺课程、智慧农业种植课程、魔术课程、比特物联网课程、智能机器人课程、生活创意 DIY 课程、VR 及 3D 打印课程。学校还从建设生活创客空间、师资搭配、后勤保障等方面，分年段进行开发、实施与评价，如图 3 所示。

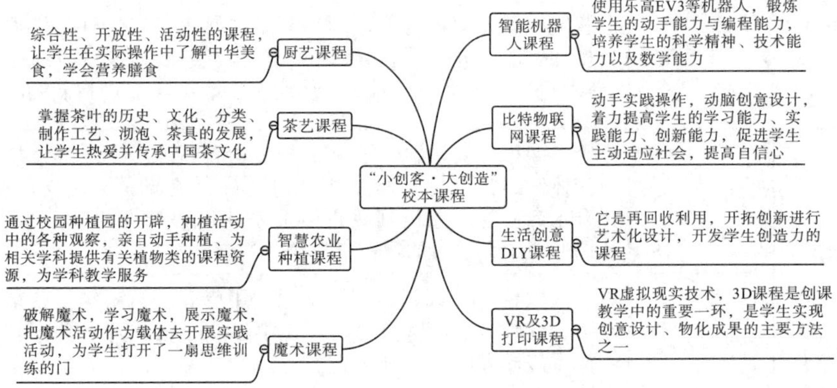

图 3　“小创客·大创造”校本课程丛书简介

备注：《“小创客·大创造”校本课程丛书》详细情况详见附件一。

（六）研制出了“小创客·大创造”校本课程培育学生核心素养的评价机制

根据学生对“小创客·大创造”校本课程的尝试与体验，结合课程实际，充分发挥评价的有效功能，关注学生学习过程感受，主要采用了学分制评价和成长记录袋评价两种评价工具。

1. 学分制评价

（1）成绩评定。

校本课程学分别评价量表（总分 50 分）见表 4。

表 4 “小创客・大创造”校本课程学分制评价量表

<table>
<tr><th colspan="4">指标</th><th rowspan="2">分值
（分）</th><th rowspan="2">考查办法</th><th rowspan="2">评价主体</th><th rowspan="2">评分
（分）</th></tr>
<tr><th>一级指标</th><th>二级指标</th><th colspan="2">三级指标</th></tr>
<tr><td rowspan="10">过程性
评价
（35 分）</td><td rowspan="5">课堂学习
（25 分）</td><td colspan="2">兴趣与参与</td><td>3</td><td rowspan="5">1. 课堂观察检核表与随堂记录卡
2. 学习情况
3. 看作业
4. 看小组合作评价表</td><td rowspan="5">指导老师同伴、自己</td><td></td></tr>
<tr><td colspan="2">合作与交流</td><td>3</td><td></td></tr>
<tr><td colspan="2">知识掌握与运用</td><td>4</td><td></td></tr>
<tr><td colspan="2">收集与分析</td><td>3</td><td></td></tr>
<tr><td colspan="2">反思与计划</td><td>2</td><td></td></tr>
<tr><td rowspan="5">成长
记录袋
（10 分）</td><td colspan="2">学习计划</td><td rowspan="5">（参看成长记录袋评价）</td><td rowspan="5">各项记录情况</td><td rowspan="5">老师、家长、同伴</td><td rowspan="5"></td></tr>
<tr><td colspan="2">作业或作品</td></tr>
<tr><td colspan="2">进步</td></tr>
<tr><td colspan="2">收集的课程资料</td></tr>
<tr><td colspan="2">评价与自我反思</td></tr>
<tr><td rowspan="10">终结性
评价
（15 分）</td><td rowspan="2">知识考查
（5 分）</td><td colspan="2">课内掌握的基本知识</td><td>3</td><td rowspan="2">笔试或口试</td><td rowspan="2">指导老师</td><td></td></tr>
<tr><td colspan="2">课外习得的相关知识</td><td>2</td><td></td></tr>
<tr><td rowspan="8">表现性
活动
（10 分）</td><td rowspan="4">技能
（5 分）</td><td>基本技能的掌握与熟练程度</td><td>2</td><td rowspan="4">表现性活动（动手操作、口头表达、表演等）</td><td rowspan="4">指导老师或同伴参与</td><td></td></tr>
<tr><td>与人合作交流的能力</td><td>1</td><td></td></tr>
<tr><td>分析与处理问题的能力</td><td>1</td><td></td></tr>
<tr><td>创新与实践的能力</td><td>1</td><td></td></tr>
<tr><td rowspan="4">情感
态度
价值
（5 分）</td><td>对课程的学习兴趣</td><td>1</td><td rowspan="4">试卷与表现性活动</td><td rowspan="4">指导老师</td><td></td></tr>
<tr><td>参与态度、创新精神</td><td>1</td><td></td></tr>
<tr><td>积极向上的人生态度</td><td>2</td><td></td></tr>
<tr><td>社会责任感与使命感等</td><td>1</td><td></td></tr>
</table>

（2）奖励办法。

①凡在国家级、市级、区级科技节各类各项竞赛活动与资格证书考试中获奖或获得资格证书的学生均可获得奖励学分，见表 5。

表 5　奖励办法

级别	等级与得分		
校级	一等奖 3 分	二等奖 2 分	三等奖 1 分
区级	一等奖 6 分	二等奖 5 分	三等奖 3 分
市级	一等奖 7 分	二等奖 6 分	三等奖 4 分
国家级	一等奖 8 分	二等奖 7 分	三等奖 5 分

②发表文章（在各级报刊、杂志上发表的论文、设计方案、调查报告等），见表 6。

表 6　奖励办法

级别	校级	区级	市级	国家级
加分	1 分	3 分	4 分	5 分

2. 成长记录袋评价

校本课程成长记录袋评价量表见表 7。

表 7　“小创客·大创造”校本课程成长记录袋评价量表

评价等级	标准描述
A 等 （7～8 分）	活动记录完整、资料齐全、设计新颖美观、整洁
	进步明显、有突出成果、有个性特长
	积极参与小组学习，与他人合作愉快，小组评价为优秀
	会自我反思与计划，会中肯地评价他人
B 等 （5～6 分）	活动记录较完整、资料比较齐全，有 8～10 件文件，设计较美观、整洁
	有一定进步，有学习成果，作品较有创意，有一定程度的特长
	积极参与小组学习，小组评价良好
	能合理计划自己的学习，能自我反思，会正确地评价他人
C 等 （3～4 分）	活动记录较清晰，有 5～7 件文件，比较整洁
	有一定的学习成果，作品较认真
	能参与小组学习，小组成员评价一般
	有学习计划，能自我反思

续表

评价等级	标准描述
D 等 （1～2 分）	有少量资料，整理不够细致
	有学习作品或学习计划
	小组评价为及格

备注：《“小创客·大创造”校本课程培育学生核心素养评价机制》详细情况详见附件三。

九、研究影响与效果

（一）研究效果

1. 培养了学生的核心素养、科学精神、健康生活、实践创新

学校课题组通过课堂观察、学生问卷调查，对学生开展“小创客·大创造”校本课程培育学生核心素养进行摸底。2018 年 9 月，随机抽测 250 名学生问卷，收回问卷 250 份；2020 年 9 月，抽测前测同样 250 名学生问卷，收回问卷 250 份；通过研究前后学生核心素养变化发现，的学生科学精神、健康生活、实践创新等核心素养形成呈上升趋势。这说明开展“小创客·大创造”校本课程对培育学生核心素养能起促进作用的，让越来越多学生的科学精神、健康生活、实践创新等核心素养得到了提升。

（1）培育了学生的科学精神。研究中，通过种植课程之“希望的种子”等系列探究活动，让学生针对“没有土壤植物能茁壮成长吗?”研究主题，亲自种植水培植物，得出了正确结论，促进学生理性思维的变化。通过魔术课程之“透视扑克牌”等系列探究活动，让学生猜想、争论、判断、实践后再揭示谜底，强化学生的批判质疑能力。至于勇于探究能力，则通过智能机器人课程之“齿轮传动——回力小车”等系列探究活动，小组合作制作回力小车，鼓励学生勇于探究，然后进行后测问卷，摸清学生的变化情况。从前测后测数据来看，学生的理性思维、批判质疑、勇于探究三种行为表现，人数都呈上升趋势，说明学生的科学精神得到了培育，如图 4 所示。

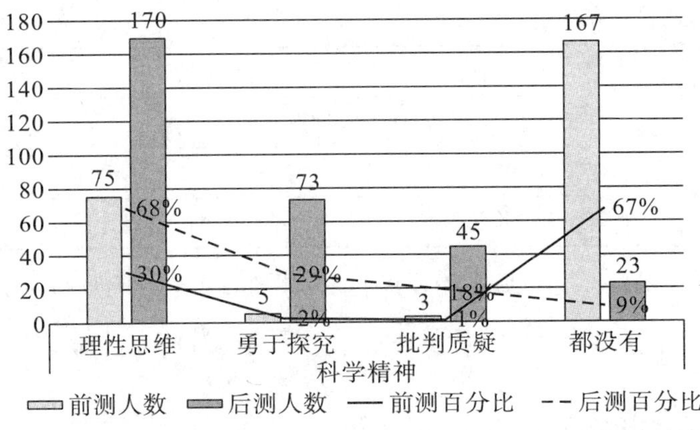

图 4　前测和后测学生核心素养“科学精神”方面变化柱状图

(2) 促进学生健康生活方式的形成。研究中，通过厨艺课程之“食物中的营养”等系列探究活动，让学生针对“营养食物利于健康”研究主题，亲自选择食材，亲自下厨操作烹饪一道美食，知晓了食物中的营养利于健康，促进学生珍爱生命。通过生活创意 DIY 之“纸盘变变变”等系列探究活动，让学生废物利用，把纸盘经过创意制作变成了精美的装饰品，以此培养学生的环保意识等健全人格。至于自我管理能力，则通过魔术课程之“空手变物”等系列探究活动，独自通过语言引导以及手脑的协调表演，空手变出钱币等，让学生知道幸福是奋斗出来的，学会自我管理。从前测后测数据来看，学生的珍爱生命、健全人格、自我管理三种行为表现，人数都呈上升趋势，说明学生的健康生活方式得到了形成，如图 5 所示。

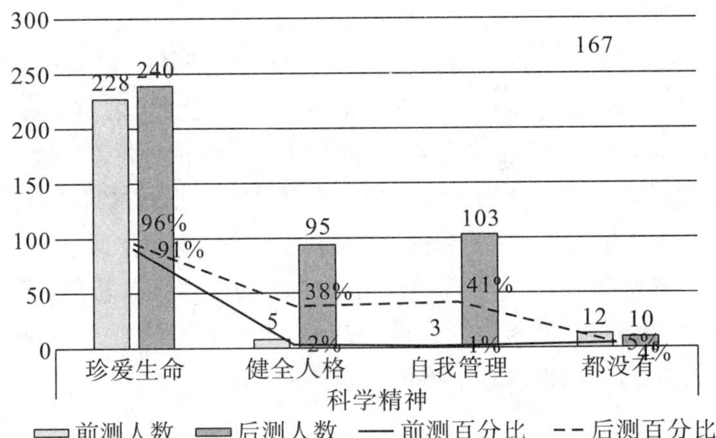

图 5　前测和后测学生核心素养“健康生活”方面变化柱状图

（3）提升了学生的实践创新能力。对学生进行前测问卷调查，了解学生帮父母做家务等劳动现状，然后通过“生活创意 DIY”之“学做康乃馨——献给妈妈的礼物”等探究活动的实施，对学生积极参与劳动进行后测问卷调查，从而摸清学生的劳动意识变化。同时，通过设置问题解决方面的前测问卷，了解学生现状，然后通过“厨艺”——“学做抄手”等探究活动的实施，提升了学生解决问题的能力。至于技术运用能力，通过“比特物联网”——“时光倒流的时钟”等探究活动的实施来提升。从前测后测数据来看，学生的劳动意识、问题解决、技术运用三种行为表现，人数都呈上升趋势，说明学生的实践创新能力得到了提升，如图 6 所示。

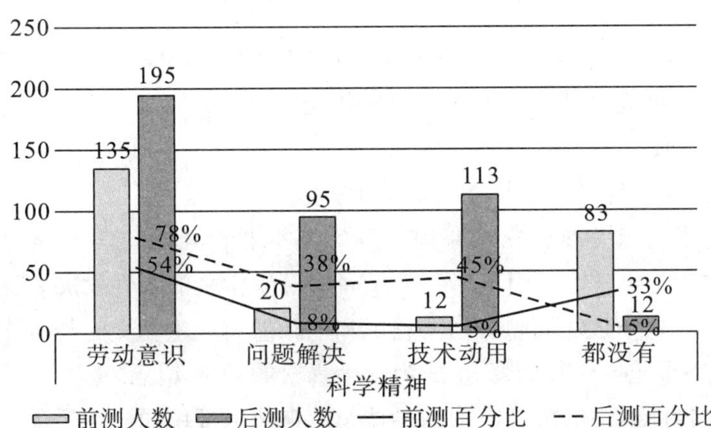

图 6　前测和后测学生核心素养“实践创新”方面变化柱状图

近三年来，我校学生参加九龙坡区计算思维编程竞技比赛、九龙坡区青少年科技创新大赛、九龙坡区青少年科技创新区长奖评选、重庆市“今日教育杯”科学小论文评选、重庆市中小学编程教育展评活动、重庆市青少年科技创新大赛、重庆市宋庆龄少儿发明奖评选、重庆市小小科学家实验比赛、全国中小学电脑制作比赛、全国宋庆龄少儿发明奖评选等，取得了较好的成绩。学生荣获市区级奖项近 100 项，荣获国家级奖项 3 项。其中刘奕涵同学荣获 2018 年全国宋庆龄少儿发明金奖，荣获 2018 年九龙坡区青少年科技创新区长奖，何佳睿同学荣获全国中小学电脑制作程序设计一等奖，谭爱凝同学荣获电脑绘画二等奖。

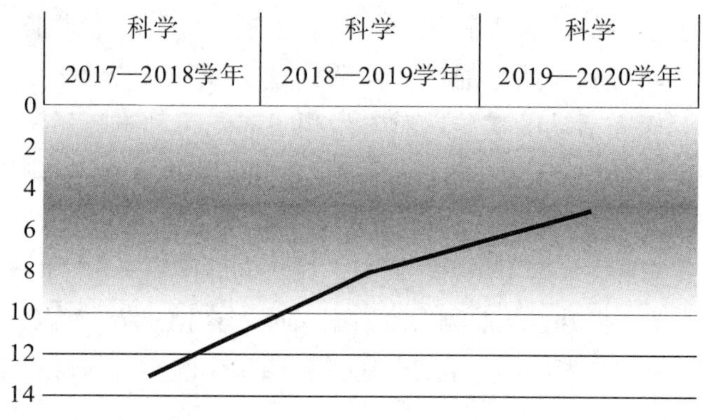

图 7　近三年科学学科参加区质量监测排名

近三年来，学校在区教委组织的学科质量监测中，科学学科 2018 年全区排名第 13 名，2019 年全区排名第 8 名，2020 年全区排名第 5 名，排名呈逐年上升趋势，如图 7 所示。

2. 教师专业发展，学校育人质量提升

老师能主动积极参与校本课程开发，校本课程开发与实施能力得到了提升。教师成为学生学习的引导者和鼓励者，尊重学生的个性发展，让学生动手实践与思考，充分激发他们的创新意识和创新能力，主动交流与合作，让学校的“小创客·大创造”课堂真正成为学生喜欢的动手实践课堂。近三年来，我校教师参加各种不同层次、级别的科技及信息技术板块的比赛活动，取得了较好的成绩，荣获国家级奖 4 项，市区级奖近 50 项。蒋艳老师 2018 年荣获全国“一师一优课”一等奖，刘爽老师 2018 年荣获重庆市“一师一优课”一等奖，肖疑、向凤、王洪老师荣获 2018 年全国宋庆龄少儿发明奖指导金奖，刘云老师 2018 年获九龙坡区政府青少年科技创新教育表彰。

学校被评为九龙坡区青少年科技创新大赛优秀组织单位、九龙坡区青少年科技工作室、九龙坡区科技教育特色学校、重庆市青少年科技模型大赛优秀组织单位、重庆市梦想课堂自然笔记大赛示范学校、重庆市中小学信息技术示范学校、重庆市首批中小学智慧校园建设示范学校。

备注：学生、教师、学校详细获奖情况详见附件四。

（二）研究影响

在学校课题组的推动下，我校教师积极参与研讨，共同提高、发展、进步，在校内外各种教学竞赛中频频获奖。除了学生竞赛、教师获奖，学校教育教学成绩也突飞猛进，教学效果有口皆碑，教学质量年年攀升，近几年来，办学水平质量连续获得一等奖和获评好班子，多次获得区教委和区教师进修学院领导和专家的一致好评，起到了全区的榜样示范作用，辐射周边兄弟学校和联盟体学校，并得到借鉴。学校对联盟体进行帮扶活动，引领联盟体学校的发展。“比特物联网联盟学校”两次在我校召开现场会，校长在全区课改交流会上做主旨发言，介绍了本课题研究情况。

十、问题与讨论

（一）问题

学校课题组通过“小创客·大创造”校本课程的实践研究，在实施过程中也发现了一些问题，并逐步尝试解决了一些问题。

（1）在课程实施与开发中，课程涉及的面不够广，很多学生还不能参与课程的学习与实践，极大地打击了部分孩子的学习积极性和学习机会。

（2）学校受场地和设施设备影响，打造的“小创客·大创造”生活创客空间数量少，不能满足学生的课程活动需求。

（3）部分教师的课程开发能力较弱，教育观念转变不够，教育教学方法陈旧、单一，无法满足学生的求知欲望。

（二）讨论

（1）基于“小创客·大创造”校本课程培育学生核心素养的实践研究，坚持学生为本，以促进学生核心素养发展为出发点，以国家课程标准和基础教育改革规划纲要为要求，结合本校实际情况，整合、调整原有的课程结构，开设符合学校特色和学生发展需求的校本课程，让国家、地方、校本课程三位一体，为学生的发展服务。

（2）争取上级主管部门的支持，着力多建设“小创客·大创造”创客空间，从而满足学生的课程活动需求。

（3）在以后的研究中，加强教师对校本课程的开发能力，把传统的教学方法和新课程理念有机地结合起来，优势互补，让其课堂焕发出新的生命力。

十一、结论与建议

（一）结论

1. 课题组扎实研究，取得丰实的成果

研究中，课题组结合学校实际和学生现状，围绕研究目标，开展了扎实的研究，走出了一条提升学生科学精神、健康生活、实践创新等核心素养的有效之路，让核心素养真正落地生根。

课题组通过"小创客·大创造"校本课程的实践研究，建设了多间"小创客·大创造"生活创客空间，为学生提供了学习和实践校本课程的活动场所和展示平台，也成了联盟体和兄弟学校交流和学习的基地，对培育学生核心素养具有重要的指导作用。摸清了课题研究前后学生核心素养的变化，厘清了学生核心素养的行为表现。构建了"小创客·大创造"校本课程，编写了《小创客·大创造》校本课程丛书，丛书从课程性质、课程理念、课程思路、课程目标、课程内容等方面进行了诠释，对教师实施校本课程具有一定的方向性和指导性。探索出了实施"小创客·大创造"校本课程培育学生核心素养的策略，研制出了"小创客·大创造"校本课程培育学生核心素养的评价机制。

2. 课题组以点扩面，取得多维的效果

学校课题组通过"小创客·大创造"校本课程的实践研究，培育了学生的科学精神、健康生活、实践创新等核心素养，培养了学生的自主学习、合作探究、实践创新等能力，为今后的学习打下了坚实的基础。通过实践操作与运用，提高了学生的学习兴趣，激活了教师教育教学创新的激情，发展了教师的研究能力，提升了教师的专业素养，提高了学校的教育教学质量。在全区、全市的各级竞赛中取得了优异的成绩，产生了较大的影响，辐射周边兄弟学校和联盟体学校，并得到借鉴，赢得了社会的认可，提升了学校的知名度和美誉度。

（二）建议

本课题的研究虽然暂告一段落，但本课题组校本课程开发探索之路不会结束，课题组将以此为契机，不断探索实践，及时发现并解决课堂教学中出现的一些新问题，在今后的学习和教学实践过程中，我们仍将总结经验，不断改进不足。对于今后的研究工作，我们做如下建议。

（1）继续加强理论学习，增强教师的科研意识。加强教师进行教育科研的理论和科研方法的学习和培训，以精深的专业知识引领课题的继续研究。

（2）争取得到上级教育行政部门的大力支持，多建设一些生活创客空间，满足学生学习和实践的需求。同时，对校本课程的授课教师进行更加专业的指导和培训，进一步提高我校教师的课堂设计和实施能力。

（3）立足课堂，抓好科研常规工作。在教育科研之余开展深入的教学反思，把教育科研落到实处，争取取得更多的研究成果，并扩大成果影响，用研究成果指导教学实践活动，取得更大教学进步，提高教学质量和教学效率。

（4）进一步做好课题研究的相关文字、材料、图片和电子档案等的收集、整理和管理。

（5）继续科学地开发与教学有关的课堂教学资源，丰富教学内容。

附件一：

“小创客·大创造”校本课程丛书介绍

课程名称＼内容	课程性质	课程理念	课程思路	课程目标	课程内容
厨艺课程	是一门综合性、开放性、活动性课程，体现了学生在生活中擅于观察、发掘，遇到新鲜事物勤动手、动脑，去感受生活中的奥妙，体验生活带给我们的乐趣	1. 发展学生的核心素养。关注个体适应未来社会生活和个人终身发展所必备的素养。既指导、引领、辐射学科课程教学，彰显学科教学的育人价值，使之自觉为人的终身发展服务 2. 发展学生的潜力。丰富的文化体现了社会主义核心价值观的引领作用，它是坚持德育为先，坚持能力为重，坚持全面发展的学科体现 3. 培养学生的综合能力。丰富学生社会实践，强化能力培养，着力提高学生的观察能力、实践能力、创新能力	课程形式以兴趣引路，点面结合，“点”指校级厨艺社团，由对厨艺特感兴趣的学生组成，聘请有专长的教师于每周四下午的社团课上作重点指导；“面”指各年级各班，由各班主任老师按课程计划组织实施。课程内容既有实践操作，又有社会调研；既涉及厨艺的学习，又涉及饮食文化的探讨，以引导学生体验“生活世界”与“科学世界”的和谐统一，培养学生潜在的自主性、探究性和创造性	1. 培养实践意识：引导学生在做中学，在学中做，在活动中综合运用所学知识和技能，获得多方面的直接体验，培养理论联系实际的学风 2. 培养学生主体意识 3. 培养学生创新意识 4. 培养学生合作意识 5. 培养学生劳动实践的能力 6. 培养学生发现问题的能力	根据学生的观察和动手实践能力，将六年的学习实践划分为三个学段：第一学段（一、二年级）、第二学段（三、四年级）、第三学段（五、六年级）。一年级学习做凉西红柿、凉黄瓜。二年级学习凉拌三丝、凉面。三年级学习包饺子、包抄手。四年级学习包汤圆、蒸糯米丸子。五年级学习做麻婆豆腐、鱼香肉丝。六年级学习做回锅肉、水煮鱼
茶艺课程	综合运用茶叶的历史与文化、茶叶的分类与制作工艺、茶具的发展与制作工艺等相关的知识，结合学习沏泡工夫茶的实际操作，训练学生综合能力的提升。鼓励学生在沏泡工夫茶的过程中，表现自己与众不同的特质，形成自我风格	让学生了解中国灿烂悠久的茶叶历史以及文化，培养学生热爱并传承中国传统文化，形成正确的价值观和积极的人生态度。并且让学生学茶艺而知“礼”，礼作为中国社会的道德规范和生活准则，对汉族精神素质的修养起了重要作用，因而学生能在学习中修炼品性，养成高尚的道德情操	从观—思—练—问—创，围绕完成该项目的所需要的能力进行任务设计，激发学生的学习兴趣，使学生主动地学习，设计课内项目情景，培养学生的学习能力，陶冶情操	1. 了解茶叶在我国经济中的地位 2. 了解喝茶的好处，喝茶的禁忌 3. 了解我国绿茶品种及产区。品茗绿茶和红茶，了解生普与熟普不同的制作工艺，品茗两种普洱茶的韵味。学习绿茶的沏泡方法。学生互相试泡并品茗交流心得。认识了解泡茶的工具。学生试着沏泡。浸润茶文化，提高知识修养	1. 茶文化的起源，浅谈茶史 2. 观看《茶，一片树叶的故事》 3. 喝茶的好处 4. 喝茶的禁忌 5. 了解我国绿茶品种及产区 6. 了解红茶品种及产区 7. 古代的制茶工艺 8. 现代制茶工艺

续表

内容 课程名称	课程性质	课程理念	课程思路	课程目标	课程内容
智慧农业种植课程	通过校园种植园的开辟，种植活动中的各种观察，亲自动手种植、为相关学科提供有关植物类的课程资源，为学科教学服务，是对蔬菜的种植和研究，培养学生动手实践和创新的能力的一种课程	利用种植课程了解农耕文化即农业民俗。农业民俗具有农业生产的季节和周期性特点，是农民在长期的观察和生产实践中逐步形成的文化产物，既是生产经验的总结，又是指导生产的手段，具有明显的传承性。在实践中适当地穿插运用，能达到很好的教育效果	1. 有土培植。在“种植园”活动的引领下，激发学生对科学的探究欲和深厚的兴趣，并利用“种植园”的优越条件，给他们以课堂之外的时间，进一步展开研究。种植园分为五块：莴笋一块、牛皮菜一块、蒜、葱一块、小白菜一块、芹菜一块、花一块 2. 无土培植。学校有专业的“种植箱”几个，都是无土培植的。生动地展现课堂知识，让单向的介绍、传授变为可以互动观察的情景教学，让知识更加生动，更利于学生了解自然，学习知识。通过自然教育、生命教育、生命教育的引入，启发学生对植物，对大自然的热爱	学生通过对种植活动的观察，在依据事实的基础上激发创新意识。种植的产品即学习成果，全面发展是创客种植教育的根本目标。通过校园种植园的开辟，种植活动中的各种观察，亲自动手种植、为相关学科提供有关植物类的课程资源，为学科教学服务；通过蔬菜的种植和研究，培养学生动手实践和创新的能力	1. 科学课。在科学课堂上，有一些无法在实验室里完成的科学探究活动。比如“树根生长观察”“蜗牛的观察活动”“岩石风化”，等等，这些可以在学校种植园里得到解决 2. 种植课。一二年级学生以“走进无土栽培”为主题，观察植物与阳光的关系、种子发芽的过程、了解身边不同植物的叶子特征，并参与常见季节蔬菜的种植活动。三至五年级学生，则以“STEAM＋农业”为主题，探究农作物生长与土壤、气候、养料、灌溉、栽培等因素的关系，并制作生态瓶
魔术课程	它是非常规思维的产物，破解魔术，学习魔术，展示魔术，把魔术活动作为载体去开展实践活动，使学生在学习知识，丰富体验，激发兴趣的同时，更为学生打开了一扇思维训练的门	魔术对于小孩来说是一种对于未知世界以及对梦想的一种亲身体验，可以充分地刺激他们的求知欲和好奇心，丰富他们的想象力。并且通过学习魔术，有助于提高孩子们学习的积极性，培养他们积极独立思考的良好习惯	魔术课程是最适合孩子天性的学习课程，可以激发学校和教师创新育人方式方法。记不记得那个场景，大人们用双手蒙住自己的脸，然后在孩子眼前突然打开双手，宝宝马上就笑起来，百试百灵，这是最简单的隐身魔术。孩子有新奇、意想不到、节奏快、变化多、神秘、刺激、竞争、挑战、有被肯定机会的价值，所有这些魔术都是具备的，其他游戏很难占全	通过观看魔术表演，让学生经历观察、猜想、验证等活动，培养学生的观察、分析、计算、推理等能力；通过实践让学生结合所学知识，自主设计魔术，培养学生敢于质疑，大胆质疑的思维品质；通过活动让学生进行换位思考、发散思维、集中思维	1. 观看视频资料及影像材料，激发学生探索魔术秘密的兴趣 2. 探究魔术背后的秘密，进行理论研究 3. 根据理论内容，由学生分组进行设计魔术 4. 根据各组设计的情况进行表演

续表

内容 课程名称	课程性质	课程理念	课程思路	课程目标	课程内容
智能机器人课程	使用乐高EV3机器人，它是具有类似于人的智能的机器人，能从外部环境中获取有关信息，能对感知到的信息进行处理，具有作用于环境的行为能力。通过课程学习后，能够基本掌握乐高机器人的搭建技巧以及程序编写的方法，可以自主的搭建属于自己的机器人	学习它，既搭建又编程，动手还动脑。创意拼砌，妙不可言，它能让每一位学生亲自动手搭建机器人模型，开启丰富想象力。动脑编程，轻松操控机器人，Scratch图形化编程软件，简单拖放模块即可操控机器人，也可使用C语言编写复杂程序。勇闯各类机器人大赛，参加WRO、FLL、教委和科委、科协举办的各类机器人比赛，开拓学生眼界增长见识，提升综合能力。机器人编程教育更能促进学习能力提升	鼓励学生去想象，去思考，从而建构出自己的机器人。并且告知学生机器人的制作不是一蹴而就的，需要不断的优化与实践。因此，在书中特别设立了“优化与改进”一项，使得在每一课中制作的机器人都是通过逐步改进并最终达到理想的状况。在书中每一课都有问题的讨论与作业的设置。让学生主动学习，主动探究是本书的教学理念	通过学习可以锻炼学生的动手能力与编程能力，也能够培养学生的科学精神、技术能力以及数学能力。因此本书以生活中的实例，并配以大量的乐高机器人搭建图，生动的讲解乐高机器人的搭建与程序设计，让学生能够快速掌握机器人的制作方法	它是乐高最新推出的智能机器人套装，它使用积木进行搭建，简单易学，能够用它搭建出复杂的机械结构。而且，乐高机器人使用图形化的编程方式，对于机器人初学者来说是一个非常不错的学习平台
比特物联网课程	最大特色是“动手实践操作，动脑创意设计”。学生在“动手实验操作”的过程中，增强自信心，培养“自主学习”的本领，在“动脑创意设计”中使自己的综合能力得到提高，从而适应创新社会的发展	发展学生的设计创新能力，启迪学生的心灵，激发他们参与科技活动兴趣；采取互动的教学活动方法，让孩子亲手操作实验，积极动脑思考，应用物联网科技电子模块和“七彩魔块”设计构建自己的创新作品，并且，还要学会组织演讲，反思收获，展示自我。在比特实验室，孩子的动手能力、解决问题能力、团队合作能力以及语言、肢体等各种综合能力都会得到培养和提高。着力提高学生的学习能力、实践能力、创新能力，促进学生主动适应社会，提高自信心	它是创意型的主题活动，每个课程都是一个目标明确的主题活动，培训采用的教学过程简述为课程活动四环节：任务（目的）、设计、创作、讲解。这个过程与传统的课堂教学完全不同，非常符合目前中小学生实践创新的过程，而且，通过这个过程培养设计发明能力是最有效果的	将物联网实验室跟培养学生“健康的体、灵巧的手、聪慧的脑、明亮的眼、温暖的心”的育人理念结合起来，让课程体系建设服务于办学理念，让办学理念促进课程体系建设，让物联网实验室走出来的每个孩子都将是富有自信、激情和梦想，热爱生命和成就未来的有用之才	培训采用的教学过程简述为课程活动四环节：任务（目的）、设计、创作、讲解。模块搭建项目、传感器项目、拓展（综合项目）、基材认识、图形认识、平面搭建、电子积木基础知识、时光倒流、吹亮的蜡烛、看家电子狗、感应小风扇

续表

内容 课程名称	课程性质	课程理念	课程思路	课程目标	课程内容
生活创意DIY课程	是一种既环保又节约，并值得提倡的生活方式，在学习中提高学生动手能力；再回收利用，开拓创新进行艺术化设计，开发学生创造力的课程	针对学生在生活中动手能力比较差的现实情况，开设此课程，具体的课程内容包括：换灯泡、钉纽扣、缝衣服、变废为宝、创意纽扣画、手工花瓶……我们希望通过研究，让我们的课程开设更有利于新时代学生的培养，让每一个学生真正享受到有质量的教育	将分年段确定不同年龄段学生应该掌握的生活技能。如一年级生活技能内容以能自己系鞋带、整理书包、洗脸、刷牙、洗澡、穿脱衣服为主。五年级：变废为宝。通过将生活中废弃的物品回收利用，变废为宝，养成节约能源的习惯。六年级：生活窍门。六年级生活技能内容则以会接剥电线、更换灯泡灯管、更换水龙头等为主。通过小发明解决人们衣食住行中的问题，培养未来创新型人材	将分年段确定不同年龄段学生应该掌握的生活技能。如低年级生活技能内容以能自己系鞋带、整理书包、洗脸、刷牙、洗澡、穿脱衣服为主，高年级生活技能内容则以掌握生活窍门为主。通过小发明解决人们衣食住行中的问题	1. 基本内容：第一课“纸盘变变变”，第二课“学做康乃馨——献给给妈妈的礼物”，第三课“缠绳花瓶”，第四课“剪纸剪贴画”，第五课“废物利用——纸盒小火车” 2. 拓展内容：一年级生活技能内容以能自己系鞋带、整理书包、洗脸、刷牙、洗澡、穿脱衣服为主；五年级：变废为宝，通过将生活中废弃的物品回收利用，变废为宝，养成节约能源的习惯；六年级：掌握生活窍门
VR及3D打印课程	VR虚拟现实技术，3D课程是创课教学中的重要一环，是学生实现创意设计、物化成果的主要方法之一。3D课程教学，是针对小学生进行3D设计的启蒙课程。本课程突出实践教学，特别是基本技能实践和项目实训	3D One内容生动有趣、操作性强、可以与3D打印机配合，输出实物。大部分学生学习积极性较强。但是信息技术课一周一节，时间间隔较长，学生容易遗忘。我们的3D打印作为信息技术的很好补充，可以引导学生课后通过自学、交流等方式巩固每节课的学习成果。同时，合理运用3D One云网，对课程、学生任务、作品等进行有效管理。鼓励学生运用学到的知识和技巧，进行自主创作	3D课程是创课教学中的重要一环，是学生实现创意设计、物化成果的主要方法之一。3D课程教学，是针对小学生进行3D设计的启蒙课程。让学生掌握基本的3D One操作，了解大部分3D One命令的功能和使用方法，培养学生良好的空间感和审美。同时，还可以增强学生立体几何、机械原理等数学、物理知识	1. 树立学生学习3D创客课的信心，激发他们的学习兴趣 2. 掌握常用功能和基本命令，为后续课程打下基础 3. 融会贯通多学科知识，体验自主创造设计的乐趣 4. 提高空间想象、逻辑思维能力 5. 拓展创新思维与创新能力 6. 提升审美情趣，主动发现美、欣赏美、创造美	D One初级、3D One中级、3D One plus高级。本教学计划为3D One初级班，涉及的知识点有：软件界面、功能区域、文件存取、导入导出、基本实体、草图绘制、草图编辑、特征造型（拉伸、旋转、扫掠、圆角、倒角）、特殊功能（抽壳、实体分割）、基本编辑（移动、缩放、镜像）自动吸附、组合编辑、距离测量、材质渲染

附件二：

“小创客・大创造”校本课程培育学生核心素养的评价机制

根据学生对“小创客・大创造”校本课程的尝试与体验，结合课程实际，充分发挥评价的有效功能，关注学生学习过程感受，主要采用了学分制评价和成长记录袋评价两种评价工具。

1. 学分制评价

（1）成绩评定。校本课程采用学分制评定。

评定要求：评价要突出对能力和综合素质的考查，发挥评价的正确导向功能、要坚持以学生发展为本，切实体现素质教育面向全体的要求；强调能力立意，重视运用所学知识和技能分析问题、解决问题的能力考查；加强与社会实践和学生生活实际的联系，注重考查实践能力；增强探究性，注意引导创新意识和能力的培养；注重综合性，注意与其他学科的内在联系和知识结构体系的整体把握能力；坚持教育性，体现积极的价值取向，体现科学精神与人文精神，强调人与自然、社会协调发展的现代意识。

每学年课程结业满分为 50 学分，如果一学期结业则满分为 25 分，两年累计满分为 100 学分，累计满 60 分即可结业。

每门校本课程成绩分布：过程性评价与终结性测评；

过程性评价来源：课堂学习、成长记录袋、奖励分；

终结性测评：期末考查、表现性活动。

参与评价的主体：指导老师、同伴、自己。

每门课程结业采用下列评价量表对学生学业成绩进行评定：

“小创客·大创造”校本课程学分制评价量表（总分 50 分）

<table>
<tr><th colspan="4">指标</th><th rowspan="2">分值（分）</th><th rowspan="2">考查办法</th><th rowspan="2">评价主体</th><th rowspan="2">评分（分）</th></tr>
<tr><th>一级指标</th><th>二级指标</th><th colspan="2">三级指标</th></tr>
<tr><td rowspan="10">过程性评价（35 分）</td><td rowspan="5">课堂学习（25 分）</td><td colspan="2">兴趣与参与</td><td>3</td><td rowspan="5">1. 课堂观察检核表与随堂记录卡
2. 学习情况
3. 作业
4. 小组合作评价表</td><td rowspan="5">指导老师同伴、自己</td><td></td></tr>
<tr><td colspan="2">合作与交流</td><td>3</td><td></td></tr>
<tr><td colspan="2">知识掌握与运用</td><td>4</td><td></td></tr>
<tr><td colspan="2">收集与分析</td><td>3</td><td></td></tr>
<tr><td colspan="2">反思与计划</td><td>2</td><td></td></tr>
<tr><td rowspan="5">成长记录袋（10 分）</td><td colspan="2">学习计划</td><td rowspan="5">（参看成长记录袋评价）</td><td rowspan="5">看各项记录情况</td><td rowspan="5">老师、家长、同伴</td><td rowspan="5"></td></tr>
<tr><td colspan="2">作业或作品</td></tr>
<tr><td colspan="2">进步</td></tr>
<tr><td colspan="2">收集的课程资料</td></tr>
<tr><td colspan="2">评价与自我反思</td></tr>
<tr><td rowspan="10">终结性评价（15 分）</td><td rowspan="2">知识考查（5 分）</td><td colspan="2">课内掌握的基本知识</td><td>3</td><td rowspan="2">笔试或口试</td><td rowspan="2">指导老师</td><td></td></tr>
<tr><td colspan="2">课外习得的相关知识</td><td>2</td><td></td></tr>
<tr><td rowspan="8">表现性活动（10 分）</td><td rowspan="4">技能（5 分）</td><td>基本技能的掌握与熟练程度</td><td>2</td><td rowspan="4">表现性活动（动手操作、口头表达、表演等）</td><td rowspan="4">指导老师或同伴参与</td><td></td></tr>
<tr><td>与人合作交流的能力</td><td>1</td><td></td></tr>
<tr><td>分析与处理问题的能力</td><td>1</td><td></td></tr>
<tr><td>创新与实践的能力</td><td>1</td><td></td></tr>
<tr><td rowspan="4">情感态度价值（5 分）</td><td>对课程的学习兴趣</td><td>1</td><td rowspan="4">试卷与表现性活动</td><td rowspan="4">指导老师</td><td></td></tr>
<tr><td>参与态度、创新精神</td><td>1</td><td></td></tr>
<tr><td>积极向上的人生态度</td><td>2</td><td></td></tr>
<tr><td>社会责任感与使命感等</td><td>1</td><td></td></tr>
</table>

其中成长记录袋评价、课堂观察检核表、小组合作评价表见附表。

校本课程成绩=第一年学分+第二年学分+奖励分

（2）成绩管理。任课教师负责学分制的执行和落实，学校应给学生制定统一的学分卡，每期初将本班学生学分卡交开课老师保管，期末开课老师将学生出勤与学分登记交给班主任，再由班主任将每年（期）成绩记录在期末学生素质报告单中，向家长反馈课程所获学分情况；班主任必须将全班学生校本课程成绩表上交教育教学中心，教育教学中心建立学生成绩档案。

（3）奖励办法。凡在国家级、市级、区级科技节各类各项竞赛活动与资格证书考试中获奖或获得资格证书的学生均可获得奖励学分。

为了鼓励学生选修好校本课程，促进学生发展自己的个性特长，学校每年可分年级或全校组织一次校本课程的展示评比活动，学生可以获得相应的奖励分。

得分标准如下：

级别	等级与得分		
校级	一等奖 3 分	二等奖 2 分	三等奖 1 分
区级	一等奖 6 分	二等奖 5 分	三等奖 3 分
市级	一等奖 7 分	二等奖 6 分	三等奖 4 分
国家级	一等奖 8 分	二等奖 7 分	三等奖 5 分

发表文章（在各级报刊、杂志上发表的论文、设计方案、调查报告等）

级别	校级	区级	市级	国家级
加分	1 分	3 分	4 分	5 分

备注：以上参赛活动必须是权威教育部门组织或社会有权威特长鉴定单位组织的才认可，特长分则按技术级别折算成相应一、二、三等奖。授课或者上课老师必须如实填写学分卡。

校本课程学分卡（表一）

贴照片处	姓名________ 班级________ 学号________	校本课程学分卡 重庆市九龙坡区第一实验小学

校本课程学分登记（表二）

姓名　　　　　　　　　　班级

选课 年级和时间		类别	课程名称	学分	教师	合计	
一年级	上期						
	下期						
二年级	上期						
	下期						
……	上期						
	下期						

备注：此表由任课指导老师填写，由班主任管理。

校本课程学生学分汇总表（表三）

年级 / 学分 / 姓名	一年级		二年级		……		合计
	上期	下期	上期	下期	上期	下期	

备注：此表一式两份，班主任一份，学校一份。

2. 成长记录袋评价

（1）成长记录袋总体要求。

A. 展示课程学习成果。

B. 反思自身的变化与成长。

C. 显示学生所冒的风险。

D. 显示令人满意或不满意的学习经验。

E. 表明学生的学习方式和个性发展。

（2）成长记录袋收集的内容。

A. 成长记录袋目录。

B. 个人课程学习计划。

C. 反映课程进度的作业或作品 3 件。

D. “我”的课程故事：“我”的进步，“我”的惊喜发现，个性化的学习方式，有效的学习体验，个人的课程见解。

E. 学生收集的课程资源：网上下载的学习资料、阅读过的文献书目、音像资料、工具材料等。

F. 小组合作评价表。

G. 社会人士的具体事件评价。

H. 小组集体学习活动成果或学习活动情况记载材料 1 份。

I. 学业成绩评价卷或终结性评价卷：可以由学生自己设计对全期课程学习情况进行简单的重现，进行系统的自评、互评、师评。也可以是纸笔测验。

J. 主要学习事件或学习阶段的自我反思与下一步计划。

K. 课程学习成果证明材料：获奖证书、等级资格证书。

L. 其他能体现学生发展变化过程的材料 1～2 件。

（3）成长记录袋的评价标准。

“小创客·大创造”校本课程成长记录袋评价量表（表四）

评价等级	标准描述
A 等 （7～8 分）	活动记录完整、资料齐全、设计新颖美观、整洁
	进步明显、有突出成果、有个性特长
	积极参与小组学习，与他人合作愉快，小组评价为优秀
	会自我反思与计划，会中肯地评价他人
B 等 （5～6 分）	活动记录较完整、资料比较齐全，有 8～10 件文件，设计较美观、整洁
	有一定进步，有学习成果，作品较有创意，有一定程度的特长
	积极参与小组学习，小组评价良好
	会合理计划自己的学习，能自我反思，会正确地评价他人
C 等 （3～4 分）	活动记录较清晰，有 5～7 件文件，比较整洁
	有一定的学习成果，作品较认真
	能参与小组学习，小组成员评价一般
	有学习计划，能自我反思

续表

评价等级	标准描述
D等 (1～2分)	有少量资料，整理不够细致
	有学习作品或学习计划
	小组评价为及格

“小创客·大创造”校本课程课堂观察检核量表（表五）

班级　　　　　　学生姓名　　　　　　时间

评价内容	分值（分）			评价标准	综评
	1	2	3		
观察学生课前准备（课前调查、预习、学具准备）				1分=完全没有准备 2分=有所准备 3分=准备充分	
观察学生发言情况（大胆自信、积极讨论、提出问题、课外阅读）				1分=较少 2分=一般 3分=很好	
观察学生听课情况（认真度、记忆与理解能力、会举一反三）				1分=不认真 2分=认真 3=很好	
观察学生参与活动情况（倾听别人发言情况、思维敏捷有条理、善于提出不同的方法解决问题、动手能力、与人协作、资料收集与整理）				1分=弱 2分=一般 3分=强	
作业（训练）情况（整洁细致、有韧性、自控力强、自主创作、实践能力）				1分=突出 2分=一般 3分=不认真	

备注：综评13～15分为优秀，9～12分为一般，5～8分为及格。

“小创客·大创造”校本课程小组合作评价量表（表六）

解决的问题________________________________

姓名________　　日期________　　组长________

评价项目	评价具体内容	组员评	自己评	组长评	综评
交谈	积极表达自己的见解，注意紧扣主题，不干扰他人				
倾听	会提炼组员中有价值的观点与经验，乐于倾听，尊重他人的劳动成果				
责任	个人任务完成，投入程度，对自己与他人负责				
持续工作	能设定目标，有计划，有主见，努力实现目标				
合作	接受别人的意见建议；解决交往中的分歧；尊重帮助他人，既独立又协作				
活动	遵守小组规定，积极收集资料，动手操作，围绕中心工作				
评价	会中肯地自我评价与反思				
分享	会与组员一起分享资源、材料、任务与责任，贡献自己的智慧				

分值标准：4 分=很好、很努力、很认真；3 分=较好、较努力、较认真；2 分=一般；1 分=还要努力。

综评：28～32 分为优秀；24～27 分为良好；16～23 分为一般；12～15 分为及格。

家庭 “体育作业” 实施效果的研究报告*

一、前言

（一）研究背景

1. 国务院办公厅关于强化学校体育促进学生身心健康全面发展

2016 年 5 月 6 日，为了进一步推动学校体育改革发展，促进学生身心健康、体魄强健，《国务院办公厅关于强化学校体育促进学生身心健康全面发展的意见》（以下简称《意见》）由国务院办公厅下发，自 2016 年 4 月 21 日起实施。《意见》提出，一是要深化教学改革，强化体育课和课外锻炼。二是要注重教体结合，完善训练和竞赛体系。三是要增强基础能力，提升学校体育保障水平。四是要加强评价监测，促进学校体育健康发展。2018 年 11 月 5 日，全国教育大会召开以后教育部首场新闻发布会在武汉举行。教育部体育卫生与艺术教育司司长王登峰在会上表示，体育与健康课也要有家庭作业，还要真正开展全员参与的体育比赛。

2. 市区对学校家庭“体育作业”的重视

2017 年 9 月 1 日，重庆市教委下发的《重庆市强化学校体育促进学生身心健康全面发展的实施意见》（以下简称《意见》）正式实施，要求各中小学要为学生合理安排家庭“体育作业”。9 月 11 日，记者走访了区教委相关负责人、学校体育教师、家长及学生，请他们谈谈对家庭“体育作业”的看法。《意见》明确指出，要以培养学生兴趣、养成锻炼习惯、掌握运动技能、增强学生体质为主线，要鼓励学生积极参加校外全民健身运动，合理安排“体育家庭作业”。要大力开展阳光体育系列活动和“走下网络、走出宿舍、走向操场”

* 中国教育学会教育科研体育与卫生专项课题（课题批准号：19TY2231046ZB）。

为主题的群众性课外体育锻炼活动，形成覆盖校内外的学生课外体育锻炼体系。

2018年11月5日，重庆市九龙坡区教委九龙坡教德〔2018〕68号关于印发《九龙坡区义务教育阶段学生家庭体育作业实施意见（试行）》的通知。通知要求：为认真贯彻落实国务院办公厅《关于强化学校体育促进学生身心健康全面发展的意见》（国办发〔2016〕27号），市教委《关于印发重庆市强化学校体育促进学生身心健康全面发展实施意见》（渝教体卫艺发〔2017〕20号）精神，建立并完善学生体育家庭作业制度，建立家庭与学校体育工作的协同合作机制，家校协作共同提高学生体育运动技能和体质健康水平。

3. 学校自身发展和学生的需求

学校根据市区文件精神，结合学校自身实际，制定了《九龙坡区第一实验小学家庭体育作业实施方案》。学校通过家校共育平台、微信平台、钉钉平台，主动与家长沟通，让他们每天督促自己的孩子参加体育锻炼，并将相应的练习视频分享在班级群里。学校还通过体育教师、班主任家访，与一些不重视此工作的家长交流与沟通，让他们认识到课外体育锻炼的重要性。学生每周要将锻炼项目的练习统计表上交班级任课体育教师，体育教师利用体育课进行抽测，从而了解学生在家的练习情况。

（二）研究意义

1. 落实立德树人根本任务的需要

习近平总书记指出，要把立德树人融入思想道德教育、文化知识教育、社会实践教育各环节，学科体系、教学体系、教材体系、管理体系要围绕这个目标来设计，教师要围绕这个目标来教，学生要围绕这个目标来学。塑造强健的体魄，为美好生活打下坚实的基础。

2. 培养学生体育核心素养的需要

培养学生体育核心素养已经成为当今教育的主流，也是社会发展对人才的要求。体育学科核心素养是学生综合核心素养的重要组成部分，在体育教育教学活动中，注重学生体育学科核心素养的培养，不仅能让学生拥有强健的体魄，还具备健全的人格，所以通过家庭体育作业培养学生体育核心素养是非常必要的。

3. 让家庭体育作业成为学生自觉锻炼和常态化的需要

经过百度网站搜索，对家庭体育作业的研究很多，都是流于形式，家长和学生未真真落实，形成了三天打鱼两天晒网的现象，形同虚设，内容设计不丰富，学生坚持不够，但把家庭体育作业作为重要设计和实施研究，几乎是一片空白。所以，我校把学生家庭体育作业作为体育课程的实施与评价进行探索与研究，让每一个学生参与到体育锻炼中去，真正体验体育锻炼的乐趣，不是部分学生的锻炼，而是每一个人的体育锻炼，不是为了锻炼而锻炼，而是让学生在锻炼中有收获与成就感，领会到体育锻炼的意义与价值。

（三）文献综述

关于家庭“体育作业”实施效果的研究，实际上是一种创新实效性开展的课外教学活动。经过百度搜索和参考文献，理论研究论文有很多，但活动内容不丰富，活动形式单一，没有创新，老生常谈，没有管理和激励评价机制，培养学生核心素养不明确，没有具体的实施体系，实施效果不佳。

鉴于上述情况，本课题才初衷于此研究，只有将家庭“体育作业”作为一种家校共育的活动课程，纳入学校课程体系管理，让家庭“体育作业”创新开展，让家庭“体育作业”课程化，让每一个学生实实在在参与到家庭“体育作业”活动中去，让他们的体育核心素养在活动中真正形成。

（四）研究方法

1. 问卷调查法

问卷调查法也称问卷法，它是调查者运用统一设计的问卷向被选取的调查对象了解情况或征询意见的调查方法。问卷调查法是以书面提出问题的方式收集资料的一种研究方法。本课题问卷设计是根据学生体育基础、兴趣爱好、家庭条件、锻炼时间与方式等进行，并进行了详细的分析，从而了解学生和家长的想法和动态。

2. 文献研究法

主要是指研究人员在课题研究的过程中结合所研究的问题有目的地查阅、学习有关文献，熟悉自己所研究的对象，从中受到启发，站在他人研究的基础上，提升自己的教育理论思维和研究的能力。通过此研究方法，让我们知道了此课题研究的现状，不再去做重复和没有研究价值的工作，同时也激励我们多读书、学习、积累、发现问题，提升理论修养。

3. 行动研究法

行动研究法是指在自然、真实的教育环境中，按照一定的操作程序，综合运用多种研究方法与技术，以解决实际问题为首要目标的一种研究方式。我们在课题实施研究过程中，从而进行反思、总结，及时调整研究方式去改变现状。

4. 经验总结法

指课题目标确定之后，用“讨论—行动—反馈—调整”的过程去进行研究。为了使研究尽量地逼近目标，我们采用边研究边行动；边反馈边改进；边实践边总结；边收集情报边修改实验方案的做法。

（五）研究对象

学生家庭“体育作业”的设计与实施。

（六）理论价值或实践价值

1. 理论基础

(1) 体育活动理论。河南大学的罗少功提出，“增强学生体质”是学校体育的本质功能，“保证学生每天有一小时的体育锻炼时间”这一号召，从20世纪50年代提出至今，已从当初政府文件正式列入国家法规。然而，基础教育的现状并没有因改革的推行而发生根本性或彻底的改变，青少年体质持续下降的这一严重性问题未解决。本研究的理论意义在于：拓展体育活动理论、丰富学校体育活动理论，促进和指导学校体育和谐、健康、稳定地发展。

(2) 创新教育理论。创新教育就是通过创新的教育教学活动来培养学生的创新能力，进而实现上述新事物发展与变化的教育，它是主体活动、民主活动、互动性活动、独立自学活动。创新教育的核心是创新能力，创新教育的前提是解放学生，着重研究与解决在基础教育领域如何培养学生的创新意识、创新精神和创新能力的问题。

(3) 测评理论。人员测评是指建立在现代心理学、管理学、行为科学、计算机技术、测量技术等基础上的一种综合方法体系。它包括对人员素质的测量和评定两个方面的含义，测量是定量分析，评定是定性分析；测量是客观描述，评定是主观判断；测量是评定的基础和前提，评定是测量的归宿和目的，从而对测评对象的认识更为客观、准确。

2. 政策依据

(1) 党的十九大报告对教育及体育的论述。习近平总书记对教育工作做出了一系列重要部署，深刻阐释了“培养什么样的人、如何培养人、为谁培养人”“办什么样的教育、怎样办教育、为谁办教育”等重大理论和实践问题。全面改进教与学的方式，建立健全以学生发展为本的教学关系。报告中习近平总书记两次提到体育相关内容，描绘了党的十九大报告中体育强国的宏伟蓝图。

（2）教育部出台了体育工作相关文件。2017 年 12 月 1 日，教育部办公厅下发了《教育部办公厅关于贯彻全国学校体育工作座谈会精神进一步强化学校体育工作的通知》（教体艺厅〔2017〕5 号），把促进学生全面发展、健康成长作为学校体育工作的出发点和落脚点，推动每个学生掌握一项或数项体育运动技能；要强化课外锻炼，切实保证学生每天一小时或数小时体育锻炼。

二、研究具体内容

（一）核心概念界定

1. 体育

体育是以身体练习为手段，以谋求个体身心健康、全面发展为直接目的，并以培养完善的社会公民为终极目标的一种社会文化现象或教育过程。体育的这一定义既说明了它的本质属性，又指出了它的归属范畴。

2. 家庭“体育作业”

家庭“体育作业”是体育教学的一种补充，具体是指教师根据学校的要求和学生的体育基础、兴趣爱好，有目的、有计划地布置学生在课余时间的体育锻炼内容。

3. 体育学科核心素养

体育与健康课程要培养的核心素养，主要是指学生通过体育与健康课程学习而逐步形成的正确价值观、必备品格和关键能力，包括运动能力、健康行为和体育品德等方面。

（二）研究目标

1. 具体目标

（1）通过调查学生的体质状况，呈现学生问题调查报告。

（2）学生家庭“体育作业”实施的策略、方式、方法。

（3）学生家庭“体育作业”评价体系的构建。

（4）提高学生身体素质的路径和策略。

（5）保护视力：保证每个学生每天在家坚持做眼保健操。

2. 终极目标

（1）促进学生身体素质全面发展——按照国家体质健康标准监测（数据为

准，遏制下滑）。

（2）体育教师教学能力和研究能力增强，推进学校体育课程改革。

（3）活动内容丰富——基于身体素质的不可逆性、个体差异布置不同的家庭“体育作业”。

（4）活动形式多样——基于家庭条件、兴趣爱好，学生进行不同形式的体育锻炼。

（5）评价激励方式——针对家庭课外进行的不同内容、不同形式的体育锻炼进行有效评价与激励。

（6）家庭与学校体育工作的协同合作机制——家校目标一致、方法可行、效果明显，教育形成合力。

（7）降低我校学生视力的近视率。

（三）研究内容

（1）家庭“体育作业”设计内容丰富和形式多样化

（2）家庭“体育作业”实施、管理与评价机制有效落实

（3）家庭“体育作业”家校共育效果的呈现

（四）实施步骤

1．第一阶段 ：前期工作阶段（2019 年 11 月—2020 年 3 月）

（1）拟定课题实验方案，确定主研和参研人员，召开课题相关人员培训。（刘爽负责）

（2）摸底和督促学生购买完成家庭“体育作业”必备的体育活动和练习器材。（黄前、鄢嫣负责）

（3）撰写课题开题报告，并邀请专家指导与培训。（刘爽、鄢嫣、叶小丹负责）

（4）设计好调查问卷，并进行发放。我们的问卷主要面向三个主体，一个是学生，一个是教师，还有一个是家长。我们通过学生问卷了解学生对于实施家庭“体育作业”的态度、兴趣，学习存在的困难，学习的需求等方面的情况。通过对教师进行问卷，了解学生在家体育活动和练习取得良好效果的原因，以及他对这个家庭体育作业开展的正面认识。通过对家长进行问卷，了解家长对学生参加家庭“体育作业”有效落实的态度和认同度，希望通过家庭“体育作业”创新开展和实施效果，研究培养孩子体育核心素养的途径。（刘士华负责）

（5）根据对问卷进行回收，数据的整理、分析，再对数据中的特殊样本进行访谈，更深入地了解问题产生的原因。（鄢嫣负责）

（6）根据问卷和访谈收集的数据，进行数据分析，形成分析报告。（黄前、叶小丹负责）

（7）根据分析出来的情况，请专家进行指导论证，然后我们对开展家庭“体育作业”设计进行调整、重构、优化，并逐步物化。（刘爽、叶小丹负责）

2. 第二阶段：实验阶段（2020 年 4 月—2020 年 12 月）

（1）加强家庭“体育作业”创新设计和实施效果的研究过程监控，开发活动内容、形式、管理、检测、评价等工具，找到家庭“体育作业”实施效果的研究途径、方式、方法等。从实践走向创新，让教师的观念得到转变，让学生的学习方式得到转变，综合能力得到提升，核心素养得到培养。（叶小丹、鄢嫣负责）

（2）邀请专家对实验老师的业务培训与指导，并有计划地外派教师学习交流活动。（刘爽负责）

（3）学生家庭“体育作业”实施效果的研究情况展示交流活动，开展阶段论文、总结、心得体会、课后反思、案例、管理与评价手册等评比。（刘爽、鄢嫣负责）

（4）过程性资料的收集、整理、分析。（黄前、鄢嫣、叶小丹、刘士华负责）

3. 第三阶段：成果形成阶段（2021 年 1 月——2021 年 6 月）

（1）进行检测，做好后测，与前测数据对比。经验总结，转化成果，资料统计整理工作。（黄前、刘士华负责）

（2）完成工作报告、结题报告，各主研教师、参研教师以及实验教授写出工作报告、研究报告和实验报告。（刘爽、叶小丹、鄢嫣、刘士华、黄前负责）

（3）整理活动方案及个案，转化成果，上报结题资料和成果材料。（刘爽、叶小丹、鄢嫣、刘士华、黄前负责）

（五）研究成果

1. 设计了丰富多彩的家庭“体育作业”活动内容和形式多样的练习形式

家庭“体育作业”在内容设计方面，要坚持多样性原则，尽可能为学生提供多种选择机会，以丰富的运动项目内容激发学生的兴趣和练习动力，从而达到高效巩固复习的目的。通过实践研究，学校设置了以下家庭“体育作业”活动内容。

（1）达标技能型课外锻炼。围绕《国家学生体质健康标准》的具体体育项目达标要求，根据不同学龄学段学生的体育达标要求和学情，设置与学校体育课堂教学相匹配的、便于学生在家对体育基本技能掌握和巩固实施的体育锻炼项目。

①一分钟跳短绳。

练习次数：N×1 分钟（根据不同水平段确定次数）。

练习要求：练习动作规范、标准；每一次练习必须达到 1 分钟，练习途中不能休息；学生在家长的陪伴或者监督下认真完成，记下每分钟跳的次数。

②立定跳远。

练习次数：N 次（根据不同水平段确定次数）。

练习要求：每次按照标准动作去完成，每次练习都要竭尽全力向前上方跳得更远；可以跳梯坎和台阶，进行一些辅助性练习，但必须在家长的陪护下，注意安全；在家长的陪伴或者监督下认真完成，记下每次跳远的成绩。

③一分钟仰卧起坐。

练习次数：N×1 分钟（根据不同水平段确定次数）。

练习要求：每次练习要做到动作规范、标准，并要竭尽全力，全身心投入，达到一定的练习效果；在家长的陪伴或者监督下认真完成，记下每分钟完成的次数。

④坐位体前屈。

练习次数：N 次（根据不同水平段确定次数）。

练习要求：学生必须按照坐位体前屈测试的标准动作练习，完成动作不规范则练习次数无效；学生在完成动作的过程中腿和膝盖要伸直，不能弯曲，如弯曲则无效，两手臂平行，尽力往前伸臂；每次练习之间的间隔时间不能超过一分钟；在家长的陪伴或者监督下认真完成，如果家里面有条件的，可以购买坐位体前屈仪练习，记下每次完成的成绩。如果家里面没有这个条件，可以记下每次完成动作是否有进步。

⑤50 米跑（或者 10 米×5 折返跑）。

练习次数：N 次（根据不同水平段确定次数）。

练习要求：学生的摆臂姿势要正确，前后摆臂，前脚掌蹬地有力；利用小区地形或者周边的场地，在家长的陪同下，认真完成此项目的练习，并记下每次跑的成绩。

（2）身体素质型课外锻炼。可根据季节或天气因素和家庭周边环境设计和布置相应的室内室外身体基本素质锻炼，对学生力量、速度、耐力、灵敏、柔韧等技能起到锻炼作用。

①练习内容。

一、二年级：原地向上跳、仰卧起坐、直腿两手摸地、平板支撑、高抬腿、俯卧撑、收腹跳、双手推墙、压腿、踢腿、快速摆臂、直腿撑地向上跳、举轻物、跳台阶、垫上两头翘起、3 分钟定时跑、打乒乓球、游泳等，见表 1、表 2。

三、四年级：原地向上跳、纵跳、直腿两手摸地、平板支撑、高抬腿、俯卧撑、收腹跳、双手推墙、压腿、踢腿、快速摆臂、直腿撑地向上跳、举轻物、跳台阶、垫上两头翘起、单腿支撑平衡、扎马步、冲拳、4 分钟定时跑、踢毽子、打乒乓球、打篮球、踢足球、游泳等，见表 3、表 4。

五、六年级：助跑向上跳、纵跳、直腿两手摸地、平板支撑、高抬腿、俯卧撑、收腹跳、双手推墙、压腿、踢腿、快速摆臂、直腿撑地向上跳、举轻物、举哑铃、跳台阶、垫上两头翘起、扶墙后蹬跑、单腿支撑平衡、扎马步、冲拳、5 分钟定时跑、踢毽子、打乒乓球、打篮球、踢足球、游泳等，见表 5、表 6。

②练习要求。

学生放学后或周末在家长的陪护下自主完成，在场地选择上家长可根据家庭所在场所或者小区进行有选择性练习，见表 7。

（3）亲子合作型课外锻炼。面向学生和家长推荐便于家庭成员共同实施开展的亲子体育活动项目，加强家庭亲子互动、增进亲子关系的同时，提升家长对体育锻炼和体育运动项目的认识，增强学生对体育集体活动的兴趣。

（4）自主特色型课外锻炼。以学生兴趣和特长为基础，针对有体育特长和专项兴趣爱好的学生设计课外专项体育锻炼项目和进度，以校内集训和校外家庭强化相结合，为培养体育后备人才打好基础。体育训练需要消耗大量的体能，容易导致学生产生学习压力和抵触心理。可以采取自主游戏型课外锻炼，体育教师可以设计一些趣味性的体育运动游戏，增强家庭“体育作业”的乐趣，如在作业中设计蛙跳、亲子互动练习等游戏活动，让学生根据自身实际需要自主选择游戏内容，培养学生自主学习的意识。班级可根据以上建议的课外锻炼类型，结合本班实际情况，选择 1 种或者几种课外锻炼类型按天或按周进行搭配组合。同时鼓励各班积极探索学生体育课外锻炼新类型、新模式，设计和布置有班级特色的体育课外锻炼类型。

（5）棋类智能型课外锻炼。棋类运动属于体育运动项目，主要是指跳棋、五子棋、象棋、军旗、围棋等，具有开发学生智力的作用。教师可以多布置一些棋类运动，活跃学生的大脑，将棋类运动时间设置为每周 3 ～ 4 次，并要求与家长协同完成，促进亲子关系，提升学生的思维能力。可以通过网络平台，体育教师组织学生进行班级或者年级范围内的棋类 PK 赛。

（6）体育欣赏型课外锻炼。新课标体育核心素养明确要求提升学生欣赏和评析体育项目的能力，家庭“体育作业”活动内容可以包括体育节目欣赏。体育教师可以让学生观看体育竞技比赛和体育运动等相关节目，让学生了解更多的体育文化知识，让他们在欣赏体育运动节目的过程中提升对体育运动的兴趣，潜移默化地引导学生形成规则意识，掌握更多的体育运动训练技巧，并运用所学专业知识进行评论，以提升个人语言表达能力，从而提高学生的体育学科核心素养。

表 1　一年级每周家庭“体育作业”完成情况记录表（上期）

时间	训练项目内容	完成时长	家长评价签字
周一	1. 慢跑：8 分钟×1 组 2. 开合跳：20 次/组×3 组 3. 跳绳 100 次/组×3 组 4. 亲子运动：坐位体前屈 10 秒/组×2 组 5. 选一项自己喜爱的运动项目进行锻炼		
周二	1. 跳绳：1 分钟/组×3 2. 高抬腿：20 次/组×3 组 3. 亲子运动：左右障碍跳 20 次/组 4. 选一项自己喜爱的运动项目进行锻炼 5. 柔韧拉伸练习		
周三	1. 慢跑：8 分钟×1 组 2. 蹲跳起：10 次/组×2 组 3. 跳绳：200 次 4. 亲子运动：平板支撑 20 秒/组×2 组 5. 选一项自己喜爱的运动项目进行锻炼		
周四	1. 跳绳：1 分钟/组×3 组 2. 坐位体前屈：1 分钟/组×5 组 3. 亲子运动：跳跳虎 20 次/组×3 组 4. 选一项自己喜爱的运动项目进行锻炼		
周五	1. 慢跑：8 分钟 2. 原地高抬腿：20 次/组×4 3. 开合跳：20 次/组×4 4. 亲子运动：波比跳 10 次/组×4 组 5. 选一项自己喜欢的运动项目进行锻炼		

续表

时间	训练项目内容	完成时长	家长评价签字
周六	1. 中速跑：8 分钟 2. 开合跳：20 次/组×4 3. 高抬腿：20 次/组×4 4. 波比跳：10 次/组×4 5.1 分钟跳绳记成绩：4 组 6. 坐位体前屈：5 分钟 7. 选一项自己喜爱的运动进行锻炼		
周日	1. 选一项体育运动项目进行户外训练或者活动 2. 拉伸柔韧练习		

表 2　二年级每周家庭“体育作业”完成情况记录表（上期）

时间	训练项目	完成时长	家长评价签字
周一	1. 慢跑：10 分钟×1 组 2. 开合跳：30 次/组×4 组 3. 跳绳：100 次/组×4 组 4. 亲子运动：坐位体前屈 20 秒/组×2 组 5. 选一项自己喜爱的运动项目进行锻炼		
周二	1. 跳绳：1 分钟/组×4 2. 高抬腿：30 次/组×4 组 3. 亲子运动：收腹 15 次/组×3 4. 选一项自己喜爱的运动项目进行锻炼 5. 柔韧拉伸练习		
周三	1. 慢跑：10 分钟×1 组 2. 蛙跳：10 次/组×4 组 3. 跳绳：400 次 4. 亲子运动：平板支撑 30 秒/组×2 组 5. 选一项自己喜爱的运动项目进行锻炼		
周四	1. 跳绳：1 分钟/组×4 组 2. 坐位体前屈：1 分钟/组×5 组 3 亲子运动：仰卧举腿 15 次/组×3 组 4. 选一项自己喜爱的运动项目进行锻炼		
周五	1. 慢跑：10 分钟 2. 原地高抬腿：40 次/组×4 3. 开合跳：40 次/组×4 4. 亲子运动：波比跳 20 次/组×4 组 5. 选一项自己喜欢的运动项目进行锻炼		

续表

时间	训练项目	完成时长	家长评价签字
周六	1. 中速跑：9 分钟 2. 开合跳：40 次/组×4 3. 高抬腿：40 次/组×4 4. 波比跳：20 次/组×4 5. 1 分钟跳绳记成绩：4 组 6. 坐位体前屈：5 分钟 7. 选一项自己喜爱的运动进行锻炼		
周日	1. 选一项体育运动项目进行户外训练 2. 拉伸柔韧练习		

表 3　三年级每周家庭“体育作业”完成情况记录表（上期）

时间	训练项目	完成程度	家长评价签字
周一	1. 慢跑：10 分钟 2. 波比跳：20 次/组×4 组 3. 收腹：15 次/组×4 4. 亲子运动：坐位体前屈 20 秒/组×4 组 5. 选一项自己喜爱的运动项目进行锻炼		
周二	1. 跳绳：1 分钟/组×4 2. 收腹跳：20 次/组×4 组 3. 亲子运动：卷腹 20 次/组×4 4. 选一项自己喜爱的运动项目进行锻炼 5. 柔韧拉伸练习		
周三	1. 慢跑：15 分钟×1 组 2. 蛙跳：20 次/组×4 组 3. 跳绳：400 次 4. 亲子运动：平板支撑 40 秒/组×3 组 5. 选一项自己喜爱的运动项目进行锻炼		
周四	1. 跳绳：1 分钟/组×4 组 2. 坐位体前屈：1 分钟/组×5 组 3. 亲子运动：仰卧举腿 20 次/组×4 组 4. 选一项自己喜爱的运动项目进行锻炼		
周五	1. 慢跑：11 分钟 2. 原地高抬腿：40 次/组×4 3. 波比跳：20 次/组×4 4. 亲子运动：收腹 20 次/组×4 组 5. 选一项自己喜欢的运动项目进行锻炼		

续表

时间	训练项目	完成程度	家长评价签字
周六	1. 全速跑：6 分钟 2. 开合跳：40 次/组×4 3. 高抬腿：40 次/组×4 4. 波比跳：20 次/组×4 5. 1 分钟跳绳记成绩：4 组 6. 坐位体前屈：5 分钟 7. 收腹：20 次/组×4 8. 选一项自己喜爱的运动进行锻炼		
周日	1. 选一项体育运动项目进行户外训练 2. 拉伸柔韧练习		

表 4　四年级每周家庭“体育作业”完成情况记录表（上期）

时间	训练项目	完成程度	家长评价签字
周一	1. 慢跑：12 分钟 2. 平板支撑：1 分钟/组×4 组 3. 跳绳：200 次/组×4 组 4. 亲子运动：自选 5. 选一项自己喜爱的运动项目进行锻炼		
周二	1. 跳绳：1 分钟/组×4 2. 高抬腿：30 次/组×4 组 3 亲子运动：卷腹 15 次/组×3 4. 折返跑：10 次/组×4 组 5. 选一项自己喜爱的运动项目进行锻炼 6. 柔韧拉伸练习		
周三	1. 慢跑：12 分钟 2. 蹲跳起：20 次/组×4 组 3. 跳绳：400 次 4. 亲子运动：平板支撑 30 秒/组×2 组 5. 选一项自己喜爱的运动项目进行锻炼		
周四	1. 跳绳：1 分钟/组×4 组 2. 坐位体前屈：1 分钟/组×5 组 3. 亲子运动：仰卧举腿 15 次/组×3 组 4. 选一项自己喜爱的运动项目进行锻炼		
周五	1. 慢跑：12 分钟 2. 原地高抬腿：40 次/组×4 3. 开合跳：40 次/组×4 4. 亲子运动：波比跳 20 次/组×4 组 5. 选一项自己喜欢的运动项目进行锻炼		

续表

时间	训练项目	完成程度	家长评价签字
周六	1. 中速跑：10 分钟 2. 开合跳：40 次/组×4 3. 高抬腿：40 次/组×4 4. 波比跳：20 次/组×4 5. 1 分钟跳绳记成绩：4 组 6. 坐位体前屈：5 分钟 7. 选一项自己喜爱的运动进行锻炼		
周日	1. 选一项体育运动项目进行户外训练 2. 拉伸柔韧练习		

表 5　五年级每周家庭“体育作业”完成情况记录表（上期）

时间	训练内容	完成程度	家长评价签字
周一	1. 慢跑：13 分钟 2. 开合跳：40 次/组×4 组 3. 跳绳：100 次/组×4 组 4. 亲子运动：自选 5. 选一项自己喜爱的运动项目进行锻炼		
周二	1. 跳绳：1 分钟/组×4 2. 高抬腿：40 次/组×4 组 3. 亲子运动：收腹 20 次/组×3 4. 选一项自己喜爱的运动项目进行锻炼 5. 柔韧拉伸练习		
周三	1. 慢跑：13 分钟 2. 蛙跳：20 次/组×4 组 3. 跳绳：500 次 4. 亲子运动：平板支撑 1 分 30 秒/组×4 组 5. 选一项自己喜爱的运动项目进行锻炼		
周四	1. 跳绳：1 分钟/组×4 组 2. 坐位体前屈：1 分钟/组×5 组 3. 亲子运动：仰卧举腿 20 次/组×4 组 4. 选一项自己喜爱的运动项目进行锻炼		
周五	1. 慢跑：13 分钟 2. 选一项自己喜欢的运动项目进行锻炼		

续表

时间	训练内容	完成程度	家长评价签字
周六	1. 中速跑：15 分钟 2. 开合跳：40 次/组×4 3. 高抬腿：40 次/组×4 4. 波比跳：20 次/组×4 5. 1 分钟跳绳记成绩：4 组 6. 仰卧起坐：20 次/组×4 7. 坐位体前屈：5 分钟 8. 选一项自己喜爱的运动进行锻炼		
周日	1. 选一项体育运动项目进行户外训练 2. 拉伸柔韧练习		

表 6　六年级每周家庭“体育作业”完成情况记录表（上期）

时间	训练内容	完成程度	家长评价签字
周一	1. 慢跑：14 分钟 2. 开合跳：40 次/组×5 组 3. 跳绳：100 次/组×5 组 4. 亲子运动：自选 5. 选一项自己喜爱的运动项目进行锻炼		
周二	1. 跳绳：1 分钟/组×5 组 2. 高抬腿：40 次/组×5 组 3. 亲子运动：卷腹 20 次/组×5 组 4. 选一项自己喜爱的运动项目进行锻炼 5. 柔韧拉伸练习		
周三	1. 慢跑：14 分钟 2. 蛙跳：20 次/组×5 组 3. 跳绳：500 次 4. 亲子运动：平板支撑 1 分 30 秒/组×5 组 5. 选一项自己喜爱的运动项目进行锻炼		
周四	1. 跳绳：1 分钟/组×5 组 2. 坐位体前屈：1 分钟/组×5 组 3. 亲子运动：仰卧举腿 20 次/组×5 组 4. 选一项自己喜爱的运动项目进行锻炼		
周五	1. 慢跑：13 分钟 2. 选一项自己喜欢的运动项目进行锻炼		

续表

时间	训练内容	完成程度	家长评价签字
周六	1. 中速跑：15 分钟 2. 开合跳：40 次/组×5 组 3. 高抬腿：40 次/组×5 组 4. 波比跳：20 次/组×5 组 5. 1 分钟跳绳记成绩：5 组 6. 仰卧起坐：20 次/组×5 组 7. 坐位体前屈：6 分钟 8. 选一项自己喜爱的运动进行锻炼		
周日	1. 选一项体育运动项目进行户外训练 2. 拉伸柔韧练习		

表 7 重庆市九龙坡区第一实验小学

学生家庭“体育作业”完成情况记录表（下期）

学生姓名		学号		年级		班级		
体育作业学习目标	1. 每周至少完成五天的练习内容，周末两天可自主选择锻炼内容，锻炼前需要做好热身活动 2. 规定练习内容锻炼标准：跳绳每天不少于 500 个，仰卧起坐不少于 60 个，坐位体前屈每天不少于 5 次，跑步每天不少于 10 分钟（利用小区的自然地形进行） 2. 自主练习内容和亲子项目内容：利用周末或者空余时间进行练习							
体育作业	星期一	星期二	星期三	星期四	星期五	星期六	星期日	周完成最好成绩
跳绳								
仰卧起坐								
坐位体前屈								
跑步								
自主练习内容								
亲子项目内容								
监督人			监督评价					
日期								
备注	此表每周上交体育教师处备案							

2. 顶层设计出家庭“体育作业”的实施策略

（1）实行锻炼的多样性。

体育教师可以通过布置合理的家庭“体育作业”达到提升学生体育技能和身体素质的目的。这就要求体育教师坚持体能锻炼的多样性原则，注重学生腰部、腿部等综合锻炼，设计多种运动项目，丰富家庭“体育作业”活动内容，促进家庭“体育作业”设计的多元化发展。例如，教师可以结合体育教学理论知识，将理论知识巧妙融入运动实践中，做好家庭“体育作业”设计工作，保证锻炼内容不冲突、不重样。比如：教师可以让学生星期一练习立定跳远，星期二练习心肺耐力，星期三练习坐位体前屈，星期四练习上下肢力量，星期五练习仰卧起坐，星期六练习田径赛跑，星期日练习球类运动等，按照每天10～20分钟进行运动锻炼，锻炼学生的耐心和能力。

（2）清单设计方法。

体育教师进行家庭“体育作业”活动内容的清单形式制定方式，让学生按照清单列举内容完成体育运动锻炼，引导学生养成良好的自主学习习惯。例如，在暑假家庭“体育作业”设计中，体育教师采用清单列举的方法，让学生按照清单内容完成每天的运动量，比如每日10分钟仰卧起坐、12～15分钟徒步等，促使学生养成良好的运动习惯，提高学生的自律性和自控性。学校体育教师在前两年疫情防控期间，通过“钉钉”平台为学生制定运动锻炼清单，学生进行签到上传图片或视频完成清单内容，效果较好。

（3）定时定量设计。

体育教师除了要把握家庭“体育作业”与体育教学的关系，还应合理运用定时定量设计方法，规定运动锻炼时间，控制运动活动量，引导学生按照定时定量标准进行锻炼，引导学生养成良好的运动锻炼习惯，掌握正确的体育锻炼技巧。例如，体育教师可以根据体育运动难易程度设置每天的训练时长，如每日练习3~5分钟仰卧起坐，1分钟一组；练习5～10分钟跳绳（1～2分钟为一组）；练习5～10分钟坐位体前屈（配合动力性踢腿和静力性压腿）或者练习3~5分钟左右的上下肢力量练习，一次性力竭完成做下一组等。让学生按时锻炼，养成定时锻炼的好习惯。同时，体育教师应结合学生的承受力设计每天的运动量，如每日做10个俯卧撑，练习立定跳远10次，完成300个跳绳次数，等等。在学生可接受的运动范围内，合理设计活动内容，循序渐进地培养学生的运动锻炼能力。此外，体育教师可以融合定时法和定量法，形成一种定时定量设计模式，如规定1分钟完成跳绳100个，1分钟内完成35个仰卧起坐，3 分钟内完成 400 米中长跑等家庭“体育作业”任务，增强学生的时间观念。

（4）体育与信息技术学科融合。

后疫情时期，现代教育技术（信息技术）的应用更为广泛，为假期家庭“体育作业”体育作业提供了更好的平台。体育教师可以利用信息技术和智能软件创新家庭“体育作业”设计内容和形式，通过网络平台监督学生“体育作业”完成情况。例如，体育教师可以将信息技术融入家庭“体育作业”设计中，利用信息技术建立家长群，开通家长群视频功能，用于检查学生的体育作业完成情况；让学生将体育运动锻炼过程录制成视频上传到个人账号中，实时记录学生的锻炼状态，便于体育教师针对学生锻炼情况及时调整“体育作业”设计方案；借助专门的 App 平台，组织学生进行网上打卡，做好每日签到工作，督促学生完成家庭“体育作业”，使学生逐渐养成自主学习习惯。

3. 探索出家庭体育作业家校共育的协作模式

（1）实施原则。

①因人而异，具有科学性和计划性。

每个学生都是独一无二的，没有两个学生的情况是相同的。因此，体育教师在教学过程中要关注到学生的差异性，根据学生的差异性制订合理的家庭“体育作业”计划来锻炼学生的身体，从而培养学生的体育核心素养。

②安全保障，做好布置和验收工作。

安全是学生运动中最重要的因素。在学生运动中，家长和体育教师要时刻关注学生的身体状况，保证学生的身体安全。体育教师在布置家庭“体育作业”后，要注意作业的检查。体育教师可以要求家长在学生课后锻炼中拍照发给教师，以便了解到学生的运动情况，进行下一步的合理规划，保证学生安全的同时，不断提升学生的体育核心素养。

运动小健将

2018-2019学年九龙坡区第一实验小学生

体育家庭作业及寒假记录表

日期	最佳锻炼时间	累计跳绳数量	累计仰卧起坐数量	自选项目及运动量	备注	家长签字
1.10	19:29—20:01	500个	25个	200个	高抬腿	[illegible]
1.11	20:00—20:30	450	15	400m	跑步	
1.12	19:00—19:50	500	20	40分钟	打羽毛球	[illegible]
1.13	19:00—19:30	372	15	300个	高抬腿	[illegible]
1.14	19:00—19:30	500	15	350个	高抬腿	张明
1.15	19:30—20:15	450	15	400m	跑步	[illegible]
1.20	19:00—19:30	500	15	200个	高抬腿	[illegible]
1.21	20:00—20:45	600	15	400m	跑步	[illegible]
1.22	19:51—20:25	350	15	30分钟	打羽毛球	张明
1.23	19:10—19:31	600	10	150个	高抬腿	[illegible]
1.25	19:01—19:25	500	20	20分钟	打乒乓球	[illegible]
1.26	20:00—20:15	600	15	350个	高抬腿	张明
1.27	19:30—20:00	450	15	400m	跑步	[illegible]
1.28	19:15—19:55	800	20	400m	跑步	张明
1.30	20:00—20:20	500	10	250个	高抬腿	张明
1.31	19:00—19:45	450	20	50个	踢腿	张明
2.1	20:00—20:50	500	20	50个	踢腿	张明
2.2	20:15—20:50	650	20	25分钟	打羽毛球	张明

（2）设计策略。

①家校联动，科学设计家庭“体育作业”。

科学布置家庭“体育作业”是使学生得到合理锻炼的有效方式。体育教师在布置学生家庭“体育作业”时，要加强与家长的沟通，共同布置适合学生发展的有效的作业。例如，在培养学生的短跑素养时，对于运动能力一般的学生，体育教师可以让家长引导学生进行一些简单的舞蹈、核心力量、打羽毛球运动等；对于那些不爱运动的学生，体育教师和家长要注意方式，可以和学生做一些运动小游戏来培养其兴趣，激发他们的运动积极性。对不同的学生进行不同的教育，从而促进学生的全面发展。学生身体素质的提升是一个日积月累的长期的过程，不是短时间可以实现的。

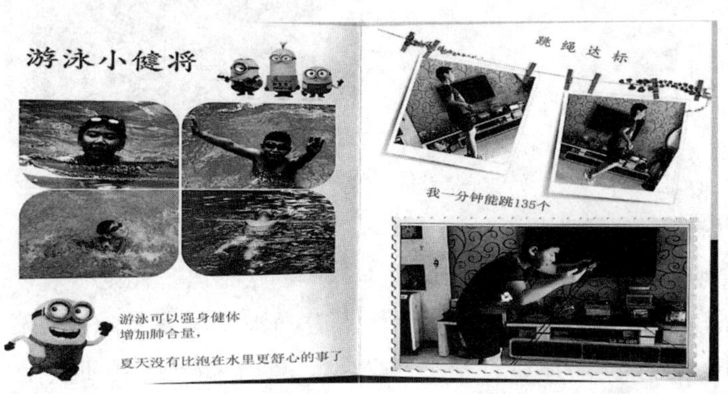

游泳小健将
跳绳达标
我一分钟能跳135个
游泳可以强身健体
增加肺合量，
夏天没有比泡在水里更舒心的事了

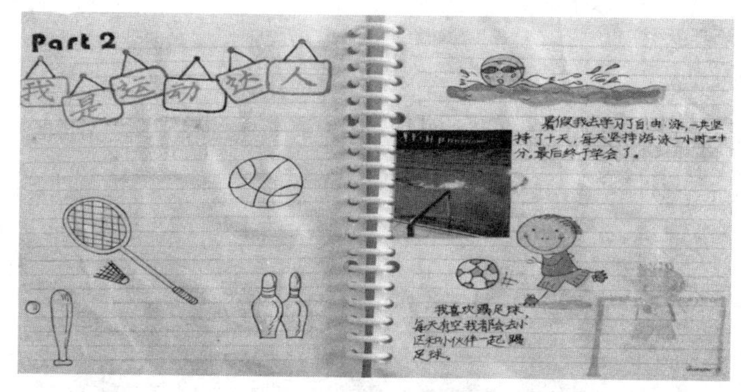

②家校协作，有效落实家庭“体育作业”。

在体育教师布置家庭“体育作业”之后，家长要重视孩子作业完成度，在孩子完成作业的过程中，加强对孩子的陪伴，做到以身作则，可以一起与孩子运动，给予孩子合理的建议，及时和体育教师沟通，掌握合适的陪伴方式，为其选择平坦、安全的场地以及合适的器材，保证孩子认真而安全地完成家庭

“体育作业”。

③家校沟通，高效验收家庭“体育作业”。

在完成作业过程中，体育教师要注意对学生家庭“体育作业”的验收，家长要及时与体育教师进行沟通。体育教师可以让家长在孩子运动中进行拍照与录像，将孩子的运动状况通过钉钉群或者微信群发给体育教师，随后体育教师根据学生的运动情况为学生制定下一步合理的运动锻炼方案，有利于学生体育核心素养的培养。

4. 研制出《家庭“体育作业”活动手册》

体育教师根据各年级的实际情况，设计出每周学生家庭“体育作业”活动内容、成绩记载、完成情况等，从而检查和反馈学生的锻炼情况。

5. 探索出家庭“体育作业”的评价机制

体育教师在家庭体育作业设计和实施过程中，注重了过程性评价和激励性评价，指导和帮助学生修改完善，激励学生运动热情，从而提高家庭体育作业完成质量。

（1）教师增强与家长的交流和沟通。

引导家长按照家庭体育作业锻炼方案严格监督学生，并将具体的完成情况做成记录，将其反馈给体育教师，以便体育教师如实掌握学生身体锻炼的情况。

（2）教师组织学生开展体育展示活动。

学校设立挑战吉尼斯奖、体育达人奖、最大进步奖等多种奖项，调动学生参与体育活动的积极性，让其充分展示自我身体素质，并从侧面烘托出家庭“体育作业”的完成效果，将鼓励性评价给予学生，增强学生体育锻炼的自信心，推动学生以更饱满的热情投入体育锻炼活动，逐渐形成高效体育锻炼习惯。

（3）教师健全互动交流与评价机制。

增强师生之间的交流和互动，以评价机制指出学生的不足，指引学生针对性地学习，不断提升自我身体素质。建立多种评价激励机制，每月开展班级、校级体育达人、运动家庭评选活动，表彰体育“家庭作业”完成效果好、有良好运动习惯、有体育运动特长的学生和家庭。

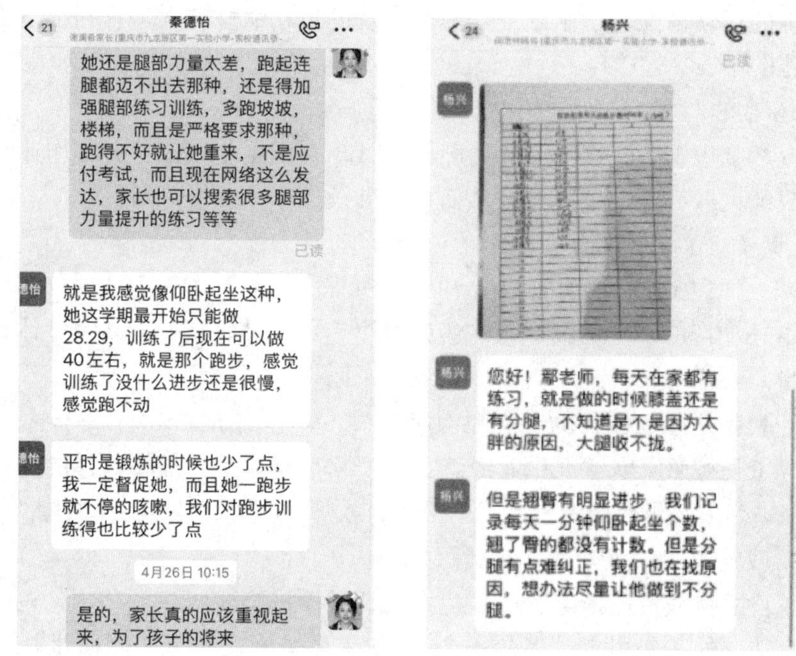

（4）教师鼓励学生课外自主收集相关资料。

通过观看体育视频的方式体会体育精神，为学生树立终身体育锻炼意识打下坚实的基础，并引导学生以自主学习、锻炼的方式提升身体素质。

三、研究结论与建议

（一）研究效果与影响

1. 大大提高了学生的身体素质和体育核心素养

我校在九龙坡区办学水平质量考核中连续多年获得一等奖，学生体育教学质量监测是作为最重要的评价标准之一。近几年，学校的学生参加区教委组织的体质监测考评中，抽测前和抽测后数据对比，学生体质明显提升，成绩突出，名列前茅。

学生体质抽测前成绩统计表

序号	班级	姓名	性别	1分钟跳短绳			坐位体前屈			50米跑		
				个数	分数	等级	成绩	分数	等级	成绩	分数	等级
1	六年级	曹铭昊	男	117	74	及格	8	78	及格	9.9	66	及格
2	六年级	陈　鹏	男	122	76	及格	11	80	良好	10.7	50	不及格
3	六年级	戴嘉乐	男	145	85	良好	16.4	95	优秀	9.8	68	及格
4	六年级	丁月河	男	158	100	优秀	11.8	85	良好	10.3	62	及格
5	六年级	段　嘉	男	129	78	及格	8	78	及格	9.9	66	及格
6	六年级	傅春豪	男	164	100	优秀	11	80	良好	10.4	62	及格
7	六年级	龚文博	男	139	80	良好	6	74	及格	9.7	68	及格
8	六年级	何俊龙	男	108	72	及格	9.6	80	良好	10	66	及格
9	六年级	侯佩宏	男	147	90	优秀	11.9	85	良好	9.9	66	及格
10	六年级	黄奇锐	男	144	85	良好	13.2	85	良好	8.9	76	及格
11	六年级	蒋子悦	男	118	74	及格	11.9	85	良好	8.7	78	及格
12	六年级	李之骅	男	134	78	及格	10.7	80	良好	8.8	78	及格
13	六年级	刘峻麟	男	138	80	良好	4.9	72	及格	9	76	及格
14	六年级	刘延熙	男	117	74	及格	11.3	80	良好	9.6	70	及格
15	六年级	彭大轩	男	109	72	及格	12.6	85	良好	9.6	70	及格
16	六年级	陈姝涵	女	189	100	优秀	19	95	优秀	8.9	85	良好
17	六年级	陈思怡	女	122	76	及格	17	85	良好	9.1	78	及格
18	六年级	陈星朵	女	133	78	及格	16.6	85	良好	9	80	良好
19	六年级	方妍心	女	143	80	良好	10.1	74	及格	8.7	85	良好
20	六年级	胡仁熙	女	147	85	良好	11.9	78	及格	9.1	78	及格
21	六年级	黄靖涵	女	146	85	良好	13.6	80	良好	10.2	68	及格
22	六年级	黄馨媛	女	144	85	良好	12.2	78	及格	9.7	72	及格
23	六年级	黎诗涵	女	175	100	优秀	111.7	100	优秀	8.9	85	良好
24	六年级	李　尚	女	158	90	优秀	20	100	优秀	9.8	72	及格
25	六年级	刘嫣然	女	146	85	良好	14	80	良好	10.4	66	及格
26	六年级	马梓桐	女	137	80	良好	16	85	良好	9.8	72	及格
27	六年级	秦诗茹	女	138	80	良好	17	85	良好	10.3	66	及格
28	六年级	王曼妮	女	157	90	优秀	14	80	良好	10	70	及格
29	六年级	王心栎	女	122	76	及格	11	76	及格	9.5	74	及格
30	六年级	王雅僮	女	130	78	及格	10	74	及格	8.7	85	良好
总分					2486.00			2477.00			2158.00	
平均分					82.87			82.57			71.93	
优秀			人数		7.00			4.00			0.00	
			优秀率		80.00			83.33			36.66	
良好			人数		18.00			21.00			5.00	
			良好率		93.33			100.00			73.33	
及格			人数		30.00			30.00			29.00	
			及格率		100.00			100.00			100.00	
不及格			人数		0.00			0.00			1.00	
			不及格率									

重庆市九龙坡区第一实验小学

学生体质区统一抽测后成绩统计表

序号	班级	学号	姓名	性别	1分钟跳短绳			1分钟仰卧起坐			坐位体前屈			50米跑			50米×8往返跑		
					个数	分数	等级	成绩	分数	等级	成绩	分数	等级	成绩	分数	等级	成绩	分数	等级
1	六年级	1	曹铭昊	男	188	100	优秀				13	85	良好	8.1	100	优秀			
2	六年级	2	陈　鹏	男	182	100	优秀				16	95	优秀	8.7	78	及格			
3	六年级	3	戴嘉乐	男	180	100	优秀				19	100	优秀	7.1	100	优秀			
4	六年级	4	丁月河	男	141	85	良好				16	95	优秀	9	76	及格			
5	六年级	5	段　嘉	男	147	90	优秀				16	95	优秀	8.8	78	及格			
6	六年级	6	傅春豪	男	175	100	优秀				17	100	优秀	8.4	90	优秀			
7	六年级	7	龚文博	男	181	100	优秀				9	80	良好	7.7	100	优秀			
8	六年级	8	何俊龙	男	128	78	及格				14	90	优秀	9.4	72	及格			
9	六年级	9	侯佩宏	男	162	100	优秀				18	100	优秀	8.5	85	良好			
10	六年级	10	黄奇锐	男	184	100	优秀				16	95	优秀	8.1	100	优秀			
11	六年级	11	蒋子悦	男	160	100	优秀				16	95	优秀	7.7	100	优秀			
12	六年级	12	李之骅	男	154	95	优秀				14	90	优秀	8.5	85	良好			
13	六年级	13	刘峻麟	男	188	100	优秀				11	80	良好	7.9	100	优秀			
14	六年级	14	刘延熙	男	175	100	优秀				14	90	优秀	8.6	80	良好			
15	六年级	15	彭大轩	男	160	100	优秀				19	100	优秀	8.6	80	良好			
16	六年级	16	陈姝涵	女	209	100	优秀				24	100	优秀	8.8	85	良好			
17	六年级	17	陈思怡	女	149	85	良好				24	100	优秀	8.7	85	良好			
18	六年级	18	陈星朵	女	173	100	优秀				19	95	优秀	9	80	良好			
19	六年级	19	方妍心	女	163	95	优秀				16	85	良好	8.7	85	良好			
20	六年级	20	胡仁熙	女	155	90	优秀				21	100	优秀	9.1	78	及格			
21	六年级	21	黄靖涵	女	158	90	优秀				17	85	良好	9.8	72	及格			
22	六年级	22	黄馨媛	女	184	100	优秀				22	100	优秀	8.8	85	良好			
23	六年级	23	黎诗涵	女	194	100	优秀				21	100	优秀	8.4	90	优秀			
24	六年级	24	李　尚	女	188	100	优秀				24	100	优秀	9.5	74	及格			
25	六年级	25	刘嫣然	女	152	90	优秀				20	100	优秀	9.4	76	及格			
26	六年级	26	马梓桐	女	141	80	良好				26	100	优秀	8.4	90	优秀			
27	六年级	27	秦诗茹	女	173	100	优秀				23	100	优秀	8.3	95	优秀			
28	六年级	28	王曼妮	女	177	100	优秀				25	100	优秀	8.8	85	良好			
29	六年级	29	王心栎	女	133	78	及格				21	100	优秀	8.5	90	优秀			
30	六年级	30	王雅僮	女	150	85	良好				20	100	优秀	8.7	85	良好			
总分						2841.00						2855.00			2579.00				
平均分						94.70						95.17			85.97		总分平均分		91.95
优秀				人数		24.00						25.00			11.00				
				优秀率		80.00						83.33			36.66				
良好				人数		28.00						30.00			22.00				
				良好率		93.33						100.00			73.33				
及格				人数		30.00						30.00			30.00				
				及格率		100.00						100.00			100.00				
不及格				人数		0.00						0.00			0.00				
				不及格率															

2. 学校在九龙坡区“落实中小学生家庭体育作业推进情况”做经验交流发言

学校领导在九龙坡区做经验交流。

3. 家校共育协作模式的影响

（1）家长可以更好更直观地了解孩子的体育技能和身体素质情况。

家长缺乏对孩子学习的充分关注，可能会导致孩子缺少家庭中爱的教育。家校合作教学模式的开展，有效地将家长和学校联系起来，改变了以往的状态，实现了家长和学校共同对学生进行管理，从而真实地了解孩子的体能情况。

（2）增进了孩子与家长的感情。

在孩子进入小学之后，一些家长忙于自己的工作，对孩子的很多事情都没有给予足够的关注，对孩子的习惯、爱好缺乏足够的了解；孩子放学后，自己完成作业，孩子与家长之间缺乏交流，从而导致亲子关系越来越生疏，不利于家庭感情的培养。学生学习压力大，运动是一种很好地减轻学生压力的方式。父母与孩子共同参与体育锻炼，既缓解了孩子的孤独感，又可以很好地保证孩子的安全，有利于建立和谐的家庭关系。

（3）营造了良好的锻炼氛围。

学习氛围对孩子是十分重要的。在学校里，教师通过班级建设保证了学生的学习氛围；学生回到家中后，就需要父母通过对孩子学习的关心来建立学习氛围，家长在孩子学习中，要做到陪同而不打扰。在孩子学习过程中，家长不能一直玩手机，看电视，以免分散孩子的学习注意力，应安安静静地陪伴孩子。家长的行为教育是对孩子最好的教育，家长耐心地看书能够激励孩子耐心的学习心态。体育锻炼也需要氛围，因此家长在孩子锻炼中要做到以身作则，陪伴学生锻炼。所以，将家校共育协作模式融入学生家庭“体育作业”实施的过程之中，有利于提高学生身心健康水平，促进家长与孩子和谐相处，为学生营造一种良好的学习氛围，从而提高学生的自主学习与合作能力。

4. 找准了实施家庭“体育作业”的关键环节

（1）播下一颗种子。

激发学生对体育运动的热爱，激励学生和各个家庭对体育运动的坚持，让体育运动成为一种自觉的锻炼习惯。

（2）搭建一架梯子。

分层次设计家庭“体育作业”内容、制定目标，提供尽可能的帮助、指导和鼓励。

（3）提供一个平台

建立评比表彰、展示机制，例如，单项龙虎榜、挑战吉尼斯、体育达人评选、运动项目介绍、运动家庭展示等。

通过家庭“体育作业”的精准设计和有效实施，学校的家庭“体育作业”逐渐从“散打型”向“套路型”转变，每个年级逐渐形成了固定板块的家庭“体育作业”。日常家庭“体育作业”包含了学生体质监测项目、个人兴趣项目、家庭爱好项目等板块；寒暑假体育家庭作业则包含了学生体质监测项目、个人兴趣项目或专项学习项目、家庭亲子项目等板块。逐渐地让家庭“体育作业”真正成为“家庭”作业，成为提高学生身体素质的一种有效途径，成为健康家庭的一种生活方式。

（二）结论与建议

（1）作业内容的针对性。

针对不同学生的体质、技术、技能等情况，科学地为学生量身定制一份切实可行的家庭“体育作业”，确保作业的可操作性与有针对性。制定中采取分层次设计活动内容，学生根据教学过程中了解到的自我运动能力水平，完成自身素质对应下的作业任务内容。

（2）锻炼目标明确详细。

只有明确了目标，学生才有锻炼的方向、动力，也才能为最终评价标尺的确定奠定基础。根据测前各项水平数据，给出定量阶段性的指标，便于学生评价锻炼效果。

（3）运动项目技术指导。

体育教师要对各个项目的锻炼给出正确的指导，正确练习方法，以及锻炼时的安全问题。通过视频讲解、文字或语音表述等方式，让学生明确运动注意事项，在普及强化运动知识同时，防止出现意外。

（4）过程与终结性评价。

体育教师应与家长、学生建立联系，监测学生锻炼情况，设计锻炼情况表并如实填写。每期期末进行测试，做出分析结果，以此激励学生，延续学生兴趣。

（5）启动运动项目特色班级、运动项目特色家庭创建活动。

（6）组建由体育教师、家长、学生代表为成员的家庭“体育作业”策划团队。

进一步推进学生家庭“体育作业”工作，进一步丰富家庭“体育作业”的内容、形式、途径，提升家庭“体育作业”对学生的吸引力和生命力。落实立德树人根本任务，促进学生德智体美劳全面发展，努力培养具有健康体魄和健全人格的新时代青少年，将作业融入生活，将运动变为热爱，铸就强健体魄，我们将更加努力、阔步前行，筑基每一个人的美好未来！

论文与课例篇

创新大思政课建设　培根铸魂育新人

重庆市九龙坡区第一实验小学　何军

大思政课建设，是全面贯彻党的教育方针，落实立德树人根本任务的重要举措，是解决好培养什么人、怎样培养人、为谁培养人这个根本问题的重要路径。九龙坡区第一实验小学教育集团坚持党组织对学校工作的全面领导，探索集团党委领导下的大思政课建设，把思想政治工作贯穿教育教学全过程，认真落实全员思政、全过程思政、全方位思政的理念，着力推进大思政课品牌建设。

一、着眼“政”，高站位认识“大思政课”

为什么要建设“大思政课”？我们组织干部教师调研讨论后认为：当前小学生存在自我意识突出、自我约束不足、家国情怀不够、公德意识不强、心理亚健康、知行不一致等方面问题，努力培养学生五个维度的发展，即“强健的体”关注体育精神与健康理念；“灵巧的手”关注创造精神与劳动意识；“聪慧的脑”关注钻研精神与科学思维；“明亮的眼”关注自我认知与心理健康；“温暖的心”关注家国情怀和责任担当。思政课是落实立德树人根本任务的关键课程，发挥着不可替代的作用。

习近平总书记指出：“思政课就是讲道理，要把道理讲深、讲活、讲透。思政课不仅在课堂上讲，也应该在社会生活中来讲。‘大思政课’我们要善用之，一定要跟现实结合起来。”

我们从对大思政课的认知出发，引导全体老师深刻理解习近平新时代中国特色社会主义思想和习近平总书记关于教育的重要论述，认识为党育人、为国育才的责任和使命，树立正确的思政教育观，形成干部老师的普遍共识：思政课作为具有鲜明意识形态属性的课程，是落实立德树人根本任务的关键课程，必须发挥其政治引导功能。

二、突出“活”，宽视野规划“大思政课”

如何让思政课大起来，活起来，以创新的思维开展起来？学校引导教师要有宏观视野，以大历史观讲好新时代“大思政课”，即善用百年党史、70年新中国史、40年改革开放史、500年社会主义发展史、5000年中华民族发展史。增强“大思政课”的历史维度，让历史与现实相互贯通。通过家长进课堂，每周一节班会课由家长宣讲行业特色、红色教育、各领域改革创新感人故事等，形成300余节家长精品课资源。学生进社区、进场馆，利用综合实践活动时间或班级半日活动时间，带学生走进社区、企业、红色教育基地、文化传承基地等，创新实践育人“活课堂”，创造形式多样的“行走课堂”。我们引导家长周末和节假日期间，带着孩子远行观世界、看天下，打通教材与世界，学校与场馆、学校与社区、学校与家庭壁垒，构建思政大课堂。

三、立足“实”，大体系推进“大思政课”

（一）管理体系保驾护航

打造“燎原”党建品牌，以党建引领为先导。建立由集团党委统一领导、各部门组织协调、各校区具体落实、全员参与的管理机制，推动党建与教育教学深度融合，建设好大思政课。

（1）强化党建带团建、带队建。做好少先队员政治启蒙工作，上好大思政课，扣好“人生第一粒扣子”，打好红色印记。

（2）完善集团党委督导机制。成立教育集团党委督导办公室，由党委书记负责分管，定期督导各校区党建、教育教学等工作，确保集团党委领导的一体化管理、一体化实施。

（3）党组织牵头推进思政校本资源建设。发动党员、团员、少先队员共建大思政课资源。实施思政教育资源“三百工程”建设，即：一百节精品微党课、一百份精品学科思政教学设计、一百个红色故事。

（二）课程体系培根铸魂

构建以道德与法治为基础课程、学科渗透融会贯通、“燎原”宣讲政治启蒙、德育实践活动创新、评价改革赋能导向的大思政课程体系，提升“大思

政”教育的整体效益。

(1) 学科思政。建立学科思政教研机制，对《道德与法治》《习近平新时代中国特色社会主义思想教育学生读本》进行专题研究，明确教学目标、实施方式、评价方式等，发挥学科思政的重要作用。在其他学科建设中突出立德树人“主线”，对学科教学进行专项研究，充分挖掘语文、数学、英语、劳动、体育、艺术等学科中蕴含的思政教育资源，梳理各学科的思政教育元素，找准突破口，融通学科思政与跨学科思政互联，形成学科教学的“思政味道”。

(2) 活动思政。把思政教育融入各类德育主题活动中，通过主题教育进行思政教育，围绕“玩转重庆”“欢乐中国行”等主题，以风俗民情特色展示、知识介绍、民俗体验等，学生在校园里接触重庆的风土人情、西安的厚重历史、北京的文化积淀……在各种有趣的体验活动中了解家乡、热爱祖国。“快乐游世界”“走进名人”等主题活动中，学生手持“护照本”“名人册”，闯关“个人战”，认识世界、了解世界，走近名人、立下志向。除此之外，主题升旗仪式、主题队会课，包含了国防、红色教育、职业体验、科技教育等版块的综合实践活动等，逐渐形成促进学生“体手脑眼心”五维发展的活动课程体系。思政教育活动化、德育活动课程化，结合少年儿童身心特点，让思政教育看得见、摸得着、能感受、有体验。

(3) 环境思政。建设“印记”思政学习空间，把党史、团史、队史等内容融入其中，让它成为学生校园内重要的思政学习空间。通过校园文化建设、班级文化建设、红领巾广播站、展板橱窗等阵地，营造思政教育大环境。

(三) 队伍体系保障落实

(1) 成立大思政课建设中心组。由校长、书记、优秀道德与法治教师、优秀辅导员组成思政教育中心组，落实道德与法治学科教学，进行思政教育专题教研，开展思政教育主题宣讲活动，组织校内思政教师培训活动。

(2) 培养辅导员队伍。实施班主任与辅导员分设置。每个中队配备一名辅导员，党员、团员优先聘任到辅导员岗位。培养少先队辅导员向专业化、专家化发展。

(3) 构建全员思政群体。围绕人人思政的理念，将思政课由道德法治课程教师，延伸到所有教职员工和学生，在全学科教学及学校管理、宣传、组织、服务、校园生活中全员参与、全方位思政。通过“燎原党课”“红色记忆”等形式，党委委员、党员干部、团员教师带头上好“大思政课”。

(4) 拓宽思政教师队伍。借助社区、家长资源，聘请校外辅导员 128 名。

邀请校外辅导员、法制副校长、优秀党员、行业标兵、道德模范、人大代表等进校园、进教室，开展社会主义核心价值观、“四史”宣讲活动，进行思想道德、法制宣传、理想教育等。

九龙坡区第一实验小学教育集团力争通过机制建立、课程建设、资源开发、队伍建设等，着力推动课程思政、学科思政、活动思政、环境思政融合的“大思政课”建设，实施“本原”思政品牌建设，在大思政课中培根铸魂，落实立德树人根本任务。

论幼儿园“从这里走向美好世界”的健康第一

（何军名校长工作室）重庆九龙坡铁路幼儿园　李云竹

习近平总书记在全国教育大会上指出：要树立健康第一的教育理念，教育部关于印发《幼儿园教育指导纲要（试行）》的通知也指出：幼儿园必须把保护幼儿的生命和促进幼儿的健康放在工作的首位。幼儿园办园，树立正确的健康第一观念，在健康管理上，突出对于幼儿的“体质优良、人格健全、意志坚强、好习惯的养成”等系统的、长期的、智慧化管理，促进其个体健康的多元化、个性化，可以说是幼儿园“十四五”高质量教育体系建设的要求和发展之主要目标。

一、“从这里走向美好世界”与“健康第一”认识

1. 幼儿的世界

幼儿的世界是兴趣、习惯养成，健康成长的世界，幼儿的世界更是童真、童趣与童话般的世界。教育部2012年颁发的《3—6岁儿童学习与发展指南》确定：幼儿教育需要从健康、语言、社会、科学、艺术等五个领域开展学习与发展指导，当代幼儿教育的发展，是“智慧、健康、美化、高效”的发展，因此，幼儿的世界，是“五能”全面发展，个体好习惯造就好人生的世界。

2. 幼儿园的世界观

九龙坡铁路幼儿园着力培养“幼儿宽阔的胸襟、活跃的思维、好学的态度、开阔的视野和文明的行为习惯”，使幼儿能在体、智、德、美、劳等方面生动、活泼、主动地发展，以培养新一代身心健康发展的完整儿童，培养活跃于21世纪世界舞台的新型人才为总体的世界观。“从这里走向美好世界”是九龙坡铁路幼儿园世界观的丰富内涵，包含三层意思：一是幼儿园应当成为幼儿认识、体验、创造美好世界的乐园，是健康、绿色、有灵气的幼儿教育的场所。二是幼儿的健康快乐成长质量的育幼标准，是坚持“幼儿健康管理与五能

质量导向”，其总体的要求就是幼儿成长的“美好世界”，即幼儿“宽阔的胸襟、活跃的思维、好学的态度、开阔的视野和文明的行为习惯”世界。三是伴随幼儿的健康快乐成长，幼儿园深化教育改革，面向教育现代化，面向特色化办园，需要从现在开始，建构“智慧、健康、美化、高效”的育幼体系，实现“十四五”期间办园走向全国一流水平的幼儿园办园的新目标。

3. “健康第一”的园本化思考

每个幼儿都是“健康小火车、要天天动起来”，幼儿园的教育要为幼儿终身学习打下良好的基础，即：健康管理是幼儿“小火车”开向美好世界坚实的基础性工程，“健康第一”的管理理念，是根据幼儿全面系统的身心发展特点和健康需要，将幼儿健康知识、健身方法、运动疲劳监控、运动伤病预防和保险融合一体，构建多元化、个性化幼儿素质教育体系的理念。九龙坡铁路幼儿园办园探索“小火车”儿童健康管理云平台运用策略，就是通过互联网+运动及心理健康测评，分析评估幼儿体质健康状况，形成个性化健康指导方案，对幼儿实施更加有效的健康教育，以促进幼儿健康水平提升的一个智能化平台。

二、健康管理与幼儿园“立德树人”根本任务的完成

1. 健康管理

健康管理是现代社会管理的一项新型管理，我国“十三五”之后提出“大健康”建设，把提高全民健康管理水平放在国家战略高度。总体上讲，健康管理是指运用先进的健康管理理念，提高国民健康素质的管理，其管理的理论基础是依据先进的生物—心理—社会—环境医学模式，从健康环境、健康的医疗卫生上，采用现代医学和现代管理学的理论、技术、方法和手段，对个体和群体整体健康状况及其影响健康的危险因素进行全面检测、评估、有效干预与连续跟踪服务的管理。健康管理的目的是调动个人及集体的积极性，有效地利用有限的资源来达到最大的健康效果。

2. 幼儿健康管理

幼儿健康管理是指幼儿园为保护幼儿生命安全和促进幼儿健康，以建立幼儿个人健康档案为基础进行的对幼儿个体及群体的健康危险因素的全面管理活动，包括对幼儿的疾病预防、身体锻炼、心理健康、健康的检查与评价等内容。目前国内大多数幼教专业都增设了幼儿发展与健康管理专业，把系统掌握幼儿健康教育基本理论与技能，具有较强的实施幼儿素质教育实践能力，能适应托幼机构与幼儿教育相关行业需求的健康保教与健康管理作为培养目标。

3. 立德树人

立德树人是全面实施素质教育，提高教育质量的根本任务，幼儿教育的立德树人，是指要以幼儿好习惯培养为突破口，在关注幼儿的知识学习情况和行为习惯培养过程中，更加关注幼儿的思想发展，使幼儿能够具备良好的思想观念和正确的价值观念，形成优秀的思想品格。幼儿园立德树人根本任务的完成，需要了解幼儿成长与发展的规律，以幼儿健康管理为幼儿预防保健的任务，以保护和促进学龄前儿童身心健康和社会适应能力为目标，根据各年龄阶段儿童的生长发育特点，提供综合性保健服务，注重健康教育、保健育儿知识、咨询服务，帮助家长掌握儿童保健知识，降低疾病的发生率和死亡率，促进儿童身体的全面发展

4. 健康管理云平台建设

是幼儿园通过“互联网+运动”及心理健康测评，分析评估幼儿体质健康状况，形成个性化健康指导方案，对幼儿实施更加有效的健康教育，以促进幼儿健康水平提升的一个智能化平台的建设。当前，幼儿健康水平下降，身体方面：常见的如肥胖儿、龋齿儿、弱视近视儿增多，特殊的有各种过敏史、先天心脏病、支气管哮喘、软骨病等不断涌现；心理方面：好动症、孤独倾向的儿童屡见不鲜；社会行为方面，家长的过度保护更加剧孩子力量、耐力、协调性、灵敏度、抗压能力等各项健康指标下降。同时，幼儿园健康管理手段滞后，不成体系，缺乏个性化管理，没有形成完整体系，无法实现线上线下的实时互动，实时监测、实时反馈；教师和家长关于儿童健康的知识欠缺。幼儿园健康管理云平台建设，是幼儿教育信息化管理的发展，包含两层含义：一是幼儿园对信息技术的开发和利用，把计算机、网络等现代技术运用到幼儿园管理上。二是幼儿园管理方式和内容的信息化，即注重对有关信息资源的管理。其建设的重要性就是更有效地完成立德树人根本任务。

三、“健康第一”理念下的云平台建设实践

1. 制定《儿童基本动作发展水平测查量表》和《儿童心理发展水平评价量表》

根据幼儿健康正常标准，包括：幼儿的形态发育符合年龄标准，或处于高水平；身体各部分（皮肤、皮下脂肪、胸廓、脊柱、牙齿等）发育正常，功能健全；动作发育即头、颈、胸、背和四肢的发育和动作发展等均正常，如手指的细小动作发育良好，下肢能用一只脚站立或跳跃，能从台阶上跳下或能跳

远，屈肌发育比伸肌发育早等；智力发育正常，如 3—4 岁幼儿表现出活跃敏捷，能胜任与年龄相称的各种动作，好发问，能讲故事、唱歌，会朗诵诗歌，会说出自己的名字等；对外界自然环境的变化，有较强的适应能力和抵抗力，不易生病。从健康儿童的标准：身体健康，心理健康，智力良好和社会适应能力良好上制定适合幼儿园健康管理平台建设的量表。

2. 探索“小火车”儿童健康管理云平台运用策略

当前，幼儿中普遍地存在着独立性差、心理脆弱、怕苦畏难、任性、不懂得关心人、缺乏创造性、缺乏合作交往意识和能力、自控能力差等问题，不少儿童还存在种种心理和行为偏差。如孤僻、攻击性行为、胆怯、多动、情绪障碍等。“小火车”儿童健康管理云平台运用，是对幼儿健康进行动态评估：通过平台对儿童早期数据库的建立、后期各端口数据的不断录入，实现对儿童健康成长的动态评估；是进行个性化指导：根据平台动态评估数据分析结果，幼儿园与社区有关部门、卫生保健部门制定科学的儿童健康发展干预措施；是加强家园共育：让家长积极参与到平台的操作实践中，家园携手，形成教育合力。

3. 开展幼儿健康教育管理活动

一是为幼儿创造一个健康的生活环境，为孩子营造一个有利于身心健康的内部环境，是做父母的必修之课，幼儿园注重幼儿人际关系的协调能力，科学合理地制订饮食计划及平衡的膳食搭配，为幼儿的健康成长提供了先决的条件。二是对幼儿进行心理卫生教育和安全教育，幼儿园将幼儿的心理卫生教育和安全教育融入幼儿的日常生活中，通过设计科学、合理的游戏活动，增强幼儿的亲身感受和生长体验，激发其探索身体奥秘的兴趣，引导幼儿关心身体，加强幼儿对周围环境中潜在危险的认识，提高幼儿的预见性和保护技能，减少意外伤害的发生率，提高幼儿的生命质量，提高幼儿的自我保护意识和能力。三是开展心理健康服务来维护幼儿的心理健康，建立儿童健康服务的机构，通过筛查等方式及早发现有心理障碍的儿童，有针对性地开展心理问题的预防和矫治，并及时进行心理治疗。

健康第一，幼儿教育健康管理云平台建设是重要的、基础性的对策。

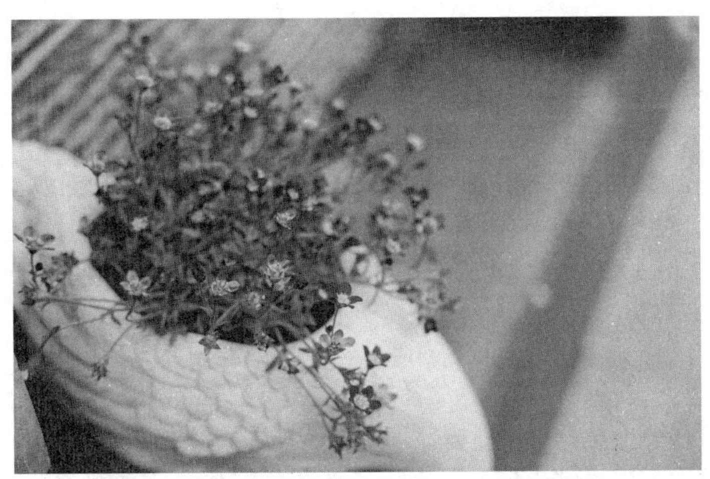

小学体育教学的思考与实践

（何军名校长工作室）九龙坡区华玉小学　叶小丹

随着时代的不断发展，新课标出台，体育教学发生了颠覆性的改变。小学体育教学已无法满足学生的实际需要，大部分教师对体育教学存在错误的认识，觉得在体育课上简单地带着学生们玩一玩就可以了，忽视了体育的育人意义。也有的教师片面地要求学生们通过体育锻炼增强体质，没能注意培养学生们的体育品德，令其养成自主参与体育锻炼的良好习惯。在实际教学活动中，部分小学体育教师仅仅是围绕着教学目标，照本宣科地展开体育教学，没有考虑到小学生们的兴趣和爱好，教学模式单一、枯燥，教学方法不科学。大部分体育教师在实际的体育教学活动中，机械地向学生们介绍体育运动的动作和技巧，忽视了培养学生的自主性和创新性，不利于小学生的全面发展。新课标明确提出将教会、勤练、常赛落实到体育课堂中。将运动能力、健康行为、体育品德的培养始终贯穿于课堂之中。

一、提高体育教师自身素质

体育教师是体育课堂的主导者，对于体育课堂的教学有效性发挥主导作用。在新课改背景下，首先，要提高教师自身的教育能力和水平，才能更加贴合学生实际去设计趣味的课堂内容。其次，在传授体育技能时，要以学生的实际身体情况为主，传授给学生必备的体育基础知识和体育技能，养成学生长期锻炼的习惯。最后，要深入了解学生内心，明白学生内心的想法，从而改进体育教学的方法，让学生从被动学习变为主动学习，提高小学体育课堂的有效性。

二、提倡团结合作，培养集体意识

“众人拾柴火焰高”。集体是学生学习、生活主要阵营，在小学体育教学过程中，教师应当重视学生团队意识和团队合作能力的培养，以便培养学生的集体意识和集体荣誉感，增强班集体的凝聚力，让学生懂得在体育锻炼过程中与人合作、共同向前，为学生今后的学习与生活奠定良好基础。以本校为例，现在的学生大多数是独生子女，从小并没有团结合作，集体意识，因此可以用体育教学来培养学生的集体意识。

三、采取情景化的体育教学方法

体育教师在实际的体育教学活动中，可以适当结合生活实际，贴近学生的日常生活，激发学生们的体育学习兴趣，帮助他们积累更多的知识和技能。比如，在为学生们讲解排球的知识时，可以让学生们自由结组，指导学生们观看模仿奥运冠军垫球的视频动作。教师还应当通过体育游戏让学生们掌握相关的规则与要求，让小学生们在游戏的过程中深入了解课程内容，在体育实践的环节中认识体育技能的形成规律，不断提升小学生们的实践水平与学习能力。教师要强化学生的体育精神，帮助学生建立终身体育的精神，培养学生养成良好的体育习惯。

构建“打开一扇门”特色共同成长体系

重庆市九龙坡区第一实验小学　金黄

一、立足“归原”文化，孕育一脉相承的特色办学体系

核心概念界定：学校特色是符合学校发展实际需求、反映自身特点、经由学校长期努力形成的相对稳定且具有一定美誉度的学校实践行为，并逐步形成的一种独特的、优质的、稳定的办学风格和样式。

我校紧紧围绕学校内涵发展的核心：文化、课程、学生。打开教师、学生、管理者的成长之门，共同探索同一的精神文化品质、独特风格和面貌，彰显学校教育内涵的整体、独特的价值追求。通过打开一扇扇成长之门，师生其可见可感可行的内容，内化于心，形成反映在师生身上独特的“精气神”，其为“打开一扇门”特色共同成长体系。

（一）文化驱动，构建顶层设计的行动指南

一是“一”个理念：“归原”文化的核心理念是筑基每一个人的美好未来。即：关注每一个人发展，兼顾个体与群体的协调性和一致性，让学校的管理者、教师、学生和与学校教育相关的任何一个人，都有美好未来。二是“二”条路径——“九大理念”“九项实践”，两条路径统领学校各项工作，推动着学校高品质发展。三是一校“三”区格局——西郊、燕南、江州三个校区及幼儿园为一体的集团化办学格局。四是“四”化模式——办学一体化、管理现代化、教师专业化、学生个性化发展。五是“五”维培养目标——为培养德智体美劳全面发展的社会主义建设者和接班人，学校将育人目标校本化、具象化为让学生拥有强健的体、灵巧的手、聪慧的脑、明亮的眼、温暖的心五个维度。

在“打开一扇门”文化主题引领下，学校课程建设、干部教师队伍培养、学生活动等工作具有明确的目标和方向，形成了统一的价值认同和行为趋同。

（二）问题驱动，集成三位一体的发展目标

学校精准定位特色发展，分析愿景、路径、策略及成果，研究学校实际优势、劣势与机遇，以“主题发展，整体推进”为思路，精细化聚焦痛点、难点，挖掘学校特色主题发展的内涵，逐一打开学校特色建设之门，依次为：文化之门（教师发展之门、精细管理之门）、精品课程之门（课堂变革之门）、学生成长之门，实现五年主题发展目标。

（三）特色驱动，激活师生整体价值追求

“打开一扇门”是学校的文化主题，是文化建设的呈现方式。一是校园文化环境重塑，营造随处可见的外显文化氛围，以外形为琮，内刻阳文九叠篆字的壹和阴文的门，作为校徽，共同喻义九龙坡区第一实验小学的文化主题“打开一扇门”。二是引导学生对内打开自我认知之门，与自己对话，学会自我规划，自我肯定。对外则要打开通向世界之门，需要储备能力，涵养智慧，友善之门、自信之门、阅读之门、思维之门、实践之门……每一扇门都是一次成长的体验。三是引导教师对内打开行动之门、阅读之门、自我规划之门、课程开发之门，对外则要打开跨界之门、融合之门……每一扇门都是打开教师理想追求和个性品质成就之门。

二、创新“金钥匙”品牌，打造环环相扣的特色办学路径

（一）“金钥匙”文化——聚力践行“归原”理念

建立基于学校价值观的教育哲学，让教育品牌与学校价值观共享。学校全体师生拟定了一份学校发展的“理念、愿景和价值观”，共同践行在落实理念立校、文化治校目标上，学校实施“九九归原”文化建设规划。提炼核心理念、办学追求、办学目标、学校精神、校园文化、课程理念、教学理念、人才理念、管理理念九大理念作为精神力文化，提出了思想建设、制度建设、课程建设、干部锻造、教师提升、学生发展、资源保障、机制保障、评价保障九项实践为执行力文化，具有激励性、指导性、操作性的文化纲领。学校通过外显“七彩门”的建筑文化，“校徽门”文化等折射出学校的共同审美、思想方式、成长方式和文化意味，通过师生共同装扮、生活、设计、装饰等，不仅打开师生沉淀校园文化之门，更将师生的智慧与劳作融入文化之中，成为学校不懈追

求用金钥匙“打开一扇门”的文化精神象征。

（二）“金钥匙”课程——精心重构课程体系

“金钥匙课程”旨在“适应学生，适应未来”，立足学生的需求和发展，助力学生成人成材。学校以“中国之门”和“世界之门”为主线，整合国家、地方和校本课程，形成了五层框架“健体之门课程、巧手之门课程、慧脑之门课程、亮眼之门课程、暖心之门课程”，十个部分（语言与表达之门、数学与思维之门、体育与健康之门、动手与实践之门、编程与智能之门、艺术与审美之门、道德与劳动之门、新时代思想与成长之门、红领巾爱学习之门、社团我做主之门）的课程结构，也深入研究出“晨韵朗朗”“我行我秀”“小创客·大创造”三个精品课程，所有课程聚集学生的“五体发展”培育目标，即让学生拥有强健的体、灵巧的手、聪慧的脑、明亮的眼、温暖的心。学校制订了详细的课程实施计划，保障了学生全体、全面发展。

为未来而教，为未知而学是学校的教学理念。通过必修式学科课程、菜单式选修课程、体验式德育课程、主题式活动课程，站在未来的视角思考当下的教育，引导老师们在教学中以一种更具有未来智慧的教育视角，在复杂多变的世界中培养学生的好奇心、启发智慧、增进自主性和责任感，引导他们积极地、广泛地、有远见地追寻有意义的学习。学校的核心竞争力不在规模上，而在内涵建设上，学校内涵发展的主阵地应该在课堂和课程上。学校课程改革追求的是学校课程体系的建设，坚持做和创新做，就能够走出符合时代要求、学生需求、学校追求的理想之路，从而促进学校内涵发展。学校注重构建相应课程板块之间的联系，重视学科知识、社会生活和学生经验的整合，突破了活动课程和校本课程的局限，将课程板块巧妙地整合于学科课程之中，将“民族”和“世界”两大元素，交叉渗透于“中国之门”和“世界之门”的相关课程中，使课程在相互关联的基础上相互补充。

（三）“金钥匙”奖章——积极探索评价改革

结合学校实际特制定《九龙坡区第一实验小学“金钥匙奖章”奖励办法》作为学校德育评价特色。校本化设计阶梯式成长评价激励体系树立和增强少先队光荣感，通过开展丰富多彩的主题实践活动和主题教育，把弘扬民族精神、传承红色基因和加强思想道德建设放到重要位置，引导全体少先队员努力成长为社会主义的合格建设者和接班人。

将红领巾奖章与校本化奖章结合，设立校级“金钥匙”奖章。红领巾奖章分为基础章、特色章和星级章三个类别。基础章是“红领巾奖章”的必修章，面向全体少先队员和准备加入少先队的少年儿童。根据国家提出的德智体美劳“五育并举”教育目标，结合学校“五维”德育活动课程，设计了五类特色花，特色花为实践活动，分别是：健体之花、巧手之花、慧脑之花、亮眼之花、暖心之花。以学校开发的综合性课程和拓展课程为依托，把个性十足、丰富多彩的校园课程纳入特色章的评价中。

分年段个性化定制阶梯式成长激励评价体系，一年级定制入队争章手册，开展“一考一评，争章达标”活动；二至六年级设置基础章+校本化特色章评价机制，校本章“健体章、巧手章、慧脑章、亮眼章、暖心章”通过自评、互评、他评，获得一星章和学校金钥匙奖章，为队员打开一扇个性化成长之门，引领思想成长，实现自我管理、个性发展，培养“一队员，一特色”。

每学期争基础章 3 枚，特色花 3 枚，可获得学校“金钥匙”章，金钥匙由学校少工委颁发，对于金钥匙奖章累计得到一定数量之后可以升级为个体的“金钥匙”奖章。“金钥匙”奖章通过自我评价、操作实践评价、同学互相评价、活动记录评价、家长评价及社会评价，过程的形成性评价、基于结果的总结性评价及追踪其后期发展的后续评价。建立创新成长档案袋制度的形式，在档案袋中记录和呈现学生的创新争章成果、学业及成长的过程及评估学生的发展水平。搭建展示自我的舞台，最大限度地释放潜能，激活天赋，舒展个性，打开学生一扇扇成长之门。

三、聚焦“得意门生”，彰显个性化的特色办学效益

新时代学校特色，是基于文化价值、对教育哲学独特的理解而形成的有学校个性的教育理想和理念，同时也是基于个性理念而形成的教育教学行为特征。学校紧紧抓住特色建设的关键：文化、课程、学生。学校文化赋予课程建设以个性特色，课程变革在融合中培养学生素养，依托文化内涵灌注、课程建设、学生成长实现学校特色发展。学生通过六年校园文化熏陶，课程体系培养，成为具有独特个性化、多样化、差异化的，打开一扇扇成长之门的“得意门生”。

立足打开文化融合之门，打开课程建设之门，打开学生成长之门，形成行为文化有魅力、课程有特色、学生有童趣的校园新生态。构建“打开一扇门”特色成长共同体系是一个长期而系统的工程，不仅需要全体师生认可，而且要通过学校的教学、课程、活动、社团等方面体现出来，并且融入学生的血液和

灵魂之中，成为师生发展的自觉。这种自觉，不只是每个学生对于特色的清晰的表达与理解，而且能够对学生的品格、境界和格局产生影响，在学生的成长中打下烙印。无论学生身处何地，不管学生离开学校多久，学校特色都会在每个学生身上形成持久影响，他们都能够坚持为自己“打开一扇门”，成为“走向世界的中国人，开创未来的现代人”。

构建五维发展的班级管理模式　实现学生全面成长

重庆市九龙坡区第一实验小学　成瑶

教育的目标不仅仅是传授知识，更重要的是培养学生的全面素质和能力。学生的全面成长不仅涉及学术方面，还包括身体健康、动手能力、思维能力、感知能力和情感素养等多个维度。在班级管理中，我们应该关注学生的个体差异和发展需求，为他们提供一个全面发展的教育环境和支持系统。

构建五维发展的班级管理模式是实现学生全面成长的重要途径。这个模式以学生为中心，注重培养他们强健的体、灵巧的手、聪慧的脑、明亮的眼和温暖的心。通过有针对性的策略和措施，班级管理者可以帮助学生在多个领域全面发展，并激发他们的潜力。

班级管理模式的关键要素包括设定明确的目标、创造积极的学习环境、个性化的教学和支持、综合课程设计、实践与实验机会、情感教育和人际交往以及家校合作等。这些要素相互支持，共同促进学生的全面成长。希望通过这个模式的实施，能够为学生提供一个全面发展的教育环境，激发他们的潜能，培养他们的综合能力，使他们能够全面成长并取得未来的成功。通过本文的探讨和研究，我们相信构建五维发展的班级管理模式将为学校和教育者提供有益的参考和指导，帮助他们更好地促进学生的全面成长，实现教育的使命和目标。

一、关键要素和策略

（一）设定明确的目标

在构建五维发展的班级管理模式中，首要任务是设定明确的目标。这些目标应该涵盖学生强健的体、灵巧的手、聪慧的脑、明亮的眼和温暖的心。例如，目标可以包括提高学生的身体素质和健康意识、培养学生的动手能力和实践能力、发展学生的思维能力和创新能力、促进学生的感知能力和观察力、培养学生的情感智慧和社交技能等。

（二）创造积极的学习环境

为了实现学生的全面成长，班级管理者应创造积极的学习环境。这包括建立积极的师生关系，鼓励学生的参与和合作，营造支持和尊重的班级文化。通过鼓励学生的积极表现和奖励他们的努力，班级管理者可以激发学生的学习动力和自信心。

（三）个性化的教学和支持

每个学生都是独特的，班级管理者应该根据学生的个体差异和发展需求，提供个性化的教学和支持。这可以包括分层教学、个别辅导、学习计划的制订等。通过了解学生的兴趣、能力和学习风格，班级管理者可以为每个学生提供适当的学习资源和教育支持，以促进他们在各个维度的发展。

（四）综合课程设计

为了促进学生的全面发展，班级管理者应设计综合课程，融入各个维度的发展要素。课程应该涵盖身体教育、艺术教育、科学教育、社交和情感教育等多个领域。通过跨学科的学习和项目化的教学，学生可以综合运用知识和技能，培养多方面的能力和智慧。

（五）实践与实验机会

班级管理者应提供实践与实验的机会，让学生能够应用所学知识和技能，加深对概念和原理的理解。例如，组织户外活动、实地考察、实验课程等，让学生亲身体验和探索，培养他们的观察力、实践能力和解决问题的能力。

（六）情感教育和人际交往

除了学术能力，情感智慧和人际交往能力也是学生全面发展的重要方面。班级管理者应注重情感教育，帮助学生发展情绪管理、人际关系和团队合作等社交技能。通过情感教育的实施，班级可以成为学生情感成长的温床，让学生在互动中建立良好的人际关系和价值观。

（七）家校合作

家庭是学生成长的重要环境，班级管理者应与家长建立紧密的合作关系。

通过家校合作，可以共同关注学生的五维发展，并相互支持和配合。班级管理者可以定期与家长沟通，了解学生在家庭环境中的需求和特点，并提供相应的建议和支持。

二、结论

构建五维发展的班级管理模式是实现学生全面成长的重要途径。通过设定明确的目标、创造积极的学习环境、个性化的教学和支持、综合课程设计、实践与实验机会、情感教育和人际交往以及家校合作，班级管理者可以为学生提供一个全面发展的教育环境，促进其身体、技能、智力、感知和情感的全面成长。通过案例分析和研究结果，我们可以看到该模式在实际应用中的有效性和影响。

然而，班级管理模式的实施需要教育者的共同努力和持续关注。我们鼓励学校和教育机构积极采用这一模式，并不断进行实践和改进，以更好地满足学生的发展需求，实现他们的全面成长和未来的成功。

通过构建五维发展的班级管理模式，我们可以为学生提供一个充满机遇和挑战的教育环境，培养他们的多方面能力和素质，助力他们实现个人价值和社会贡献。这是班级管理者和教育者共同的责任和使命，也是我们共同追求的目标。

赞美的力量

——心理辅导案例

（何军名校长工作室） 九龙坡区石桥铺小学 李娟

苏联教育家苏霍姆林斯基指出："一个少年，只有当他学会了不仅仔细的研究周围世界，而且仔细的研究自己本身的时候；只有当他不仅努力认识周围的事物和现象，而且努力认识自己的内心世界的时候；只有当他的精神力量用来使自己变得更好、更完善的时候，他才能成为一个真正的人。"学生只有能够认识和评价自己、分析自己的思想与行为时，他就把对自己的正确认识付诸实践，以提高自己。学生积极向上，有自尊心、荣誉感，但往往有孩子气，幼稚，不懂事，不能正确理解社会和人生问题。教师要给以启示、指点，使他们放眼社会、懂事明理，从幼稚中醒悟，关心他人、祖国和世界，树立自己的理想。在教育的过程中，教师要坚持正面教育，多用赏识、赞扬、激励的语言引导他们步步向前，不断取得进步，引导他们虚心听取父母、教师、同学的意见，在愉悦的心情中树立自信，认识自己，进行有利的行为，养成良好的品德，获得长足进步。

一、案例介绍及分析

了解我们班的人都知道，俊熙，男孩，10 岁，性格特点：好动、外向、淘气，不接受管教，逆反情绪严重。同时情绪不稳定，爱哭。

具体行为表现：他经常跟老师拧着来，你让他好好坐，他偏要歪着；你越催他写作业，他偏要磨蹭。而且一言不合就哭鼻子，经常一哭就停不下来，一点不像十岁大男孩的样子。

具体事例呈现：一次体育课后，我突然接到体育老师的电话让我赶紧下去一趟，我非常紧张，生怕是哪个孩子受伤了。我一到办公室，看见俊熙大哭不止。询问老师后得知俊熙因为课上说话，被老师留了下来。本来老师想跟他谈谈就让他回班，可没想到他一哭就没完，只好把我这个最了解他的班主任叫了下来。通过体育老师和俊熙所说的情况我得知，课上由于俊熙跟同学说话，老师批评了俊熙。但俊熙却认为老师为什么总盯着他？别的同学也说话了为什么老师却没有看到？心里觉得委屈便大哭不止。

但是，通过我这三年来对他的观察和了解，我知道他特别好面子，就喜欢别人捧着他、哄着他，只要对他说几句好话，他就能立刻化沮丧为动力，什么事儿都顺着你来。我认为这是他在寻求关注的一个方式，同时也体现出他内心其实很自卑，需要得到他人的关注和认可。所以我决定通过我的努力来改变这一现状。于是我把俊熙带回了自己的办公室，耐心地跟他说："俊熙，你知道吗？其实老师都特别喜欢你，因为只有喜欢你才会去说你管你，就像你的爸爸妈妈一样，为什么爸爸妈妈只说你，不说别人啊？""因为……我是他们的儿子啊。""就是这样！正因为他们爱你，希望你能更优秀，才会去说你，老师也是如此，如果哪天老师真的不管你了，你愿意吗？""不愿意。""那你能接受老师善意的提醒吗？""嗯！"

在我的哄娃妙招下，俊熙慢慢地止住了泪水，也慢慢地接受了老师批评。

二、问题解决策略及过程

美国社会学家查尔斯·霍顿·库利在他1902年出版的《人类本性与社会秩序》一书中提出，人的行为很大程度上取决于对自我的认识，而这种认识主要是通过与他人的社会互动形成的，他人对自己的评价、态度等，是反映自我的一面"镜子"，即"镜我理论"，个人通过这面"镜子"认识和把握自己。因此，人的自我是通过与他人的相互作用形成的。俊熙从低年级到中年级，对自我尊重、获取他人尊重的需要比较强烈。他的情绪变化也和他人的评价紧密关联，当得不到他人这面"镜子"的足够认可时就表现出强烈的逆反情绪，甚至哭鼻子，足以说明他内心自卑，对自我认知不够，更谈不上正确的自我评价，仅依赖他人对他的肯定才能感受自己的"好"。所以，俊熙需要得到尊重、认可、肯定，更需要老师帮助他正确认识自己、评价自己，提升自我认知度，增强自信。

（一）创造赞美契机

通过我跟孩子妈妈之前的接触，我知道这个孩子下围棋下得特别好。用他妈妈的话说就是他有点小聪明，所以学习上不太用家长操心，但他妈妈也知道自己儿子小毛病不断，所以在家校协同上我们交流得还算顺利。在三年级下学期的时候我就借着学校安排围棋课的一个契机，在班里举办了一次围棋大赛，目的就是为了树立他在班级的信心，让他明白每个人在班集体中都是有价值的。最后比赛的结果不言而喻，俊熙获得了冠军。赛后他就举着我给他写的奖状美滋滋地过来找我，说："李老师！我厉害吗？"我大声地夸赞他："你真棒，居然拿了个第一名！"于是，他就开始跟我讲从小是如何刻苦练习的，在与他的对话中，我能感受出孩子那种自信的神情，我积极肯定了孩子的认真和坚持，让他知道努力耕耘才会有收获。同时，我也借机把孩子留下跟他说了说我的想法。我对他说："其实你是一个魔法师，你知道吗？"看着他露出不解的表情看着我时，我接着说道："每个人都是魔法师，比如小桐，她给同学们施了魔法后，同学们都喜欢和她相处，她给同学们留下的都是好印象，那你认为你给同学施的是怎样的魔法呢？"他想了想说："应该是不好的魔法，因为同学不喜欢和我相处。"我继续说道："是啊，所以你是不是应该做一个像小桐一样的魔法师呢？让大家都重新改变对你的看法呢？其实今天你就让同学见到你不同的那面了，我课间还听同学们聊天说俊熙真棒呢！所以你更应该抓住这次机会，彻底转变同学们对你的看法。"当天放学时我又把这件事告诉了他妈妈，想跟他的家长进一步沟通，家校共育，让俊熙树立起自信心。

（二）搭建自信平台

第二天一早我就看到俊熙特别早的就来到学校开始晨读了，我心里也就有谱了，后来我在跟他妈妈沟通中了解到，当天回家后，俊熙居然主动写起了作业，收拾书包、预习等，作业也没有再让妈妈催着做，吃完饭时，还兴致勃勃地跟父母讲起那天的光荣事迹来……看来，我的赞美让俊熙感受到他是"好"的，是有价值的。

于是我安排了一个"职务"给他——关灯岗位，我想慢慢培养孩子在班级中的自信感，首先得让他有归属感，有价值感。没想到孩子每天都能认真负责地完成，从来不用我提醒，教室里没有人的时候他一定会把所有的电灯关得好好的。我借此机会又不断地表扬他，赞美他。在我的不断肯定赞美下，他开始乐于写作业了，上课也能积极回答问题了，而且一有心里话就迫不及待地想跟我说。他最初的行为也得到了转变，情绪变得稳定，对老师的管教能够耐心听取，和同学之间的关系也从紧张过渡为了和平。在不断地努力下，他有了很大进步，他越来越自信，后来他又当上了班主任助理。看到他现在的变化，他妈妈真的是非常高兴，前几天跟我聊天也很激动，没想到孩子能从一年级的"差生”到现在的班干部，真是做梦也没想到。

三、成效及总结

其实每个孩子都是潜力股，要看老师怎样去对待，还是那句话，每个孩子的性格是不同的，要因材施教、因人施教、因个性施教，没准这个方法适合他，同样的方法用到别的孩子身上就不管用，找到问题根源形成家校合力，用认真和坚持鼓励他、帮助他。再顽皮的孩子，只要我们丢掉偏见，都能发现他们身上的闪光点，对这些闪光点给予充分的肯定和赞美，就会使他们一扫悲观、自卑情绪，增长信心，从而以愉快的心境、乐观的情绪克服缺点，加快前进的步伐。对于一些最需要赞美的孩子我们更不要吝惜赞美和鼓励，因为无休止的批评、训斥会使孩子失去学习的兴趣、前进的信心，我相信适时、适度、及时的赞美会帮助每个孩子茁壮成长。

赞美的力量是伟大的，是神奇的，孩子们在赞美中自信成长。

赞美的力量是伟大的，是神奇的，班集体在赞美中变得团结温馨。

赞美的力量是伟大的，是神奇的，请大家记住这句话，做一位乐于赞美学生的老师！

带着学生大扫除去

——班级劳动课程教育案例

重庆市九龙坡区第一实验小学　罗瑜

一、班级学生劳动情况

班级学生进入学校生活已有近两年时间，其间发生了很多的变化。全班男生 25 人，女生 26 人，从进入一年级时我发现班级女生在劳动技能方面普遍比男生强，但是班级的整体情况比较差，根据统计在学前教育阶段接受学校和家庭劳动教育的孩子只有 27%，难怪孩子们一开始做教室清洁时存在不会用扫帚和拖把，不会扫地，不会擦桌子等这些基本的劳动技能。学校注重对学生五育并举教育，即强健的体，灵巧的手，聪慧的脑，明亮的眼和温暖的心。学校倡导劳动教育就是在潜移默化地培养学生这五个方面的能力，受大环境的影响，各个年级和班级都在开展适合本班实际情况的劳动教育课程。孩子们进校一个月后，通过观察我发现了我们班级存在大部分孩子清洁卫生技能差，清洁责任意识不够强，做清洁积极性不够高，劳动习惯差这三方面问题，为了提高班级整体劳动技能情况，我拟定了“三部曲”大扫除，并进行了实践探索。

二、探索大扫除方式

（一）曲目一：点燃劳动热情

国家发布的《义务教育劳动课程标准（2022 年版）》指出，需要培养学生正确的劳动价值观和良好的劳动品质，让学生成为一个崇尚劳动，尊重劳动的人。劳动热情的点燃需要找到学生的兴趣点。孩子们喜欢什么？新鲜感的东西往往能引起他们的兴趣。相比作业、练习……这些每天重复的单调学习活动似乎没有期待感。一、二年级的孩子与其让他坐在座位上去学习倾听还不如放手让他们在实践中去找同伴相互沟通学习。怎样让学生在劳动中玩呢？对于这群孩子，让他在同伴中说说话，聊聊天，动动手，这就是“玩”。课标对低段学生提出：参与班级集体劳动，主动维护教室内外环境卫生，初步形成自己的劳动服务他人的意识。结合这两点我想到了全班参与的积极性能互相影响每个人的情绪，所以动员全班孩子带上清洁用具，一开始大家挽起衣袖热情高涨地在说说笑笑中进行了第一次大扫除，场面很混乱，但脸上的表情可见孩子们对这项活动还是很感兴趣的。尝到了第一次体验的甜头后，我趁热打铁进行了一次大扫除总结，肯定了孩子们做得好的方面，表扬了一些在大扫除活动中埋头肯干，没有嬉戏打闹的同学，表扬了使用清洁用具做得标准的同学，并对这一部分孩子给予了“劳动星星”奖励。榜样受到激发后他的自信心和成就感更足了，感受到劳动带给他的“甜”，而没有得到奖励的孩子在心中埋下了下次更努力做好的决心。让认真的孩子信心倍增，让贪玩的孩子思想重视，正面激励点燃劳动热情。在接下来的第二次大扫除中我就对在活动中进步大的同学进行“劳动星星”奖励，整个劳动氛围就在孩子们共同劳动中点燃了。

（二）曲目二：锻炼劳动技能

《义务教育劳动课程标准（2022 年版）》提到要发展学生初步的筹划思维，形成必备的劳动能力。虽说是一、二年级的孩子，但他们在清洁技能方面还是有很大差异的，有的孩子在家被父母保护了起来，怕孩子累，想让孩子更多时间完成其他的学习任务。于是，父母不让孩子参与家庭劳动，导致学生的动手实践能力差异很大，为了缩小这种差异，我进行了两方面的尝试。一是借助家长会的契机跟全班家长聊“劳动”的重要性，让家长在思想观念上认识培养孩子劳动技能的重要性，将家庭劳动落到实处，给孩子一个锻炼劳动技能的平台。二是在班级里我们分层次对孩子们进行帮扶，能干的孩子带着不擅长做清洁的同学，边做边进行讲解指导，一方面促进了学科整合，锻炼了学生口头交际的能力。另一方面也让学生在互学互助的氛围里增长劳动技能。例如，我们的黑板槽很容易集灰尘，清洁小能手就教同学用干净的餐巾纸擦拭黑板边缘的灰尘，下面的黑板凹槽就用湿毛巾进行擦拭，第一次示范后就站在旁边看同学如何操作，就不对的地方提出建议和指导。又如我们在擦拭窗户时，一开始大家用湿帕子擦，结果玻璃窗看起来很花。于是，我们利用班队会一起谈论了这个问题，有孩子提出，要把湿帕子拧干才不会花，有同学说用抽纸直接擦，我们现场进行尝试，给孩子们试错的机会，在不断试错中孩子们发现先用湿帕子，再用干纸巾就能将玻璃窗擦得干干净净。孩子们在大扫除中不仅锻炼了动手实践的能力，也在实践中通过动脑提高了劳动的效率。

（三）曲目三：合理劳动分工

在前两部曲的奠基下，孩子们基本上都会使用清洁用具了，如何有效率地完成大扫除呢？是我们接下来要解决的问题，合理分工会起到事半功倍的效果！一开始我们的大扫除很混乱，刷地板的时候有同学一会儿在扫地，一会儿又在拖地，转过身又看到他在擦玻璃，搬桌椅，教室地板被踩得脏兮兮的，教室里也是闹哄哄的，再加上学校清洁工具有限，有的孩子无所适从，不知道好久该自己上场。于是，在一次大扫除后全班坐在一起讨论大扫除分工的问题，只有每个人负责的内容明确了，就不会存在有的孩子束手无策了。针对 51 个孩子，我们想出了 51 项大扫除负责的内容，人人有分工，人人有事干，本以为有了这样具体分工后我们就可以顺利大扫除，但在活动中，我们又出现了一些问题，一会儿有同学来告状，说一桶水被擦墙面的同学用掉了大半，刷地板和玻璃窗的不够；在外面走廊拖地的同学拖了很久地板也拖不干净，刚拖好地，有同学忙着其他工作路过拖地区域把地板又弄脏了。我站在角落里观察到了这些情况，也发现这样的大扫除会浪费很多时间，有时间一节课都做不好，是流程出了问题，我总以为二年级的孩子应该知道怎么合理进场，然而一声大扫除令下，孩子们都动起来，几十个孩子都在教室里忙着自己的那一份明确任务，教室出现了混乱。“分流大扫除”这个想法从我脑袋里蹦出来，于是，我们带着孩子们进行了大扫除进场顺序的时间分配流程。

（1）第一步进场：扫地和黑板擦拭。扫地是清除干垃圾，擦黑板可以同步进行，不会把水洒在地面影响垃圾的清除。

（2）第二步进场：拖地和墙面擦拭。扫干净地面后，拖地能清除大部分地面上的污垢，墙面擦拭中会有一些水渍掉落在地上，刚好可以通过拖地将水渍带走。

（3）第三步进场：刷地板、餐桌和桌椅。刷地板是清除拖地时没有清除掉的细小污垢，餐桌上也会有油渍，两个地方都需要用清洁剂进行消除，会产生泡沫，所以可以同步进行。

（4）第四步进场：拖地以及拉桌椅。刷完地板和餐桌后地面的泡沫需要用拖把将其清理干净，在清理的过程中桌椅摆放可以同时进行，互不影响。

（5）第五步进场：干拖把以及检查。天气情况不好的时候，地面会很难干，同学们也就没办法及时回到教室学习，于是利用干拖把将地面水分吸收好，并由清洁委员进行检查完成工作。

经过五步的进场顺序调整，大扫除时混乱的现象有了明显的好转，不用在同一个时间里全员一起大扫除，步步完成，效率更高。当然，大扫除活动中还存在一些小问题，接下来的日子里，我们还需要训练分工的各个同学默契度的配合，让大扫除成为孩子们的一种劳动习惯。

三、结语

大扫除成了我们班级的劳动课程，在这个过程中增强班级凝聚力的同时也让孩子感受到了人人参与劳动的快乐，在奖励机制和同学们互相评价的过程中让孩子们发现自己存在的问题，也让他们懂得珍惜自己和他人劳动的成果。从近两年的大扫除实践中，孩子学会了默契的工作配合，有效率地完成了任务。劳动教育是孩子们一生需要学习的课程，让我们的孩子都动起手来，一起向着美好未来，出发！

精心开展班级活动　促进学生五维发展

重庆市九龙坡区第一实验小学　牟元元

习近平总书记在党的二十大报告中指出：全面贯彻党的教育方针，落实立德树人根本任务，培养德智体美劳全面发展的社会主义建设者和接班人。为落实国家的德智体美劳全面发展的五育培养目标，重庆市九龙坡区第一实验小学的归原课程以“强健的体、灵巧的手、聪慧的脑、明亮的眼、温暖的心”五维发展为培养目标，培养时代新人。

作为一线班主任，我深知班级是一个学校的重要组成部分，班主任的方向就决定了班级的走向，班级活动组织开展得好，将有效地增强班级的凝聚力，提升学生的综合素养。根据自己的班情，结合时代和环境发展，设计符合班级学生特点的活动就显得尤为重要。那么如何精心开展班级活动，才能促进学生五维发展。下面谈谈我的一些做法。

一、强健的体——加强体育锻炼，争做运动小达人

文明其精神，野蛮其体魄。身体是革命的本钱，是一条永不过时的真理，学习和成长都离不开它。现在孩子们的近视率和肥胖率令人担忧，所以让班里的孩子每天坚持体育运动势在必行。在班里，我每天都布置了一项任务给孩子们，就是坚持参加体育锻炼，在家里的锻炼可以是跳绳、跑步、做仰卧起坐，打球等，并用自己喜欢的方式记录自己每日锻炼的数据。有时也采用班级钉钉群进行运动打卡，每周评一次班级运动之星，每月评一次运动小达人，以此来激励孩子们加强锻炼，拥有强健的体魄。在坚持锻炼打卡的过程中，同时可以健全学生的人格。比如，在游泳、长跑等耐力性项目中，可以让孩子体会到什么是坚持，培养他们吃苦耐劳的精神；在参加比赛或练习的过程中，紧张激烈的气氛可以锻炼孩子沉着冷静的能力；在游泳的接力、足球、篮球等团体项目中，可以让孩子懂得如何团结协作、有责任感和提升社会适应性；在比赛中即

使输了也是最好的教育，锻炼孩子的抗挫败能力、学会尊重对手……我们可以看到，以上的这些性格和品质的培养，都是加强体育锻炼给孩子们带来的益处。

二、灵巧的手——多样劳动实践活动，练就一双灵巧手，争做生活小达人

为深入贯彻学习中共中央国务院《关于全面加强新时代中小学劳动教育的意见》的文件精神，进一步引导学生树立正确的劳动价值观，我们班级开展了“以劳树德”系列生活技能比赛。比赛项目包括整理抽屉、戴红领巾、系鞋带、制作水果拼盘、制作一道美食……

（1）手工制作，创意无限。手工制作是孩子们非常喜爱的艺术劳动，班里学生通过捏泥塑作品，做丝网花、手工 DIY 发夹……学生尽情展开想象力，发现和感受生活中不同的美，用灵巧的双手，体验创意劳动的乐趣，不断提高审美和鉴赏能力。精美的作品，展现了孩子们指尖上的智慧！美在指尖，美在创造！

（2）劳动实践，自理自立。争当小小美食家，通过制作和烹饪一道道香喷喷的美食，亲身体会劳动的喜悦，懂得食物的来之不易，认识到要做个爱惜粮食的小公民。

（3）角色互换，练就巧手。在班里组织孩子们开展“我和妈妈换天岗”“争当家务小能手”等活动，孩子们在参与整个活动过程中掌握了必要的生活技能，增强了为家人主动分担家务的自主意识和责任感，从小培养劳动好习惯。

通过丰富多彩的劳动实践活动，孩子们不仅掌握了很多劳动的小妙招，练就了一双小巧手，还学会了尊重劳动，珍惜劳动成果，收获了成长的快乐和满满的成就感，同时成了生活小达人，何乐而不为呢！

三、聪慧的脑——多种学习活动，激活思维，争做智多星

智慧是一种经验，也是一种能力，更是一种境界，一个智慧的人，不仅能运筹帷幄，还善于把握时机，变劣势为优势，在生活中彰显出强大的人格魅力。因此，我们在处理事情的时候，要多思考一下，运用自己的聪明才智，达到最佳的效果。读书就是使人变聪慧的快捷方式。读书可以使一个人目视万

里，通晓古今，腹有诗书气自华。读书能使人明晓事理，增长智慧，从书本中学习借鉴丰厚知识，帮助个性发展和自我成长。为了让学生们变得更加聪慧，我们开展了班级系列读书活动：利用班会课我们开展了共读一本书活动、漂书活动、读书分享会，展示创意读书卡……孩子们在思索中、交流中不断地活跃思维，生生之间、师生之间产生了思维碰撞的火花。有时在班里我们也会开展辩论赛，因为辩论可以让人明辨是非，坚持真理，锻炼思维能力，增长聪明才智，培养逻辑思考能力。午休时间，让孩子们下下棋，玩数独等游戏，都可以使孩子们的思维能力得到提高，长期坚持下去，孩子们一定会越来越聪慧，成为智多星。

四、明亮的眼——搭建新闻观察台，练就一双明亮眼，观人、观己、观天下

法国著名雕塑家罗丹说过：“世界上并不缺少美，而是缺少发现美的眼睛。”眼睛是心灵的窗户，拥有一双明亮的眼睛，能够看世间繁华、享人间美好。在生活中，我们要做一个有心人，发现真善美的一面。我鼓励孩子们用小本及时记录日常生活中的小美好，我们每天可以分享自己所看见的一切美好的人和事物。同时，我鼓励孩子们每日观看新闻联播，了解时事热点。孩子们通过电视这个小小的窗口，能放眼看世界。了解不同国家与地区的经济、政治、科技、文化等，还能拓宽孩子们的视野。当孩子们站上新闻观察台，播报自己最感兴趣的内容时，让孩子们知道了真正想看的，看到这个世界与众不同的，真正精彩的一面。孩子们的眼界放宽了，格局也更高了。

五、温暖的心——抓住节日契机，让孩子懂得感恩，做一个暖心之人

拥有一颗温暖的心，人生才会是坦途。三月八日国际妇女节这一天，为了让孩子们做一个暖心之人，班里开展了爱要大声说出来的活动。我给孩子们每人录制了一段小视频，让孩子们给自己最爱的女神送祝福，妈妈、奶奶、外婆看到这一幕，无不感动。遇上重阳节，开展尊老、爱老、助老等活动，让孩子们回家陪老人聊聊天，给老人捶捶背、洗洗脚……活动的开展旨在培养孩子们尊老、敬老、爱老的传统美德。遇上母亲节、父亲节，让孩子提前给自己的父母写一封信，准备一个小礼物，表达自己对父母养育之恩的感谢。让孩子懂得

父母的不易，做一个有心人，让父母感受到子女的关心与爱。除此之外，在班级里，我们经常开展互帮互助的活动，有同学不舒服会有同学主动带他到医务室去；遇到不会做的题，也有同学主动帮其解答；有同学手臂摔伤不方便打饭，也会有同学主动帮忙……这些暖心的举动，虽微不足道，但却让人觉得倍感温馨，这个大家庭由这么多暖心的学生组成，真的很美好！所谓赠人玫瑰，手有余香。相信乐于帮助他人的人，内心的快乐也会翻倍。

总之，班级活动是学生校园生活中的至爱。作为班主任，要善于捕捉、思考、创新和运用各种班级活动，促进学生的五维发展，提高学生的综合素质。当我们的活动开展到位时，我们自己的管理任务也会慢慢变得轻松，班级也会朝着积极上进、自律自强的方向发展，学生也会成长得更好！

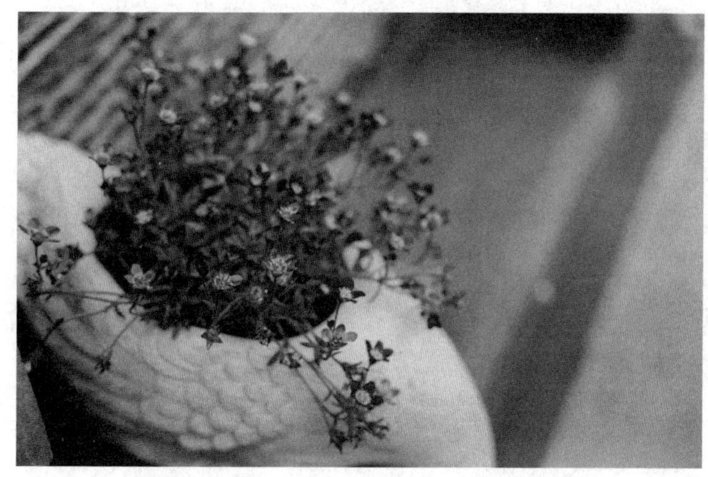

以科学种植课程为抓手，培养小学生的创新思维

重庆市九龙坡区第一实验小学　林琼

创新教育就是通过创新的教育教学活动来培养学生的创新能力，进而实现新事物发展与变化的教育，它是主体活动、民主活动、互动性活动、独立自学活动。创新教育的核心是创新能力。创新教育的前提是解放学生。

2016 年 9 月，中国学生发展核心素养研究成果发布。中国学生发展核心素养以培养“全面发展的人”为核心，分为文化基础、自主发展、社会参与三个方面，综合表现为人文底蕴、科学精神、学会学习、健康生活、责任担当、实践创新等六大素养。

一、小学生对种植缺乏了解的原因

（一）家庭环境影响

笔者对不同年级、不同班级、不同性别共计 2156 名学生调查，发现：其父母 98％是“80 后”“90 后”，他们出生在城市，对种植全然不知的居然占了 85.4％，他们从来没有接触过种植方面的知识。而现在的小学生，更是对种植知识非常陌生。学生会认为花生长在树上。因为他们看到的是干干净净的花生壳。在生活中，学生会分不清禾苗和秧苗，更别说韭菜、油菜和其他农作物了。

（二）教育现状使然

《中国经济网 2020 年》1 月 8 日报道，一名叫小卢的湖南小学生在一晚上刷了八套题后精神失常了，最后被诊断为自身免疫性脑炎。从本案例不难看出，小学生的学习压力过大，由于学习目标不合理、学习方法不科学，再加上家长“望子成龙、望女成凤”的急切心情，导致学生受到不同程度的伤害。

笔者就孩子课余到培训机构参加培训的情况，对25所不同层次不同年级共计500名学生（男生280名，女生220名）调查发现：500名学生中，参加校外培训的达到100%。参加周末培训的占85.94%，除参加周末培训外还要利用平时放学时间进行培训的达到61.25%。而各科的培训情况见表1。

表1　学生校外培训情况

名称	写作	奥数	英语	书法	跆拳道
总人数	283	489	259	185	163
所占比例	56.6%	97.8%	51.8%	37%	32.6%
名称	舞蹈	乐器	绘画	游泳	种植
总人数	126	276	187	207	0
所占比例	25.2%	55.2%	37.45	41.4%	0%

通过调查不难发现：培训奥数、英语、写作这三科的同学特别多，原因何在？因为无论是小学还是中学，包括高考，这三科是必考科目。如果不打好基础，将对孩子有很大影响。而选择种植的则为0，根源在何处？很显然，这不在考试之列。学生不可能选择，培训机构也就没有开设这一科目的必要性了。

二、观察力入手，激发创新思维

（一）从兴趣入手，引导学生乐于观察

1983年，美国哈佛大学教授霍华德·加德纳出版了《心智的结构》一书，提出了多元智能理论。认为人的智力至少包括语言智力、逻辑－数理智力、视觉空间智力、身体运动智力、音乐节奏智力、交往交流智力、自知－自省智力、自然智力。每个学生都有自己的优势智力领域，有自己的学习类型和方法，适当的教育和训练可以使每一个学生的智能发挥到更高水平。

孩子的天性决定了他们有着好动的特性，对新生事物有着极强的好奇心，愿意去探索新鲜事物。针对儿童的这个特征，让他们在充满趣味性和生活味的种植中，去发现种子的秘密，并不是一件难事。

（二）教会学生观察方法，培养学生善于观察

“授人以鱼，不如授人以渔”。作为教育工作者，在教学过程中不难发现：

好的方法比纯粹的知识更为重要。学生一旦掌握了方法，对知识的掌握更为容易，能很好地做到知识迁移。

最近发展区理论是由苏联教育家维果茨基提出来的。维果茨基的研究表明：教育对儿童的发展能起到主导作用和促进作用，但需要确定儿童发展的两种水平：一种是已经达到的发展水平；另一种是儿童可能达到的发展水平，表现为“儿童还不能独立地完成任务，但在成人的帮助下，在集体活动中，通过模仿，却能够完成这些任务”。这两种水平之间的距离，就是“最近发展区”。把握“最近发展区”，能加速学生的发展。教育者要为不同的儿童创造不同的“最近发展区”，使每个儿童的潜能都能得到最大限度的发展，这实际上体现的是一种“因材施教”的思想，即针对不同的儿童实施相应的教育。

学生一旦掌握了观察方法，不仅可以提升其观察的能力，而且对于发展其创新能力也是大有益处的。

（三）创造各种观察机会，培养学生勤于观察

创新教育就是通过创新的教育教学活动来培养学生的创新能力，进而实现上述新事物发展与变化的教育，它是主体活动、民主活动、互动性活动、独立自学活动。创新教育的核心是创新能力。创新教育的前提是解放学生。

良好的观察力既是儿童学习、解决日常问题的基础，也是儿童进行多种思维活动的动力，同时还是儿童获得丰富知识和经验的前提条件。观察力是人类智力结构的重要基础，是儿童认知世界的眼睛。通过科学的方法，培养儿童良好的观察习惯，对儿童的发展具有重要意义。

三、融入种植园地，培养创新能力

（一）从观察植物的种子入手，掌握观察方法

植物的生长离不开种子，通过让学生从观察辣椒的种子开始，比较不同品种种子之间的相同点和不同点。观察不是简单用眼睛看，而是要调动学生的所有感官。眼睛、鼻子一起动起来，手、脑并用，让多种感官参与，这样更有利于学生的观察和记录。

在观察种子的过程中，部分学生使用了放大镜，他们惊喜地发现：辣椒种子的外面还有一层皮。通过小组查阅资料，得出那是种子的种皮，起到保护种子的作用。

（二）利用种植园，观察种子的生长过程

通过学生认真的观察，他们不难发现：辣椒种子发芽的时间不一致，有早有晚。还有的小组会继续探究其原因，得出：种子的发芽跟种子本身的特征和外界温度、湿度等因素有关系。

（三）小组合作，观察植物果实的异同

掌握了观察方法后，学生自己设计了详细的观察表。他们从辣椒成熟的时间，果实的颜色、形状、味道、重量等方面入手，分工合作，观察辣椒果实的变化。

还有的小组不是采用的表格形式，而是用了写日记的方式，采用详细的文字进行记录。例如：

(1) 超长辣椒：将催过芽的种子均匀撒播在细碎的土中，再覆盖一层 1 厘米左右的栽培土，用细孔水壶浇水。辣椒果实生长较快，果实深绿、质硬，有光泽。辣椒生长温度适宜在为 18～30 摄氏度，种子发芽温度为 25～32 摄氏度，不耐高温、不耐旱，成熟后辣味强。

(2) 五彩椒种子：温水泡半天，包在纱布里三天已经全部发芽。他们的颜色还会变化。绿的可以逐渐变成紫色，经过 2 天，紫色可以变成黄色，再过一天黄色又变成了红色。非常有趣！

(3) 七彩泡椒：株高 30～60 厘米，分枝多，茎直立，单叶互生，花是白色。同一株果实有红、黄、紫、白、绿等各种颜色，有光泽。既可以作为观赏用又可以食用，跟青椒的口感差不多。

学生不是一味地将种子播撒在地里，坐等丰收。而是一边观察一边记录，一边比较一边反思。通过观察、比较、分析、思考、总结，学生不难发现：同一块土壤，同时播种，却结出了颜色各异、形状不同，味道天壤之别的辣椒。不仅如此，学生还会继续探究：同一种类型的种子，甚至同一粒种子长成的辣椒苗却结出了形状和重量都有差异的辣椒。知识的探索是永无止境的，学生一旦有了兴趣，其创新的思维由此形成，其探索的行动也会紧随而至。

（四）汇报种植心得，汇聚创新火花

在学生有了观察和记录的习惯基础上，教师不能就此罢手。“你有一个苹果，我有一个苹果，交换后仍然是一人一个苹果；你有一种思想，我有一种思想，彼此交换，就有了两种思想。”教师给学生搭建展示种植过程的平台，让

学生通过展示、交流、答疑等多种方式，汇聚创新火花。从土壤的选择、种皮的破裂、种子的萌发、第一对叶片的生长，再到开花、结果，学生们不仅仔细观察着、认真记录着，而且对自己所种植的植物的特征，对水分、阳光的要求都了如指掌。

在汇报过程中发现：学生在选择种植的品种上，不再拘泥于辣椒。豌豆、菊花、土豆、凤仙、黄豆、天竺葵、玫瑰……可谓应有尽有。在种植的方式上，同样多种多样。有种在家中的花园、花盆中，也有种植在水中、瓶中……他们通过不断尝试，惊喜地发现：不同的植物对水分、光照、土壤的要求是不一样的，甚至发现：有的植物既可以生活在土中，也可以生活在水中。

例如：凤仙花是同学们比较熟悉的一种植物。它的成活率非常高，所以有32.7%的同学选择播种它。他们用文字、图片的形式，将凤仙花的生长记录下来。

“兴趣是最好的老师”。在教师的引导下，学生由种植辣椒到豌豆、水仙花、迎春花……再到无土栽培，由自己独立观察到小组分享，再到小组合作……他们的创新能力在观察、合作中得到升华。由此可见，种植课程对学生创新能力的培养大有裨益。这种新的学习方式有利于培养学生学习，有利于提高学生的积极性、自主性，有利于培养学生的观察能力和创新能力。

浅议小学数学结构性知识教学与学生学习方式的转变

重庆市九龙坡区第一实验小学　文梅

《义务教育数学课程标准（2022 年版）》指出：小学数学要设计体现结构化特征的课程内容。所谓结构化特征，是指课程内容主题明确、学科知识之间联系更加密切、学科内通过一个或几个可以不断延伸和拓展的核心概念、基本原理、重要价值和任务群，彰显学科课程本质，并在各学段编排中螺旋上升形成一个知识结构体系。小学数学课程的教学，关键是在教学实践中如何落实结构化课程的思想，充分发挥好教师是学生学习活动的组织者、引导者和合作者的作用。当前，小学数学教师研读新课标，可以得出课程结构化是新课标修订的基本理念，也是新课标突出课程内容的主要变化之一。事实上，课程内容的结构化，目的在于确保教与学的结构化。

一、小学数学结构性课程内容分析与教学结构化的转变

《义务教育数学课程标准（2022 年版）》指出：义务教育数学课程应使学生通过数学的学习，形成和发展面向未来社会和个人发展所需要的核心素养。为此，核心素养是深化课程改革提出的一个极为重要的课程建设的理论原理，是人应具备的适应终身发展和社会发展需要的必备品格和关键能力，突出强调个人修养、社会关爱、家国情怀，更加注重自主发展、合作参与、创新实践。小学数学课程内容编排的结构化，重点是对课程内容进行了结构化整合，也就是基于小学学段数学课程针对的核心素养培养需要，从知识结构、方法结构、过程结构三方面进行小学数学课程的整合，以利于教师的备课触摸数学知识的本质，教学更加具有数学整体性思维，更有利于学生主动、合作、探究性学习方式的形成。

（一）结构性知识

课程内容的结构化是课程内容的核心素养培养系统化、主题化、生活化与

项目学习化，重点是对原有小学数学课程内容从结构化的角度重新进行整合，对同一主题下的相关内容进行合并、删减或调整。有专家研究认为，现在的小学数学知识在结构性上可以归纳为如图 1 所示。

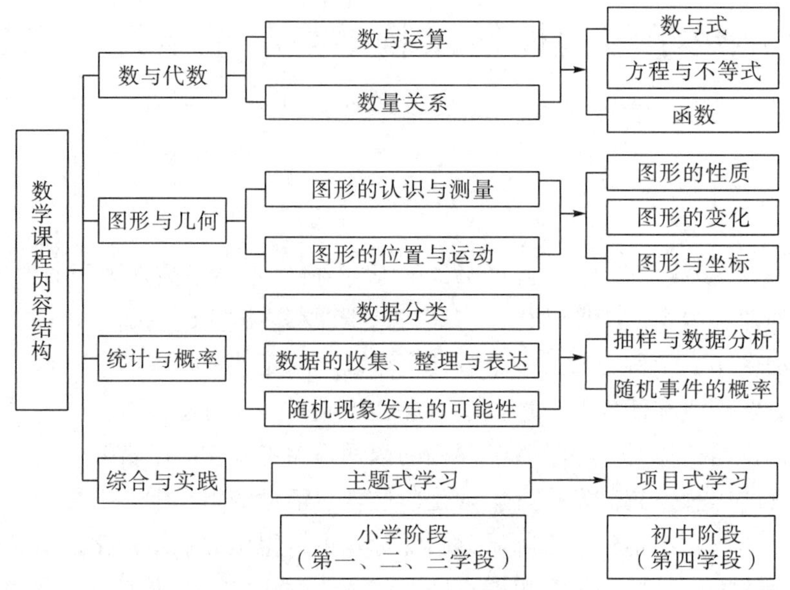

图 1　小学数学内容整体概况

解读图 1，我们可以发现三个重要的结构性内容：一是整体上小学数学知识有四个主要的方面“数与代数，图形与几何，统计与概率，综合与实践”。二是小学数学知识的教学每个方面都基于数学的核心素养而编排，如数感、符号意识、空间观念、运算能力、推理能力、创新意识等。三是学生的学习重点放在了主题式与项目式两个方面的指导与管理上，目的在于充分体现学习内容之间的关联，促进其对学习内容的掌握和核心素养的发展。

（二）结构化教学

结构是各个组成部分的搭配和排列，是一种从整体到部分再到整体的思维方法，运用到小学数学教学设计与教学活动组织上，就成为结构化的教学。小学数学的结构化教学是依据新课程标准，理顺所教学科内容的知识体系，了解知识之间的关联，了解教材编排的原理，在头脑中形成动态发展的知识结构，进而在教学时能从“课程结构”出发，培养学生的结构化和系统化思维，并在小学各学段凸显教学的整体性和一致性。以小学数学第一大板块“数与代数”为例，课程标准规定的结构性知识如图 2 所示：

课程内容结构化表示的“特征”

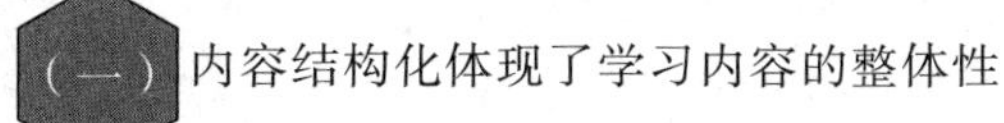

（一）内容结构化体现了学习内容的整体性

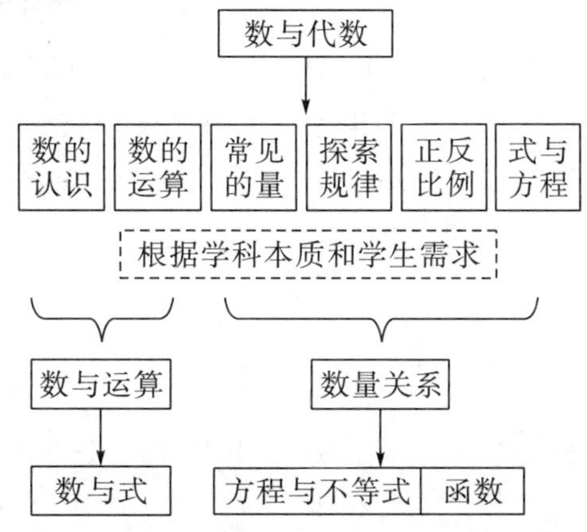

图 2　内容结构化体现了学习内容的整体性

教师在“数与代数”部分的结构化教学是：整体上“数与代数”领域内容是两个主题：数的认识与运算、数量关系，在进行教学设计时，要从整体上对某一单元或某一主题的教学进行设计与规划，突出同一主题下不同内容之间的关联。教师备课与上课，通过对于相关知识点的整合，使小学数学的教育内容更加完整，更加具有系统结构性，也就是：知识结构、思维结构、认知结构、能力结构体系。

二、小学数学学生学习方式转变与结构化教学

《基础教育课程改革纲要（试行）》提出课程教学要构建崭新的学习方式，要“引导学生质疑、调查、探究，在实践中学习，积极倡导自主、合作、探究的学习方式，促进学生在教师指导下主动地、富有个性地学习”。学生的学习具有学科课程学习的学习方式要求，如小学数学提出的：主题式学习与项目式学习方式的要求。

（一）主题式学习

主题式学习是指学生围绕一个或多个经过结构化的主题进行学习的一种学习方式，“主题”成为学习的核心，主题可以是本学科的一个问题，可以是学

科间的融合性问题，也可以是多学科结合才能完成的研究性问题。小学数学新课程内容在“综合与实践”领域提出开展主题式学习，其主要是指数学的生活问题需要加强主题式教学与学习才能有效地解决好生活中的数学问题，如有的老师设计“欢乐购物街”，通过在课堂上模拟自然真实的购物活动，让学生认识元、角、分，知道元、角、分之间的关系，学生在真实或模拟的情境中不仅合理使用了人民币，而且在教师的指导下能够反思并述说购物的过程，积累了使用货币的经验，学生在活动中形成了对货币多少的量感和初步的金融素养，就是比较好的主题式学习活动。

（二）项目式学习

项目式学习是一种以学生为中心的课程学习方法，它提供一些关键素材构建一个环境，学生组建团队通过在此环境里解决一个开放式问题的经历来学习，这种学习方式强调学生建立共同体，群策群力解决好项目完成过程中的具体问题，培养学习者的技巧和能力。有研究者认为完成项目式学习需要有：一是要组建学习共同体，学习者在这个小组中有各自的角色。二是要经过“弄清概念，定义问题，头脑风暴，构建和假设，学习目标，独立学习和概括总结”七步学习才能实现。实践表明：项目式学习锻炼了中小学生的创造力，团队合作和领导力，动手能力，计划以及执行项目的能力。

（三）结构化教学促进学习方式转变

小学数学结构化教学是在充分了解学生的知识基础和能力经验的基础上，以完善和发展学生原有数学认知结构为目的的教学，结构化教学站在整体化、系统化的高度组织教学内容、设计教学，最大限度地做到因材施教，因此成了转变学生学习方式的最有效的手段。由于数学是思维性、问题解决逻辑性强的学科，学好数学是对每个小学生的要求，关系着学生整体成绩的提升，因此学习数学的灵活性较强，学生不能呆板的学习，结构化教学，要求教师在教学中，必须把一些有效的学习技巧和策略传授给学生，如主题式与项目式学习的实践性学习方式，以科学的解题方法，让问题能够轻松得到解决，从而激发起学生学习数学的积极性。实践中，学生在学习“认识分数”这一部分内容时，教师讲授解题方法要求学生要学会将数形结合起来，用形来帮助分数的学习，让学生画一画再写出来，这样能改变抽象的数学教学信息，利用数字和图形的结合，能够让学生通过直观图来理解复杂的、抽象难懂的知识点，才能促进学生更好地掌握分数的学习内容。因此，结构化教学是学生学习方式转变的有效教学对策。

三、有效转变小学数学学习方式的结构化教学对策

依据学生的主题式、项目式学习方式的转变，结构化教学需要注重数学知识与方法的层次性和多样性，适当考虑跨学科主题学习；数学教师的备课与上课，必须根据学生的年龄特征和认知规律，适当采取螺旋式的方式，体现选择性，逐渐拓展和加深课程内容。实践中，结构化教学促进学生学习方式转变的主要对策有以下内容。

（一）分析小学数学知识的整体结构化

小学数学将原有的“数的认识”与“数的运算”整合成了一个主题“数的认识与运算”；“探索规律”“正比例”与解决问题都并入“数量关系”这个主题之下，这样数与代数领域内容就整合成了两个主题：数的认识与运算、数量关系。原有的“常见的量”移入综合实践活动领域，“方程”移至初中学习。同样，“图形的认识”与“图形的测量”合并为“图形的认识与测量”，“图形的运动”“图形与位置”合并为“图形的运动与位置”，图形与几何领域的内容汇总为这两大主题。统计与概率领域则整合成了“数据的分类”“数据的收集整理与表达”“随机现象”这样三个主题。通过知识点的整合，使小学数学的教育内容更加完整，更加具有系统结构性，可以让学生把握知识的重点。对于“数与代数”的知识点表达如图 3 所示。

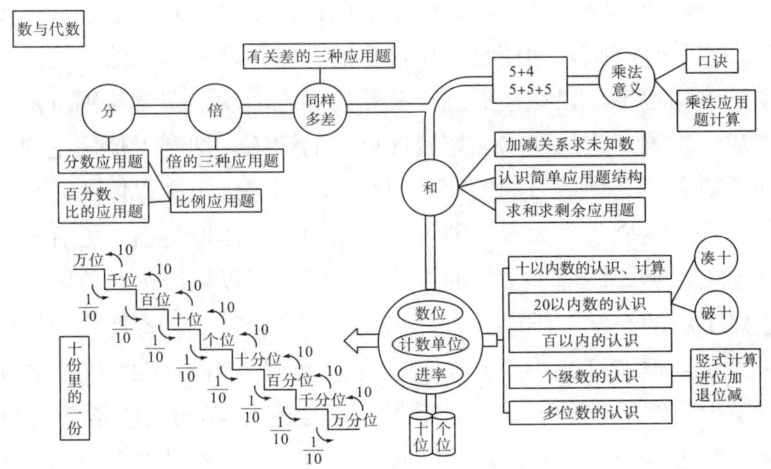

图 3　小学数学内容整体概况

（二）创设合理的生活化教学

结构化教学必须与生活相结合，生活中处处有数学，数学通过具体的生活反映出来，能够提高学生学习的效率，还可以增强数学课堂的高效性。创设合理的生活化教学，能够促使学生理解好数学知识，从而调动学生学习数学的积极性，减轻学生学习数学的压力。如在学习“秒的认识”内容时，教师可以让学生带着教师提出的问题回家观察自己家的钟表，能够让学生分清楚这三个针的区别，只有明确了时针、分针和秒针的不同，才能理解最小的时间单位是秒，明白秒和分之间的进率关系。

（三）利用思维导图教学

思维的结构化是人认识世界的基本思维方式，也是思维能力的重要标志。思维导图是思维结构化的重要表达方式，是运用图文并重的技巧，把各级主题的关系用相互隶属与相关的层级图表现出来，是把主题关键词与图像、颜色等建立记忆链接。因此，借助思维导图的教学，可以用简洁的表述方式更快速清晰地将课程内容进行传达，使学习者更容易理解教师要传递的学习内容，让学习成为一种有结构的学习，学习者比较形象的理解知识结构、知识的关联所在以及如何由浅入深的学习好数学知识，可以认为：思维导图是学生深度学习最好的媒介。

（四）运用好多媒体融合教学手段

传统的小学数学教学课堂以教师单方面讲述为主，基于主题式、项目式学习的教学方式十分有限，即使是应用最多的课堂互动教学方法，教师留给学生思维活动的时间也不足以让他们进行有效的思维活动，课堂氛围沉闷乏味，不利于学生数学思维意识的建构和拓展性思维的训练，抑制了他们主观意识的发散性活动，阻碍了其创造力的发展。现在互联网提供了多媒体的融合教学，让数学的立体化表达成了最大限度的可能，结构的立体性更强，更有利于知识点的网络化连接，更加促进了学生的主动性学习。所以，以信息传输和资源通信技术为主要手段的小学数学课堂教育实践活动符合时代教育特征和学生的学习诉求，恰当而合理地打造小学数学智能化教学课堂有利于提升课堂效益的同时，促进学生空间思维的养成，推动其数学学科素养和核心素养的培养和提升。如组织学生学习“图形的运动”时，教师可恰当地借助多媒体技术，利用其中的动态教学工具，通过图案形象地动态移动的过程和双色线段之间的位置转换对图形的轴对称、平移和旋转进行了细致的讲解，让学生通过观看图形清晰明了的运动路线，明白其中的数学原理和具体操作过程，不仅使图形的学习变得十分简单，还有助于学生数学分析明辨能力的提升和数学形象思维的架构。

（五）提高教师与学生的互动频率

当代最有效的课堂教学方式是对话交流，在授课过程中，任课教师应多多与学生交流。比如，在讲到“时间点”时，任课教师可以从家里拿来一个表。首先提问学生“谁知道现在几时几分?”。若是有同学回答上来，老师应该给予一定的鼓励；然后将学生分成小组，老师做裁判，各小组竞争，看哪个组回答得又快又准确，这样一来，不仅能提高与学生的互动频率，还能让学生在“玩”的过程中收获快乐，彻底改变被动的学习方式。实践经验表明：小学数学老师高度重视学生的学习方法，改进自己的教学方式，注重对话交流与研讨，更多的让学生在“玩”的同时学到知识，在快乐中学好数学是提高课堂教学质量的根本所在。

综上所述，小学数学知识点教学的结构化，适应了小学数学新课程内容的结构化，符合小学数学核心素养培养的需要，促进了学生学习方式的有效转变，有利于提高小学数学学科课程教学的质量。

“双减”背景下小学语文教学增效减负的措施

重庆市九龙坡区第一实验小学　肖疑

语文在双减背景下的变动非常明显，为了激发学生的学习兴趣，体现学科教学的人文性和趣味性，教师需要从学生的视角出发，深入剖析具体要求及变动。根据增效减负的教学准则进一步引导学生，鼓励学生高效完成各种教学任务，实现学生听说读写能力的稳步提升，保障学生在学习语文知识以及参与社会实践活动的过程中掌握高效的学习方法及策略。

一、双减及增效减负

双减是我国针对基础教育改革中所存在的各种突出问题提出的新教育举措，该教育举措主要以减轻学生的作业负担和校外培训负担为根本，始终坚持与时俱进和循序渐进的教育教学理念，确保学生能够变得更加的积极主动和自信。双减符合素质教育和新课改的实质要求，对学生德智体美劳的全面成长及发展有重要的影响。

增效减负主要以提升教学质量、学习效率以及减轻学生心理负担、学业负担为基础和前提，在双减政策的大环境下教育教学举措越来越丰富，教学要求更加的严格。传统的教学模式导致学生只能够机械性的完成学习任务，缺乏由内而外的学习能动性和自信心。教师需要意识到这一问题的严峻性，改革传统的教育教学理念，制定科学合理的教学计划，全面挖掘学生的学习潜能，保证学生能够拥有更多的时间发展兴趣爱好。小学基础教育阶段的改革创新非常有必要，对于语文教师来说，在推进教学创新的过程中需要了解这门学科的人文性和工具性，整合利用多种现代化的教学策略精心创设教学情境，培养学生良好的学习动机和学习热情。让学生能够在自主参与的过程中意识到语文学习的乐趣，进而在知识的海洋中自由翱翔。

二、小学语文教学增效减负的现状

尽管很多教师意识到了增效减负的必要性和重要性，主动尝试全新的教学对策，但是教师的教育经验比较有限，对双减政策的解读和认知还不够全面，因此出现了许多教学思路上的偏差。有的教师仍然按照传统的教学模式机械性的落实教学工作，没有根据学生的主体差异性进行调整及分析。课堂教学进度较快，但是学生仍然比较被动消极，学习能力和学习质量不够理想，出现了许多的学习失误以及学习偏差，难以实现个性化的成长及发展。

三、“双减”背景下小学语文教学增效减负的措施

为了确保双减政策能够落到实处，真正体现增效减负的教学准则及教学要求，小学语文教师需要从宏观的视角出发，实现环环相扣，注重课内外的有效整合。引导学生自由发散，培养学生良好的学习兴趣，促进学生的深度学习、自主学习和高效学习。

（一）科学合理的学习目标

作为课堂教学的第一步，学习目标非常关键，指导作用和激励价值不容忽略，教师可以根据学习目标的完成程度检验学生的学习能力。为了体现双减政策的育人优势，小学语文教师需要关注对义务教育语文课程标准的深入分析，深入了解语文教材的相关变动，以科学合理的学习目标为出发点，为学生的深度学习提供必要的支持及保障。多种教育教学策略的整合取得的效果比较明显，教师可以引导学生围绕前期的学习目标参与小组合作学习活动，深化学生对相关学习内容的理解及认知，帮助学生掌握学科学习的方式和技巧。只有这样才能够培养学生持续不断的学习动力，真正实现增效减负。

（二）精心创设教学情境

对于语文这门课程来说，教学情境的效果比较显著，有助于调动学生的学习热情。教师需要了解课堂教学情境的教学辅助作用，培养学生独立自主的学习意识，逐步活跃课堂学习氛围，让学生能够真正意识到语文学科的魅力。这一点对学生学习潜能的挖掘有深远的影响。教师需要掌握情景教学法的重点及核心，做好前期准备工作，收集与学科核心知识点相关的资料，精心设计微视

频或者是展示课件。刺激学生的眼球，鼓励学生动脑动手动口。学生的自主探索非常有必要，教师可以鼓励学生充分发挥想象力，主动大胆地说出个人的真实感受，在小组内部探讨的过程中与他人合作及互动。为了避免学生出现消极情绪，教师还需要根据学生的自主感知能力活跃学生的思维，为学生提供相应的建议。扮演好聆听者和鼓励者的角色，让学生能够大胆自信地在小组讨论的过程中提出不同的意见和看法。这一点对凸显学生的主体价值，突破时空限制，打造品质课堂和精彩课堂都有重要的作用。

（三）改革传统的教学模式

教学模式的影响非常的直接，不同阶段的教育教学标准及要求有所区别，教师需要针对性的改革教学模式实现对症下药。在学习语文知识的过程中学生的好奇心比较足，争强好胜，教师则需要结合学生的竞争意识和自我意识选择小组合作式的教学模式，逐步营造热烈的课堂学习氛围，有意识、有目的地提升学生的知识积累能力。确保学生主动学习、自主探究和大胆想象，让学生树立由内而外的学习能动性和自信心，只有这样才能够实现学习质量和学习水平的稳步提升。教师需要尊重学生的主体地位，尽量避免简单直白的机械灌输，让学生能够在课堂中参与小组交流和内部展示，根据学生的学习成绩、学习态度以及个人的闪光点进行划分，让学生在小组中交流合作，然后推选出小组长总结发言。整体的教育教学进度较快，学生也能够从中获得更多的收获，感受到语文学习的趣味性。活动式、参与式的教学模式出现频率比较高，受到了学生的认可及好评。大部分学生能够在主动参与的过程中表现自己，充分展示自己的才华，教师只需要放下自己的权威地位，主动与学生进行心与心的交流及沟通，在师生思维碰撞的过程中更好地对症下药，培养学生良好的学习动机，实现学生语文核心素养水平稳步提升的目标。这一点对增强学生的学习能动性和自信心，推进传统的教育教学改革有重要的作用。

（四）开展层次化教学

层次化教学符合双减政策的本质要求，对增效减负有重要的辅助作用。教师需要深入学生的内心世界了解学生的发展需要以及个体差异性，结合当前的教学实际进行多层次的改进以及调整，确保因材施教和以人为本。学生之间的差异是客观存在的，这一点与学生的学习成长环境、思想理念、兴趣爱好、天赋存在密切的联系。传统的应试教育过于注重单一机械的知识灌输，教育教学手段比较枯燥，落后于时代，学生存在消极情绪。教师需要意识到这一问题的

严峻性，始终以发展的眼光看待学生，鼓励学生，夯实学生的学习基础。尽量缩小学生之间的差距，给予学生层次化的指导及帮助。全面激发学生的学习兴趣和学习动机，给予学习基础薄弱学生针对性的辅导，尽量避免歧视学生或者是公开批评学生。有的学生学习能力较强，教师只需要注重适当的拔高难度。只有这样才能够对症下药，确保整体教学质量和效率的稳步提升，满足不同学生的个性化发展需要，双减政策也得以顺利落地。

四、结束语

在小学语文教学改革的过程之中，许多教师围绕双减这一基本教学准则改革传统的教学模式，确保减负增效。为了对症下药和与时俱进，语文教师需要加大力度，关注对当前教学实行的深入剖析，了解学生存在薄弱之处的具体原因，进一步推进教育教学改革和教育创新。坚持实事求是和对症下药，利用优质的教育服务来为学生的健康成长及发展保驾护航，促进学生多方面能力的提升，保障学生能够对语文这门学科有一个耳目一新的感觉。

发展素质教育　加强家庭教育

——小学阶段开展亲子阅读的家庭教育研究

重庆市九龙坡区第一实验小学　周雁

一、素质教育下开展家庭亲子阅读的必要性

过去，老师和家长都只重视分数，因此，老师埋头教书，学生埋头于学习，都试图通过分数来证明各自的工作业绩和学习效率。结合国际国内新形势，我们清楚地看到世界的发展、中国的发展已经进入了高质量发展快车道。教育作为国之大计、党之大计，必须要适应这个高质量发展的时代。

高质量发展需要高素质的人才，高素质的人才需要高质量的教育。不能让学生成为做题的机器，而是要成为有独立思考能力和解决实际问题的人。加快发展素质教育迫在眉睫，追求学生的高质量学习和健全的心理已成为教育的必然。《义务教育语文新课程标准（2022 年版）》指出阅读能力是指学生接受和理解书面材料的内容和意义的能力，这种能力可以帮助学生获取知识，增加才干。可以说，根据个人阅读能力的高低可以判断这个人语文素质的高低。除此以外，阅读对于儿童，就像阳光对于土地、海洋对于鱼儿、呼吸对于人类。阅读是孩子们探索世界的手段，阅读有益的书籍可以帮助孩子开阔视野，形成正确的三观；阅读可以培养学生的自学能力和独立意识、良好心理品质；阅读可以丰富学生心灵，灵动学生的思维，使学生终身受益。

小学阅读教育仅仅依靠语文教师的课堂教育引导是远远不够的，因为课堂阅读受时间和内容的限制，学生的阅读数量和种类都不能达到《义务教育语文新课程标准（2022 年版）》里所要求的。所以，此时家庭教育中的亲子阅读在培养学生阅读兴趣、养成阅读习惯和增加阅读量上担负起重要的作用。发展素质教育，就要转变育人方式，家庭教育地位更加凸显，亲子阅读促进阅读能力提升和塑造学生健全人格的必要性也显而易见。

二、素质教育下小学阶段开展家庭亲子阅读的策略

（一）提升家长对亲子阅读重要性的认知

家长需要提高亲子阅读的家庭教育意识，并利用这些时间带领孩子深入最近的图书馆阅读。父母陪孩子一起坐下来读书。家长可以在图书馆设定阅读时间，培养学生自觉的阅读习惯，在亲子阅读过程中，家长应以孩子为阅读中心，父母可以督促和引导孩子阅读。此外，他们应该充分发挥阅读的引导作用，因为每本书的内容都会激励孩子。家长应该用积极正面的影响感染孩子，真正发挥阅读的意义和价值，通过阅读增加孩子的知识，培养孩子独立思考的能力。

（二）提升家长对亲子阅读材料选择的判断能力

家长在选择阅读材料时应该有很强的判断力，家长可以从这些方面入手：首先，家长可以挖掘孩子的阅读兴趣，选择能够提高孩子阅读兴趣的书籍，或者让孩子独立选择自己喜欢的阅读内容。其次，父母可以在阅读材料上做出多样化的选择，如寓言、童话或科普文章，以拓宽孩子的阅读视野。最后，家长可以选择图文结合，降低孩子阅读的难度，让孩子首先建立阅读兴趣，从而逐步养成亲子阅读的良好习惯。此外，家长应掌握正确的亲子阅读方法，使孩子能够高质量地阅读。教师也应从教材内容入手，引导学生家长不断培养孩子的阅读情感，将阅读延伸到生活体验。在亲子阅读过程中，父母促使孩子不断积累阅读经验和方法。家长可以为孩子采取阅读奖励机制，让孩子保持阅读动机，让孩子通过日积月累，自主热爱阅读。

（三）营造舒适、温馨的亲子阅读家庭氛围

亲子阅读中，家长一方面不断提高自身阅读能力，另一方面也为孩子营造舒适温馨的家庭氛围。在实际阅读中，家长可以在家里营造阅读环境，通过创建图书角来吸引孩子的阅读兴趣；家长也可以通过电脑、手机和官方账号提高阅读能力，引导孩子深入阅读，从而提高阅读思维。只有当父母有能力控制家庭阅读时，他们才能在阅读中发挥模范作用，并将良好的阅读习惯传给孩子。在父母的影响下，孩子们可以养成每天阅读的习惯。

（四）创造新颖的亲子阅读模式

家长应改变以往的阅读认知，以帮助学生语文素养的形成和发展。亲子阅读时，父母可以和孩子互换阅读一本书或一篇文章，然后交流各自不同的心得。设计有趣的活动，以写促读，以说引读，例如：为书本重命名；给书中人物或作者写信；让孩子说一说心得体会、感受收获等；改写或续编故事，或改编故事情节；缩写故事，将长篇故事内容加以浓缩，使其成为短篇故事；续写，把短篇故事加上猜想变为长篇故事；制作小书；编写剧本。

（五）教师要和学生家长保持沟通

教师应与学生家长保持沟通，向学生家长传达和总结好的阅读方法，形成相对独特的阅读思维。教师可以根据学生年龄特点向学生家长推荐阅读材料或书籍，让家长在教师的指导下选择适合孩子的书籍，鼓励学生家长与孩子一起学习略读、精读和品读的阅读技巧，培养孩子的阅读注意力。因此，教师在家庭亲子阅读中的作用至关重要。教师只有与学生家长和学生形成良好的沟通渠道，才能促进家庭亲子阅读，提高阅读效果。

总之，发展素质教育，家庭教育是重要的一环，亲子阅读是提升学生综合素养的有效方式。亲子阅读需要家长们的积极配合，需要孩子们的踊跃参与，更需要我们语文教师的科学指导，只有家、校、生三方的共同参与、长期坚持与配合，才能真正实现亲子阅读的价值，促成儿童综合素养的有效提升，为培养儿童良好的综合素养，为实现儿童高质量的成长，奠定扎实的基础！

基于核心素养的小学语文群文阅读教学研究

重庆市九龙坡区第一实验小学　周益

群文阅读课是一门教育素质课程，有利于开阔学生的思维、提高语文素养和增强文化自信心。而核心素养的概念，则是教育教学改革的方向和目标，是未来小学语文教学的重要发展方向。因此，小学语文教师应该加强自身的教学素养的提高，多采用核心素养教育理念和教学策略，注重学生的个性化差异和兴趣特点，努力提高学生的群文阅读水平和应对未来社会发展的能力。

一、深入结合教材，选择合适文章

小学语文群文阅读是教育部所倡导的一种教学模式，其主要目的是通过文化熏陶，提高学生的文化素养和综合素养，在小学语文群文阅读教学中，合适的文章选择是非常重要的。

以小学语文教材五年级上册第六单元为例，该单元中有两篇相关的课文《慈母情深》与《父爱之舟》，在开展这两篇课文的群文课堂教学时，教师可以深入研读本单元的教材，制定合适的全文阅读议题，启发学生深入理解文章主旨。之后教师可以让学生自行阅读两篇课文，找出体现父母之爱的关键句子，并批注人物描写的方法。先从《慈母情深》到《父爱之舟》，教师可以引导学生抓住中心内容，尝试用一句话进行概括。随后，教师要求学生在阅读课文的时候备注文中描写母亲的语句，总结父母对孩子的爱，进一步加深学生对课文的理解与感悟。教师可以将两篇文章进行对比，寻找父母表达爱的不同之处和相似之处，并引导学生进行总结。接下来，教师可以要求学生从生活中找出一个细节，记录下父母对自己爱的表达，可以用文字、语言等形式。这样可以培养学生的观察能力、逻辑能力、语言表达能力和创造能力，同时帮助学生深刻体会到父母的爱，学会感恩，培养学生优良的道德品质。

二、创设教学情境，提升阅读兴趣

对于小学生而言，疏导和激发他们的学习兴趣是非常必要的步骤，而创设教学情境则是实现这个目标的重要途径。通过打造具有情境感和生动性的教学场景，可以增强学生的参与感和学习积极性，让他们更加愉悦地参与进去。

以小学语文四年级上册第四单元为例，该单元的文章有《盘古开天地》《精卫填海》《普罗米修斯》，主要是国内外的神话故事。前两篇是中国的神话故事，教师可以借助一些道具或者借用多媒体，如盘古创世画像、精卫填海的视频等，引导学生了解盘古与精卫的造型形象和文化内涵，让学生更深入了解中国古代神话文化，并在情境中体验到神话的魅力与文化底蕴。而普罗米修斯，教师可以结合古希腊神话的艺术形式，如雕塑、绘画等，让学生了解古希腊文化艺术的风格和特点，同时引导学生思考作品中所表达的人类尊严、自由与平等等人文关怀。总之，在进行群文阅读教学过程中，教师应该积极创设合适的教学情境，引导学生深入思考文学作品中所表达的丰富内涵，增强学生的阅读兴趣和人文素养，提高学生的语文素养和人文素养。

三、以学生为主体，营造良好氛围

小学生性格天真，开朗活泼，他们对于新事物有着浓厚的好奇心，但同时，他们对于阅读一般缺少兴趣。针对这种情况，教学中以学生为主体，营造良好氛围，能够激发学生阅读的积极性，让他们主动参与其中，提高阅读兴趣，增强阅读能力。

以小学语文六年级上册第一单元为例，该单元的文章有《北京的春节》《腊八粥》《藏戏》等，主要是中国传统节日的文化，首先在教学开始时教师可以直接点题，引出本单元所代表的风俗文化，并通过多媒体展示让大家更好地了解这些文化。其次引导学生从文章中寻找体现民俗民风的内容，以增加学生对中华传统文化和节日的了解。最后教师可以与学生分享各自收集到的有关风俗习惯的传说故事，以巩固学生对传统习俗的了解。教师可以带领学生总结本节课学到的知识，并阐述作者的写作手法。同时，教师还可以引导学生学习本节课时分主次、分详略的写作技巧，以便更好地描绘自己心中印象深刻的风俗习惯。通过这些措施，可以使学生获得更深入的文化体验，并对中华传统文化有更加深入的认识。

四、完善评价机制，提高阅读水平

小学语文群文阅读教学是培养学生综合素质、增强文化修养的重要方式之一。作为教师，在进行群文阅读教学时，完善教学评价并及时反馈，是提高学生阅读能力、促进学生全面发展的关键。

首先，在进行群文阅读教学评价时，教师需要制定科学合理的评价标准，例如学生能否准确理解课文内容，是否能够对文中的人物性格、情感、人生观等进行分析，对文章中的文化内涵有没有深刻的理解；学生是否具备良好的阅读习惯，如阅读前预习、阅读时标记、阅读后总结、反思等，从而全面地评价学生的阅读表现，提供客观准确的评价结果。其次，教师要将评价及时地反馈给学生，让学生了解自己的阅读表现和提高的方向，根据学生的表现，教师也可以适度调整教学方法。例如，提高讲解的深度和难度、调整讲解的节奏；如果学生在阅读某些类型的课文上表现不佳，可以更换或调整内容，以提高学生的兴趣和阅读效率。最后，在群文阅读教学评价中，需要开展课堂评价和素质评价相结合，课堂评价注重学生在课堂上的表现和能力，素质评价注重学生的全面发展和综合素质，两者相结合能够更好地促进学生的全面发展。总之，只有通过不断的教学评价和反馈，才能不断提高学生的阅读能力，使其全面发展。

综上所述，基于核心素养的小学语文群文阅读教学研究的意义显而易见，它可以切实提高学生的语文素养、培养学生的综合素养和创新能力。因此，小学语文教师要深入结合教材、创设教学情境、营造良好氛围、完善评价机制，并不断探索和创新，以此为学生今后的学习奠定良好的基础。

归原教育思想的数学学科教学理解与建议

重庆市九龙坡区第一实验小学　洪凤

归原教育思想是学校、学科教育的重要思想，数学学科的教学实践离不开归原教学思想的指导。

一、归原教育教学思想的认知与理解

（一）归原教育教学思想

教育从本质上来说就是促进人的社会化的活动，也可以说教育就是培养人的社会活动。不忘教育初心，方得育人始终。教育不能漫无目标，也不能急功近利，教育必须回归本源。我们一直在说回归教育的本源，但是到底是“本源”还是“本原”呢？本源者，所由生也，解释宇宙从何而来。本原者，所使生也，解释什么因素导致了宇宙的发生。本源就是从哪里发生，由什么发生，什么发生了变化。本原就是为什么发生，怎么发生，什么力量和运动导致了发生。由此可见，在学校教育中，学生是教育的“本源”，教学是教育的“本原”。重庆市九龙坡区第一实验小学推行“归原”教育，用的是“本原”的原，更多的是强调在尊重学生主体的同时，不断改进教学。

（二）认知与理解

一位著名的心理学家曾说：学生走出校门后，把学校里学的知识全部忘记，剩下的东西就是教育。意思就是说：教育就是学生将一切已学过的东西都遗忘后所剩下来的东西。遗忘掉的东西就是所学的具体知识和内容，而剩下来的就是正确的价值观、品格和能力（素养）。党的十八大和十八届三中全会提出的关于将立德树人的要求落到实处，2014 年教育部印发《关于全面深化课程改革落实立德树人根本任务的意见》，提出“教育部将组织研究提出各学段学生发展核心素养体系，明确学生应具备的适应终身发展和社会发展需要的必备品格和关键能力”。核心素养接受相应学段的教育过程中，逐步形成的适应个人终生发展和社会发展需要的必备品格与关键能力。它是关于学生知识、技能、情感、态度、价值观等多方面要求的结合体。2022 年 4 月 21 日，教育部颁布了 2022 年版的义务教育课程方案和各学科课程标准，将“三会”作为通过数学教育学生获得的数学核心素养，也就是会用数学的眼光观察现实世界，会用数学的思维思考现实世界，会用数学的语言表达现实世界。所以我们小学数学教学的目标已经非常明确。

教育需要回归课堂，回归学生。教育没有必要完全按照统一模式来办，需要教师按照自己对教育的正确理解、价值判断和哲学思考，结合学校和学生的实际情况，创造性地解决在教学过程中的一系列问题，教育、引导学生，培养学生核心素养，小学数学教学也应该如此，应在归原教育思想的引领下，不断优化教学，着眼学生的数学核心素养。

二、数学学科教学的归原思想要素分析

（一）归原要素一是“元”

“元”是初始，也就是“本源”。人不是生而为人，是需要教而为人，育而为人，教育“自然人”成为“社会人”“文明人”，使“人”成为“人”。作为起点，教育必定是以“人”为本；作为终点，教育必须以促进人的发展为目标。以人为本，促进人的发展便是教育的初心和本真。教育的本源是人，学校教育，学生就是本源，我们的数学学科教学，应该以学生为中心。

（二）归原要素二是“本”

“本”是“本原”。教学是学校教育的本原。教学是教师的教和学生的学所组成的一种人类特有的人才培养活动。通过这种活动，教师有目的、有计划、有组织地引导学生学习和掌握文化科学知识和技能，促进学生素质提高，使他们成为社会所需要的人。教学又是借助不同的形式实现的。传统教学的关注点在“知识”，教学的目标是把知识“学会”，强调的是认知结果。传统教学使学生深陷“死记硬背”及“题海战术”的泥潭，在年复一年、日复一日地“机械重复”中走向厌学。我们通过教学活动实现教育立德树人的目标，为了更好地实现国家教育目标，我们要不断优化教学。根据新课标的要求，我们要制定指

向核心素养的教学目标，整体把握教学内容，选择能引发学生思考的教学方式，加强综合与实践，注重信息技术与数学教学的融合。

（三）归原要素三是“数”

“数”是数学，指数学知识。知识是学校教育活动得以展开的一个“阿基米德点”，教学的产生和维持，人的成长和发展，知识都是必不可少的养料。数学学科教育，离不开数学知识这个重要的载体。义务教育阶段数学课程内容由数与代数、图形与几何、统计与概率、综合与实践四个学习领域组成。数与代数、图形与几何、统计与概率以数学核心内容和基本思想为主线循序渐进，每个学段的主题有所不同。综合与实践以培养学生综合运用所学知识和方法解决实际问题的能力为目标，根据不同学段学生特点，以跨学科主题学习为主，适当采用主题式学习和项目式学习的方式，设计情境真实、较为复杂的问题，引导学生综合运用数学学科和跨学科的知识与方法解决问题。

三、小学数学学科教学归原思想指导下的实践

（一）小学数学的课程内容归原

课程内容是指各门学科中特定的事实、观点、原理和问题及其处理方式，它是学习的对象，它源于社会文化，并随着社会文化的发展而不断发展变化。教学内容是落实教学目标、发展学生核心素养的载体。在进行数学学科教学时，要探寻知识本源，发掘知识的内在魅力，促进知识内化，建构稳固的知识体系。

比如在教学表内乘法的时候就应该先着重讲解乘法的产生，以及其产生的必要性。当多个相同的数相加时，为了便于书写，提高计算的效率，就引入了乘法。乘法是指将相同的数加起来的快捷方式。通过笔者的观察发现，学生们往往对于“几个几”（人教版《乘法的初步认识》的表述）的理解不是很清楚，比如“3 个 4”有的孩子就会理解为“4×4×4”，经过反思发现，原来是孩子们不知道到底是 3 个 4 求和还是求积，于是每一次笔者都追问“几个几干吗？”（引导孩子表述“几个几相加”或“几个几合起来”）。所以在教学表内乘法（一）的时候笔者都会反复强化“几个几相加”，学完 5 的乘法口诀，学生们自己就能说出，5 的乘法口诀第几句就是求几个 5 相加的和。整个教学的过程其实也是帮助学生知识结构化的过程。先是“合起来用加法计算”，是连加，再

是相同加数连加，最后才是新学习的乘法，知识线清晰明了；孩子能够自己明白所学的知识的生长点在哪里，有利于数学知识结构的建构。

（二）小学数学的教学方式归原

数学教学活动必须建立在学生的认知发展水平和已有的知识经验基础之上。正如美国教育心理学家奥苏伯尔在《教育心理学》一书的扉页中指出："如果我们不得不将教育心理学还原为一条原理的话，我将会说，影响学习的最重要因素是学生已经知道了什么，我们应当根据学生原有的知识状况进行教学。"所以，数学学科教学，需要准确把握学生的认知起点。

一方面，需要关注逻辑起点。逻辑起点指的是学生按照教材的学习进度，应该具有的知识基础。学生的逻辑起点是教师准确寻找教学起点的最基本前提。教师必须从整体上把握教材，理清小学阶段现行教材的编排特点与编排体系，对每册教材所涉及的知识点、各领域知识结构的内在和分布情况需要细致地加以研究。这也对教师提出了知识结构化的要求，只有将小学数学结构化的知识了然于胸，才能把握好学生的逻辑起点，确定好教学的重点与难点，找准教学的切入点。另一方面，需要关注学生的经验起点。它指的是学生在生活环境中，多种学习资源的共同作用下，已具有的认知经验。曾经网上有一幅惹人发笑的图片，老师喊学生们第二天带一条鱼到幼儿园进行观察，这个组里的学生都带了观赏性的小鱼，有一个学生用不锈钢盆带了一条大鱼。这是不是从侧面反映了孩子的经验起点不一样呢？所以在数学教学的时候一定要贴近学生的生活，用学生能听懂的语言进行讲述。

（三）小学数学的学习方式归原

教育就是要让孩子更好地认识世界，认识是认知知识，即人脑反映客观事物的特性与联系、并揭露事物对人的意义与作用的思维活动。哲学家告诉我们：实践是认识的来源，实践是认识发展的动力，实践是检验认识的真理性的唯一标准，实践是认识的最终目的。一个人会不会想问题是自己想积累的经验造成的，会不会做事情也是实践的结果。数学核心素养是一种与人的行为（思维、做事）有关的数学教育的终极目标。它是在过程中养成的，是逐渐养成的，是经验的积累，是过程性目标的拓展，是"四基"的继承和发展。因此，学生本人参与到数学活动中非常重要。所以，数学学科的学习就应该多动手实践，通过画一画、摆一摆、圈一圈等实践活动，不断丰富感性认识。

四、小学数学教学几点提质增效的建议

（一）建议1：结构化教学

2022年版数学课标明确给出的教学建议之一就是要整理把握教学内容，强调了要注重教学内容的结构化。布鲁纳曾提出教学要使学生理解学科的基本结构。目前，小学数学课堂大多是依据教材上的内容分课时进行学习的，使学生接收到的知识孤立、零碎，存在极大的离散性，缺乏完整的结构。

数学知识是有结构的，知识的相互联系首先体现为知识的整体性，那么数学教学也是有结构的。作为小学数学教师，我们首先要自己进行小学数学知识的结构化。一方面我们需要去了解数学知识的产生与来源、结构与关联、价值与意义，了解课程内容和教学内容的安排意图。另一方面强化对数学本质的理解，关注数学概念的现实背景。在教学时通过提问核心问题等方式引导学生从数学概念、原理及法则之间的联系出发，建立起有意义的知识结构。

（二）建议2：思维导图

思维导图是人通过心智、大脑、脑力或者精神等制作的地图，用简单的话语可以描述为“描绘大脑的地图”，而它又被人们称为心智图、思维地图、概念地图等。思维导图是一种可视化图像式思维工具，是用一个中央关键词或者想法以辐射线型连接其他所有关联项目的图解形式。因此思维导图作为学生的一种学习工具，可以完整地体现学生的数学知识结构。

通过研究发现，教师还可以通过学生绘制的思维导图判定学生知识结构化水平，对学生数学知识结构掌握情况的评价可以根据学生绘制的思维导图中所包含的知识点数量以及知识点的关系进行分析。通过分析学生的思维导图，教师可以调整教学，从而有针对性地进行讲解。

（三）建议3：学习的生活化管理

教育就是为了人的生活，生活是教育的中心和目的，教育必须与生活相联系。陶行知先生提出生活教育理论，提倡“教学做合一”的教学论，批判教师“教死书，死教书，教书死”、学生“读死书，死读书，读书死”的教学方式。也就是说学生的学习离不开学生平时的生活，应该将学生的学习活动置于现时的生活背景之中。

首先，要创设生活化情境。小学生注意力容易不集中，年级越低越明显，合适的生活化情景有助于学生集中注意力。其次，要结合学生生活经历。要想激发学生对生活的深入思考，增强学生的课堂体验感，就必须找到课堂教学内容与学生生活经历之间的切入点。最后，开展生活化活动。为了让学生加深对课堂知识的理解，更加全面地掌握所学知识，需要在课堂上开展生活化的活动。

“归原教育”是重庆市九龙坡区第一实验小学的教学理念，引领着教师们改进教学，促进学生数学知识的结构化，提升教学质量。

评价促思辨，归原课程体系下评研课初探

——以四年级下册第四单元评研课为例

重庆市九龙坡区第一实验小学　蒋玮玮

2022 年 4 月份发布的 2022 年版《义务教育语文课程标准》新增了“学业质量”部分。何为学业质量，2022 年版课标这样界定：“语文课程学业质量标准是以核心素养为主要维度，结合课程内容，对学生语文学业成就具体表现特征的整体刻画。依据义务教育四个学段，按照日常生活、文学体验、跨学科学习三类语言文字运用情景，整合识字与写字、阅读与鉴赏、表达与交流、梳理与探究等语文实践活动，描述学生语文学业成就的关键表现，体现学段结束时学生核心素养应达到的水平。”

在北京师范大学吴欣歆教授为我们带来《义务教育语文课程标准（2022 年版）》的解读中，她提道：学业质量重点关注的问题——观察、记录学生语言经验的结构化水平，评价其语言材料的整合水平：学生是否树立了主动积极积累语言材料的意识，养成了积累语言材料的习惯；学生是否能对学过的各类语言材料进行归类；学生是否能通过梳理自己积累的语言材料，初步发现语言材料之间的联系。这就指引着我们，要将课堂导向“教学评”一致的语文课堂，让我们的课堂教学具有整体性、实践性、综合性、层次性、创新性。

通过研究，结合重庆市九龙坡区第一实验小学的实际，构建适合本校的归原课堂：以人的发展出发，力图回归教育的本源。归原就是——从人的角度研究如何更好育人。基于这样的认知和理解，我们探索构建归原课堂的“一四六五”模式。其中的“六”指向了我们课堂中的六个基本环节：前置预学，目标导学，自主初学，合作互学，评价促学，拓展延学。本文将以四年级下册第四单元评研课为例。

一、在“评研课”中，“评”什么，“研”什么呢?

（一）“评”重在强调结果

“评研课”评什么? 试卷的分数或者等级，题目旁打的勾叉或者批注的正负分都是老师对于学生本次学习效果的评价。准确而客观的“评”，是“研”的基础，指明“研”的方向，这就是本节课前置预学的环节。

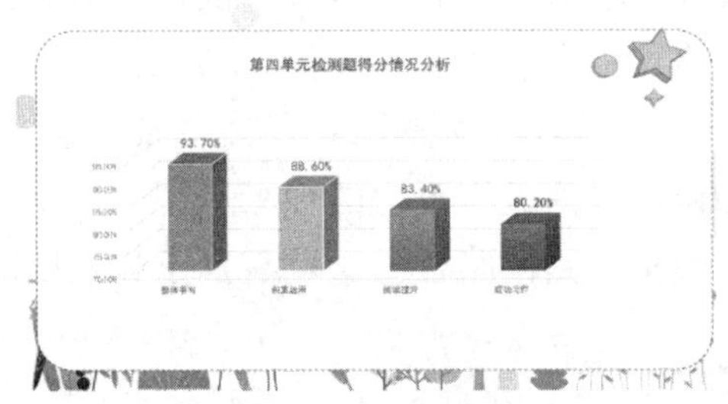

“评研课”在开始，就通过数据分析，表扬近期学生的学习状态，导向了本节课的学习目标：修改单元检测题错误之处，简单的练习通过合作学习，自主修改；围绕重点、难点部分在课堂中开展“研”。

（二）“研”重在强调过程

1.“研”重在探究过程

“讲”，交流是单向的，老师讲学生听，是教师经验的单向输出；“研”，交流是多方的，师生之间、生生之间多向互动，碰撞出思维的火花。“讲”，局限于卷面试题的方寸之间，“就题讲题”；“研”却可以把掌握知识转化为锻炼能力，延展到培养学科核心素养。

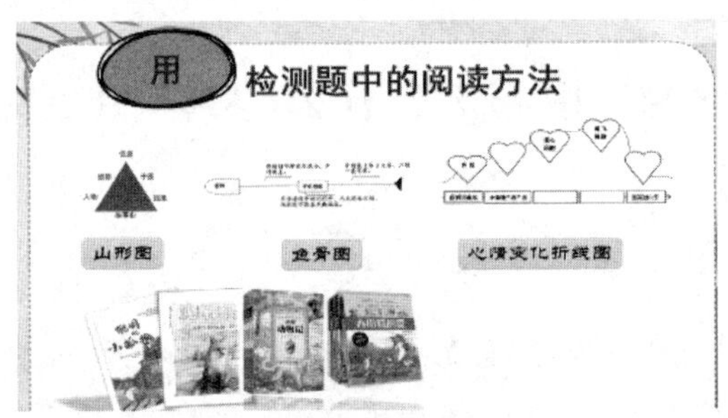

以四年级下册第四单元评研课为例，在课堂上很清楚地指向了两道难题的“评”。但是，老师没有像以前那样直接讲，本次检测大家是怎么错的，错的原因是什么，应该怎么修改完善。而是一步一步地引导学生分享自己的解题思路，为什么是这样？——读题，读懂题意，读懂要求。应该是怎样？——解题，精准到学过的知识点，并进行再次的加工运用。还可以怎么样？——向试卷学习，为之后的阅读构建阅读路径。这就有别于我们以前的“评讲课”。

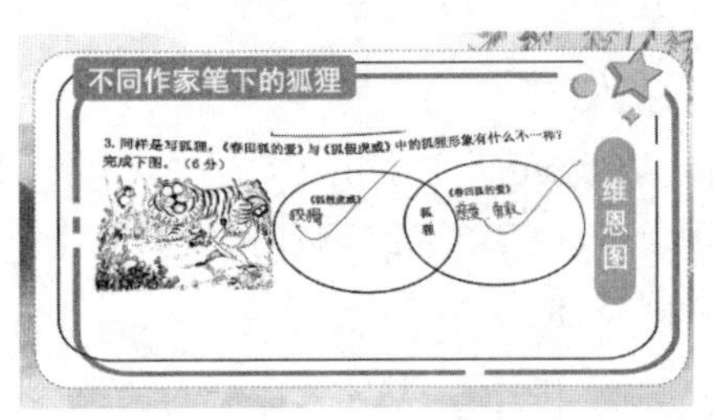

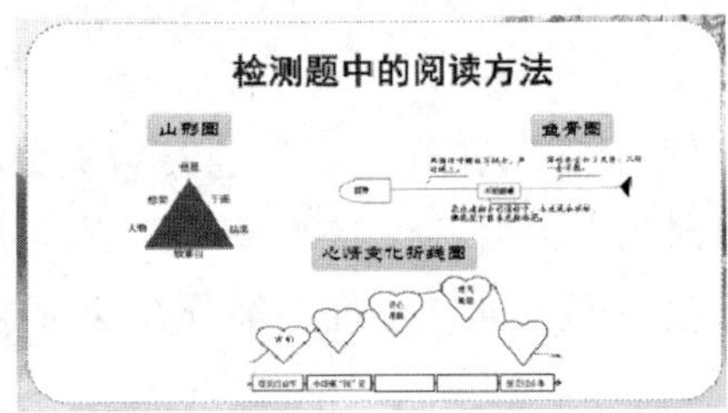

2. “研”是对知识再次建构的过程

对于学生，“做题”始于记忆，止于技能，做的是书本知识的搬运工；而“做事”做的是生活问题的解决者，让碎片化的书本知识在实践运用中整合了、内化了。

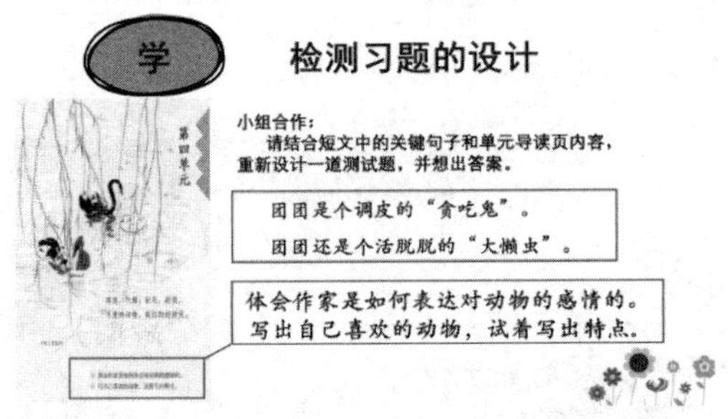

在四年级下册第四单元评研课中，短短的 40 分钟时间，老师帮助学生进行了多次的知识构建。这就打破了试卷的局限。这节课中，首先，引导学生运用课前对本单元“基础知识”梳理图，回忆自己的易错点，从命题人角度思

考，考考同学，在听取同学解题答题的过程中，再次判断运用。其次，在研究鱼骨图的时候，老师不仅引导学生理清思路，找到关键信息答题，同时还引导学生利用鱼骨图讲一讲短文的主要内容，帮助学生前后勾连，复习和构建了第二学段关于“理解、概括主要内容”的方法。最后，我们向试卷学习，为学生课外阅读构建路径，充分运用检测题，让学生认识到，试卷不仅是做题，是检测，更是一种学习的形式。而这样的阅读路径更是和高段学习的“阅读与鉴赏”相衔接。

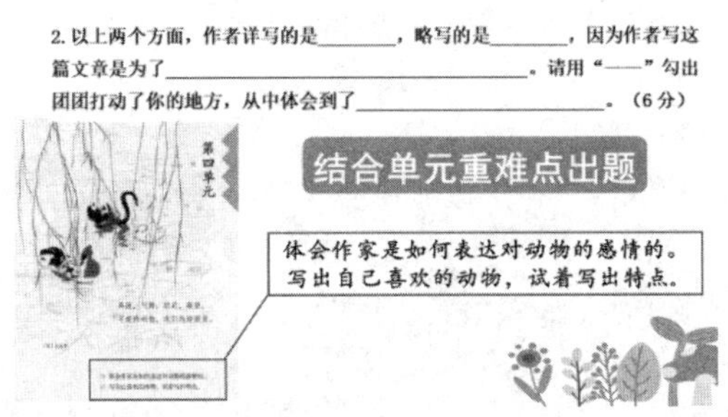

二、初探归原课程体系下评研课的教学流程

由此，我们探索出归原课程体系下评研课的初步教学流程：（1）前置预学——完成单元检测练习。（2）目标导学——通过数据分析，小结近期学习状态，导向课堂学习目标。（3）自主初学——通过生生之间的自主学习，初步理解和修改部分练习的错误。（4）合作互学——通过数据分析，指向检测重难点学习情况，在生生之间、师生之间合作学习。（5）评价促学——结构化复习，帮助学生整理、精准知识要点，通过解题思路的回顾，研究知识点与考点匹配的路径。（6）拓展延学——活学活用，在生活中寻找语文知识，提高学生学习语文的兴趣、运用语文的能力。

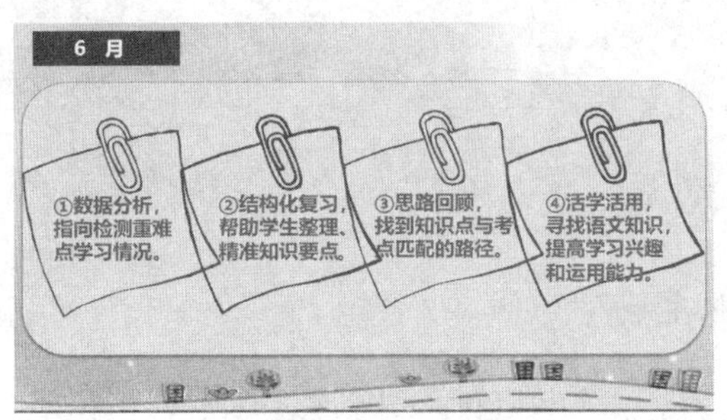

三、课堂的育人效果

随着课堂的变革，我们发现孩子们在语文学习中有了可喜的变化。

（一）知识的梳理更精准了

分类整理能力增强。以前，我们仅仅是进行单元知识整理，到今天，孩子们能够进行整册书的分类整理，大多孩子能清楚表达知识点。

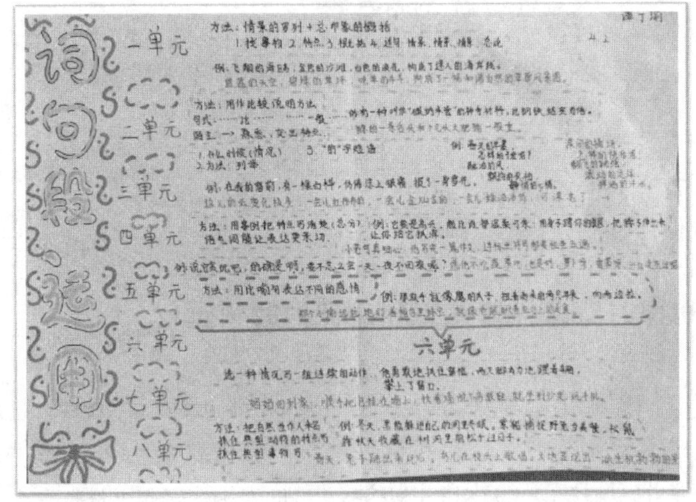

学习更主动

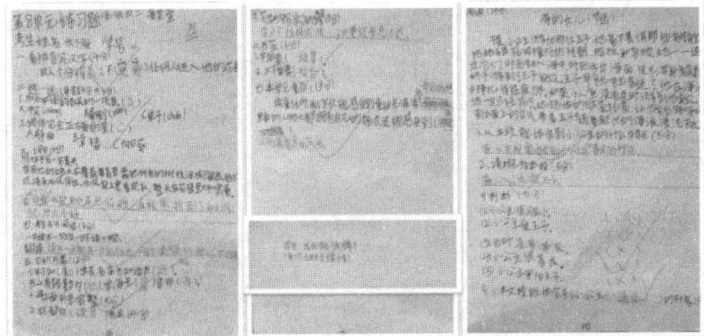

（二）学习更主动了

人人都是小老师。作为小老师，出题过程中，知识点的精准和评卷时的准确需要具备一定的语文素养，指导监督学生修改完善也是在提升语文素

养。同时，小老师还要接受学生的评价。在此驱动下，同学们的学习更主动了。

课堂是生命成长最重要的地方，是师生情感互动的场所，是人的综合素养发展的空间。为未知而教，为未来而学。为了每一个孩子的发展，我们一直在研究！

落实“双减”归原教育　提升体育学科“质效”

——在归原教育下对体育学科“双减”的思考与实践

重庆市九龙坡区第一实验小学　刘　爽

2021年7月，中共中央办公厅、国务院办公厅印发了《关于进一步减轻义务教育阶段学生作业负担和校外培训负担的意见》（以下简称《意见》）。《意见》内容重点是“双减”：一是减少校内作业量，减轻学生负担；二是减少校外培训负担，从严治理校外培训机构。“双减”新政作为中国教育改革新起点，其风向标非常明确，就是要出重拳、出实策，让教育回归公益属性，让教育主阵地回到学校，助力高质量教育体系的构建。

我们学校体育工作者应该考虑是：如何进一步提升体育教育教学质量和服务水平，如何更加科学合理地布置家庭体育作业，如何使课后服务全方位满足学生的成长需求，如何推动学生的体育培训更好地回归校园。而将这些想法在实践中加以施行，正是体育赋能教育质量提升的自然选择。

一、体育减负增效，提升课堂魅力

提升教师素质，一专多能。每一次的教育改革，教师理念的更新、实操的开拓都十分重要。减负增效的主要阵地是课堂，提高体育课堂教学质量，体育老师责无旁贷。要认真钻研业务，通晓体育教育最新的发展趋势、发展要求、国家体育战略。从技能掌握上做到一专多能，适应并充分胜任体育教师、教练、健康指导员等多种角色需求，提升自身业务能力和教学水平。

灵活课堂教学，提高效率。体育课堂是开放的、灵动的、双向的，体育老师要在课堂上发挥创造性、提升趣味性、增强健身性、达到多样性，因地制宜地开创多样化的教学内容与游戏，让学生对每节体育课都有不同的感受、期盼、收获与进步。

融洽师生关系，身心健康。体育老师积累、形成自己独特的教学风格，改变刻板、一成不变的形象。在尊重学生、爱护学生、关心学生中，给予学生帮

助与提升，在宽松、愉悦、积极、进取的氛围中享受体育带来的快乐，激活体育快乐因子，让学生喜欢体育，也喜欢体育课，更喜欢体育老师!

务实大课间与社团课，保证锻炼。切实抓好大课间与社团课，推进阳光体育活动，确保学生每天锻炼一小时。改变大课间和社团课内容与形式，求实创新，丰富有效。根据不同年级特点合理安排场地、项目，从学生兴趣引导出发，从效果上把关，力求提高学生健康意识和养成终身体育的习惯。

丰富评价内容，改良体育考核方式。丰富评价内容，倡导开展多元性评价。体育课中加大过程性评价和增值性评价的分量，针对个体差异，强化个体进步幅度，激励学生锻炼积极性与成就感，将每学年的学生体质健康标准考试纳入考核内容，提升学生体质的持续锻炼。做到过程性评价与终结性评价相结合，定量评价与定性评价相结合，教师评价、小组评价和自我评价相结合。

精选家庭体育作业，增强健身效用。学校体育不再封闭，它应该与社区体育、家庭体育相互通融、相互开放。让家庭体育作业从“一门学科作业”，到形成“一种锻炼习惯”，到提高或“一种运动能力”，到养成“一种生活方式”。因人而异制定体育家庭作业处方，每天有不同的符合身心规律，能够增强体质提高体能的清单列表，体育老师参与督促学生每天打卡，协助学生养成“每天课外体育锻炼一小时”的行为习惯。让体育家庭作业成为孩子健康的“营养剂”、成为亲子关系的“增进剂”、成为师生关系的“融合剂”、成为社区体育的“扩大剂”。

二、丰富课后服务，满足成长需求

学科搭配精细分。学校积极引导学生自愿参加课后服务，课后服务时间采用错开时段、错开场地方法，进行学科搭配。一个时段各班统一安排老师辅导学生完成作业，减轻学生家庭作业负担；另一个时段学校开放各个场馆、开设多样的艺术、体育、科学类课程让学生“动起来”“活起来”。学校以“场馆课程”赋能课后服务，依托校园里现有场馆，如图书馆、体育馆、科学室、艺术专用教室等功能性场所，根据课程需求配备相应学习资源，以小组或社团的形式开展丰富多彩的科普、文体、艺术、劳动、阅读等活动。并合理调配，提高体育场所的利用率。

体育社团唱主角。学校应该丰富学生体育社团，满足学生不同层次的需求，使田径、篮球、排球、足球、乒乓球、羽毛球、毽球、体操、啦啦操、韵律操、武术、拳击、柔道、射击、游泳、棋类等项目在校园遍地开花，形成连续不断、形式多样的赛事，彰显体育积极分子的骨干带头作用，充分调动全体师生的体育运动积极性和主动性。使体育周、体育月、体育节等活动常态化，促进各种体育活动在校园里的有效开展。

体育游戏成主体。体育游戏对于低年级学生及女生具有很好的健身与热身作用。对于体育游戏的创编与开展，要以体育老师为设计主导，班主任及科任老师为协助组织，学生自主选择，各班大力发展体育游戏。倡导学生自主设计、参与设计、自行组织，在简单、有趣的体育游戏中，愉快身心和提高体能，学生在课堂上真正成为运动的主人和课堂的主人。

学科融合主色调。从体育开展项目中可以将体育学科与其他学科充分施展学科融合。以体育为主学科的项目有：体育舞蹈（体育＋音乐）、体育知识（体育＋语言）、体育奥运历史（体育＋历史）、体育科技（体育＋科学）、体育健康知识与运动损伤（体育＋医务室）、体育游戏（体育＋科任老师）、体育团体操（体育＋班主任）等，让科任老师参与体育课后服务，能发挥学科特长，也让体育在多学科融合中深入人心。

三、丰富体育赛事，让体育回归校园

成立并推行学生体育俱乐部制度。以体育社团为主导，小学在“体育选项走班制”的基础上，适当增加“体育俱乐部制”，针对各个年级的孩子，丰富足球、篮球、排球、田径、啦啦操、拳击、柔道、射击、游泳、棋类、游戏等多个项目，让每个孩子都有机会参加俱乐部，满足学生的运动兴趣和专项化发展需求，形成一校多品、一生一长的体育教学改革实效。

完善竞赛训练制度。作为体育传统校、体育试点学校、体育实验校之类的，可以围绕学校的体育特色完善后备人才体教结合“一条龙”培养模式，让体育回归教育，如校园篮球特色学校、校园足球试点学校、田径传统校等。一般学校，可以结合本校体育特色与需要，选择合适项目完善竞赛训练制度。可以通过班班比赛、年段比赛、学段比赛、周末比赛，以赛促练，掀起体育锻炼的浪潮，使学生享受竞赛乐趣、更加牢固地掌握专项运动技能，培养学生的体育与健康素养及团结协作、勇于拼搏等优良品格。

推动学校普惠性体育培训。从基础上看有兴趣班、提高班、校队班；从项目上看有技能类、体能类、新兴类等，可与各种协会、青少年宫及校外体育培训机构合作，以学生自愿的参与方式，借助校外体育培训机构或社区体育锻炼的专业场地与人员，参照本市培训费用指导价，以普惠、延伸、就近的原则吸引学生回归学校体育。

“双减”政策之后，学生的课余时间、运动需求剧增，家庭的教育焦虑仍在，我们通过创造各种条件满足家庭与孩子的需要，我们希望办人民满意的教育。但是一个不可回避的问题是：让教育回归学校是好事，而“双减”后老师工作量来说是“双加”，加时加量，真是太累了。午休辅导不能睡觉，一天多节课、上社团、上体育锻炼课、开展课后服务，对于许多老师尤其是体育老师来说，强度太大。

因此，我们要认真考虑的是：让所有老师尤其是体育老师感受教育幸福，这样的教育才会长久。体育作为“五育并举”的排头兵，先让体育轻装上阵，成为课后服务的主力军，提升效率、增进健康，阳光体育不仅仅是阳光下的体育，更是阳光朝气的体育！

聚焦核心素养　践行归原课堂

重庆市九龙坡区第一实验小学　音乐组核心素养探讨及归原课堂实践

从《义务教育艺术课程标准（2022年版）》（以下简称《2022年版课标》）实行以来，学校结合新课标及校园归原文化，展开了教育教学改革。音乐教研组结合音乐核心素养及艺术学科特点，展开了一系列教研活动及课例研讨。本文将从《2022年版课标》核心素养解读，归原课堂的研讨，归原课堂实践三方面进行思考。

一、聚焦核心素养 凸显美育功能

2019年1月，教育部正式启动了义务教育课程标准修订工作。在教育部统一部署、指导下，义务教育艺术课程标准修订组历时近三年，印发了《义务教育课程方案和课程标准（2022年版）》，推进以艺术课程为主体的学校美育发展。在坚持改革方向、传承原标准中经实践证明对一线教学有较强指导作用的内容基础上，依据新时代国家对学校美育教育的新要求，深化义务教育课程改革的新理念、新目标，加强艺术各领域之间的联系，凸显对发展学生核心素养的共同要求，《义务教育课程方案和课程标准（2022年版）》中将音乐、美术、舞蹈、戏剧（含戏曲）、影视（含数字媒体艺术）进行了一体化设计，构成“艺术课程标准”，进一步明确了义务教育阶段艺术课程的总体要求，使其与国家教育改革和发展的整体走向保持一致，并更加符合我国中小学艺术教育的实际。

本次艺术课程标准修订的指导思想和价值取向主要体现在：坚持德育为先，努力践行社会主义核心价值观；突出素养导向，促进核心素养的转化与落实；强化学生主体，推动艺术课程育人方式变革；优化课程内容，体现课程融合发展趋势及其育人价值；体现艺术特点，一体化构建艺术课程学习体系。基于艺术课程本质特点和独特育人价值，《义务教育课程方案和课程标准（2022

年版)》将“审美感知、艺术表现、创意实践、文化理解”作为艺术课程要培养的核心素养的四个方面，并明确阐释了其内涵、表现特征和具体内容。《义务教育课程方案和课程标准（2022 年版）》增加了学业要求和学业质量标准两个部分，两者都是对学生在完成本课程某个阶段性学习之后的学习结果描述，反映核心素养的要求，引导教学更加关注育人目标的实现，强调提高学生综合运用知识解决问题的能力，为教材编写、教学评价、作业设计、考试命题等提供依据。

二、研讨归原课堂 回归教育本源

学校基于教育的核心是人的发展，我们回归教育的本源，归原就是从人的角度研究如何更好育人。课堂是生命成长最重要的地方，是师生情感互动的场所，是人的综合素养发展的空间。通过这样的认知和理解，我们探索构建了归原课堂的“一四六五”模式。教师为未知而教，学生为未来而学。

首先，归原课堂坚持四个实施原则：找到出发点、找准生长点、鼓励创新点、关注发展点。其次，对应四个原则设置了六个环节：前置预学、目标导学、自主初学、合作互学、评价促学、拓展延学。通过清晰的流程结构运用到课堂上。最后，融合五维发展目标，用强健的体、灵巧的手、聪慧的脑、明亮的眼、温暖的心，来验证课堂实施的效果。通过必修式学科课、自助式选修课、体验式德育课、主题式活动课落实“五维”培养目标。

三、关注学生发展 践行归原课堂

基于以上两点，音乐组教师进行了深度的学习与思考。并以作业设计及课例展示为载体，进行了以下探究。

（一）小学音乐作业设计分为课堂设计及假期作业设计两类

着眼于双减政策下的小学音乐作业设计。重庆市九龙坡区第一实验小学音乐教研组结合小学音乐作业设计要求和设计原则，注重实践能力的培养，注重培养兴趣，注重个性化发展，注重交流互动。通过集体探究，分组研讨，人人参与，共交出 3 份单元作业设计，3 份假期作业设计。分别获得 1 个一等奖、3 个二等奖、2 个三等奖的好成绩。小学音乐作业设计从设计背景、设计目标、设计内容等多方面进行。如刘晓艺老师的寒假作业设计，通过“新年好”“我爱看春晚”“节奏大师”“小小音乐家”四个板块，以“练习、收获、创造、展示”四个维度，利用寒假4周时间，将练习型、体验型、创造型多种作业形式按照一周一行动，分年段进行有特色的分层作业。全方位地培养学生听、画、讲、演、唱等能力，通过自身的体验和演绎，激发学生学习音乐的兴趣，发掘学生内在的音乐潜质。

2022年版课标指出：“音乐课程是一门以培养学生审美能力为核心，以发展学生想象力和创造思维能力为重点的实践性课程。”作业作为音乐教学过程中不可或缺的环节，对音乐教学具有重要的意义。在“双减”政策背景下，如何更好地将作业设计融入音乐教学，这是值得每一位音乐教师去思考的问题。在日常教学中，教师可灵活运用不同形式的作业形式，如听赏、创编、录音、录制视频等，为学生提供更多展示自我的机会；作业内容可以多元化、个性化，让学生在不同方面得到发展，从而真正达到“减负”目的。总之，在新课程标准的指导下，音乐作业设计要体现出新的特点，其不仅能促进学生对音乐的感悟，还能提高学生的音乐鉴赏能力和审美能力。音乐教师只有不断地探索和创新，才能设计出符合“双减”政策下小学生身心特点和音乐学科核心素养要求的音乐作业。

（二）小学音乐课程的主要目标是培养学生的音乐理解能力和鉴赏能力

培养学生的音乐理解能力和鉴赏能力使他们能够欣赏音乐、理解音乐。培养学生的音乐表现能力，使他们能够唱歌、演奏、合唱、表演唱等。培养学生的音乐创造能力，使他们能够为自己创作一些简单的音乐作品。音乐教研组按照找到出发点、找准生长点、鼓励创新点、关注发展点四个原则，前置预学、目标导学、自主初学、合作互学、评价促学、拓展延学六个环节，融合学校五维发展目标，分别由三位音乐教师准备了三堂归原课堂，进行了实践研讨。

案例一，杨诗雨老师执教的一年级下册唱歌课《数鸭子》，趣味十足。抓住一年级学生活泼好动、天真烂漫的天性，通过课程设计发展学生舞蹈、律动模仿的学习，增强学生身体的协调性、节奏感。结合四个核心要素达到教学目标：（1）审美感知：通过学唱歌曲，感受歌词的趣味性，进一步激发学生对生活生命的热爱之情。（2）艺术表现：通过聆听音乐能模仿小鸭子走路和老爷爷的样子，联想小鸭子和老爷爷的形象特点。（3）创意实践：通过小组合作，提高艺术实践能力和创造能力，增强团队精神。（4）文化理解：通过学习歌曲，能够好好学习、天天向上，争当新时代好少年，做走向世界的中国人，开创未来的现代人。

案例二，刘晓艺老师执教一年级下册唱歌课《时间像小马车》，利用有规律的歌曲节奏，通过形象模仿时钟小马车“哒哒”走动的声响。让学生感受歌曲欢快、活泼的情绪，歌词简单明了，寓意深刻。让学生通过歌曲的学习能够感受到歌曲表现的主题，理解时间的宝贵，合理安排时间，珍惜时间。首先，通过聆听三遍音乐，带着不同目的，让学生初步欣赏音乐，感受艺术之美，通过自己的想象力及创新思维，感受歌曲情绪、节拍、力度等。其次，通过按节奏念歌词，哼唱旋律，表演唱歌曲，循序渐进的方式让学生快速准确的学会演唱歌曲，学会在演唱过程中创造生动的艺术形象，表达自己的情感，展现艺术美感的时间能力。再次，通过小组合作的方式，让学生自主探究，选择自己喜欢合适的方式表演，能够与同学进行默契的合作，进行创意实践；结合打击乐器演奏，学生自主选择打击乐器及演奏方法，提升学生学习兴趣的同时丰富学生审美体验，提高审美情趣，培养艺术感知。最后，通过谜语的方式趣味的点题，让学生感受和理解珍惜时间的意义，有正确的时间观念，学会尊重时间，合理利用时间。

案例三，犹倩老师执教的二年级下册一首具有西南少数民族风格的创作歌曲《金孔雀轻轻跳》，带领学生欣赏了一幅秀丽的图画，留下美好的遐想与回味。让学生从音乐中感受动物形象以及歌曲描绘的美好意境。能用自然优美的声音演唱歌曲并结合歌曲进行简单的舞蹈表演。引导学生在探究同时注重培养自主参与各项学习活动的习惯，鼓励学生进行节奏、舞蹈等编创活动。感受傣族音乐典雅秀美的风格，了解少数民族音乐及其风土人情。在前置预学中，创设情境、导入新课，由教师出示葫芦丝和一段孔雀舞蹈巧妙的引出歌曲的发声练习和孔雀舞姿，唤醒学生的思维。在合作互学环节中，指导学生学习傣族舞蹈动作按孔雀鹤立、孔雀开屏、孔雀喝水三个环节进行舞蹈学习，其余的歌词小组合作时结合自己喜欢的舞蹈动作进行创编，给学生更多交流研讨的机会，提升自主实践能力。

三位老师分别通过不同类型的课例，结合新课标核心素养，按照学校归原课堂的“一四六五”模式。初步尝试，不断探究研讨，为音乐学科教育教学研究找到新的方向。

在未来的教育教学活动中，我们也应该紧密聚焦核心素养，紧跟学校教育模式，积极践行归原课堂，将理论和实践一一落实，双管齐下，才能达到更加显著的效果。

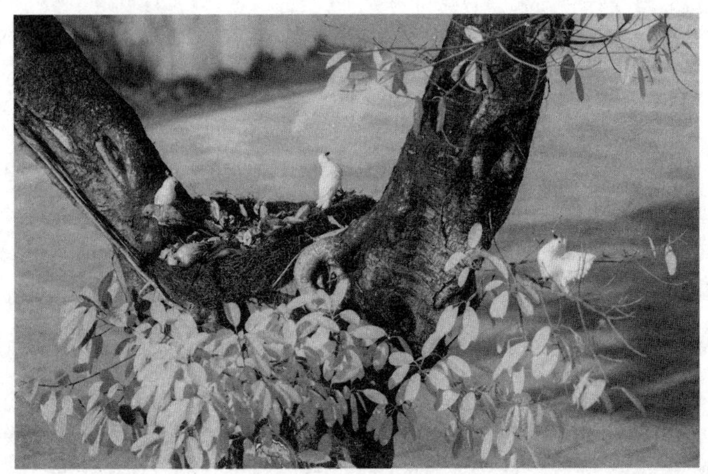

用美育涵养“美丽心灵”

重庆市九龙坡区第一实验小学　刘艳锋

核心素养时代的美术教学，不仅要让学生具备基础的艺术素养，同时还应促使学生从心底爱上美术，如何在学校的生态环境中，体现美育引领，如何以艺术的多样形式来激发、唤醒学生天赋，提高学生审美能力，增长艺术知识，从而实现全面育人目标，是值得每一位美术教师研究探讨的问题。带着这样的思考，结合自己在教学上的探索，笔者是这样实践的。

一、以学科的融合，创新教学

美术课程标准明确指出：美术课程要凸显视觉性、强调愉悦性；同时也指出兴趣是学习美术的基本动力之一，绘本是用图画和文字共同叙述一个完整故事的书，是图文交融，相得益彰的一种书籍表现形式。绘本也是跟生活相关的，希望学生用心去感受生活，发现其中的趣事。

“水墨动物”是五年级上册的水墨画课程，综合前面学习活动已经获得的知识技能，熟练运用水墨画技法画出自己最喜爱的动物。通过对学情的分析笔者发现：单一的描绘动物对孩子们来说有些单调，缺少童趣，为了使学习活动形式多样性，激发学生的学习积极性，并将这种兴趣转化为情感态度，于是笔者设计了新的作业要求和作业形式：由单一的表现水墨动物换成创作一本以水墨动物为主题的绘本。具体做法如下。

（1）带领学生一起阅读关于动物绘本的书籍，不仅要了解绘本创作的几个元素，还要带着学生一起阅读绘本中有趣的故事情节，以及了解绘本中关于动物的各种形象特征。

（2）以动物为主题，创编有趣的故事，再根据故事内容创作图文结合的水墨动物绘本。

在保证完成教学目标的前提下，结合语文学科的创编故事，扩大学生的创意空间，提高学生的创作兴趣，让学生充分感受到美术作品的乐趣和成就感。

二、以课堂的生成，关注个性

达到教学要求的同时，尊重孩子的个性，维护孩子的想象力与创造力十分重要。

在执教二年级“顶天立地”这一课时，本来的要求是画一位顶天立地的人物，有学生提出：“老师，我能不能画一只顶天立地的蚂蚁？她想让平时看着很小的蚂蚁也能有机会变得顶天立地”“没问题！你画吧！”最后，她画出一只红色的蚂蚁撑满整个画面，蚂蚁的脚下是高楼大厦和参天大树，蚂蚁的触角还伸向天空的云层。这都是学生与众不同、出人意料的个性表现。

三、以项目式学习，创新教学

六年级上册“美丽家园”这一课，主要是用绘画表现自己所生活的地方，结合学生所生活的城市重庆——一座有特色的旅游城市。我们开展了“家乡美景美食推荐官”的项目式学习，六人小组合作：“如果你被聘为‘家乡美景、美食推荐官’，你会向外地游客宣传重庆哪里的美景？什么美食？”通过调查、走访、实地体验等方式，让学生对创作过程和方法进行探究与实验，生成独特的想法，最后通过自己拍的照片，合理安排构图，并运用水墨画技法转化为艺术成果，同时也让学生更加了解家乡、热爱家乡。

四、以“多彩”社团，发展特长

美术社团是对美术课堂教学的补充和延伸，是培养学生美术特长的重要阵地，双减后的课后延时服务时间，美术组老师根据各自的特长，开展了内容丰富，形式多样的美术社团活动：综合材料创作、水墨画、创意儿童画、油画、海报设计等。通过美术社团活动，使学生进行个性化、创造性的学习，美术特长得到更好的发展，更多地了解美术知识，更好地培养学生的观察能力和创新思维能力，提高学生的审美观。

“路漫漫其修远兮，吾将上下而求索”。在落实学科核心素养的教学路上，更需要我们用“眼中有光、心中有爱”的教育观去践行自己的教育本质，不忘初心、让教育回归本位，让“美”在学生的心中悄然发芽、生长。

浅谈归原课堂结构化的教学策略

重庆市九龙坡区第一实验小学　牟瑛

2022年国家颁发的小学数学新课标，重点将小学数学课程内容进行了结构化的整合，目的是摸索出发展学生核心素养的有效途径。作为小学数学教师，回归教育的本质，以学生为中心，在学习、理解、运用新课标中，明确课程内容结构化整合的目的，打造结构化教学归原课堂，以便于学生能够更好地吸收与理解相似的数学知识，助力于提高学生的数学学习效率，进行归原课堂结构化教学的有效策略的研究。

一、小学数学结构化教学的现状与重要意义

（一）小学数学结构化教学现状

在调查过程中发现，小学数学课程教学活动中，大部分教师局限于课时教学的方式，缺乏整体结构化教学设计的观念。由于局限在课时教学的方式下，教师布置学习任务的方式也只是针对当堂课时的内容，导致学生的思维无法扩散，限制了学生创造性思维的发展。

（二）结构化教学重要意义

结构化教学主要是通过制定明确的教学目标，经过教学任务分析、教学模式优化之后形成的一种新型教学模式。具体于小学数学教学实践时，结构化教学模式可以将单元中有关联的数学知识进行有机整合，使每一个课时内容都能够呈现出“承上启下”的教学作用，帮助学生获取完整的数学知识架构，从而有助于发展学生的核心素养，有助于打造高质量小学数学课堂教学，在培养学生独立思考能力、打造师生共赢的教学课堂中具有重要的实践意义。

二、小学数学新课标指导下开展小学数学结构化教学的主要策略

随着新课改的深化推进，小学数学界越来越重视学生全面发展的问题。而结构化教学能够结合数学教材中各个知识点，进行分类之后从数学知识的整体性出发，向学生展示结构化的数学教学内容，从而帮助学生构建完整的数学知识脉络，促使学生的思维具有一定的逻辑性。为此，实践中可以采用以下策略开展好小学数学的结构化教学。

（一）有效梳理教材知识点，建立知识结构体系

新课标强调学科教学要促进学生全面发展，要在有效引导学生学习数学知识的过程中，梳理好教材中每一单元的知识要点，对教材中的数学知识进行分类梳理，并以结构化的形式展开教学，从而帮助学生建立完整的知识结构体系，避开碎片化教学存在的问题，才能够达到预期的学习效果。如何梳理好教材知识点，实践上教师可以将教材中碎片化的知识整合成一个具有特定结构的知识体系，找出知识点存在的关联性，并针对知识点之间存在的关联性设计数学教学活动，从而帮助学生进行深度学习。具体对策主要有以下方面。

1. 梳理好单元知识点

利用思维导图梳理好单元知识点，是一种高效率的教学手段，有助于学生更好地理解不同知识点之间存在的关联性，运用好思维导图的方式帮助学生建构知识体系，掌握好思维导图的运用方法，促使学生在学习数学知识的过程中，能够在脑海里形成完整的知识框架结构。如在教学“圆”这一单元的知识内容过程中，教师可以将圆的认识、圆的周长以及圆的面积计算这三个内容制作成思维导图，从而帮助学生理清楚“圆”这个知识的脉络。对教学内容进行了整体性分析，帮助学生建立能够体现出数学学科本质的结构化数学知识体系，重点强调数学课程教学的一致性，突出了结构化教学的优势。

2. 梳理好全册知识点

在教学过程中，将全册的数学知识点进行梳理归纳，能够将一些零散的知识进行整合，促使一些具有关联性的数学知识有效衔接在一起，帮助学生实现高效率复习；同时，梳理全册的数学知识内容，能够“补缺补漏”达到复习效果，促使学生了解自身存在的不足，从而解决碎片化复习的问题。如在复习“数的认识”这一课时，教师可以设计主题结构化的复习活动，将“数的认识”

划分为“数与运算”和“数量关系”这两个部分。由于“数的认识”这一课时本身涉及的数学概念比较多，学生容易将知识概念混淆在一起。通过梳理全册知识，学生能够区分出整数、小数、分数以及百分数之间的区别，以及这些数之间存在的联系性，从而形成清晰完整的概念结构，优化数学概念与数量之间的关系，提高复习的质量。

3. 梳理好全段知识点

小学数学全段知识点之间存在一定的联系，而不同的知识结构需要从整体的角度展开分析，抓住知识点的相同性质或是相同的思维衔接点，才能够帮助学生形成统筹的认知，从而彰显结构化教学的价值，促使学生建立起全段知识结构体系。例如，在教学关于图形方面的知识内容时，首先，需要引导学生掌握长方形、正方形、三角形等这些基础几何图形的知识概念。其次，在掌握基础的图形知识概念之后，可以引导学生深入学习图形周长或是面积的计算，包括不同几何图形之间的性质特征。根据几何图形长、宽、高以及点、线、面之间存在的联系，使学生在学习过程中产生合理联想，帮助学生能够将不同的数学知识联系起来，找出知识点之间的异同，有利于提高学生的数学学习水平，使学生的整体知识结构变得更加立体化，形成整体性的数学思维。

4. 建构好知识结构体系

教师在开展小学数学课程教学活动中运用结构化教学模式，能够完善学生的数学思维结构，还能够帮助学生将无序的知识进行有序处理。另外，教师在实施结构化教学活动时，从数学的本质性内涵入手，对全段各类知识点进行实践性探究，促使学生在学习过程中能够主动发现数学知识之间存在的规律性和关联性特征，提高学生的经验认知水平。例如，在教学“整数乘法运算”这一知识点内容时，教师可以整合小数和分数的运算，引导学生理解小数、分数以及整数的四则混合运算规律是一致的。促使学生能够在学习过程中推理出数的运算规则，从而有助于提高学生的逻辑推理能力。

（二）重视新旧知识整合，培养知识迁移能力

在结构化数学课程教学活动中，教师不能只是单纯的传授数学知识，而是应当给予学生一些学习方法，包括数学的解题思路或是公式的有效运用等，促使学生在学习数学知识的过程中，学会融会贯通，不仅优化了教学课堂，同时也减轻了师生的压力。

1. 重视新旧知识整合

在建立结构化教学课堂时，教师应当对新旧数学知识进行科学整合，从而

有助于培养学生的知识迁移能力。通过调查发现，数学知识本身就具有系统性的特点，新旧知识之间存在着某种联系。并且新知识是由旧知识推理出来的结果，这也是提高学生知识迁移能力的恰当时机。如在教学“多边形的面积”这一课时，为了帮助学生掌握平行四边形、三角形以及梯形面积的计算方式，为此教师除了要继续引导学生学习组合图形面积计算和不规则图形面积计算这些新的知识内容以外，还应该结合旧知识进行整合。

2. 培养知识迁移能力

教师在教学过程中通过运用结构化教学模式，从结构化的角度将新旧知识进行有机整合，引导学生在现有的知识基础之上进行拓展延伸，能够帮助学生的数学认知水平得到更好的发展。如在学习平行四边形面积计算公式时，可以引导学生利用切割法，将平行四边形切割成长方形，在结合长方形面积计算公式这个旧知识点，从而推导出平行四边形面积计算的方法。将新旧知识整合，帮助学生的思维产生转换。不仅能够加深学生对现学知识点的印象，同时还能够巩固旧知识，加快高效小学数学教学课堂的建设。

（三）创建问题情境，发展核心素养

新课标要求学科教师应当着眼于学生的终身发展，并且在深度解读教材知识以后，根据学生的实际情况设计教学活动。

1. 创建问题情景

教师可以通过构建问题教学情境的方式，为学生营造出良好的教学环境。同时，在问题情景的引导下，能够调动学生的积极主动性，从而达到良好的教学效果。如在学习“圆锥与圆柱”这一知识内容过程中，教师可以要求学生动手制作圆锥和圆柱模型，并且引导学生自主探究“圆锥与圆柱”面积转化为圆形、扇形、长方形的过程，再理解图形转化过程之间存在的联系性，以此总结出圆锥和圆柱的面积计算公式。

2. 发展核心素养

小学数学课程标准提出“三会核心素养”的培养，主张在教学问题情景的引导下，学生能够主动思考，并养成自主学习的习惯。因此，小学数学教学不仅要突出学生的主体作用，而且需要教学更具完整性，促使学生的学科核心素养得到有效发展。例如，在学习关于位置方向的知识内容时，教师可以让学生自主制作方位图，在教学过程中还可以衔接数轴方向以及对称、旋转这几个知识点。通过探究图形之间的变换关系，不仅体现出了学生作为课堂活动的主体地位，也让学生由点到面建立结构化思维，有利于发展学生的核心素养。

三、结束语

综上所言，小学数学教学在新课标背景下，教师应当落实新课标的要求，并积极建立结构化教学课堂。通过开展小学数学结构化教学活动，从而激发学生的数学学习兴趣，有利于发展学生的核心素养。同时，在结构化教学的助力下，有利于提高学生的数学思维能力，打破传统教学模式下碎片化学习的困境，进一步推进了我国小学数学教育事业的深度发展。

关注数学学习方式　发展数学学习能力

重庆市九龙坡区第一实验小学　王　敏

薛瑞萍老师在《把世界带进教室》一书中有这样一段话："我们不需要通过哄骗、贿赂或者恐吓去推动孩子学习，我们不需要不断地剖开他们的头脑以弄清他们是不是在学习，我们需要做的——唯一需要做的——就是尽我们所能地把这个世界带到学校和教室，给孩子们需要的及他们要求的帮助和指导，然后走开。我们要相信他们能够做好余下的事情。"薛老师的这段话让笔者对数学教学乃至整个教育有了新的思考，尤其是随着新课程标准的颁布，双减的实施，素质教育的推进，改革课堂教学，关注学习方式，发展学生能力，培养有主动性、独立性、创造性的可持续发展的社会化人才已经势在必行。

一、关注表达，促进知识理解

"数学是科学的语言"。《义务教育课程方案和课程标准（2022 年版）》提出了基于核心素养的数学课程目标体系，把"会用数学的语言表达现实世界"作为三个核心素养之一引入数学课程。关注数学表达，促进知识理解，发展学习能力，作为不可或缺的品格与每一个学生未来的职业和生活紧密联系在一起，表达作为核心素养成为时代发展的要求使然。什么是表达？这是一种将思维所得的成果用语言、表情、行为等方式反映出来的行为。根据"学习金字塔"理论可知，通过向他人讲授这种方式进行学习，知识保留率可达 90%。所以在课堂上我们要竭尽所能地给每一个孩子创造表达的机会，培养他们用规范的数学语言展现思维过程，在促进知识理解的过程中，既提升语言组织能力，又发展数学逻辑推理能力。

例如：探究 1/2 的意义，笔者设计了这样一个问题及活动来聚集分数意义的准确表达——你想用什么方式表示一半？

活动要求。

（1）折一折：可以选择一张纸片把分的过程折出来。

（2）画一画：把一半表示出来。

（3）说一说：不同的表示方法之间有什么联系？

孩子们在纷纷展示和表达一半的时候，我特别关注他们是否表达出了“平均分”这个概念，引导质疑“把一个圆分成两份，每一份必须是它的 1/2 吗？”在学生纷纷表达自己的意见以后，不断规范他们的数学语言，让学生对 1/2 有准确而深刻的认识。所以笔者认为，数学课要尽可能地给他们搭建探究的舞台，提供表达的机会，只有经历这样的过程才能让他们在表达中促进知识理解，接近数学本质，发展数学素养，提升学习能力。

二、培养倾听，促进真实学习

陶行知先生说：“教育就是培养习惯。”倾听是一种习惯，是一种美德，是一种修养，也是对别人的尊重，更是新课程指导下数学课堂的一种有效学习方式，它是学生进行数学知识交流的中介，有倾听的数学课堂才会有效率、有智慧、有灵动。什么是倾听呢？倾听是凭借听觉器官接受言语信息，进而通过思维活动达到认识理解的全过程。学生在学习中不仅要能表达自己的想法，还要学会倾听教师的话语或同伴的发言，这样既可以了解教师对问题的启发引导或同伴对问题的不同想法，促使自身更好的理解和内化知识，还可以养成他们良好的学习习惯，提高自身的专注力。因此教学中我们要注重引导学生养成良好的倾听习惯，通过认真倾听，触发深度思考，为进一步的互动交流和思维碰撞做好准备，促进学生实现真实学习。

举个例子：“当我们遇到一个问题，你有一种方法，我也有一种方法，如果我们懂得互相倾听，那我们每个人就拥有了两种方法。”学生在课堂上如果能够有效地去倾听老师的讲解和同伴的回答，将会大大提升课堂的质量和效率，学习将会事半功倍。再如：教学《三角形的面积》，老师在学生使用不同方法探索完三角形的面积后，引导他们进行互动交流，汇报过程中要求其他小组认真倾听，提出问题或不同看法，对学生的汇报老师及时追问：你听明白了吗？你觉得他说得对吗？你有什么不同的想法？同时对学生倾听的状态及时鼓励：这位同学倾听得非常认真！这位同学今天是一直注视着发言的同学，频频点头示意，说明他在仔细倾听、积极思考！数学课堂就是要让学生在倾听中思考，在思考中碰撞，促进他们实现真实学习，提升学习效率。

三、重视合作，促进思维碰撞

合作是一种重要的学习形式，是个体与个体之间，群体与群体之间为达到共同目的，彼此相互配合的一种联合行动方式。学生在合作学习中有明确的分工，通过互助学习完成共同的任务，实现共同成长。因此教学中教师要给学生提供合作学习的平台，鼓励他们在合作中表达独特的想法，充分进行思维碰撞，达成认识的融合，进而在完成共同任务的过程中实现自我发展，提高合作学习能力。例如在认识小数的意义时，我让孩子们画图表示出0.3的含义。

合作要求。

(1) 先独立思考，再小组交流。

(2) 在四人小组内轮流说一说，让别人听懂你的想法。

(3) 认真倾听同伴的想法，如果有困惑或不同意见，请在别人说完后提出。

(4) 小组内通过交流有共同想法后，大家举手说出你们小组的想法。

在上面的学习中，教师提出了明确的合作要求，让每个小组成员都能尝试着去承担不同的角色，在小组内自主探究、互相碰撞、合作学习，在全班中展示交流，分享思辨，总结评价，在这个过程中学生通过持续的思维碰撞，促使个体思维不断发散，思维水平不断提升，合作学习能力不断增强。

四、关注互动，促进学习进阶

新课程改革反复强调学生的主体地位，教师在教学过程中应当扮演组织者、合作者以及引导者的角色。课堂教学中，教师必须要主动与学生进行平等、融洽的交流沟通，与他们成为朋友，实现互动和学习进阶。什么是互动呢？互动是个人与个人之间，群体与群体之间通过语言或其他手段传播信息而发生的相互依赖性行为的过程。教学互动是促进课堂上有效学习的重要手段。在教学互动中，教师和学生之间的有机互动可以促进知识的传递和学习过程的深入沉淀，使他们能够更好地掌握知识，提高学习效率和学习成效。例如，在进行“正比例”教学的时候，教师可以提前在黑板上面板书正比例的函数图像，然后安排学生进行小组合作探究。接着教师可以尝试与学生进行换位交流，安排他们来担任教师针对教学内容进行讲解。如此，扮演教师的学生为了进行更好的讲解，通常会进行更为深入、刻苦的探究，而其他学生在这个过程中也会表现得更为活跃，在新鲜感的刺激下，必然更为专注，教学效率自然事半功倍。关注互动，构建小学数学互动课堂，使得学生真正成为教学的主体，切实提升小学数学的教学效率。

总之，学生的学习应是一个主动的过程，认真听讲、独立思考、动手实践、自主探究、合作交流等是学习数学的重要方式。教学中教师要给学生提供表达、倾听、合作、互动的机会，促使学生在多样化的学习方式中理解数学知识，掌握数学技能，掌握数学思想，获得数学经验，提升数学能力，同时培养良好的学习习惯，形成积极的情感、态度和价值观，逐步形成核心素养 。

小学音乐教育中的情感教育与价值观培养的探究

——以人音版音乐课程为例

重庆市九龙坡区第一实验小学　张韵思

小学音乐教育与语文、数学这类理论性较强的学科具有很大的差别，音乐是一门具有较强实践性的学科，对学生的影响不仅体现在音乐学习能力和音乐学科涵养方面，更体现在通过音乐陶冶学生的情操，对他们进行各种正向情感教育，培养学生正确的价值观念。所以在现如今的小学音乐教育过程中，音乐教师应当秉持正确的教育观念，看到学生的学习需求，将传统的统一化培养模式转变为适合学生发展的情感教育与价值观培养的个性化教学模式，帮助学生形成学科综合素养。

一、在小学音乐教育中融入情感与价值教育的背景及重要性

近年来，国家正大力提倡双减教育政策，小学音乐教师也要有意识地在教学过程中落实这一政策，而双减政策不仅意味着从学习任务层面减轻学生的学习压力，更要从学习效果的层面为学生带来情感教育和价值观方面的培养。小学音乐教育也不应当拘泥于传统的固定教学内容之中，而是应当依据2022年版新课程教育标准，结合学生的实际需求，恰当对教学内容进行创新，尤其是从教学方法和教学内容的革新方面而言，教师更是要从学生的情感成长和价值观培育方面出发，适当融入时代性的教育内容，引导学生进行更具自主性的学习模式探索，从而在情感和价值观方面有所收获。

对于每一名小学生而言，如果在音乐学习的过程中，不仅学到了基础节拍、乐理知识，还能在学习之余对学到的知识进行深入思考，并形成民族情感、时代情感等正向的情感培育，那么学生自身的价值观念将在小学阶段收获较为稳定的培养成果，从而形成正向的价值观，在时代主流的影响下，成为全方面发展的综合型人才。对于小学音乐教师而言，在音乐教学中贯彻情感教育

与价值观培育，首先需要教师转变传统的教育思路，将教学关注点转移到学生身上，看到学生在精神层面和价值观层面的成长，让音乐学习渗透到学生的生活中的每一个细节，这种教学模式的创新是对教师自身教学经验的锻炼，更能在一定程度上提升教师的教学能力。

二、在小学音乐教育中融入情感与价值教育的具体实践路径

（一）融入互联网教育资源，丰富课堂精神层次内涵

互联网教育资源在传统小学音乐教学过程中的融入并不是一种罕见的教学模式，但在传统的融入过程中，教师往往更局限于融合各种节拍、乐曲展示等资源，让学生结合这些资源进行歌唱实践的改善，这种结合模式的确能在一定程度上让音乐课堂更加高效，但实际上并没有对学生的情感培育和价值观培养形成正向的作用，也就是并没有发挥出互联网教育资源在小学音乐教育中融入的最高标准。所以小学音乐教师在发掘各种网络资源时，要更注重价值观层面的表达，通过各种相关资源的延伸，丰富学生的精神世界。

比如，当教师在引导学生学习《健康歌》时，教师不仅要通过各种网络资源的延伸为学生展示《健康歌》演唱的标准版本，也要引导学生结合《健康歌》的深层含义进行思考，比如我们为什么要做到如歌词中一般的举动，这些举动对我们的身体健康会形成怎样的影响？在日后的生活中，我们是否能够做到歌词中所说的举动，来保证自身的身体健康呢？让学生结合各种延伸资源，认识到保持身体健康的重要性，并且从精神层面认识到学习的《健康歌》对自身的正向影响，形成积极的音乐学科学习意识，也能形成在音乐知识中吸取生活力量的学习习惯和价值观念。

（二）引导学生进行小组合作，在音乐学习基础上加深思考

在传统的小学音乐教育过程中，教师也会恰当引导学生进行小组合作，但这种小组合作不仅具有一定的临时性，具体的合作内容也具有一定的局限性，并不能给学生带来情感上的丰富和思考上的深入。所以在如今的教育过程中，教师要注重传统教育模式的缺陷，引导学生在音乐课堂上形成较为稳定的学习小组，形成良好的小组探究氛围，并且在小组合作中加深每一名学生的思考，让学生更积极地融入小组交流中，通过互相情感的影响，形成学生在小组合作中较为稳定的情感意识和价值观念。

比如，教师在引导学生学习二年级下册第四单元《五十六朵花》的相关歌曲时，本单元中的每一首歌曲都涉及了不同的民族特点，而在单元整体学习之余，教师可以引导学生以小组为单位，回顾自己在本单元的学习中，都了解了哪些民族，这些民族有何种特点，而各民族的存在对于我们中华民族的伟大复兴有何种作用，我们作为小学生，能够通过何种形式促进民族团结呢？让学生结合这些问题进行小组讨论，每一名成员都能在小组合作中发表自己的观点，也能对其他成员的错误观点进行恰当地纠正与指引，从而保证小组整体发展的方向较为积极，符合每一名学生价值观念养成的趋向。

（三）结合其他教育主体开展主题活动，营造良好价值观培养氛围

小学音乐教师要想形成对学生情感和价值观念较为稳定且长期的影响，仅仅依靠小学音乐课堂是不能够达到预期目标的，所以教师也要积极与其他教育主体进行密切交流，在恰当的主题指引下开展范围性的主题活动，并且教师也可以与学生家长等教育主体取得密切的联系，让更多的教育主体认识到通过音乐教学培养学生正确价值观念的重要性，通过不同教育主体的合作，为学生打造良好的价值观培养氛围。

比如，在国庆节来临之际，教师可以联合其他班级、其他年级的教师开展范围性合唱比赛，以爱国情怀为主题，可以开展合唱赛道和独唱赛道，让小学生在选择曲目、准备竞赛以及参与竞赛的过程中感受到爱国情怀的影响。并且教师也要与学生家长密切合作，积极支持学生参与此类活动，并且在家庭教育中，与学生共同收集相关曲目，感悟不同歌曲带给学生精神层面的力量。通过这些活动的开展，小学生能够在主题竞赛中结识更多的朋友，在共同参加竞赛的过程中认识到合作和友谊的重要性，形成稳定的情感，也能在活动主题的影响和活动准备过程中，形成较为正向的价值观。

三、结束语

总而言之，互联网教学资源的融入，能够让学生对学习到的音乐知识背景及时代性意义有重要的认知，从而在精神层面形成正向思维能力，在较为积极的学习精神指导下，进行音乐学习实践；引导学生进行小组合作，能够给学生更多的课堂思考时间，结合课堂教学内容进行精神层面的思考，让学生形成更加自主的思考能力，培养学生正确的价值观念；而在学校范围内开展主题活动

更是给学生较为广泛的情感成长空间，让学生在主题活动中，渗透更加全面的情感，在良好的氛围中形成正向价值观。

课改走向深入　教育回归本原

——九龙坡区第一实验小学课程体系行动研究报告

重庆市九龙坡区第一实验小学　赵　兰

重庆市九龙坡区第一实验小学围绕“筑基每一个人的美好未来”办学理念，坚持“课程强校”的发展定位，探索并形成“适合学生、适应未来”的课程理念，深化课程改革，完善“归原”课程体系，培养学生“强健的体、灵巧的手、聪慧的脑、明亮的眼、温暖的心 ”，促进学校办学质量有效提升。

一、突出政治引向，课程规划更具方向性

课程的价值取向则决定着培养什么人、为谁培养人的问题。坚持政治引向是达成课程目标，实现课程价值的内在保障。“为党育人、为国育才”是教育的使命。五年来，重庆市九龙坡区第一实验小学认识到课程要发挥培根铸魂、启智增慧的作用，关注落实党和国家对教育的基本要求，才能进一步强化立德树人的根本任务。

从 2018 年全国教育大会到党的二十大，在坚持党对教育工作的全面领导下，教育事业向教育发展总体目标迈进，基础教育旨在为办好人民满意教育铺好基石，也为学生未来发展奠定基础，要坚持“五育”并举，也就是全面发展素质教育，强化德育、智育、体育、美育和劳动教育的应有地位。

基于此，重庆市九龙坡区第一实验小学教育观、教学观、学生观也随着新时代变化而优化，我们确立了“筑基每一个人的美好未来”的办学理念，课程理念由“关注生活、引领生长、经验改造”修改为“适合学生，适应未来”，教育要以人为本，因材施教、着眼长远，用明天的眼光办今天的教育。打造“归原”课程，优化课程内容和实施手段。我们将基础课程部分内容校本化，同时开设拓展性课程和综合性课程，还开发了“大思政”“燎原党建”等特色课程，不断为学生提供适合发展的课程内容，着力培养具有“强健的体、灵巧

的手、聪慧的脑、明亮的眼、温暖的心”五维特质的儿童，五育并举，促进学生全面发展。

二、坚持问题指向，课程改革更具发展性

学校秉承“为未知而教，为未来而学”的教学理念，以学生发展为出发点设计课程。我们有基于理论与实际情况自上而下的设计，也有基于实践与反思自下而上的调整，甚至有从中间出发，承上启下的编入。学校的课程体系建设是一个动态发展的过程，不断完善课程建设的规划与实施，如图 1 所示。

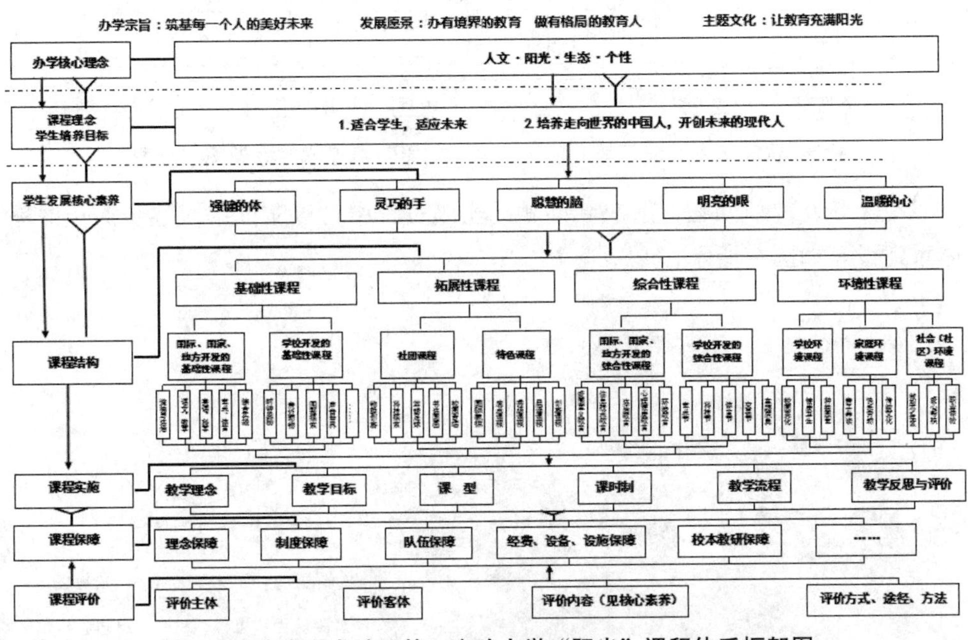

图 1　重庆市九龙坡区第一实验小学“阳光”课程体系框架图

学校现有国家级课题 2 个，市级课题 3 个，区级课题 7 个，以问题为导向，以课题为抓手，促进教育教学改革，如图 2 所示。

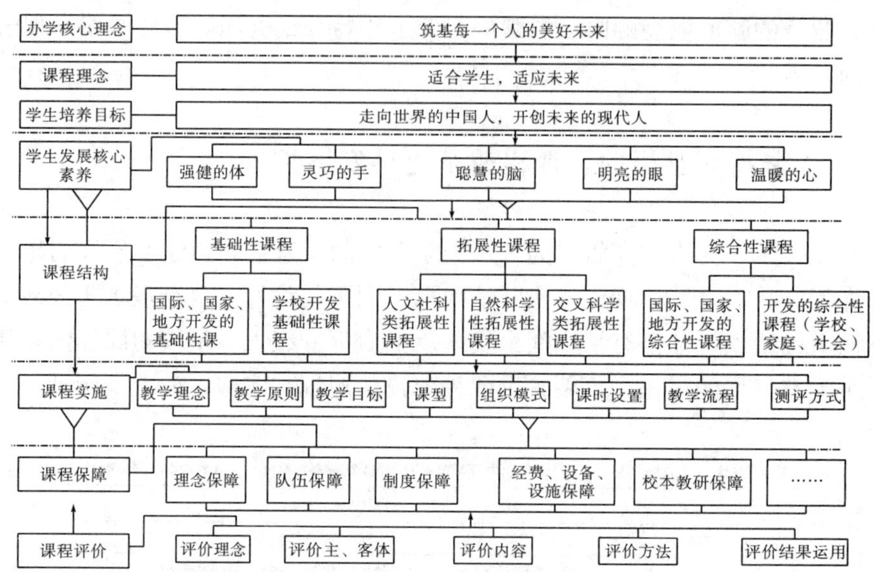

图 2　重庆市九龙坡区第一实验小学“归原”课程体系框架图（总图）

在不断发现新问题，解决新问题的实施过程中，以实证手段逐步深化课程体系建设，如图 3 所示。

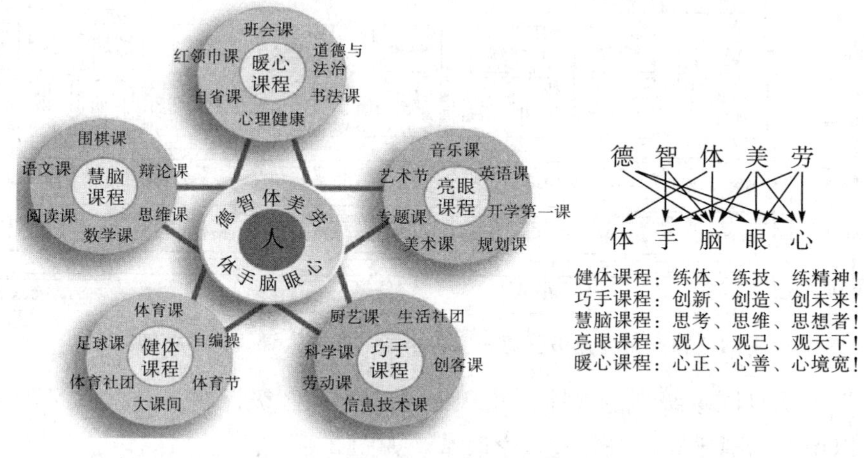

图 3　归原课程体系总图

三、坚守价值取向，课程实施更具全面性

如何培养人？在不断叩问中，课程实施注重了全员性、全程性、全方位性。学校建立以校长为组长的领导小组，建立以驻区专家、区教师进修学院领

导及专家组成课程体系建设指导的专家顾问组；成立以市区骨干教师、教研组长为成员的课程研究中心；设立学校课程督导评价中心，全面督促学校课程建设。成立了课程开发研究组，为课程的开发提供了人员保障。完善课程实施制度与考核。制定学校课程建设管理办法，课堂常规管理办法，教学评价方案，教研组常态研究规定等制度，保障课程建设强有力的推进。

（一）基础课程的开发以深度学习为支点，撬动学校学科的发展

1. 加强对基础课程的研究

首先，研读课标、教材、教参，把教学内容放入具体知识板块，抽取出对应知识板块的学科核心素养。其次，学习课标，阅读课标对此核心素养的描述，以及培养相关核心素养的可操作路径。最后，再回到教材，结合具体情境，最关键的是根据学生实际情况来设计课。

2. 开发活动课程，激发学生的发展

充分利用好教材中的素材，并进行深度挖掘。例如根据“设置起跑线”一课，让学生以小组为单位，通过思考、分工、测量、计算、推理等过程，验证学校操场起跑线的设置是否科学。既巩固了单元学习内容——圆的周长，又培养的学生团结协作、动手实践等解决问题的综合能力。在活动的过程中让孩子们去经历、体验、思考、归类、比较、抽象、归纳……使学生的高阶思维得到培养和发展。根据教师和班级学生的实际情况，结合热点话题，自主开发有价值的教学活动。

3. 重视课堂教学和课后反思

充分做到面向全体学生、因材施教、教师正确的角色定位，学生思维层面的深入。培养学生刨根问底的精神，举一反三的能力，回顾反思的习惯。把一堂课的教学，提到学生的终身发展的高度来思考、设计。

4. 对基础性课程的校本开发重视学科融合

包含学科内整合、跨学科整合、单元内整合。如语文尝试大单元设计；音乐和美术融合授课；探索大思政课程，以思政学科为主，架构大思政课程框架图，梳理各学科蕴含的思政教育元素，开发思政教育校本教材，创新性研究上好“大思政”课的方法和途径。

（二）拓展课程特色化 打造学生个性展示“主秀场”

为了促进学生得到全面发展，满足学生对课程深度和宽度的个性需求，学校打造出了面向学生个性与发展需求的特色社团课程和精品课程两大类课程。

重庆市九龙坡区第一实验小学现有三个区级精品课程，“晨韵朗朗”“小创客·大创造”“我行我秀”，都有顶层的课程设计和具体的实践研究，希望通过课程的设置将语言、艺术、活动、生活等多方面贯穿于学生在校学习过程的始终，给学生提供展示自我的舞台。

社团课程是根据学生意愿和兴趣爱好来组织，是对基础课程的补充、延伸和创新，可以充分满足学生对课程深度和宽度的个性需求。学校将社团活动课程化，社团课程“微校平台”自主选择、实行“走班制”学习。根据学生意愿和兴趣爱好，设置了包括经典诵读、绘本阅读、物联网科技、科技制作、童声合唱、校园拉丁、舞蹈、儿童绘画、手工制作、国画、书法、国际象棋、茶艺文化、啦啦操、校园足球、校园篮球等 70 余个拓展课程。

（三）综合性课程全面化 编织学校、家庭、社区“课程网”

综合课程打破了学科间的界限，有利于培养学生对事物的整体认识能力。家长走进学校，成为课外辅导员，为孩子上课；世界冠军朱毅、张亚雯、侯逸凡、唐琳等走进校园，给予学生鼓励；市农科院专家走进学校，教学生农业种植知识……在实验一小，整合学校、家庭、社会三方力量，共同打造包括校本课程、主题教育、社会实践、家校共育、传统文化等课程在内的学校综合性课程，让学生真正把知识根植于课程实践的土壤中。

从“玩转重庆”“欢乐中国行”到“快乐游世界”，学校每一年的迎新年主题活动，学生们在认识自己家乡、了解祖国文化、体验特色民间游戏等环节里玩得不亦乐乎。在活动过程中，充分培养了学生的自我管理和自主创新能力，深入推进学校课程建设。

内外结合，整合“学校+家庭、社区、友邻单位、实践基地的资源”。学校利用一切有利于学生成长的因素，为了拓展教育资源，归原课程以学校为圆心整合课程资源，学生在家进行实践课程的操作、走进社区进行垃圾分类调查、到重庆动物园了解动物习性、参观红色教育基地开展国防课程等。通过学校、家庭、社会三方力量逐步完善课程体系，编织出属于学生、适合学生发展的“课程网”。

四、注重激励导向，课程评价更具全面性

围绕“归原”课程的育人目标，构建学校课程评价体系，实施多元化的课程评价方式，发挥评价导向功能、课程育人功能，转变师生、家长评价观念和

价值取向，关注孩子的学习过程、个性成长、素养提升、全面发展。学校开发了四大评价工具。

（一）“226”素质测查评价工具

学习过程评价量表、语文、数学、英语能力测试工具，阶段性学业质量测试工具，综合学科测评量表等，实施学业水平评价。语文、数学、英语等学科采取20%过程性学习评价+20%学科能力测查+60%阶段性测评相结合的评价方式。音乐、体育等学科采用20%过程性学习评价+20%展示性评价+60%阶段性测评相结合的评价方式。

（二）自主评价工具

制定学期规划卡、学期自我评价卡等，实施学生个体自主评价。学生围绕班级目标、个人成长目标等方面，让每个学生实现自我认知、自我发展、自我评价。每学期期末“学生学期自我评价卡”对自己一学年的发展做一个客观自主评价，发扬优势，弥补不足。

（三）综合性评价工具

学生成长报告册、家庭评价手册等，对学生成长进行记录，开展综合性评价。

（四）“打开一扇门”金钥匙主题评价工具

学校围绕“打开一扇门”的评价主题，以活动课程、环境课程为载体，根据校本化“五维”育人目标，开展了健体、巧手、慧脑、亮眼、暖心等五个特色评价。激励学生获取一把把金钥匙，以打开各维度的成长之门。打开健体之门，通过各类体育活动，结合体质健康监测，让学生拥有健康体魄。开启巧手之门，通过动手、探索、实践的综合性活动，培养学生的自主动手能力、探索能力和创新精神。打开慧脑之门，将学科活动和思维发展密切结合，通过棋王争霸赛、数学专项活动24点等，让学生在活动中做一个真正的思考者。打开亮眼之门，通过主题活动打开眼界，拓宽视野，树立理想目标。打开暖心之门，通过活动课程，如班会课、主题队课等培养学生高尚的道德情操，并在活动中培养爱自己、爱家庭、爱学校、爱家乡、爱祖国的家国情怀。形成导向性、个性化、阶梯式评价方式。

通过评价影响了教师的教。评价考虑了因材施教，体现了差异性、凸显个性，促使教师注重课程实施过程，有的放矢进行有差别教学，让学生扬长避短。

通过评价推动学生的学。重视自评，把学习兴趣和学习习惯纳入学科评价，让学生从不同角度审视、反思，精准地发挥自己的强项，以强项带动短板。

“归原”课程体系建设的行动中，我们看到学生在变化：孩子们文明礼仪有提升；合作能力，实践动手能力，沟通表达能力，逻辑思维能力均有所提升；锻炼身体的意识增强了；对劳动的认识也更深刻了；孩子们变得爱唱、爱画、爱生活，“五维”协同发展。同时，我们也看到了教师变化：教育观念在改变；课程意识在增强；教师团队更有凝聚力；教师专业素质在提高。

课程强校，我们看到学校在发展。学校连续五年荣获区办学水平评估一等奖，获重庆市五四红旗大队，获区德育示范学校、区平安示范学校、区教育质量一等奖、区文明校园、学校十余篇课程改革类经验获市级以上媒体发表或受上级表彰。教师在市级以上论文获奖 40 余人次，赛课获区级以上获奖 43 余人次……

课改深入，教育归原。五年来，学校基本建成指向学生核心素养培育的科学、个性、有特色的课程体系；建立起适宜学生生活、生长的生本课堂，实现课程提升学生质量，提高学校办学质量的发展目标。

试析“归原教育思想”下的数学教学实践

重庆市九龙坡区第一实验小学　周政敏

党的二十大报告明确教育、科技、人才是全面建设社会主义现代化国家的基础性、战略性的支撑。同时更加强调要面向中国式教育现代化，努力提高课程育人质量，建设好高质量的教育体系。为此，课程育人质量的提高，成为关系学校深化课程改革，培养具备核心素养的“有理想、有本领、有担当”人才至关重要的新理念、新课程、新教学要求。学校是培养人才的阵地，课程是育人资源，课堂是育人实践基地，育人质量的提高，主渠道仍在课程教学。课程教学的根本是促进学生的思维发展，数学学科教学的根本是发展学生思维提升学生的核心素养，它与学校的归原教育思想有着紧密的联系，现以数学学科教学为例浅谈学校归原教育思想下数学教学的实践。

一、归原教育思想与数学教学根本的统一性

（一）归原教育思想

中国古代的本元论讲天地万物之本，与“原”的意义相同，同时中国古代更讲从无到有的无极、太极、有极的变化，主张阴阳交潜，相生相克，故原也是人和事物变化的从无到有之变化法则。为此，教育的归原，就是要探究人成为人的变化法则，通过认识这样的法则，从而能够促进教育目的的实现。学校于 1988 年建校，经历了几任领导团队，形成了“筑基每一个人的美好未来”的办学理念，凝练出“归原致远”教育哲学思想。其中的“归原”是统领学校的文化核心，是课程、课堂、课题研究的基础和指导思想，“归”就是回归教育的根本，回归人的成长，而“原”则重点落实到课程育人的学科核心素养的培养上。整体而言，学校归原教育思想的内容是：教育之根原是人自身的需要，也就是人成为人的需要，素质教育、立德树人、核心素养等教育之“归”，

都是因为教育之根原在于人的成人需要，在于学生“强健的体、灵巧的手、聪慧的脑、明亮的眼、温暖的心”五个维度的素养培养之“原”上。

（二）数学教学的根本

数学学科是一切科学的基础，人类的每一次重大进步背后都有数学的强有力支撑。它是一种工具学科，是学习其他学科的基础。《义务教育教学课程标准（2022 年版）》指出：“数学教学是数学活动的教学，是师生之间、学生之间交往互动与共同发展的过程。”数学教学的根本就是人的思维得到成长，为学生更好的学习其他科学积累经验，形成抽象思维能力，逻辑思维能力以及学习能力。探索出数学教学的规律和根本，就是归原思想的应用实践。数学教学的根本要基于教学的基本规律，学生认知的基本规律，还要基于数学知识结构的构成规律。学校的归原思想为数学教学的根本提供了探究的理论支撑，同时也指明了方向，为数学教学的合作式、探究式提供了开放的学习方式，让教学方式有所改变，体现出以学生为中心、以学生发展为出发点，有利于学生核心素养达成。

（三）归原教育思想指导数学学科教学

归原教育思想是让人探究和思考是什么、为什么的问题。而数学学科教学也是通过教学活动让学生学会数学知识，应用知识解决问题，做到知其然，还要知其所以然。数学学科教学就是在归原教育思想指导下进行的实践活动。理解“归原致远”是数学学科教学的思维主线。“归原”就是探索数学教学的根本，而“致远”是人对于未来的想象，是人成为人的最高目标，培养能致远的人，可以说就是培养“有理想、有本领、有担当”的人。在学校归原教育思想的引领下，数学学科教学的归原与致远形成了理念与实践的相对应关系。一是“归原”目标在于学科要有高质量的教学体系，要落实好学科教学“立德树人”课程体系的课程教学实践之中。二是学科培养学生的“三会”数学核心素养，必然是在“筑基每一个人的美好未来”的核心理念指导下，以新课程标准的学习和理解，高度关注数学结构化、思维导图式的教学实践体系为重点。三是学科教学总体实践体系需要落实到“归原致远”上，它不仅要对数学知识有正确的掌握，还要对教育规律，教学方法，教育对象进行深入研究，构成完整的学科课程育人体系，形成一个具有强大磁场的学科教学的生态系统。近年来，市级课题“小学数学知识结构梳理与应用的实践研究”中，数学教师采用结构化教学，思维导图式的备课上课，发现了数学教学突出的问题就是思维方式的转化问题，数学组集体教研活动要解决的重点问题，就是对数学学科的统一“归

原致远”教学的问题，研究实践表明：它是一个“金字塔”形状的教学体系，教师的课堂需要追求有核心素养的课堂，数学的“三会”核心素养的培养，一是在于有“归原致远”的教学理念。二是在于结合好新课程的整体数学思维，开展好结构化的教学“三课”活动。三是充分运用好思维导图，促进学生的数学深度学习活动开展，提高数学学科的整体教学质量。

二、归原教育思想下数学学科教学的理解与分析

（一）归原教育思想下数学学科的教学理解

首先，数学课程根据学校归原教育思想的精髓，可寻找到数学学科的根本归原是课程的性质。数学课程的性质，课程标准认为数学是研究数量关系和空间形式的科学，数学源于对现实世界的抽象，通过对数量和数量关系，图形和图形关系的抽象，得到数学的研究对象及其关系，基于抽象结构，通过对研究对象的符号运算，形式推理模型构建等数学的结论和方法，帮助人们认识理解和表达现实世界的本质关系和规律，数学不仅是运算和推理的工具，还是表达和交流的语言，数学承载着思想和文化，是人类命运的重要组成部分。数学是自然科学的重要基础，在社会科学中发挥着越来越重要的作用，数学的应用渗透到现代社会的各个方面，直接为社会创造价值，推动社会生产力的发展。随着大数据分析人工智能的发展，数学研究与应用领域不断拓展。

其次，数学在形成人的理性思维，科学精神和促进个人智力发展中发挥着不可替代的作用。数学素养是现代社会每个公民应当具备的基本素养，数学教育承载着落实立德树人根本任务，实施素质教育的功能。义务教育数学课程具有基础性，普及性和发展性，学生通过数学课程的学习，掌握适应现代生活及进一步学习必备的基础知识，基本技能，基本思想和基本活动经验，激发学生学习数学的兴趣，养成他们独立思考的习惯和合作交流的意愿。

（二）归原教育思想下数学学科的教学分析

数学是一切科学的基础，数学是思维的“体操”，它是一门研究数与形的科学，他无处不在，要掌握技术，先要学好数学，想攀登科学的高峰，更要学好数学，数学与其他学科比起来有三大特点：严谨性，抽象性，广泛的应用性。数学的严谨性指数学具有很强的逻辑性和较高的精通性，一般以公理化体系来体现。数学的抽象性表现在空间形式和数量关系这一特征的抽象，它在抽

象过程中抛开较多的事物的具体的特性，因而具有十分抽象的形式，它表现为高度的概括性，并将具体的过程符号化，当然抽象必须以具体为基础。数学广泛的应用性更是尽人皆知的，只是在以往的数学学习中，往往过于强调这种定理概念的抽象意义，有时却抛却了他的广泛的应用性，如果把抽象的概念定理化作骨骼，那么数学的广泛应用就好比血肉，缺少哪一个都将影响数学的完整性，现在的义务教育阶段，教材增加了大量的生活情景，高中数学新教材中大量增加了数学知识的应用和研究性学习的篇幅，都是为了培养学生运用数学解决实际问题的能力。

三、归原教育思想下数学学科教学的实践与建议

（一）归原教育思想下数学学科教学的实践

通过“小学数学知识结构梳理与应用的实践研究”，发现数学学科教学中有四个主要的方面：数学知识、教学对象、教学策略、教学步骤四方面的实践。

1. 数学知识的梳理实践

数学知识本身是一个客观存在的知识网络，它是由数与代数，图形与几何，统计与概率，综合与实践四部分组成，如图1所示。

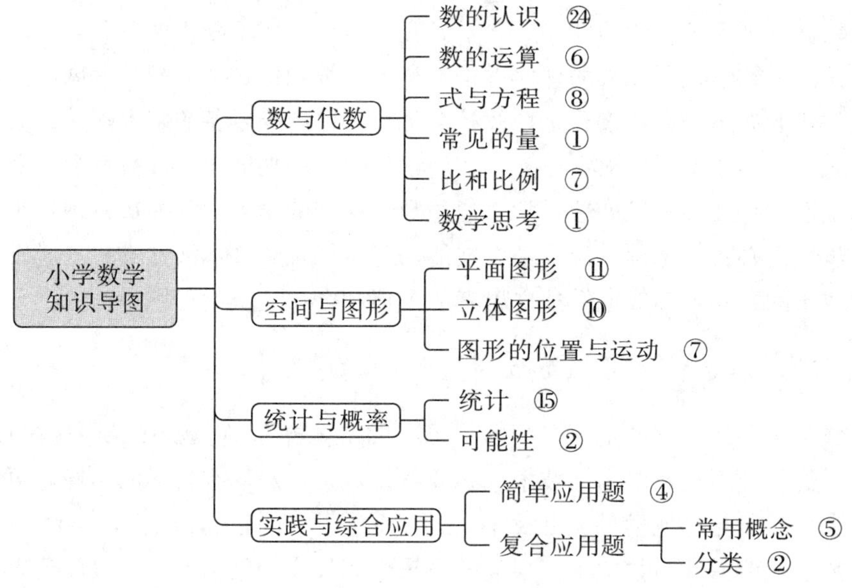

图1 小学数学知识导图

在教与学中不断完善学生的数学知识的认知，建立在数学知识梳理基础上，让学生具有结构化的思维方式，明确了学生学什么，达到什么标准，具备什么能力，从而提升学生的数学核心素养。

2. 学生数学知识学习的实践

小学数学教学的对象是小学生，小学生的认知是有一个比较稳定的认知逻辑，我们把它叫作小学生的认知结构化。这个认知结构化是从具象思维—抽象思维—具象思维与抽象思维的结合。小学低段（1—3 年级）学生以具象思维为主，小学高段（4—6 年级）学生以抽象思维与具象思维结合为主。知道小学生的认知规律便于教师采用适合的教学方法进行教学，更有利于学生获得知识。

3. 教师教学方式转变的实践

因数学知识是一个网状结构，知识点之间有逻辑性，通过知识的生长点，通过转化，顺应，同化获得数学知识，提升综合能力。所以，教师的教学方式主要流程是复习旧知—连接新知—研究新知—应用新知—获得素养，其中，学科间的融合，特别是信息技术的运用有不可替代的作用。

4. 教学方法优化的实践

数学学科教学要适合每一个学生，教学的思路就得基于学生的问题，以问题为导向，设计教学，设计教学情景，让学生在情景中活动，通过体验，获得真实感受和经验，转化成自己的认知，提升自己的能力。问题是导向，学生的合作就是基础，合作中有相互观察，交流，互助，有学习，有影响，还有创新，创意等。在一起合作就有无限的可能，随着大数据，大项目，共同体的认同，合作就是每一个人所必备的品质，只有合作才能求发展。合作中会有交流，会有讨论，甚至有争论，有讨论的过程才是深度思考，深度学习的过程，才是真正掌握真理的策略。通过百家争鸣，各家提出自己的观点，不能形成统一的观点，也不会汇聚成力量。所以最后还应善于总结提升，形成统一的认识，提升学生综合素养。最终形成一个完整的教学策略："问题—合作—讨论—总结"的数学学科教学策略的结构化。

（二）归原教育思想下数学学科教学的建议

归原教育思想是研究和找到数学学科教学的根本的理念引领，基于此数学学科教学寻找到数学学科教学中的教学之"道"是：学生的生命、生活、生长原理，成人、成功、成名的方式。于此，归原教育思想下数学学科教学的建议有以下几点。

1. 充分发挥好归原教育思想在数学学科教学中的思想引领作用

学校有师生共同的价值取向，学校文化办学思路才能发挥作用。学校的归原思想是学校发展的生命力，学校领导班子和全体教师深入地学习，不断地学习和领会学校的归原思想，从数学教师的角度思考，寻根溯源。在数学学科教学中，培养出会用数学的眼光观察现实世界，会用数学的思维思考现实世界，会用数学的语言表达现实世界的社会主义接班人。

2. 要充分运用归原教育思想破解好数学学科的教学之困

数学学科教学中到底存在什么困难，存在困难的根本原因是什么，从理论上分析出现困难因素有教师“教”的问题，也有学生学习方式转变存在的问题。研究证明：数学学科教学中教师的“教”观念转变难，教学方式单一不能适应现代教育改革理念；而学生的“学”，则多数是被动听课、不理解性的学习。建议数学学科教学上，高度重视归原教育思想的理念，“三课”活动中，积极更新观念，改变教学方式，从传统的教师一言堂转变为对话式教学、研讨式教学等；同时要立足于激发学生积极主动参与性的学习，改变学生“学”的方式，设计前置性学习，采用小组合作式学习，引入主题式、学科融合实践式的学习方式，通过对学生学习力的培养，让学生学习变得更为自信，让学生的数学思维更着力于“三会”核心素养的形成与完善。

3. 运用好归原教育思想而有效联通跨学科教学

新的课程标准提出加大跨学科教学安排，各个学科都有各自的特点，基于归原思想而认真分析各学科特点，从教学内容，教育方式等找到学科之间的最大公约数，基于学生学习发展规律，在数学学科教学中融入信息技术，综合运用各个学科知识结构，提升学生综合应用能力。

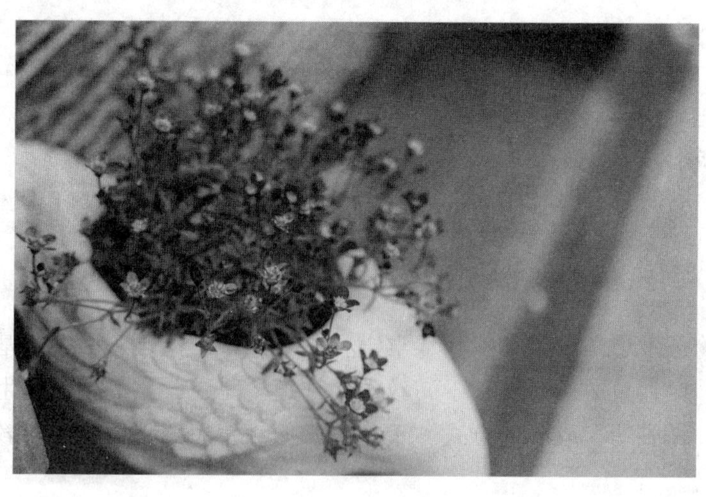

核心素养背景下小学学科与德育融合的探究

重庆市九龙坡区第一实验小学　武　艺

引言

本文旨在通过对小学学科与德育融合的探究，探讨如何在核心素养背景下促进学生的全面发展。通过合理的课程设计、教学方法和评价机制，可以有效培养学生的学科能力和道德品质，使他们具备良好的道德修养和综合素质。此外，学校和家庭的合作与支持也是实现学科与德育教育融合的关键因素。

一、小学学科与德育融合的意义

培养全面发展的学生学科教育注重学生的认知和技能培养，而德育关注学生的道德品质和人格培养。将两者融合在一起，可以促进学生全面发展，不仅具备良好的学科素养，还具备良好的道德修养和社会责任感。可以培养学生良好的人际关系和合作能力，融合学科教育与德育可以使学生在学习过程中培养积极的人际关系和合作能力。通过合作学习和团队活动，学生可以学会尊重他人、倾听他人意见，并培养其合作精神和团队合作能力。此外，还有利于培养学生正确的价值观和人生观。小学阶段是学生人生观、价值观形成的重要时期。通过融合学科教育和德育教育，可以向学生传递正确的价值观和人生观，引导他们形成正确的世界观、人生观和价值观，提高他们的道德水平和社会责任感。

二、促进小学学科与德育的融合的策略

（一）课程设计与教学方法

将德育内容融入学科教学中，例如在语文课上讲述优秀人物的故事，激发学生的道德情感和学科兴趣。通过项目制学习或跨学科的探究活动，让学生在实际问题中综合运用学科知识和道德观念，培养其综合素养。引入讨论和辩论的教学方法，鼓励学生表达自己的观点和价值观，并学会尊重他人不同的意见和价值观。

（二）核心素养培养的评价与反馈

设计综合评价体系，将学科学习成绩与道德品质、社会责任等综合考虑，使学生意识到综合素质的重要性。引入多样化的评价方法，包括作品展示、口头报告、小组合作等形式，注重学生的表达能力和人际交往能力的培养。

（三）学校与家庭的合作与支持

学校和家庭应共同肩负起培养学生核心素养的责任。学校可以组织家长培训，提供教育指导，加强家校合作。家长要重视孩子的道德教育，关注他们的学习和成长，并提供积极的家庭环境和示范行为。

总之，小学学科与德育融合对于学生的全面发展至关重要。通过合理的课程设计、教学方法和评价机制，学校和家庭共同努力，可以培养出具备学科能力和良好道德品质的学生，为他们的未来成长打下坚实的基础。未来的研究应进一步深入探讨如何更好地实现学科与德育的融合，并持续关注学生综合素质和核心素养的发展。

三、发展方向与展望

在未来，小学学科与德育融合的探索应不断发展和完善，以适应不断变化的教育需求和社会环境。以下是一些可能的发展方向和展望。

（一）强化师资培训

教师是学科与德育融合的关键推动者。学校应加强对教师的培训和专业发

展，提高他们的教学水平和教育素养，使其能够有效地融合学科与德育。

（二）加强跨学科合作

学科与德育的融合需要各学科之间的密切合作与协调。学校可以推动不同学科教师之间的交流与合作，通过跨学科的项目和活动，促进学科知识和德育内容的有机结合。

（三）强化学生参与主体性

学生应被视为学科与德育的主体，他们的参与和主动性对于融合的有效实施至关重要。学校应提供多样化的学习机会和参与项目，鼓励学生思考、表达和实践，培养他们的学科能力和德育素养。

（四）创新评价体系

传统的评价方法主要关注学科成绩，对于德育的评价较为有限。未来的发展应探索建立更全面、多元化的评价体系，综合考虑学科能力、道德品质、创新能力等方面，使评价能够真实反映学生的综合素质和核心素养。

（五）加强家校社区合作

学校、家庭和社区之间的紧密合作对于学科与德育融合至关重要。学校可以积极与家长和社区合作，共同关注学生的全面发展，提供支持和资源，形成育人合力。

通过不断的探索和实践，小学学科与德育的融合将进一步深化，为学生提供更丰富的教育体验和培养路径。这将有助于培养具备学科能力、道德品质和综合素质的小学生，为他们的未来成功和社会发展做出积极贡献。

四、结论

在核心素养背景下，小学学科与德育的融合是当前教育改革的重要议题。本文通过探究小学学科与德育融合的方式和路径，旨在提出有效的教育策略，促进学生全面发展和健康成长。

首先，核心素养教育的概念与意义被介绍，强调其对小学生发展的重要性。接着，学科教育与德育的关系被探讨，包括它们的特点、目标以及共性与差异。进一步阐述小学学科与德育融合的意义与挑战，包括促进学科学习与品德培养的有机结合、培养学生的综合素质与核心素养以及面临的挑战与解决途径。

其次，针对小学学科与德育融合的实践策略进行了探讨。其中包括课程设计与教学方法，如将德育内容融入学科教学、项目制学习和讨论教学方法的应用等。此外，还探讨了核心素养培养的评价与反馈，以及学校与家庭的合作与支持。

最后，对小学学科与德育融合的优势与意义进行总结，强调其对学生综合素质与核心素养的影响，并展望了未来的发展方向。

通过本文的探讨，我们可以认识到小学学科与德育的融合是一项具有重要意义的教育工作。它不仅有助于学生的学科发展，还培养了他们的道德品质、社会责任感和综合素质。在未来，我们需要进一步加强师资培训、跨学科合作、学生参与主体性、创新评价体系以及家校社区合作，以促进小学学科与德育更好地融合，为学生的全面发展创造良好的教育环境和机会。

“归原致远”教育哲学引领下的劳动教育

重庆市九龙坡区第一实验小学　王　倩

重庆市九龙坡区第一实验小学遵循归原致远的教育哲学，秉承“筑基每一个人的美好未来”核心理念，为此学校在环境育人、课程育人、活动育人多方面积极探索、勇于创新。

2018 年 9 月 10 日，习近平总书记在全国教育大会上强调，要“培养德智体美劳全面发展的社会主义建设者和接班人”，把劳动教育纳入德智体美劳全面培养的教育体系。2020 年 3 月，《中共中央国务院关于全面加强新时代大中小学劳动教育的意见》出台，这是新中国成立以来国家最高层面首次对大中小学劳动教育进行顶层设计和系统部署。在《义务教育劳动课程标准（2022 年版）》中，对劳动课程性质进行了诠释：“义务教育劳动课程以丰富开放的劳动项目为载体，重点是有目的、有计划地组织学生参加日常生活劳动、生产劳动和服务性劳动，让学生动手实践、出力流汗，接受锻炼、磨炼意志，培养学生正确的劳动价值观和良好的劳动品质。”

回顾新时代劳动教育提出的背景及意义，理解新时代劳动教育目标肩负着培养时代新人的重要历史使命，研究劳动课程标准，从而推进学校劳动课程的建设与实施。回归学校提出的归原致远教育思想框架体系，学校将育人目标校本化、具象化，为让学生拥有强健的体、灵巧的手、聪慧的脑、明亮的眼、温暖的心五个维度。围绕这样的“五维”发展目标，学校将劳动教育系统化、劳动活动课程化，以儿童的视角、孩子的体验、学生的需求为出发点和落脚点建构活动课程体系，以“灵巧的手”培养目标为着力点塑造“巧手课程”，让学生充分实践、体验、探究，从而崇尚劳动、热爱劳动、辛勤劳动、诚实劳动。

基于学校对归原课堂的定位：生命生长的自由空间；情感互动的交流空间；素养提升的发展空间。现对学校“巧手课程”做出以下实践与探索。

一、创新·“一课”更是“一育”

劳动教育是“一课”，更是“一育”，加强新时代劳动教育，应该深刻理解劳动与教育的关系，既要防止学生单坐在教室里老师空口讲劳动，也要避免徒有劳动活动无教育意义的现象。利用劳动课程，统一组织教学整理与收纳、清洁与卫生等日常生活劳动，利用在家庭的劳动活动、研学活动了解农业生产劳动、传统工艺制作、新技术体验与应用等生产劳动，社区服务、公共设施维护等服务性劳动，让学生意识到幸福生活源于无数人的默默付出与坚守……劳动是教育的手段，以劳引育，避免为劳而劳、流于形式，劳动育人才能取得润物无声的实效。

此外，在原有的国家劳动课程基础上，学校充分利用场地、师资等资源，实施“小创客·大创造”精品课程，充分利用比特实验室、厨艺生活馆、种植园、电子积木 DIY 活动室、机器人实践室、3D 工作室和 VR 体验馆等场地，开设各类创客课程，坚持开展科技节、劳动技能赛、创新实验大赛、综合实践等系列活动，搭建探索、实践、展示平台，培养学生的动手实践能力和创新精神。

二、创造·从“巧手”走向全面发展

劳动不只是单靠一双手的劳作，单靠体力的付出，更有助于学生内在价值观的生成和理性思维的提升，从而促进学生全面、综合、持续的发展。学校利用国旗下讲话、主题班会、红领巾广播站、主题报告等多阵地与途径讲述劳动者的感人故事，在学生心中播撒崇德向善的种子，这便是德育；在劳动实践中引导学生思考工具的工作原理并进行设计与改进，这便是智育；在劳动中鼓励学生积极参与对美的构思与创造，提升学生创造能力和审美能力，这便是美育……从这个意义上讲，劳动教育不是孤立的教育形态，而从一双手的劳动活动走向全面的育人体系。

如今，随着信息技术、智能技术与教育教学的深度融合，学校的“巧手课程”也进一步优化与提质。当讲到古代灌溉知识时，历史老师会带领学生走进博物馆，参观早期汲水工具，还会与学校木工工艺课互动，让学生动手制作水转翻车等模型；在烹饪课程中学做豆腐，不仅动手体验磨豆、过滤、煮浆、点卤等步骤，老师则适时为同学们讲解豆腐制作过程中的各种化学原理。思政空间谈劳动精神、竹藤编织里谈数学、建筑工地说物理、生态茶园聊地理等，像这样不断挖掘各学科课程蕴藏的劳动元素，为劳动教育拓展了更广阔的空间，不断在学科融通中实现劳动教育综合育人的价值。

三、创未来·让劳动光荣、创造伟大成为铿锵的时代强音

人民创造历史，劳动开创未来。尤其是在新时代背景下，劳动不能简单理解为洗衣、做饭、打扫卫生等日常生活劳动范畴，更体现于教育的本质，体现于社会生产的需要与变革，体现于人类社会的追求与发展。习近平总书记多次礼赞劳动创造，讴歌劳模精神、劳动精神、工匠精神，指出“劳动是一切幸福的源泉”，强调“大力弘扬劳模精神、劳动精神、工匠精神”，号召“让劳动光荣、创造伟大成为铿锵的时代强音”。

因此，在“归原致远”教育哲学引领下的“巧手课程”，在推进课程体系化、特色化过程中，更应该遵循劳动课程教材发挥培根铸魂、启智增智的作用，认真实施劳动教育课程，在学科学习中渗透劳动精神，在特色课程中开展劳动实践，在激励评价中夯实育人目标，真正“让劳动光荣、创造伟大成为铿锵的时代强音”。

"双减" 政策下提高小学语文教学效率的方法

重庆市九龙坡区第一实验小学　陈　程

社会在不断发展进步，双减政策要求教师为学生减负增效，在教学过程中要注重于提升小学生的学习效率，教会他们科学的学习方法并在教学过程中注重小学生的课堂感受，这都是小学语文教师需要思考的问题，而提升学生的综合能力有助于学生面对以后的学习生活。

一、现阶段小学语文教学中存在的主要问题

首先，部分小学语文教师对于双减政策的理解还不到位，单纯地认为就是给学生少留作业、少留任务，但是实际上并不是这样的，而且在课后作业布置和课堂训练的时候不够科学。语文教师最重要的教学目标就是提升小学生的语文成绩，难免忽视了学生的上课感受。其次，还有部分教师的创新教学方式并不适合目前的课程内容，学生理解起来比较困难，语文教师没有找到适合学生的学习方法。最后，小学语文作业缺乏合理性，导致很多小学生认为语文作业对他们来说是负担，导致在课上和教师的配合程度不高。

二、双减政策下提高小学语文教学效率的方法策略

（一）制订科学的学习计划

在语文教师展开教学活动之前，都要对学习的内容做好规划，语文教师不仅要重视学生的学习成绩，还要将逻辑能力、思考能力和情感能力加入教学目标中，并且在制订计划的同时和学生进行充分的沟通，尊重学生的自主性，制定符合最近发展区的教学目标，针对不同基础的学生，语文教师也要考虑到差异性，看到每一个学生的进步。

（二）丰富课堂教学形式

小学语文教师应当在课堂上利用丰富的教学形式吸引学生的注意力，小学生的年龄比较小，因此，语文教师应该通过趣味化教学保持他们的学习热情。在具体语文课堂上，可以这样做。

1. 情景创设教学法

语文教师可以联系生活实际创设情境，将教材中所写的生活与学生的实际生活，通过创设情景联系起来，打开学生的生活库藏，强化他们的体验。如在古诗中思乡是一个常见的主题，但是小学生很少有独自一人在外的经历，如何让学生理解这种思乡之情呢？只能创设情景，让学生回忆自己偶尔和父母分别时的心情，或是与朋友离别的心情。如在教授语文园地的时候，可以创设游戏情景，以闯关的游戏环节调动学生的积极性。

2. 角色扮演

教师为了更好地指导小朋友，如同演戏那样扮演课文中的角色，由于小朋友是以形象思维为主的，这样，有助于学生很快地理解文本。对于低年级的小朋友来说，学习课文的最佳方法就是多读多练、读中感悟。

3. 小组合作

让学生分组讨论阅读课文中的剧情，每一个同学都要在集体讨论中发表自己的观点，保证班级的同学都参与进来，这样才能让语文教师了解到学生掌握知识点的真实情况。

（三）布置科学的课后作业内容

对于很多小学生来说，语文作业是很令他们头疼的内容，因为语文需要写很多的字，而很多小学生都不愿意动笔去写，尤其是低段的学生书写能力还比较弱，他们不愿意去做重复性特别高的作业内容，所以语文教师要根据学生的兴趣爱好为他们布置合理的作业内容，要注重开发学生的想象力和创造力。以一年级为例，讲讲低段学生的作业设计。

1. 写一写

作为小学起始阶段，要关注学生写好基本笔画、基本结构和基本字，重视书写的正确、端正、整洁，在此基础上，逐步要求学生书写流利。在课堂上，利用语文书上的田字格指导学生把字写端正。指导学生写字的时候让学生一看字的结构，抓特点。二看字的笔画，找准位置。三看笔顺慢慢写。每周有一节书法课，用来指导学生书写小学生硬笔书法的练习册。

2. 读一读

对于小学一年级的学生来说，他们才刚刚开始接受正规的学校教育，对于学校里的一切都感觉有些许的陌生。学生难以在短时间内融入课堂教学之中，从而有时无法掌握课堂中所学的内容。所以在读一读这个作业板块里，首先要读的就是语文书里的内容。拼音的拼读，儿歌，课文，学校里读一读，回家后读一读，是一种有效的形式，能够帮助学生复习学习的知识。课前学生自主朗读至少三遍，在学会拼音之前，不会读的字标注出来，留待课上学习的时候解决疑问，学会拼音后课前朗读就可以借助拼音认读生字。学完该课后，也要朗读课文至少三遍，复习所学内容。

和大人一起读。统编版小学语文教材“和大人一起读”栏目，“大人”既可以是“老师”，也可以是“家长”，在校可以利用午间休息时间，组织师生共读；在家，更是有大块时间可以进行“亲子阅读”。

课外阅读。亲子阅读当然不局限于课本，在一年级第一单元就有快乐读书吧，老师引导学生体会读书的快乐，在家长群里一年级的阅读书目推荐。家长和孩子一起亲子阅读，每周自愿分享一次自己的阅读。

读《三字经》中的故事。学校语文老师根据学生年段特点，在每个星期的延时服务安排一个课时的学科活动，学校一年级组统一安排的是《三字经》诵读活动。书中有一些小故事在学科活动时间都会进行阅读。

3. 说一说

说课文。学习完一篇课文后，学生可以给老师和家长说一说通过这篇课文学习知道了什么，一年级孩子容易表达不清楚，所以搭了支架，以《秋天》为例，可以选择这样说，当然也可以选择自己喜欢的方式表达。除了说课文的内容，也可以选择说课后练习题，以《小小的船》为例，这个练习在课堂上做过，回家再次练习，我可以这样说……

说口语交际。遇到口语交际就可以布置相关作业，在口语交际我说你做中，我们在课堂上完成了移动小圆片的游戏，发出指令，根据指令移动小圆片，回家后可以和家长一起再玩这个游戏，巩固当天所学。

4. 背一背

背课文。许多课文都需要背诵，可以回家背给家长听。

背《三字经》。每天回家都背一句《三字经》，在学科活动时间，就组织学生背一背，还可以唱一唱，将学生在活动时间的唱诵《三字经》录制视频发到家长群，家长看着自己孩子的表演，都纷纷鼓掌。

5. 画一画

这是与说一说的练习二选一完成的。课文学完后可以将自己对课文的理解，将自己学完课文后的感受用画笔画出来。以《秋天》为例，学生画出了自己眼中的秋天。以《小小的船》为例，学生学完课文后感受到星空的美丽，用自己的画笔画了出来。

三、结束语

综上所述，对小学生语文课堂展开研究是一项十分有意义的教学活动，因为教育的环境和背景一直都在改变，而作为一名合格的教育者，应当在不同的教育背景下对自身的教学模式做出动态的调整，保证目前教学模式是符合学生的发展需要的，并且语文教师也要耐心陪伴学生共同进步，帮助他们克服在学习中遇到的困难，培养学生的综合素质能力。

参考文献

一、相关书籍

1. 崔相录. 特色学校 100 例（小学卷）［M］. 北京：教育科学出版社，1999.

2. 顾明远. 教育大辞典：第一卷［M］. 上海：上海教育出版社，1990.

3. 辜伟节. 特色学校与校长个性［M］. 南京：南京师范大学出版社，2004.

4. 孙孔懿. 学校特色论［M］. 北京：人民教育出版社，1998.

5. 余文森. 核心素养导向的课堂教学［M］. 上海：上海教育出版社，2017.

6. 杜文平，张理智. 教育科研促进学校特色发展——理论与实践探索［M］. 北京：北京出版社，2009.

7. 郭安海，郭英. 校园文化建设［M］. 北京：人民日报出版社，2011.

二、论文

1. 朱柏学. 校园文化建设的思考［J］. 牡丹江师范学院学报（哲社版），2009（2）：114－115.

2. 占丽芳. 科学发展观视野下的大学校园文化建设研究［D］. 长沙：湖南大学，2009.

3. 刘巧芝，葛建伟，胡卸红. 高校校园文化建设探微［J］. 浙江青年专修学院学报，2009（1）：30－32.

4. 陈秀华. 高校校园文化建设与大学生创新素质培养研究［D］. 哈尔滨：东北林业大学，2010.

5. 赵宏中，龚纯. 高校合并与校园文化整合创新［N］. 光明日报，2005－12－19.

6. 王红. 高校校园文化的探索、建设与创新［J］. 长春市委党校学报，2009（2）：36－37+31.

7. 赵玺，苟世祥，陆婧. 论高校多校区校园文化的融合与创新［J］. 重庆大学学报（社会科学版），2006（6）：127－131.

8. 吴永满. 浅谈高校校园文化建设的领导［J］. 延安大学学报（社会科学版），2009（2）：122－125.

9. 刘登科. 构建和谐的高校校园文化——评《新时期高校校园文化建设的理论与实践》［J］. 思想政治工作研究，2007（7）：64.

10. 杜志明，刘玉娥. 论加强高校校园文化建设的领导和管理［J］. 辽宁教育研究，2002（11）：32－33.

11. 徐禄新，梁亚江. 高品位校园文化建设的现实意义和实施策略［J］. 教育现代化，2002（10）：15－16.

12. 陈秋燕. 大学校园文化建设的理性思考［J］. 教育评论，2004（4）：43－45.

13. 薛文治. 对高校校园文化建设的思考［J］. 中国高教研究，2003（5）：20－22.

14. 李硕豪. 大学形成学术风气应注意的几个问题［J］. 高等教育研究，1997（2）：70－74.

15. 张文显. 把握核心要素凝练当代中国大学精神［J］. 中国高等教育，2004（1）：13－14.

16. 朱立新. 论合并院校校园精神的塑造［J］. 江苏高教，2004（1）：99－101.

17. 石中英. 学校特色发展下一步怎么走？［J］. 人民教育，2017（17）：57－59.

18. 杜晓红. 新时期高校校园文化建设研究［D］. 长春：东北师范大学，2005.

19. 常丹. 合并后高校校园文化整合问题探讨［D］. 长沙：中南大学，2006.

20. 梁建忠. 新时期我国高校校园文化建设的现状及对策研究［D］. 长春：东北师范大学，2005.

21. 彭枚芳，姜超. 如何建设高品位的高校校园文化［J］. 中国科教创新导刊，2008（7）：247－248.

22. 曹大辉，周谊. 英、美两国特色学校初探［J］. 基础教育参考，2006（4）：21－23.

23. 季苹. 从起点到评价：学校特色建设过程的思考［J］. 中小学管理，2012（2）：21－26.

24. 宋永健. 小学“五育融合”特色课程建设路径——以“新优质建设工程”三所项目校为例［J］. 基础教育课程，2020：12－15.

25. 文喆. 试说“办学特色”［J］. 教育科学研究，2003（2）：1.

后　记

改革开放，不忘初心、牢记使命。归原致远的学校育人，坚持以学生美好生活、面向未来发展为本，主动实践归原课程、归原文化、归原评价等方面的改革，近五年来取得了优质、均衡、整体育人的效果。

本书基于归原致远的教育哲学思考，集中反映学校的环境、课程、教师、学生、管理五位一体的建设成效。

寄希望于集团整体育人高质量体系建设，为中国式教育现代化的道路自信、理论自信、制度自信、文化自信提供一个参考模式。

何　军

2023 年 6 月 28 日